中国城市地价图集

中华人民共和国国土资源部

中国地图出版社

图书在版编目（CIP）数据

中国城市地价图集 / 国土资源部主编. —北京：中国地图出版社，2003.6
ISBN7-5031-3260-4

Ⅰ.中 ... Ⅱ.国... Ⅲ.城市—地价—中国—图集
Ⅳ.K299.232-64

中国版本图书馆CIP数据核字（2003）第 045421 号

中国城市地价图集

中华人民共和国国土资源部主编
※
中国地图出版社出版发行
（北京市白纸坊西街3号　邮编 100054）
北京华联印刷有限公司印刷
※
787×1092　8开　35.5印张
2003年6月第1版　北京第1次印刷
印数：0001-1000

ISBN7-5031-3260-4/K·1676
GS(2003)246号　定价：980.00元

本图集中国国界线系按照中国地图出版社1989年出版的1:400万《中华人民共和国地形图》绘制

序

党的十六大提出，要“健全现代市场体系，加强和完善宏观调控。”“发展产权、土地、劳动力和技术等市场。创造各类市场主体平等使用生产要素的环境。”随着社会主义市场经济体制的发展，我国的土地市场建设不断推进，市场配置土地资源的基础性作用逐步发挥。加强城市土地价格调查与动态监测，是培育和规范土地市场的基础，是加强和完善土地市场宏观调控的重要手段。国土资源部高度重视这项工作，在部署新一轮国土资源大调查时，专门安排了城市土地价格调查与动态监测工作。

几年来，国土资源管理部门积极组织开展对这项工作的研究和探索。这项工作得到了各级政府的高度重视，得到了有关部门和单位的大力支持。截至2001年，该项目完成了《城镇土地分等定级规程》、《城镇土地估价规程》的修订，完成了北京、天津、重庆等37个试点城市的土地价格调查与基准地价更新工作，在全国布设了一批地价监测样点，并初步完成了全国城市地价监测体系和全国城市地价动态监测网的设计与建设，为进一步建立全国城市地价监测体系奠定了较好的基础。

国土资源部土地利用管理司、中国土地勘测规划院在总结前段工作和整理分析有关成果资料的基础上，共同编写了这本书。目的在于为各地的地价管理和土地市场建设工作提供相关资料，进一步加强对这项工作的探索和研究，促进全国的地价调查与动态监测工作持续、广泛、深入开展。同时，该书也可作为专家、学者从事相关研究，企业把握市场、理性投资，社会公众认识和了解地价的重要参考资料。

土地资源支撑各行各业，关联千家万户，影响千秋万代。做好城市土地价格调查与动态监测工作意义重大。我们一定要按照党的十六大和“三个代表”重要思想的要求，与时俱进，开拓创新，在认真总结过去的基础上，继续把这项工作做细、做深，以进一步夯实土地管理基础，不断提升国土资源管理水平，为经济社会可持续发展和全面建设小康社会作出贡献。

田凤山

二00三年六月十八日

中国城市地价图集

编委会

前言

城市土地价格调查是国土资源部新一轮国土资源大调查“一项计划、五项工程”中土地资源监测调查工程的重点项目之一。该项目1999—2001年共开展了37个试点城市土地价格调查工作，各城市按照《城镇土地分等定级规程》、《城镇土地估价规程》及《城市地价动态监测体系技术规范》的要求，完成了城市土地定级和基准地价更新工作；设立了城市地价动态监测点，初步建立了基于因特网的全国城市地价动态监测信息系统。为了将1999-2001年城市土地价格调查取得的成果尽快应用到实际工作中，为广大土地工作者和社会各领域提供服务，借鉴有关国家地价监测公布的方式，编制《中国城市地价图集》(1999-2001年度)。

该图集城市以全国省级行政区划单位排序编列，主要内容包括城市概况、土地综合定级图、商业用地基准地价及监测点图、居住用地基准地价及监测点图、工业用地基准地价及监测点图、监测点地价表，以及基准地价和监测点地价的内涵等。

该图集是在全国35个城市土地价格调查的基础上，以各城市基准地价图为主，辅以文字和表格的形式反映相应的土地质量和价格，采用计算机制图技术编制而成。各城市地价图的比例尺根据城市的面积、形状、图面载负量等因素按照图集的设计开本确定；地理底图依据有关城市图集对街区和道路进行了三级划分（主要、次要、一般）；对与地价相关的地物和注记进行了标注；根据各城市地价级别数量进行统一设色表示其级别和地价，对各城市地价监测点的表示方法进行了调整，尽可能保证图集的整体协调和统一。

该图集的编制得到了有关省、市各级土地行政主管部门、有关科研院校及中介机构的大力支持，同时得到了有关制图专家的亲临指导，确保该图集顺利出版，在此一并表示感谢。限于时间和水平，图集中难免有欠妥之处，恳请批评指正。

编者

2003年6月

主管单位：国土资源部土地利用管理司

组织单位：中国土地勘测规划院

编制单位：北京中天土地科技发展研究中心

参加单位：

北京市国土资源和房屋管理局
天津市规划与国土资源局
河北省国土资源厅
山西省国土资源厅
内蒙古自治区国土资源厅
辽宁省国土资源厅
吉林省国土资源厅
黑龙江省国土资源厅
江苏省国土资源厅
浙江省国土资源厅
安徽省国土资源厅
福建省国土资源厅
江西省国土资源厅
山东省国土资源厅
河南省国土资源厅
湖北省国土资源厅
湖南省国土资源厅
广东省国土资源厅
广西壮族自治区国土资源厅
海南省国土资源厅
重庆市国土资源和房屋管理局
四川省国土资源厅
贵州省国土资源厅
云南省国土资源厅
西藏自治区国土资源厅
陕西省国土资源厅
甘肃省国土资源厅
青海省国土资源厅
宁夏回族自治区国土资源厅
新疆维吾尔自治区国土资源厅
石家庄市国土资源局
太原市国土资源局
呼和浩特市国土资源局
沈阳市规划和国土资源局
大连市规划和国土资源局
长春市国土资源局
哈尔滨市国土资源局
南京市国土资源局
南通市国土资源局
杭州市国土资源局
宁波市土地管理局
合肥市国土资源局
福州市国土资源局
南昌市国土资源局
济南市国土资源局
青岛市国土资源和房屋管理局
郑州市国土资源局
武汉市城市规划国土资源管理局
长沙市国土资源局
广州市国土资源和房屋管理局
惠州市国土资源局
南宁市国土资源局
海口市国土海洋资源局
成都市国土资源局
贵阳市国土资源局
昆明市国土资源局
拉萨市土地管理局
西安市国土资源和房屋管理局
兰州市国土资源局
西宁市国土资源局
银川市规划和国土资源局
乌鲁木齐市国土资源局

目录

图 例

符号	说明	符号	说明
S0103	商业用地监测点及编号	未成	高速公路
Z0205	居住用地监测点及编号	G102	国道及编号
G0307	工业用地监测点及编号	S608	省道及编号
Ⅰ……Ⅻ	城市土地级别	未成	一般道路
	省、自治区、直辖市政府		街道
	市政府		国界
	区政府		未定国界
	河流		省界
	湖泊		城墙
	水库		等高线
	运河		公园、绿地
	渠道		体育场、馆
	铁路及车站		湿地
	隧道		

土地价格调查与监测城市分布图

1:13 000 000

黑龙江
根河
加格达奇
黑河
呼伦贝尔
满洲里
嫩江
黑
龙
江
伊春
乌苏里江
齐齐哈尔
佳木斯
阿尔山
大庆
七台河
鸡西
哈尔滨
白城
霍林郭勒
松原
牡丹江
内蒙古自治区
吉林
长春
吉林
锡林浩特
通辽
四平
延吉
二连浩特
辽源
通化
赤峰
阜新
沈阳
抚顺
朝阳
辽宁
辽阳
锦州
盘锦
河
承德
张家口
葫芦岛
营口
呼和浩特
丹东
包头
北京市
北京
秦皇岛
长山群岛
大同
天津市
唐山
渤
大连
天津
保定
海
山
庙岛群岛
长岛
榆林
太原
石家庄
烟台
威海
阳泉
北
东营
德州
陕
济南
淄博
潍坊
西
延安
邯郸
山
东
青岛
临汾
长治
泰安
安阳
临沂
日照
铜川
运城
新乡
濮阳
黄河
焦作
枣庄
郑州
开封
连云港
黄海
三门峡
洛阳
商丘
徐州
江
西安
许昌
南
淮北
河
平顶山
漯河
周口
洪泽湖
淮安
盐城
商洛
阜阳
安
蚌埠
苏
南阳
驻马店
淮南
扬州
南通
安康
十堰
镇江
襄樊
信阳
合肥
南京
常州
无锡
上海
湖
太湖
苏州
上海市
重
巫山
荆门
北
武汉
长
徽
芜湖
宜昌
舟山群岛
东
恩施
荆州
安庆
杭州
宁波
黄石
江
黄山
浙
岳阳
九江
金华
洞庭湖
鄱阳湖
景德镇
衢州
台州
张家界
南昌
江
海
湖
吉首
鹰潭
温州
长沙
湘潭
萍乡
武夷山
怀化
株洲
福
宁德
邵阳
吉安
钓鱼岛
赤尾屿
衡阳
井冈山
南平
南
西
三明
福州
赣州
郴州
台
台北
基隆
建
桂林
龙岩
湾
台
厦门
韶关
柳州
贺州
梅州
海
河源
澎湖列岛
湾
清远
汕头
壮族自治区
梧州
广州
峡
东
台湾岛
西
肇庆
惠州
南宁
贵港
佛山
江门
深圳
高雄
香港
广
兰屿
珠海
玉林
阳江
澳门
茂名
香港
北海
湛江
东沙群岛
北部湾
海口
南
海
海
海南岛
南
三亚

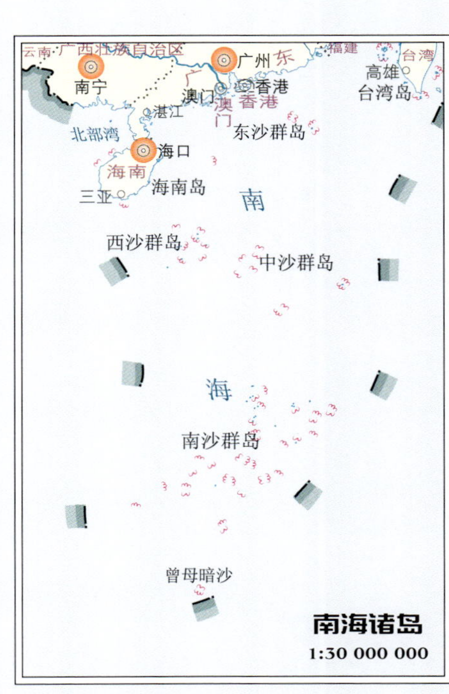

各城市基准地价比较图

商业用地统一内涵下的基准地价内涵为：

在正常土地市场条件下，基准日为2001年1月1日，设定土地开发程度为“五通一平”（宗地红线外通路、通电、供水、排水、通讯及宗地红线内场地平整），平均容积率为2.0，商业用地法定最高出让年限40年的完整土地使用权平均价格。

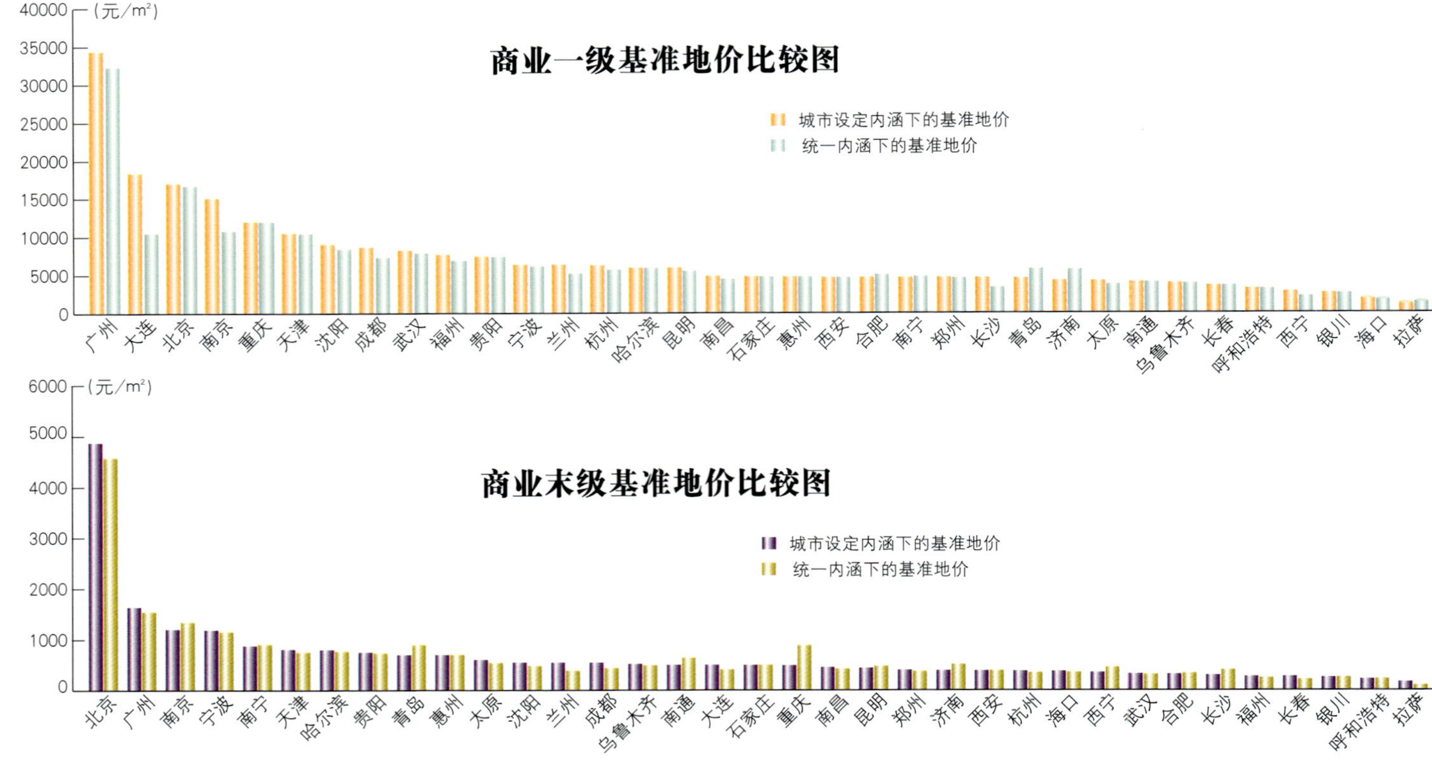

居住用地统一内涵下的基准地价内涵为：

在正常土地市场条件下，基准日为2001年1月1日，设定土地开发程度为“五通一平”（宗地红线外通路、通电、供水、排水、通讯及宗地红线内场地平整），平均容积率为2.0，居住用地法定最高出让年限70年的完整土地使用权平均价格。

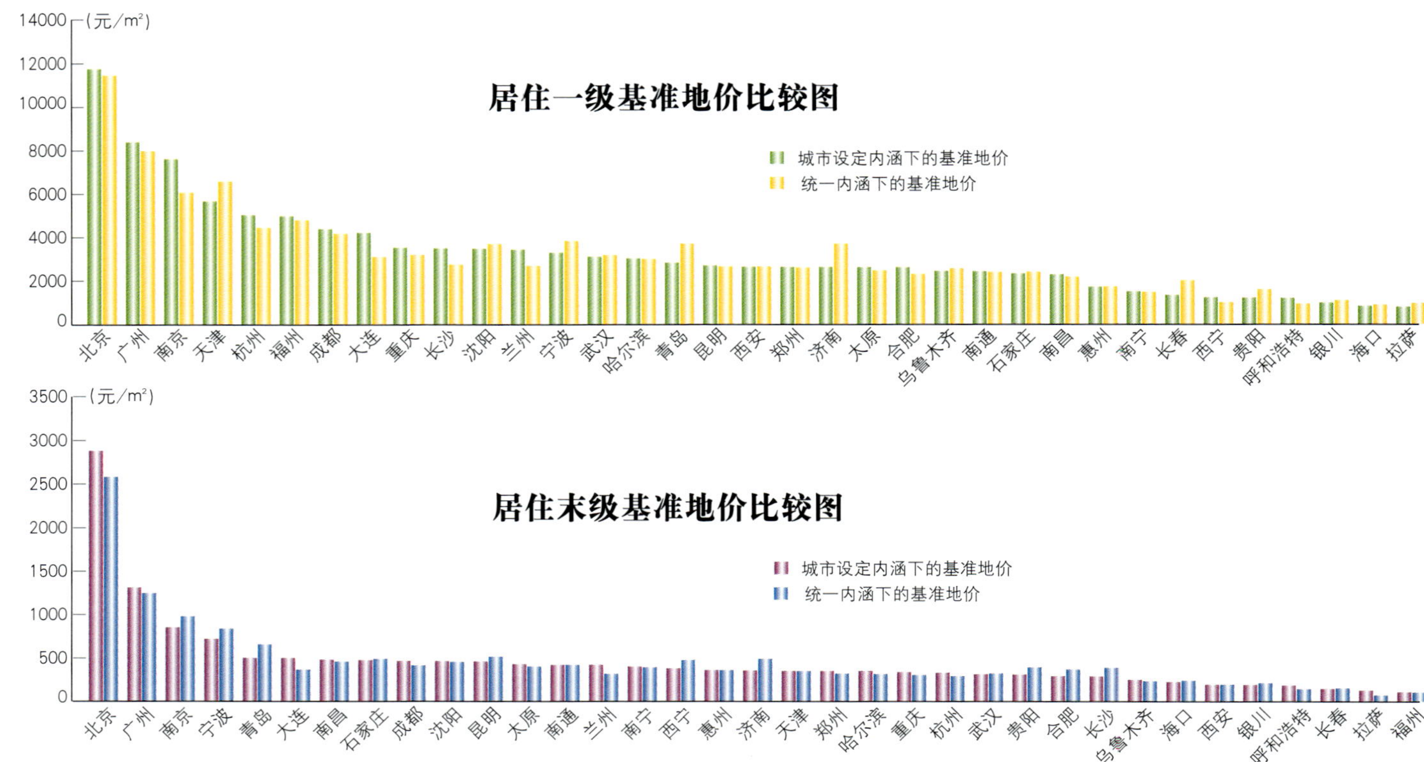

工业用地统一内涵下的基准地价内涵为：

在正常土地市场条件下，基准日为2001年1月1日，设定土地开发程度为“五通一平”（宗地红线外通路、通电、供水、排水、通讯及宗地红线内场地平整），平均容积率为1.0，工业用地法定最高出让年限50年的完整土地使用权平均价格。

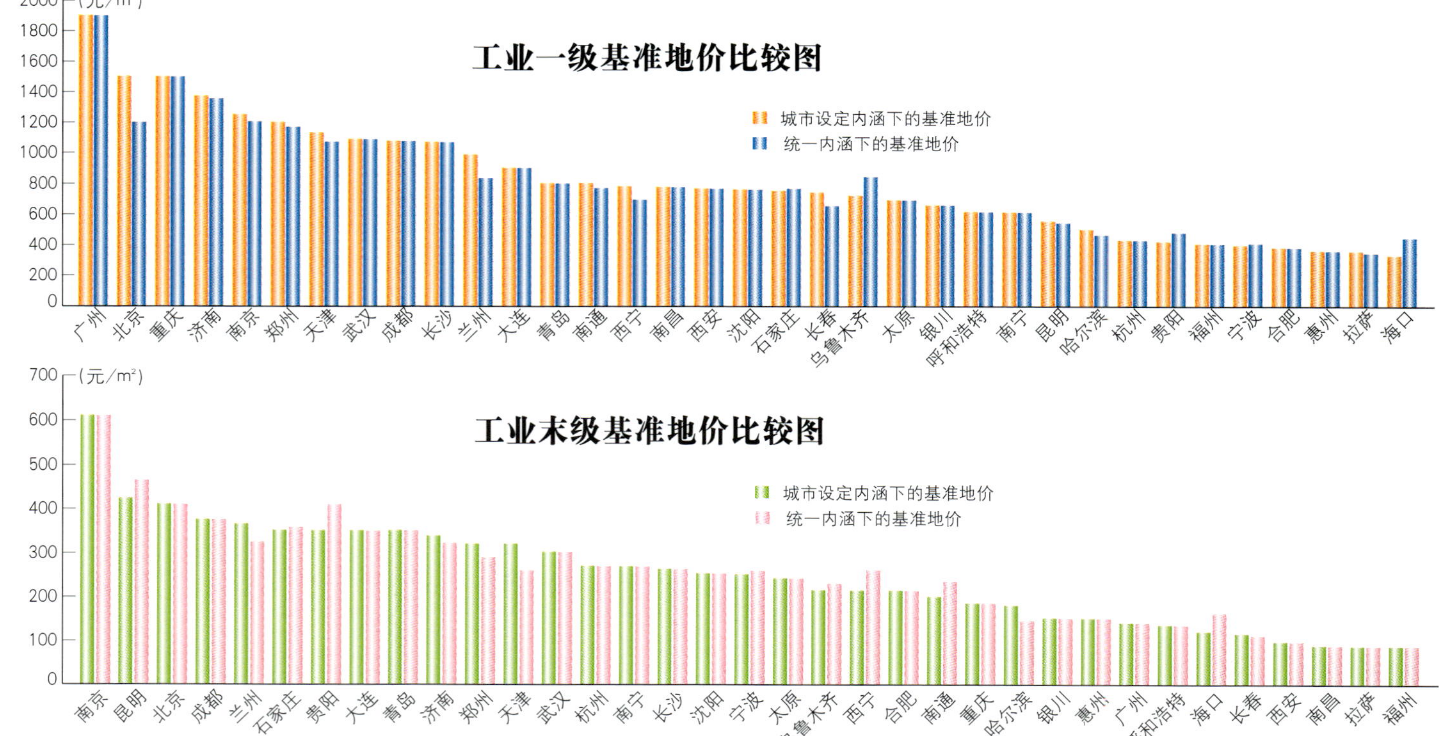

北京市简称“京”，是中华人民共和国的首都，是中国的政治、文化和国际交往中心，同时也是世界著名的古都和现代化的国际城市。地处华北大平原的北端，东面与天津市毗连，其余均与河北省相邻。全市共辖16区、2县，面积1.68万平方千米，规划市区面积1 041平方千米，全市总人口1 128万。

北京市根据《城镇土地分等定级规程》、《城镇土地估价规程》、《城市地价动态监测体系技术规范》及《2000—2001年度城市土地价格调查实施方案》，明确基准地价内涵，在北京市规划区的全部建设用地（包括东城、西城、崇文、宣武、朝阳、海淀、丰台、石景山、通州、房山、顺义、大兴、昌平、门头沟、怀柔、密云、平谷、延庆等区县）范围内，全面开展自然、社会、经济及土地市场状况等调查，利用计算机系统技术，辅助完成了城市土地综合定级，商业、居住、工业用地定级与基准地价更新，建立了城市土地定级与基准地价更新系统。并在此基础上，设立城市地价监测点，目前监测点资料与信息还在采集之中。这将为我国城市地价动态监测体系建设提供不可或缺的地价信息。

北京市基准地价更新成果已于2002年12月15日由北京市政府公布实施。为北京市强化城市土地资产管理，规范、调控土地市场，制定各类规划和提高土地利用的经济、社会和环境效益提供科学依据。本图集编制的是北京市城八区（东城、西城、崇文、宣武、朝阳、海淀、丰台、石景山）土地综合定级图和商业、居住、工业用地基准地价图。

- 商业用地基准地价内涵：在正常土地市场条件下，基准日为2002年1月1日，设定土地开发程度为“七通一平”（宗地红线外通路、通电、供水、排水、通气、通讯、通暖及宗地红线内场地平整），平均容积率为2.0，商业用地法定最高出让年限40年的完整土地使用权平均价格。

- 居住用地基准地价内涵：在正常土地市场条件下，基准日为2002年1月1日，设定土地开发程度为“七通一平”（宗地红线外通路、通电、供水、排水、通气、通讯、通暖及宗地红线内场地平整），平均容积率为2.0，居住用地法定最高出让年限70年的完整土地使用权平均价格。

- 工业用地基准地价内涵：在正常土地市场条件下，基准日为2002年1月1日，设定土地开发程度为“七通一平”（宗地红线外通路、通电、供水、排水、通气、通讯、通暖及宗地红线内场地平整），平均容积率为1.0，工业用地法定最高出让年限50年的完整土地使用权平均价格。

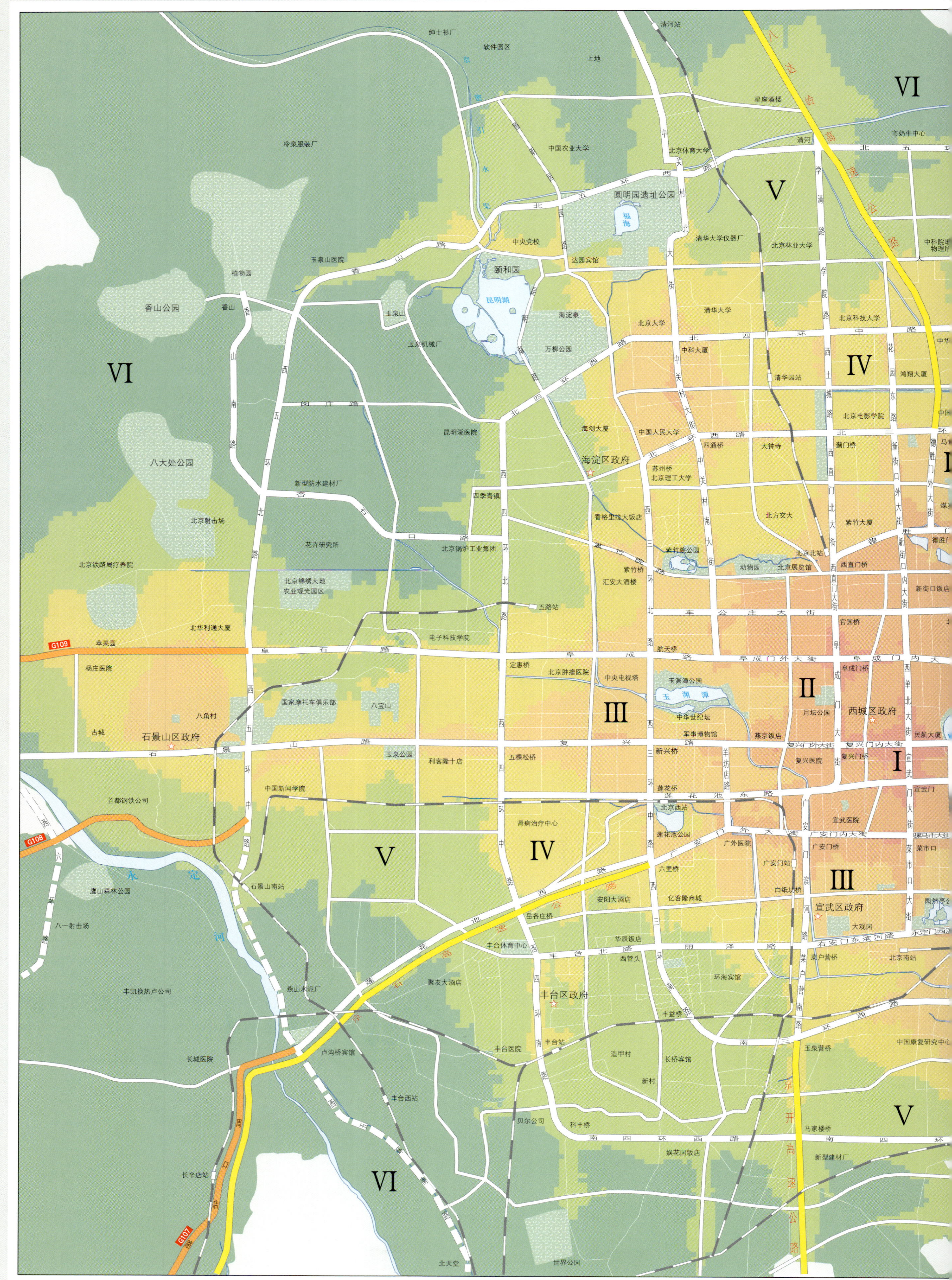
VI
V
IV
III
II
I
圆明园遗址公园
颐和园
昆明湖
香山公园
八大处公园
海淀区政府
石景山区政府
西城区政府
宣武区政府
丰台区政府
北京大学
清华大学
中国人民大学
中国农业大学
北京林业大学
北京科技大学
北京电影学院
玉渊潭公园
中央电视塔
中华世纪坛
军事博物馆
紫竹院公园
动物园
北京展览馆
月坛公园
大观园
北京西站
莲花池公园
首都钢铁公司
八宝山
北京体育大学
北方交大
北京射击场
八一射击场
卢沟桥宾馆
丰台西站
北京南站
世界公园
北天堂
G109
G108
G107

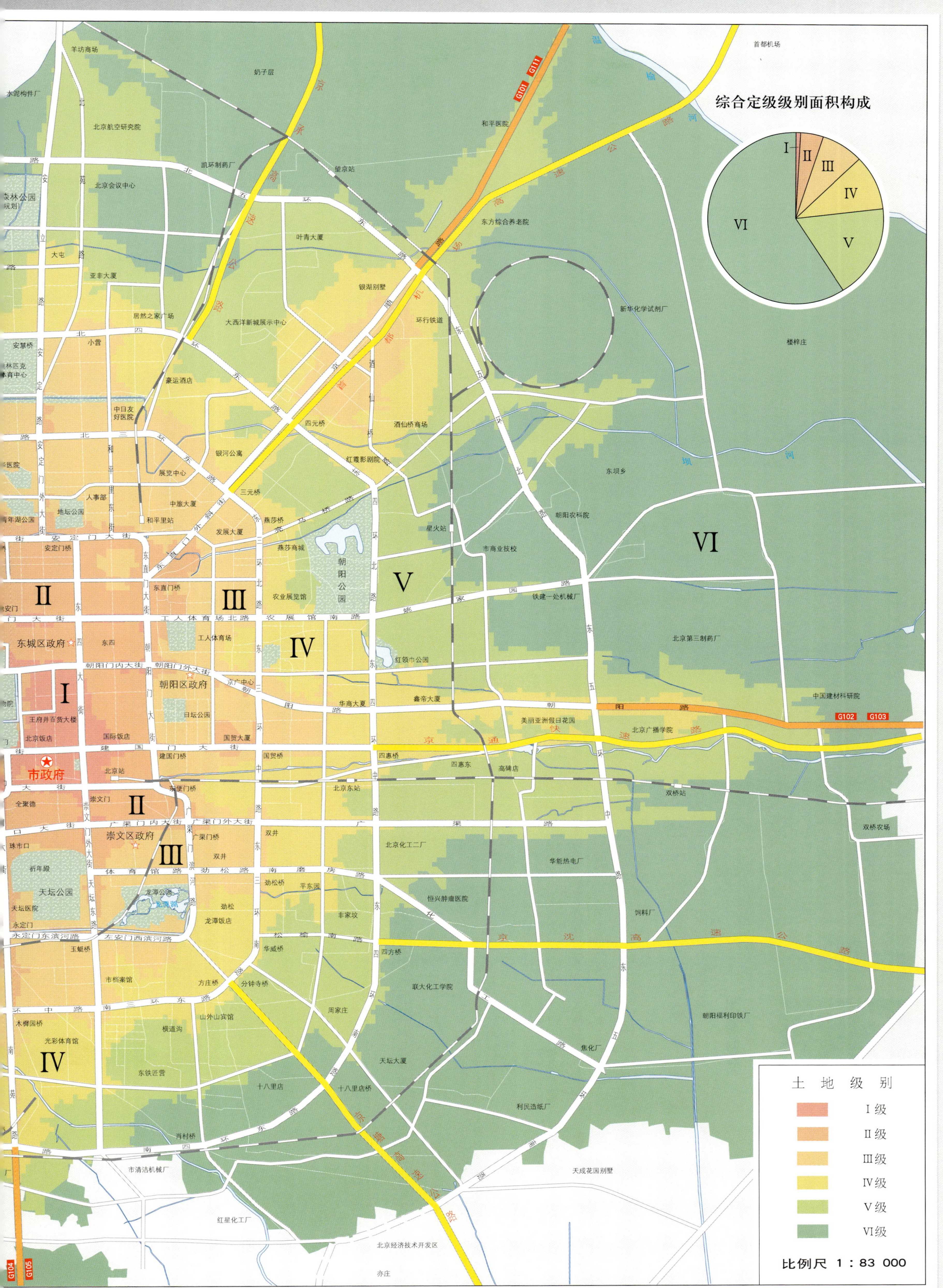

综合定级级别面积构成
I
II
III
IV
V
VI
土 地 级 别
I 级
II 级
III 级
IV 级
V 级
VI 级
比例尺 1：83 000
首都机场
羊坊商场
奶子房
水泥构件厂
北京航空研究院
和平医院
凯环制药厂
望京站
北京会议中心
东方综合养老院
叶青大厦
大屯
亚非大厦
银湖别墅
居然之家广场
大西洋新城展示中心
环行铁道
新华化学试剂厂
楼梓庄
小营
安慧桥
豪运酒店
中日友好医院
四元桥
酒仙桥商场
银河公寓
红霞影剧院
展览中心
东坝乡
三元桥
人事部
中旅大厦
地坛公园
和平里站
燕莎桥
发展大厦
燕莎商城
星火站
朝阳农科院
市商业技校
朝阳公园
安定门桥
东直门桥
农业展览馆
铁建一处机械厂
工人体育场
东城区政府
东四
红领巾公园
北京第三制药厂
朝阳区政府
日坛公园
鑫帝大厦
华商大厦
中国建材科研院
王府井百货大楼
北京饭店
国际饭店
国贸大厦
美丽亚洲假日花园
北京广播学院
市政府
建国门桥
北京站
国贸桥
四惠桥
四惠东
高碑店
北京东站
双桥站
全聚德
崇文门
双井
北京化工二厂
双桥农场
珠市口
崇文区政府
广渠门桥
祈年殿
劲松桥
华能热电厂
天坛公园
龙潭公园
平东园
恒兴肿瘤医院
天坛医院
劲松
龙潭饭店
永定门
饲料厂
永定门东滨河路
左安门西滨河路
华威桥
四方桥
玉蜓桥
市档案馆
方庄桥
分钟寺桥
联大化工学院
木樨园桥
山外山宾馆
周家庄
朝阳福利印铁厂
光彩体育馆
横道沟
焦化厂
天坛大厦
东铁匠营
十八里店
利民造纸厂
肖村桥
市清洁机械厂
天成花园别墅
红星化工厂
北京经济技术开发区
亦庄
G101
G111
G102
G103
G104
G105

北京市商业用地基准地价

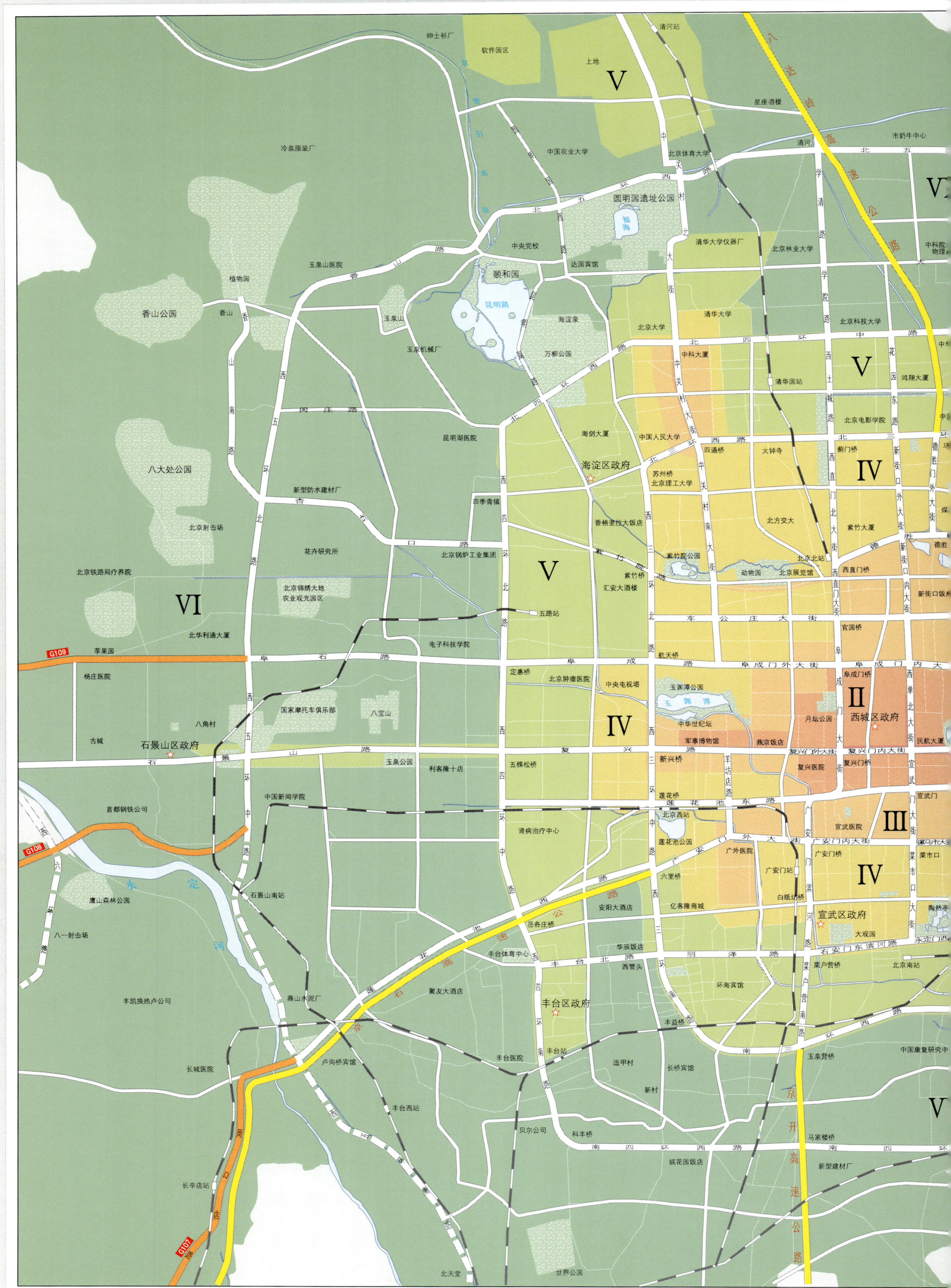

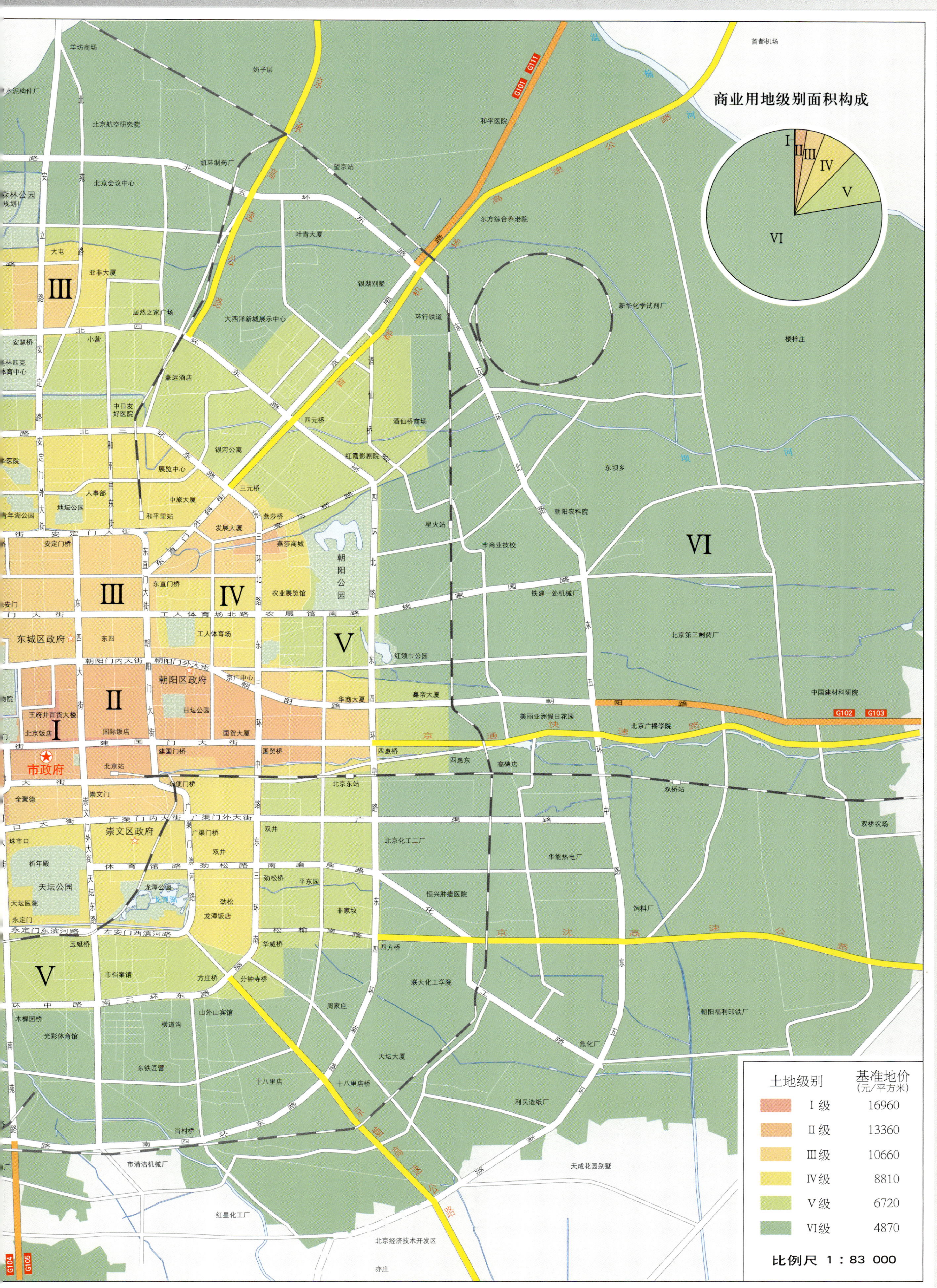

商业用地级别面积构成
I
II
III
IV
V
VI
土地级别
基准地价
(元/平方米)
I 级 16960
II 级 13360
III 级 10660
IV 级 8810
V 级 6720
VI级 4870
比例尺 1：83 000
市政府
东城区政府
朝阳区政府
崇文区政府
首都机场
朝阳公园
天坛公园
北京站
北京东站
双桥站
北京经济技术开发区
亦庄
G101
G111
G102
G103
G104
G105

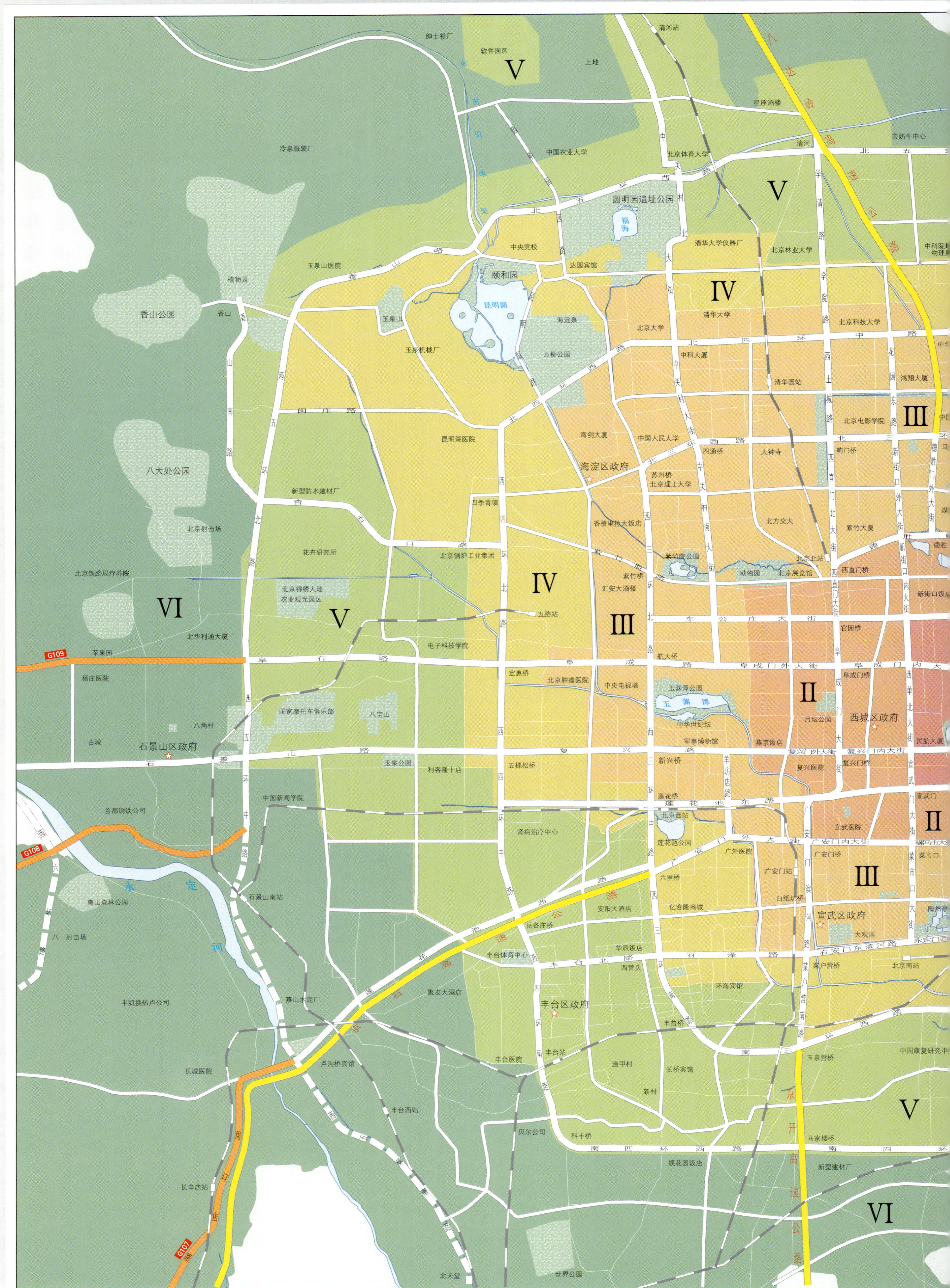

清河站
软件园区
上地
V
冷泉服装厂
中国农业大学
北京体育大学
圆明园遗址公园
清华大学仪器厂
北京林业大学
中央党校
颐和园
昆明湖
玉泉山医院
植物园
香山公园
香山
清华大学
北京大学
北京科技大学
中科大厦
万柳公园
IV
III
海淀区政府
中国人民大学
北京理工大学
八大处公园
北京射击场
北京铁路局疗养院
VI
北京电影学院
西直门桥
西城区政府
石景山区政府
八宝山
II
玉渊潭公园
中华世纪坛
军事博物馆
复兴门内大街
宣武区政府
大观园
丰台区政府
卢沟桥宾馆
丰台西站
长辛店站
世界公园
北大堂
马家楼桥
新型建材厂
永定河
宣武门
菜市口

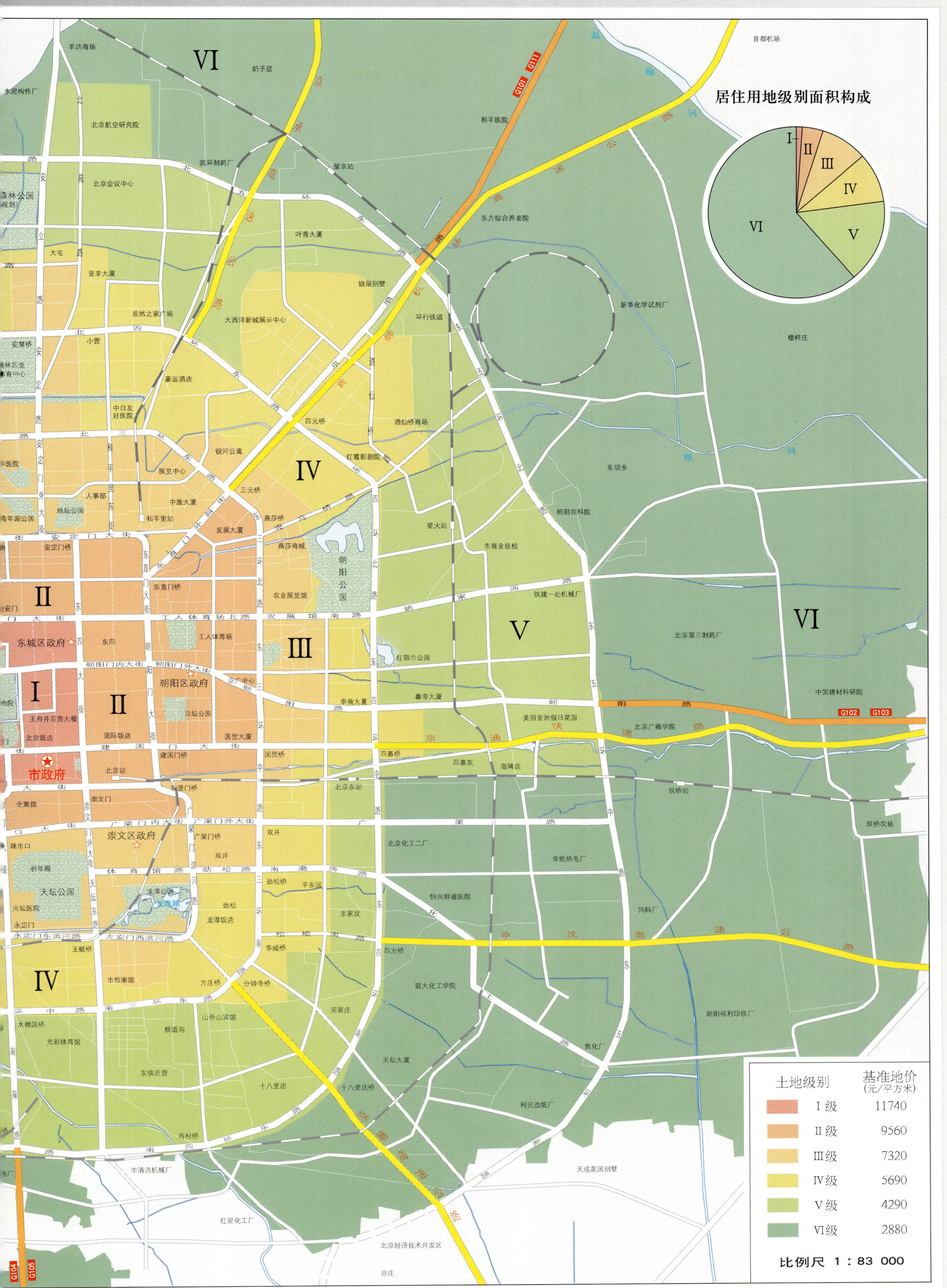
居住用地级别面积构成
I
II
III
IV
V
VI
土地级别
基准地价
(元/平方米)
I 级 11740
II 级 9560
III 级 7320
IV 级 5690
V 级 4290
VI 级 2880
比例尺 1 : 83 000
首都机场
羊坊商场
奶子房
水泥构件厂
北京航空研究院
凯环制药厂
望京站
和平医院
北京会议中心
叶青大厦
东方综合养老院
大屯
亚非大厦
银湖别墅
居然之家广场
大西洋新城展示中心
环行铁道
新华化学试剂厂
安慧桥
小营
豪运酒店
楼梓庄
中日友好医院
四元桥
酒仙桥商场
银河公寓
红霞影剧院
展览中心
三元桥
东坝乡
人事部
中旅大厦
朝阳农科院
地坛公园
和平里站
燕莎桥
发展大厦
星火站
青年湖公园
安定门桥
燕莎商城
市商业技校
朝阳公园
东直门桥
农业展览馆
铁建一处机械厂
东城区政府
工人体育场
东四
红领巾公园
北京第三制药厂
朝阳门内大街
朝阳门外大街
朝阳区政府
中国建材科研院
华商大厦
鑫帝大厦
王府井百货大楼
日坛公园
美丽亚洲假日花园
北京广播学院
北京饭店
国际饭店
国贸大厦
市政府
建国门桥
国贸桥
四惠桥
四惠东
高碑店
北京站
北京东站
双桥站
全聚德
崇文门
东便门桥
双桥农场
广渠门内大街
广渠门外大街
崇文区政府
广渠门桥
双井
北京化工二厂
华能热电厂
天坛公园
祈年殿
劲松桥
平东园
恒兴肿瘤医院
天坛医院
龙潭公园
劲松
龙潭饭店
垡家坟
饲料厂
永定门
永定门东滨河路
左安门西滨河路
华威桥
四方桥
玉蜓桥
市档案馆
方庄桥
分钟寺桥
联大化工学院
周家庄
朝阳福利印铁厂
木樨园桥
横道沟
山外山宾馆
光彩体育馆
焦化厂
东铁匠营
天坛大厦
十八里店
十八里店桥
利民造纸厂
肖村桥
市清洁机械厂
天成花园别墅
红星化工厂
北京经济技术开发区
亦庄
G101
G111
G102
G103
G104
G105

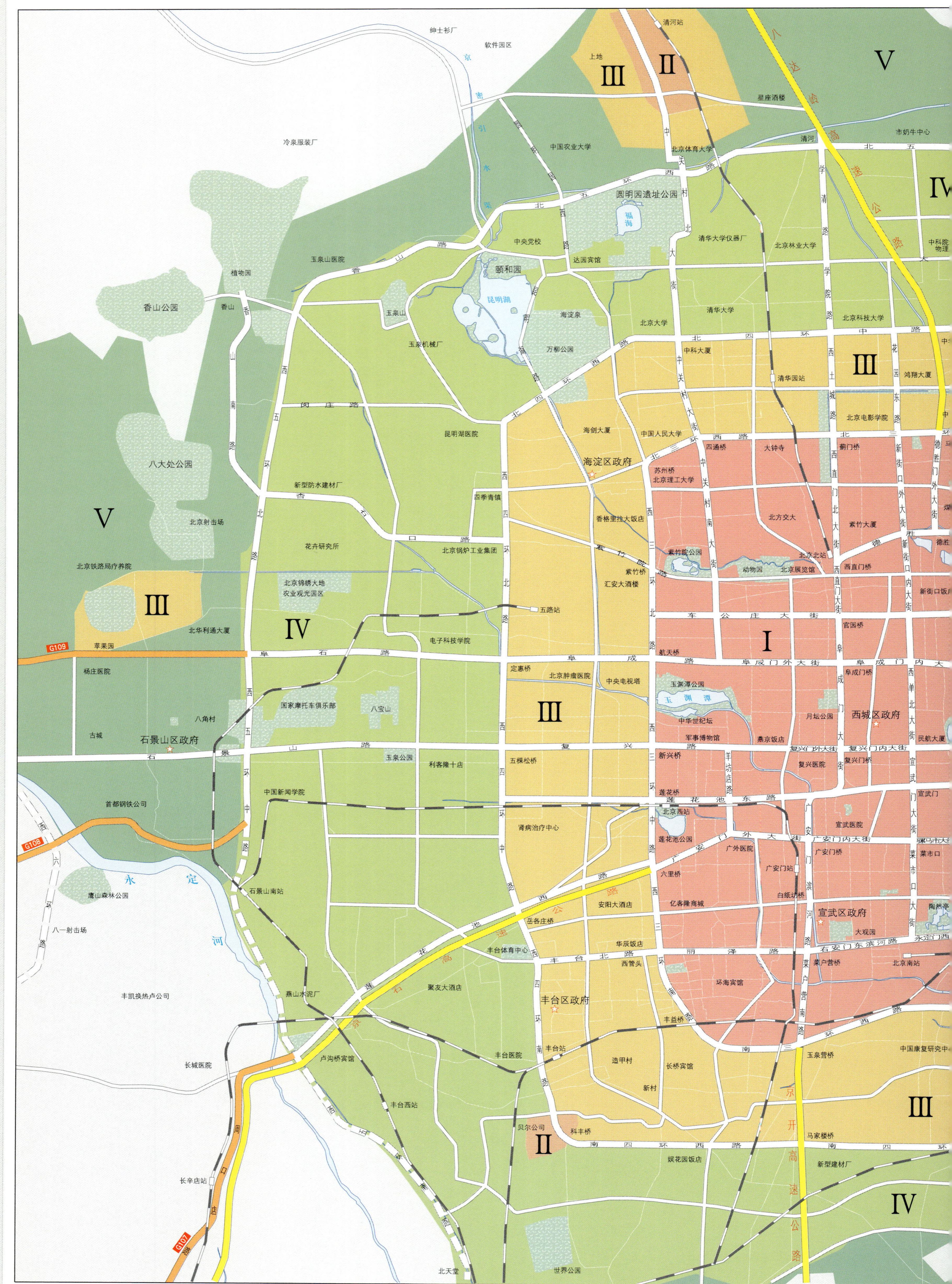
清河站
上地
软件园区
星座酒楼
市奶牛中心
冷泉服装厂
中国农业大学
北京体育大学
圆明园遗址公园
福海
中央党校
玉泉山医院
达园宾馆
清华大学仪器厂
北京林业大学
颐和园
昆明湖
植物园
香山公园
香山
玉泉山
海淀泉
万柳公园
北京大学
清华大学
北京科技大学
玉泉机械厂
中科大厦
清华园站
鸿翔大厦
北京电影学院
昆明湖医院
海剑大厦
中国人民大学
海淀区政府
八大处公园
新型防水建材厂
四季青镇
苏州桥
北京理工大学
四通桥
大钟寺
蓟门桥
北方交大
紫竹大厦
香格里拉大饭店
北京射击场
花卉研究所
北京锅炉工业集团
紫竹院公园
紫竹桥
汇安大酒楼
动物园
北京展览馆
西直门桥
北京北站
北京铁路局疗养院
北京锦绣大地农业观光园区
五路站
北华利通大厦
苹果园
电子科技学院
航天桥
官园桥
杨庄医院
定惠桥
北京肿瘤医院
中央电视塔
玉渊潭公园
阜成门桥
国家摩托车俱乐部
八宝山
八角村
中华世纪坛
月坛公园
西城区政府
石景山区政府
古城
军事博物馆
燕京饭店
玉泉公园
利客隆十店
五棵松桥
新兴桥
复兴医院
复兴门桥
民航大厦
首都钢铁公司
中国新闻学院
莲花桥
北京西站
宣武门
育病治疗中心
宣武医院
莲花池公园
广外医院
广安门桥
广安门站
菜市口
鹰山森林公园
石景山南站
六里桥
白纸坊桥
八一射击场
安阳大酒店
亿客隆商城
宣武区政府
岳各庄桥
大观园
丰台体育中心
华辰饭店
西管头
菜户营桥
北京南站
聚友大酒店
环海宾馆
燕山水泥厂
丰凯换热公司
丰台区政府
丰益桥
丰台医院
丰台站
玉泉营桥
长城医院
卢沟桥宾馆
造甲村
长桥宾馆
中国康复研究中心
新村
丰台西站
贝尔公司
科丰桥
马家楼桥
长辛店站
娱花园饭店
新型建材厂
北天堂
世界公园
G109
G108
G107
I
II
III
IV
V

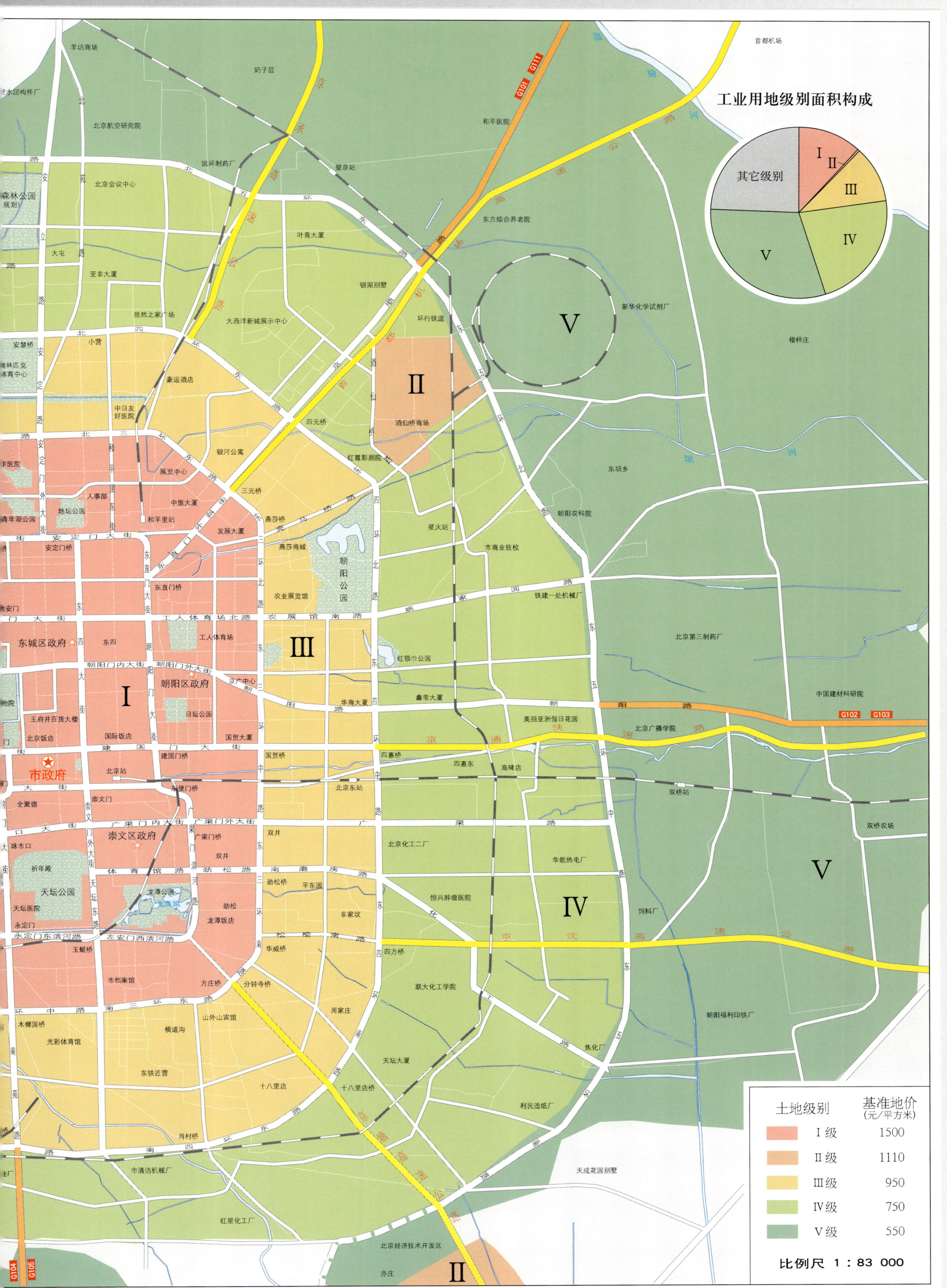

工业用地级别面积构成
其它级别
I
II
III
IV
V
土地级别
基准地价
(元/平方米)
I 级 1500
II 级 1110
III 级 950
IV 级 750
V 级 550
比例尺 1：83 000
市政府
东城区政府
朝阳区政府
崇文区政府
天坛公园
朝阳公园
红领巾公园
首都机场
北京东站
北京站
双桥站
北京经济技术开发区

资料暂缺

天津市

天津市简称津，中央直辖市，是环渤海经济区的中心城市，华北地区的重要经济中心和对外口岸，全国重要的工业基地，国家历史文化名城，也是老商业城市，我国北方商品的流转集散中心。位于华北平原东北部，北依燕山，东临渤海，北、西、南三面与北京市、河北省相邻。辖15区，3县，面积1.1万多平方千米，全市总人口924万。

天津市根据《城镇土地分等定级规程》、《城镇土地估价规程》、《城市地价动态监测体系技术规范》及《2000—2001年度城市土地价格调查实施方案》，明确基准地价内涵，以天津市中心城区规划（1996–2010）为依据确定城市土地价格调查范围（市内六区和东丽、津南、西青、北辰四个郊区在外环线绿化带以内的土地），全面开展自然、社会、经济及土地市场状况等调查，利用计算机系统技术，辅助完成了城市土地综合定级，商业、居住、工业用地定级与基准地价更新，设立390个地价监测点，建立了城市土地基准地价更新系统，为我国城市地价动态监测体系建设奠定了基础。也为天津市强化城市土地资产管理，规范土地市场，制定各类规划和提高土地利用的经济、社会和环境效益提供科学依据。

- 商业用地基准地价内涵：在正常土地市场条件下，基准日为2001年1月1日，土地开发程度为“七通一平”（宗地红线外通路、通电、供水、排水、通讯、通气、通暖及宗地红线内场地平整），平均容积率为2.0，商业用地法定最高出让年限40年的完整土地使用权平均价格。

- 居住用地基准地价内涵：在正常土地市场条件下，基准日为2001年1月1日，土地开发程度为“七通一平”（宗地红线外通路、通电、供水、排水、通讯、通气、通暖及宗地红线内场地平整），平均容积率为1.5，居住用地法定最高出让年限70年的完整土地使用权平均价格。

- 工业用地基准地价内涵：在正常土地市场条件下，基准日为2001年1月1日，土地开发程度为“七通一平”（宗地红线外通路、通电、供水、排水、通讯、通气、通暖及宗地红线内场地平整），平均容积率为1.0，工业用地法定最高出让年限50年的完整土地使用权平均价格。

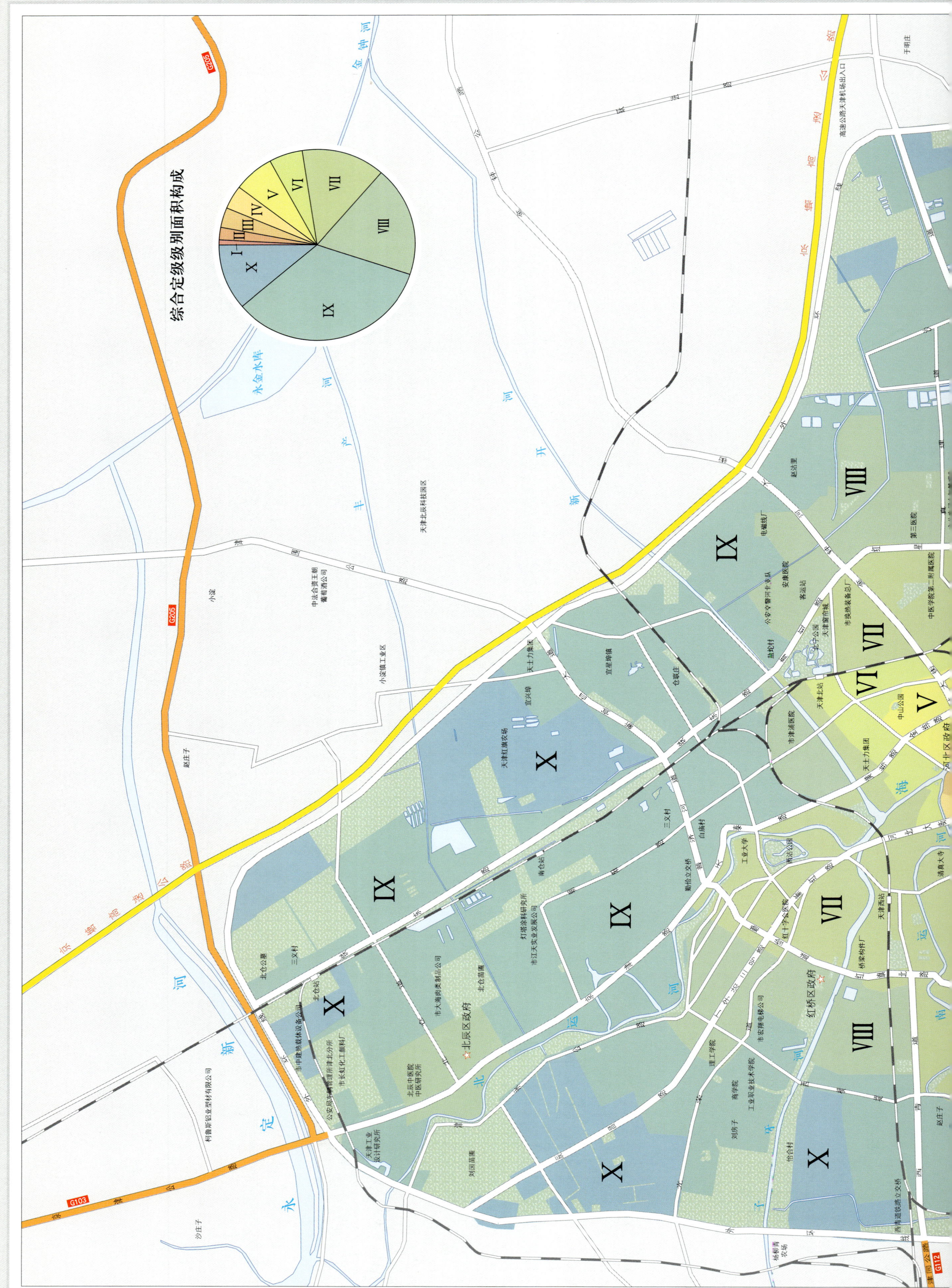

综合定级级别面积构成
I
II
III
IV
V
VI
VII
VIII
IX
X
永金水库
天津北辰科技园区
小淀
小淀镇工业区
北辰区政府
红桥区政府
天津北站
中山公园
天津西站
北仓站
南仓站
工业大学
南开公园
天津红旗农场
京塘高速公路
G205
G103
G112

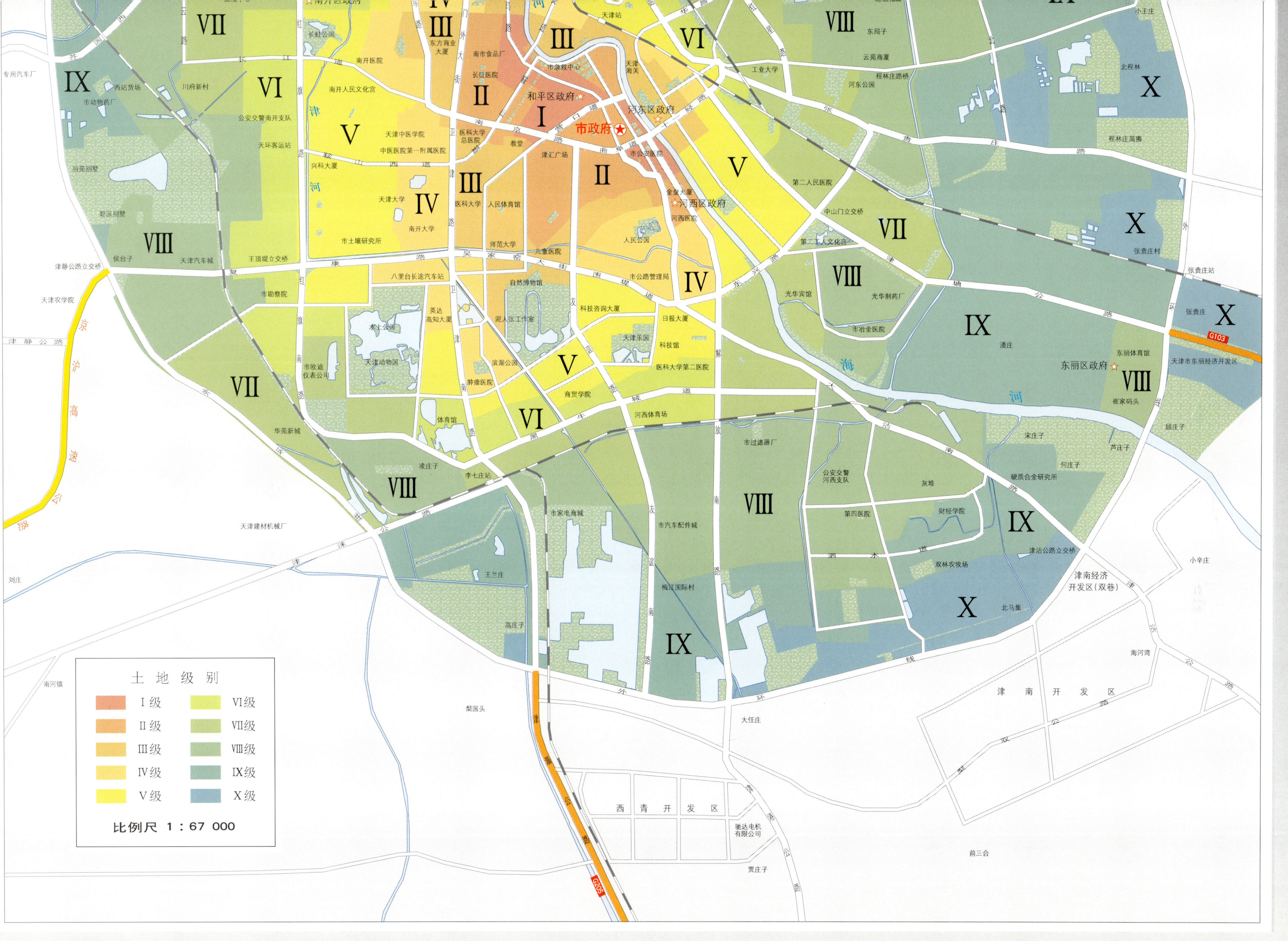
土地级别
Ⅰ级
Ⅱ级
Ⅲ级
Ⅳ级
Ⅴ级
Ⅵ级
Ⅶ级
Ⅷ级
Ⅸ级
Ⅹ级
比例尺 1 : 67 000
市政府
和平区政府
河东区政府
河西区政府
东丽区政府
津南经济开发区(双巷)
津南开发区
西青开发区
天津市东丽经济开发区
京沪高速公路
G103
G205

天津市商业用地基准地价及监测点

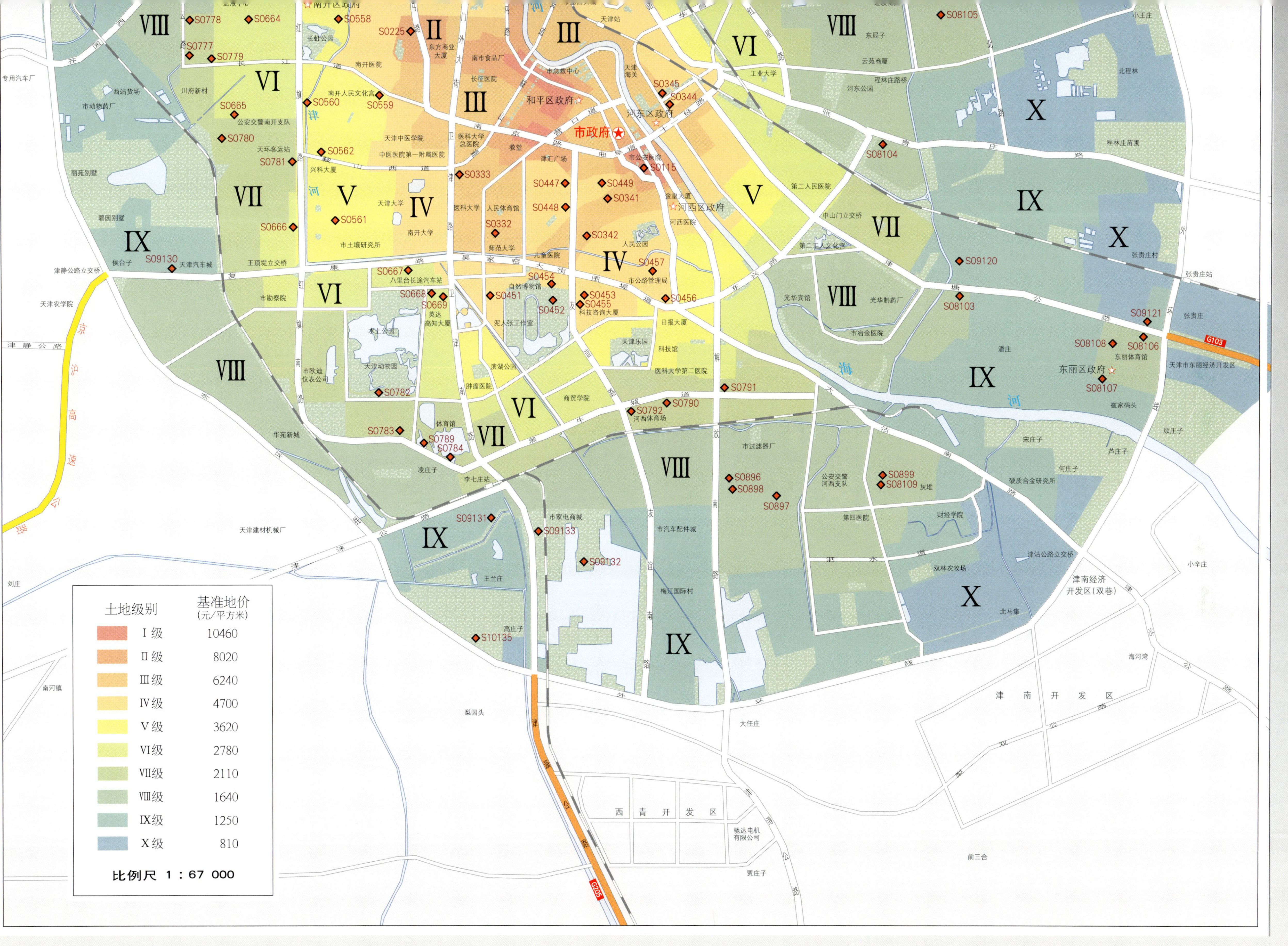
土地级别
基准地价
(元/平方米)
I级 10460
II级 8020
III级 6240
IV级 4700
V级 3620
VI级 2780
VII级 2110
VIII级 1640
IX级 1250
X级 810
比例尺 1 : 67 000

居住用地级别面积构成
北辰区政府
红桥区政府
天津北辰科技园区
永金水库

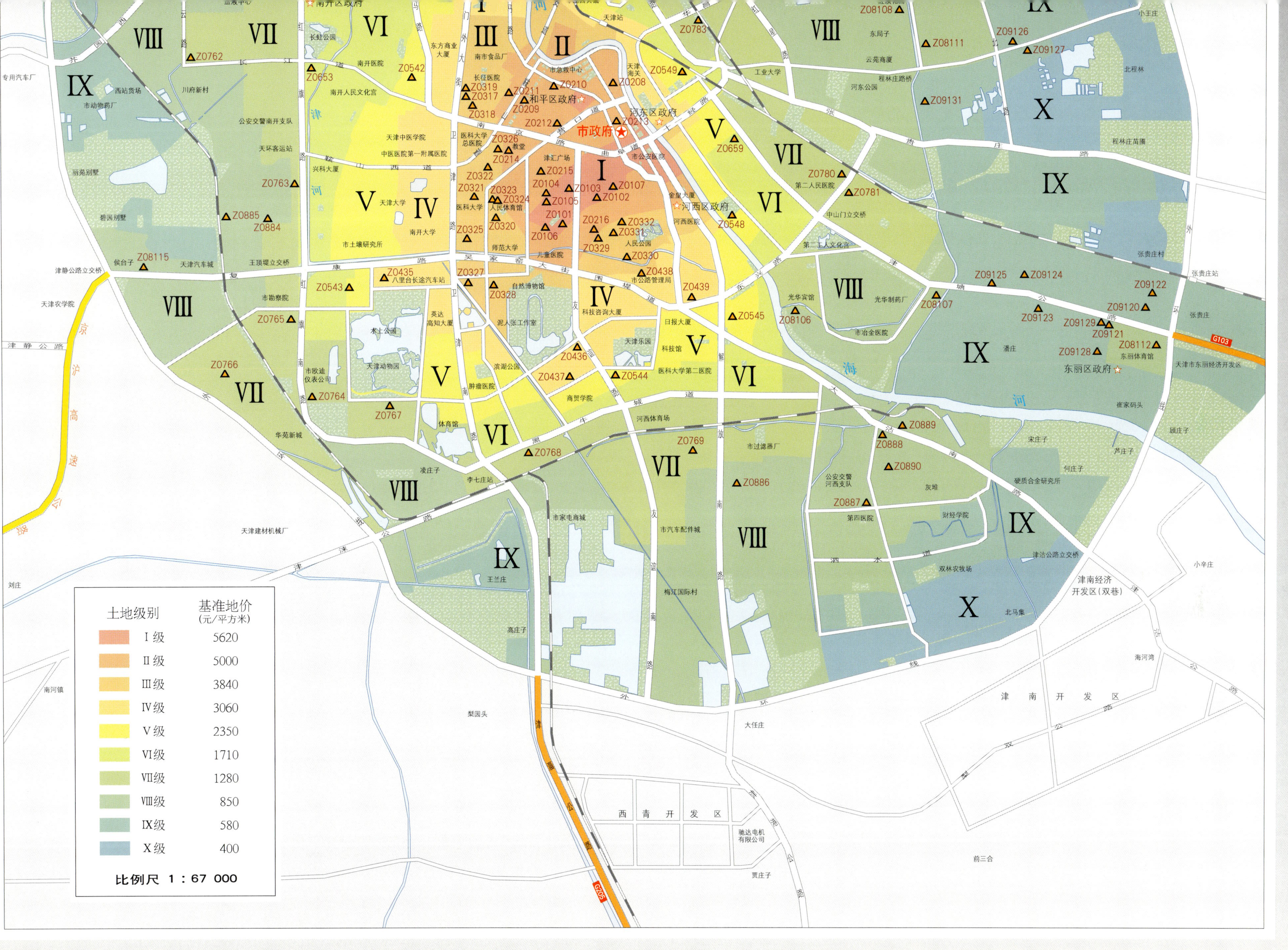

土地级别
基准地价
(元/平方米)
I级 5620
II级 5000
III级 3840
IV级 3060
V级 2350
VI级 1710
VII级 1280
VIII级 850
IX级 580
X级 400
比例尺 1：67 000
市政府
和平区政府
河东区政府
河西区政府
东丽区政府
津南经济开发区（双巷）
津南开发区
西青开发区

工业用地级别面积构成
规划限制区
I
II
III
IV
V
VI
VII
VIII
永金水库
天津北辰科技园区
小淀工业区
北辰区政府
红桥区政府
河北区政府
天津北站
天津西站
中山公园
工业大学
G0 8120
G0 8119
G0 8121
G0 8117
G0 8118
G07111
G07112
G07110
G0674
G0675
G0670
G0671
G0543
G08122

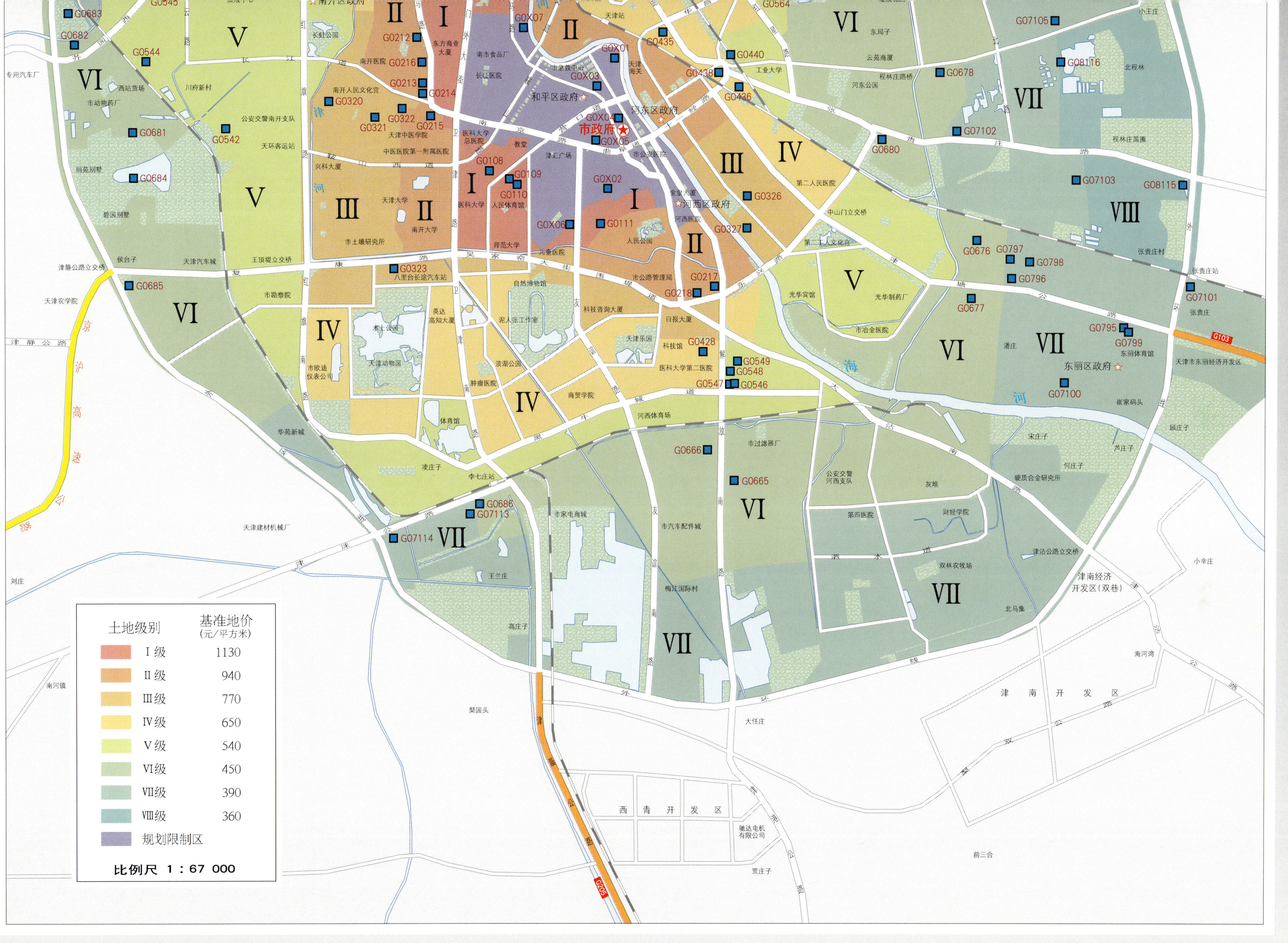

土地级别
基准地价（元/平方米）
Ⅰ级 1130
Ⅱ级 940
Ⅲ级 770
Ⅳ级 650
Ⅴ级 540
Ⅵ级 450
Ⅶ级 390
Ⅷ级 360
规划限制区
比例尺 1：67 000
市政府
和平区政府
河东区政府
河西区政府
东丽区政府
津南经济开发区（双巷）
津南开发区
西青开发区
天津市东丽经济开发区
京沪高速公路

用　途	土地级别	监测点编　号	监测点地价（元/平方米）	土地级别	监测点编　号	监测点地价（元/平方米）	土地级别	监测点编　号	监测点地价（元/平方米）
商业	Ⅰ	S0101	29 560	Ⅲ	S0346	6 146	Ⅶ	S0791	2 054
		S0102	11 800	Ⅳ	S0447	3 269		S0792	2 056
		S0103	20 110		S0448	3 766		S0793	4 130
		S0104	29 560		S0449	4 840		S0794	4 130
		S0105	16 130		S0450	4 700		S0795	4 135
		S0106	9 785		S0451	3 950	Ⅷ	S0896	1 268
		S0107	10 800		S0452	4 930		S0897	886
		S0108	23 500		S0453	4 684		S0898	1 139
		S0109	25 658		S0454	4 773		S0899	1 740
		S0110	15 840		S0455	2 068		S08100	1 374
		S0111	16 500		S0456	3 826		S08101	3 210
		S0112	12 900		S0457	6 570		S08102	3 182
		S0113	12 860	Ⅴ	S0558	3 656		S08103	1 470
		S0114	9 635		S0559	4 632		S08104	3 214
		S0115	23 999		S0560	2 796		S08105	3 180
	Ⅱ	S0216	10 936		S0561	2 830		S08106	1 606
		S0217	7 703		S0562	7 780		S08107	1 250
		S0218	17 578		S0563	3 720		S08108	1 326
		S0219	5 941	Ⅵ	S0664	2 500		S08109	2 045
		S0220	7 989		S0665	2 780		S08110	3 214
		S0221	7 979		S0666	5 490		S08111	3 214
		S0222	8 100		S0667	8 500		S08112	3 150
		S0223	8 020		S0668	2 780		S08113	3 215
		S0224	8 020		S0669	5 500		S08114	3 210
		S0225	17 560		S0670	5 450		S08115	3 215
		S0226	8 410		S0671	2 890		S08116	3 210
		S0227	7 400		S0672	2 750		S08117	3 210
	Ⅲ	S0328	4 673		S0673	5 445		S08118	1 725
		S0329	6 430		S0674	5 460		S08119	1 485
		S0330	9 730		S0675	5 440	Ⅸ	S09120	1 865
		S0331	6 327		S0676	5 449		S09121	1 221
		S0332	7 098	Ⅶ	S0777	1 645		S09122	1 840
		S0333	7 987		S0778	2 000		S09123	1 485
		S0334	6 240		S0779	2 110		S09124	1 775
		S0335	8 110		S0780	4 120		S09125	1 485
		S0336	5 430		S0781	1 575		S09126	1 045
		S0337	5 687		S0782	4 135		S09127	1 840
		S0338	6 250		S0783	4 130		S09128	1 840
		S0339	5 380		S0784	4 135		S09129	1 040
		S0340	6 240		S0785	2 992		S09130	1 215
		S0341	5 390		S0786	4 123		S09131	1 055
		S0342	5 722		S0787	2 146		S09132	1 235
		S0343	6 240		S0788	4 136		S09133	1 005
		S0344	7 360		S0789	1 647	Ⅹ	S10134	1 093
		S0345	9 280		S0790	1 860		S10135	685
居住	Ⅰ	Z0101	6 496	Ⅱ	Z0211	5 700	Ⅲ	Z0321	4 723
		Z0102	6 273		Z0212	8 613		Z0322	4 608
		Z0103	6 180		Z0213	4 440		Z0323	4 838
		Z0104	6 310		Z0214	5 564		Z0324	4 723
		Z0105	6 570		Z0215	5 659		Z0325	3 072
		Z0106	5 090		Z0216	8 400		Z0326	6 566
		Z0107	4 500	Ⅲ	Z0317	4 723		Z0327	4 109
	Ⅱ	Z0208	8 610		Z0318	5 760		Z0328	5 184
		Z0209	5 280		Z0319	6 106		Z0329	2 106
		Z0210	5 506		Z0320	6 106		Z0330	4 201

用途	土地级别	监测点编号	监测点地价（元/平方米）	土地级别	监测点编号	监测点地价（元/平方米）	土地级别	监测点编号	监测点地价（元/平方米）
居住	Ⅲ	Z0331	5 576	Ⅶ	Z0768	2 120	Ⅷ	Z08103	748
		Z0332	4 927		Z0769	1 494		Z08104	821
	Ⅳ	Z0435	2 938		Z0770	1 331		Z08105	787
		Z0436	3 604		Z0771	1 331		Z08106	748
		Z0437	3 546		Z0772	1 331		Z08107	748
		Z0438	3 370		Z0773	1 331		Z08108	748
		Z0439	3 563		Z0774	1 408		Z08109	748
		Z0440	2 938		Z0775	1 331		Z08110	748
		Z0441	3 696		Z0776	1 506		Z08111	747
	Ⅴ	Z0542	2 444		Z0777	1 613		Z08112	679
		Z0543	2 444		Z0778	1 331		Z08113	748
		Z0544	2 232		Z0779	1 126		Z08114	746
		Z0545	2 665		Z0780	1 331		Z08115	746
		Z0546	2 515		Z0781	1 331	Ⅸ	Z09116	655
		Z0547	2 515		Z0782	1 331		Z09117	655
		Z0548	2 605		Z0783	1 331		Z09118	657
		Z0549	2 444	Ⅷ	Z0884	850		Z09119	655
		Z0550	2 387		Z0885	850		Z09120	648
		Z0551	2 571		Z0886	1 065		Z09121	648
	Ⅵ	Z0652	1 881		Z0887	933		Z09122	648
		Z0653	1 830		Z0888	992		Z09123	648
		Z0654	1 710		Z0889	967		Z09124	651
		Z0655	1 710		Z0890	992		Z09125	559
		Z0656	1 720		Z0891	884		Z09126	655
		Z0657	2 013		Z0892	884		Z09127	655
		Z0658	2 155		Z0893	884		Z09128	487
		Z0659	1 881		Z0894	884		Z09129	534
		Z0660	1 892		Z0895	884		Z09130	491
		Z0661	1 892		Z0896	884		Z09131	498
	Ⅶ	Z0762	1 280		Z0897	884		Z09132	489
		Z0763	1 280		Z0898	748		Z09133	557
		Z0764	1 920		Z0899	884		Z09134	668
		Z0765	1 280		Z08100	884	Ⅹ	Z10135	376
		Z0766	1 280		Z08101	884			
		Z0767	1 280		Z08102	782			
工业	规划限制区（X）	G0X01	1 135	Ⅲ	G0321	774	Ⅳ	G0441	653
		G0X02	1 135		G0322	774	Ⅴ	G0542	543
		G0X03	1 135		G0323	774		G0543	543
		G0X04	1 135		G0324	774		G0544	540
		G0X05	1 135		G0325	774		G0545	543
		G0X06	1 135		G0326	774		G0546	540
		G0X07	1 135		G0327	770		G0547	543
	Ⅰ	G0108	1 135	Ⅳ	G0428	653		G0548	540
		G0109	1 135		G0429	653		G0549	540
		G0110	1 135		G0430	653		G0550	540
		G0111	1 135		G0431	653		G0551	540
	Ⅱ	G0212	945		G0432	650		G0552	540
		G0213	945		G0433	653		G0553	540
		G0214	945		G0434	653		G0554	360
		G0215	945		G0435	653		G0555	540
		G0216	945		G0436	650		G0556	540
		G0217	945		G0437	650		G0557	540
		G0218	945		G0438	650		G0558	540
		G0219	940		G0439	650		G0559	540
	Ⅲ	G0320	774		G0440	650		G0560	543

用　途	土地级别	监测点编　号	监测点地价（元/平方米）	土地级别	监测点编　号	监测点地价（元/平方米）	土地级别	监测点编　号	监测点地价（元/平方米）
工业	V	G0561	540	VI	G0682	450	VII	G07103	365
		G0562	543		G0683	450		G07104	365
		G0563	540		G0684	450		G07105	365
		G0564	540		G0685	450		G07106	365
	VI	G0665	450		G0686	450		G07107	365
		G0666	450	VII	G0787	365		G07108	365
		G0667	450		G0788	365		G07109	365
		G0668	450		G0789	365		G07110	365
		G0669	450		G0790	365		G07111	365
		G0670	450		G0791	365		G07112	365
		G0671	450		G0792	365		G07113	365
		G0672	452		G0793	365		G07114	365
		G0673	450		G0794	365	VIII	G08115	300
		G0674	452		G0795	363		G08116	300
		G0675	452		G0796	363		G08117	300
		G0676	450		G0797	363		G08118	300
		G0677	448		G0798	363		G08119	300
		G0678	450		G0799	365		G08120	300
		G0679	452		G07100	365		G08121	300
		G0680	448		G07101	365		G08122	300
		G0681	450		G07102	365			

- 商业用地监测点地价内涵：在正常土地市场条件下，基准日为2001年1月1日，土地开发程度为“七通一平”（宗地红线外通路、通电、供水、排水、通讯、通气、通暖及宗地红线内场地平整），容积率为2.0，商业用地法定最高出让年限40年的完整土地使用权价格。

- 居住用地监测点地价内涵：在正常土地市场条件下，基准日为2001年1月1日，土地开发程度为“七通一平”（宗地红线外通路、通电、供水、排水、通讯、通气、通暖及宗地红线内场地平整），容积率为1.5，居住用地法定最高出让年限70年的完整土地使用权价格。

- 工业用地监测点地价内涵：在正常土地市场条件下，基准日为2001年1月1日，土地开发程度为“七通一平”（宗地红线外通路、通电、供水、排水、通讯、通气、通暖及宗地红线内场地平整），容积率为1.0，工业用地法定最高出让年限50年的完整土地使用权价格。

石家庄市

石家庄市是河北省省会，河北省政治、经济、文化、科技和信息中心。也是华北地区重要商埠，全国重要医药工业基地之一，是环渤海地区西南部的中心城市和重要交通枢纽。东与衡水接壤，南与邢台毗连，西与山西为邻，北与保定相接。辖6区、5市、12县，面积15 722平方千米，其中市区总面积456平方千米，全市总人口896万。

石家庄市根据《城镇土地分等定级规程》、《城镇土地估价规程》、《城市地价动态监测体系技术规范》及《2000—2001年度城市土地价格调查实施方案》，明确基准地价内涵，在市区136.1平方千米的土地范围内，进行自然、社会、经济及土地市场状况等调查，全面利用计算机系统技术，辅助完成了城市土地综合定级，商业、居住、工业用地定级与基准地价更新，设立130个地价监测点，建立了城市土地基准地价更新系统，为我国城市地价动态监测体系建设奠定了基础。也为石家庄市强化城市土地资产管理，规范土地市场，制定各类规划和提高土地利用的经济、社会和环境效益提供科学依据。

石家庄市基准地价已于2003年4月13日由市政府公布实施。

- 商业用地基准地价内涵：在正常土地市场条件下，基准日为2001年1月1日，设定土地开发程度为“五通一平”（宗地红线外通路、通电、供水、排水、通讯及宗地红线内场地平整），平均容积率为2.0，商业用地法定最高出让年限40年的完整土地使用权平均价格。

- 居住用地基准地价内涵：在正常土地市场条件下，基准日为2001年1月1日，设定土地开发程度为“五通一平”（宗地红线外通路、通电、供水、排水、通讯及宗地红线内场地平整），平均容积率为1.3，居住用地法定最高出让年限70年的完整土地使用权平均价格。

- 工业用地基准地价内涵：在正常土地市场条件下，基准日为2001年1月1日，设定土地开发程度为“五通一平”（宗地红线外通路、通电、供水、排水、通讯及宗地红线内场地平整），工业用地法定最高出让年限50年的完整土地使用权平均价格。

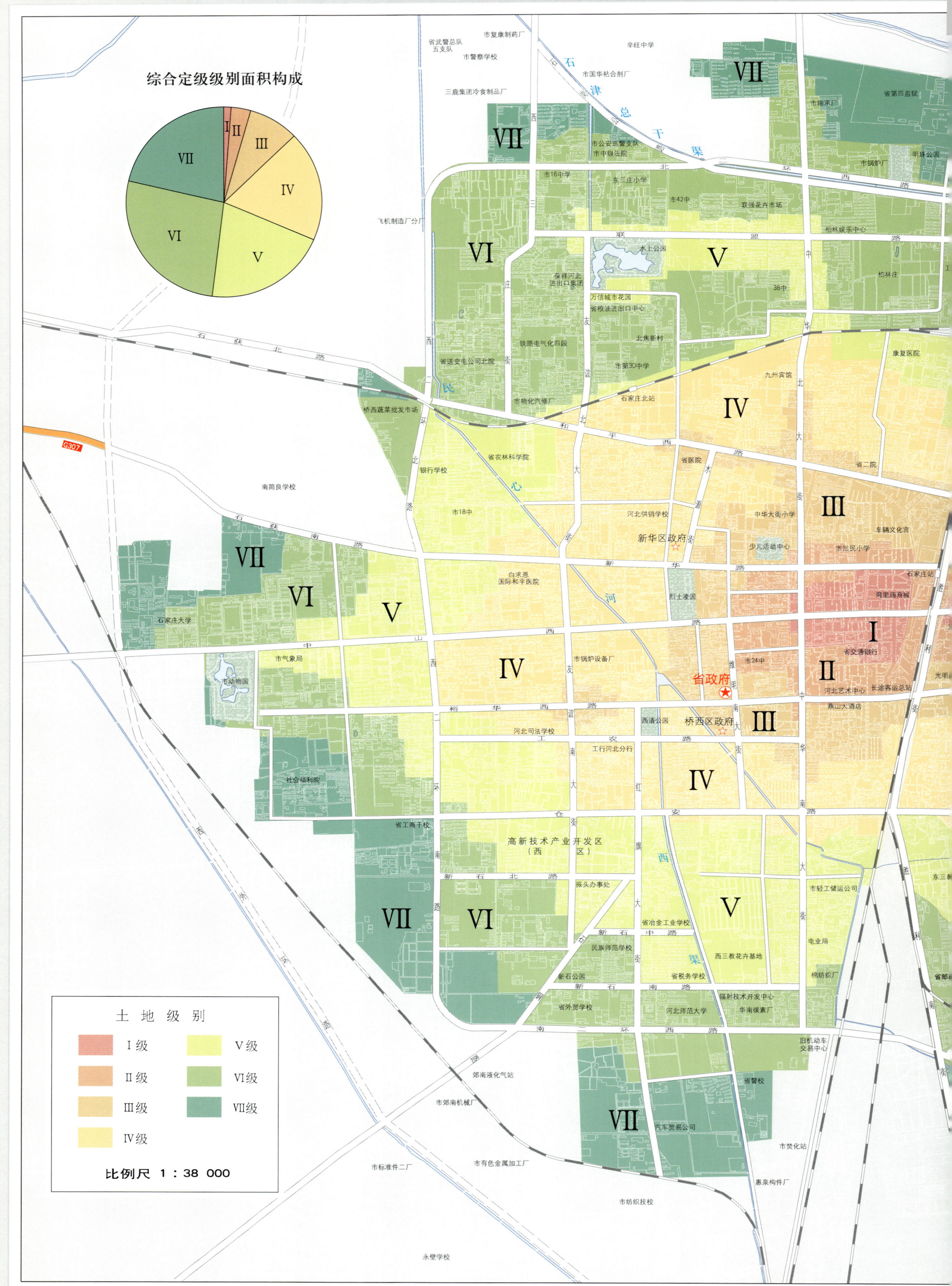
综合定级级别面积构成
Ⅰ
Ⅱ
Ⅲ
Ⅳ
Ⅴ
Ⅵ
Ⅶ
土 地 级 别
Ⅰ级
Ⅱ级
Ⅲ级
Ⅳ级
Ⅴ级
Ⅵ级
Ⅶ级
比例尺 1：38 000
省政府
新华区政府
桥西区政府
石津总干渠
民心河
西清公园
烈士陵园
市动物园
水上公园
石家庄大学
省农林科学院
省医院
省二院
康复医院
九州宾馆
石家庄北站
石家庄站
省交通银行
燕山大酒店
长途客运总站
河北艺术中心
中华大街小学
少儿活动中心
车辆文化宫
市气象局
市锅炉设备厂
河北司法学校
工行河北分行
高新技术产业开发区（西区）
河北供销学校
白求恩国际和平医院
社会福利院
省工商干校
振头办事处
省冶金工业学校
民族师范学校
新石公园
省税务学校
省外贸学校
河北师范大学
华南煤素厂
辐射技术开发中心
西三教花卉基地
市轻工储运公司
电业局
棉纺织厂
旧机动车交易中心
省警校
汽车贸易公司
市焦化站
惠泉构件厂
市纺织技校
永壁学校
市标准件二厂
市有色金属加工厂
市郊南机械厂
郊南液化气站
南简良学校
银行学校
市18中
桥西蔬菜批发市场
省送变电公司北院
铁路电气化四段
市物化汽修厂
市第30中学
北焦新村
38中
柏林庄
柏林娱乐中心
联强花卉市场
市42中
东二庄小学
市16中学
市公安巡警支队
市中级法院
市国华粘合剂厂
辛旺中学
市复康制药厂
省武警总队五支队
市警察学校
三鹿集团冷食制品厂
飞机制造厂分厂
省第四监狱
市铸采厂
市锅炉厂
明珠公园
万信城市花园
省粮油进出口中心
石获北路
石获南路
中山西路
裕华西路
和平西路
新华路
北二环西路
南二环西路
新石北路
新石中路
新石南路
联盟路
槐安路
友谊大街
中华大街
西二环路
G307
光明

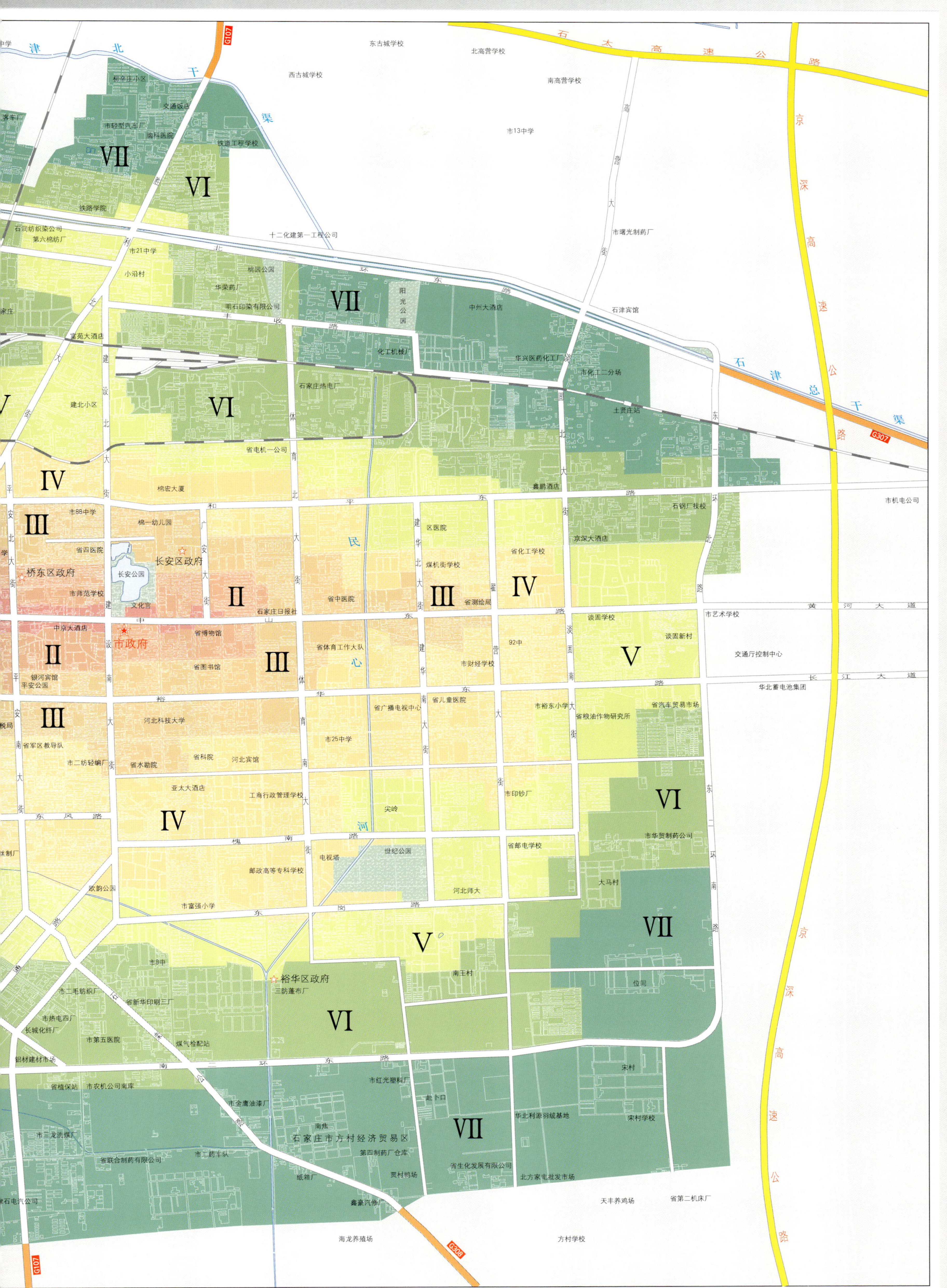

石家庄市商业用地基准地价及监测点

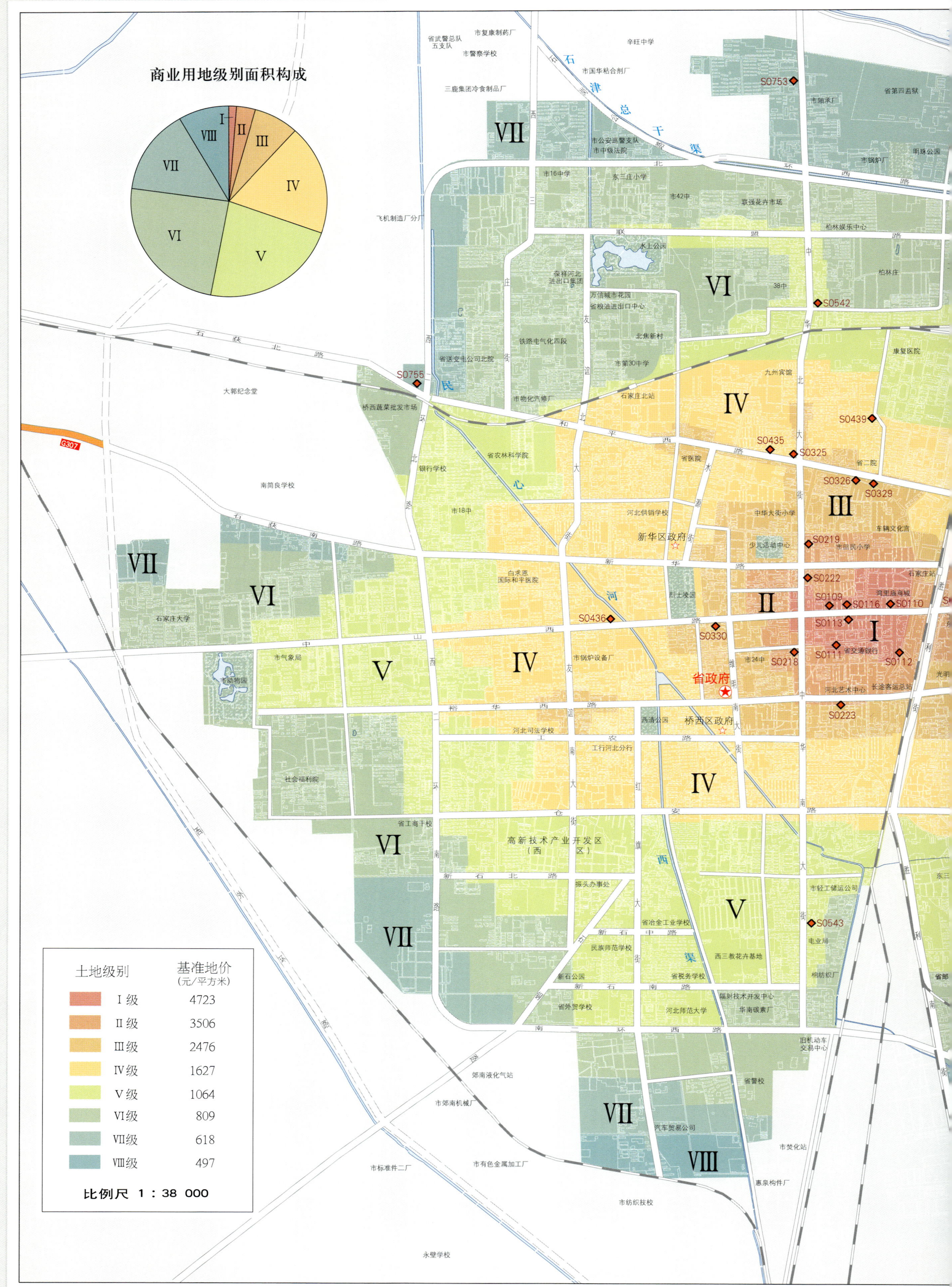

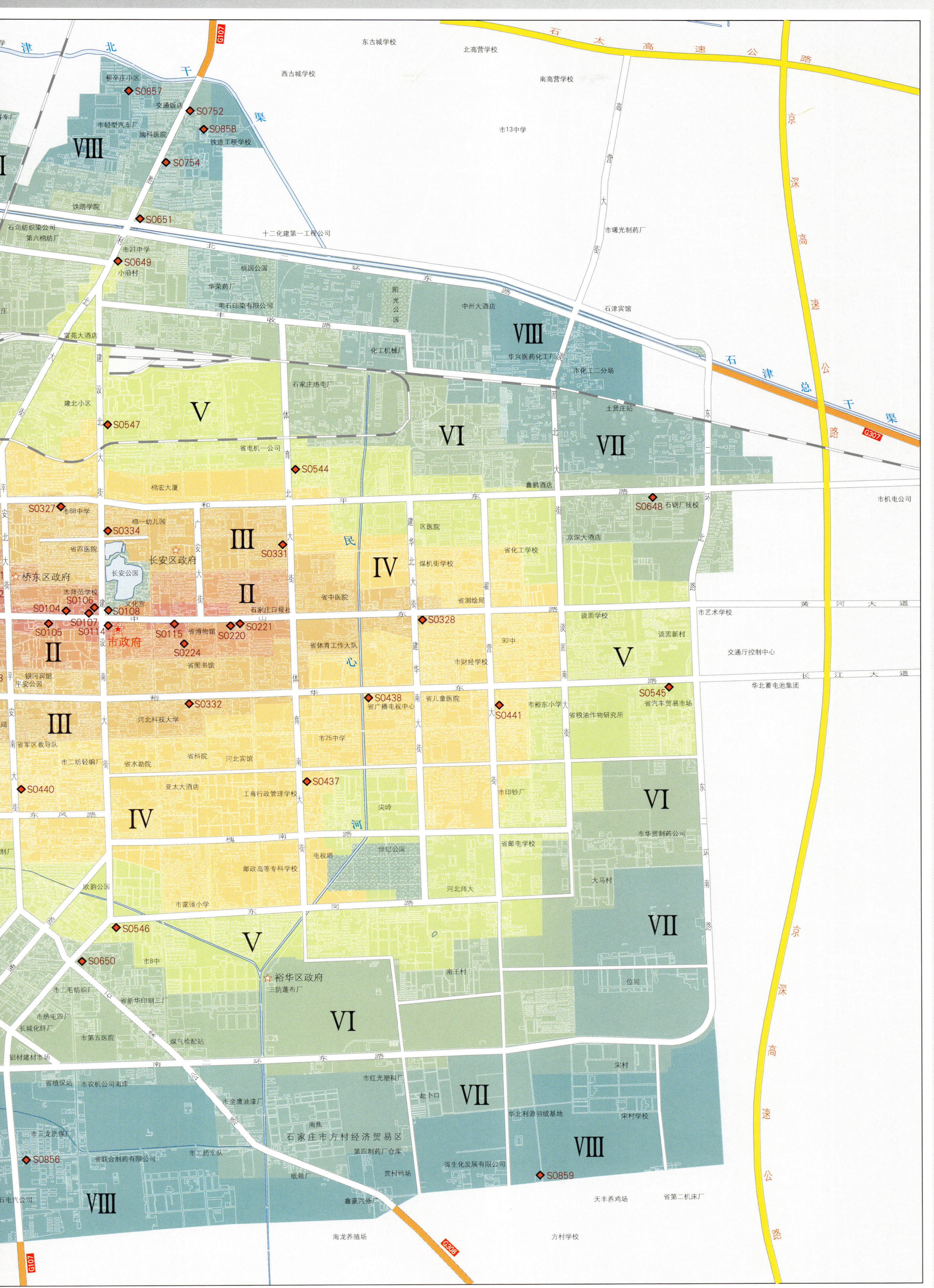

石家庄市居住用地基准地价及监测点

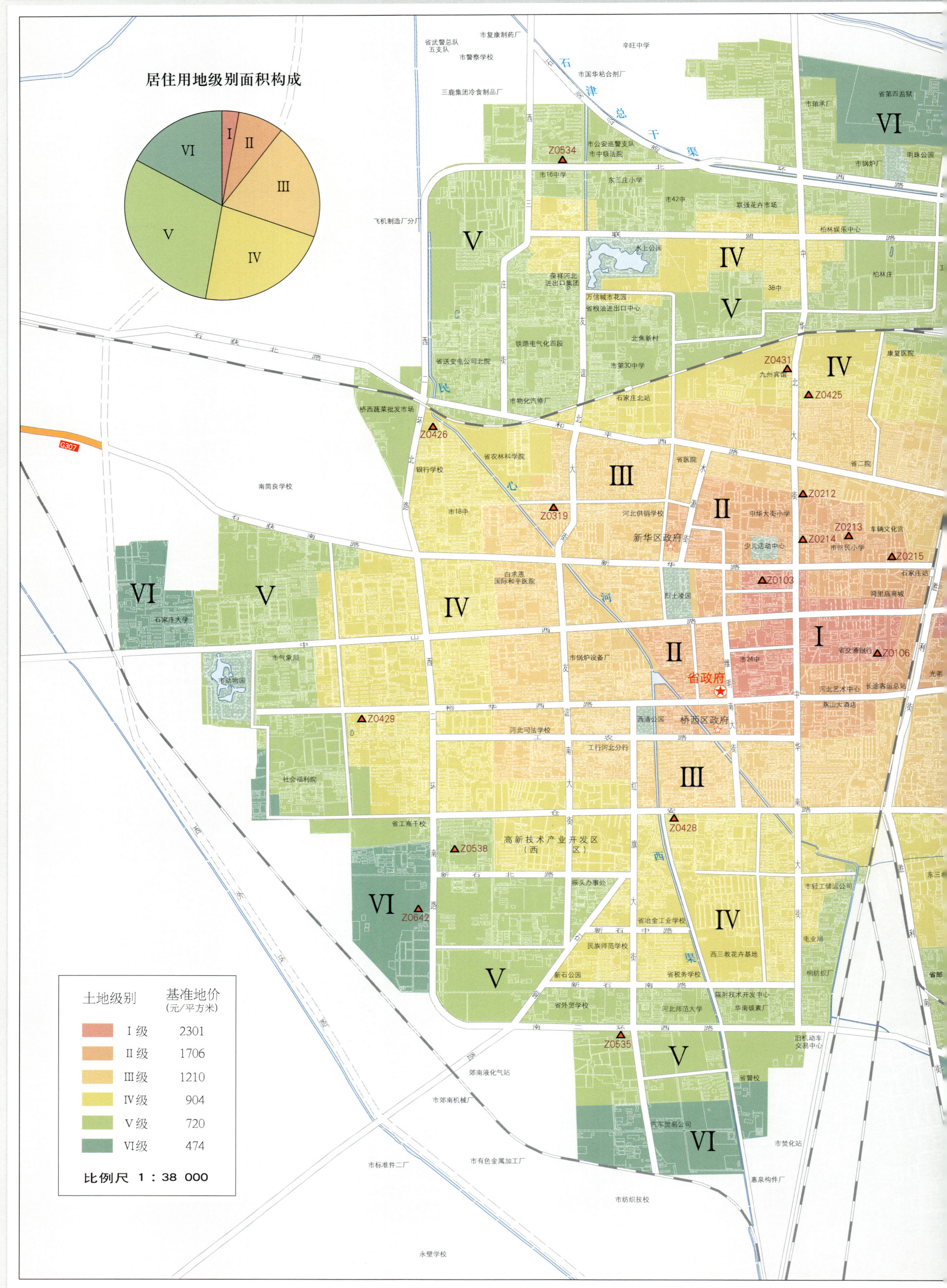

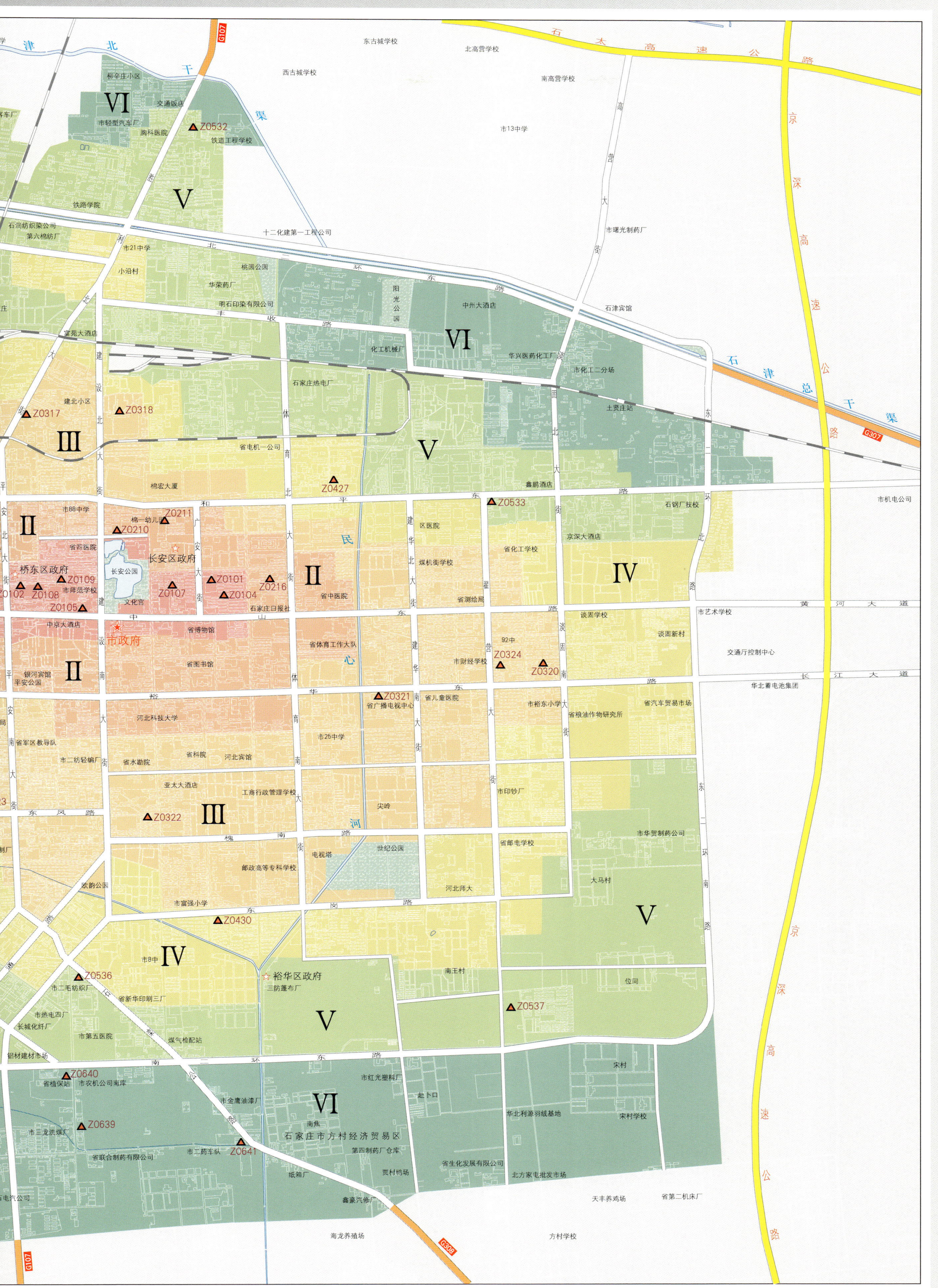

石太高速公路
京深高速公路
石津总干渠
津北干渠
北二环东路
东二环北路
东二环南路
南二环东路
黄河大道
长江大道
和平东路
中山东路
裕华东路
槐南路
东风路
建设北大街
建设南大街
体育北大街
体育南大街
民心河
建华北大街
谈固大街
高营大街
桥东区政府
长安区政府
市政府
裕华区政府
长安公园
世纪公园
石家庄市方村经济贸易区
Z0532
Z0317
Z0318
Z0427
Z0533
Z0211
Z0210
Z0109
Z0102
Z0108
Z0105
Z0107
Z0101
Z0104
Z0216
Z0324
Z0320
Z0321
Z0322
Z0430
Z0536
Z0537
Z0640
Z0639
Z0641
VI
V
III
II
IV
G107
G307
G308

石家庄市工业用地基准地价及监测点

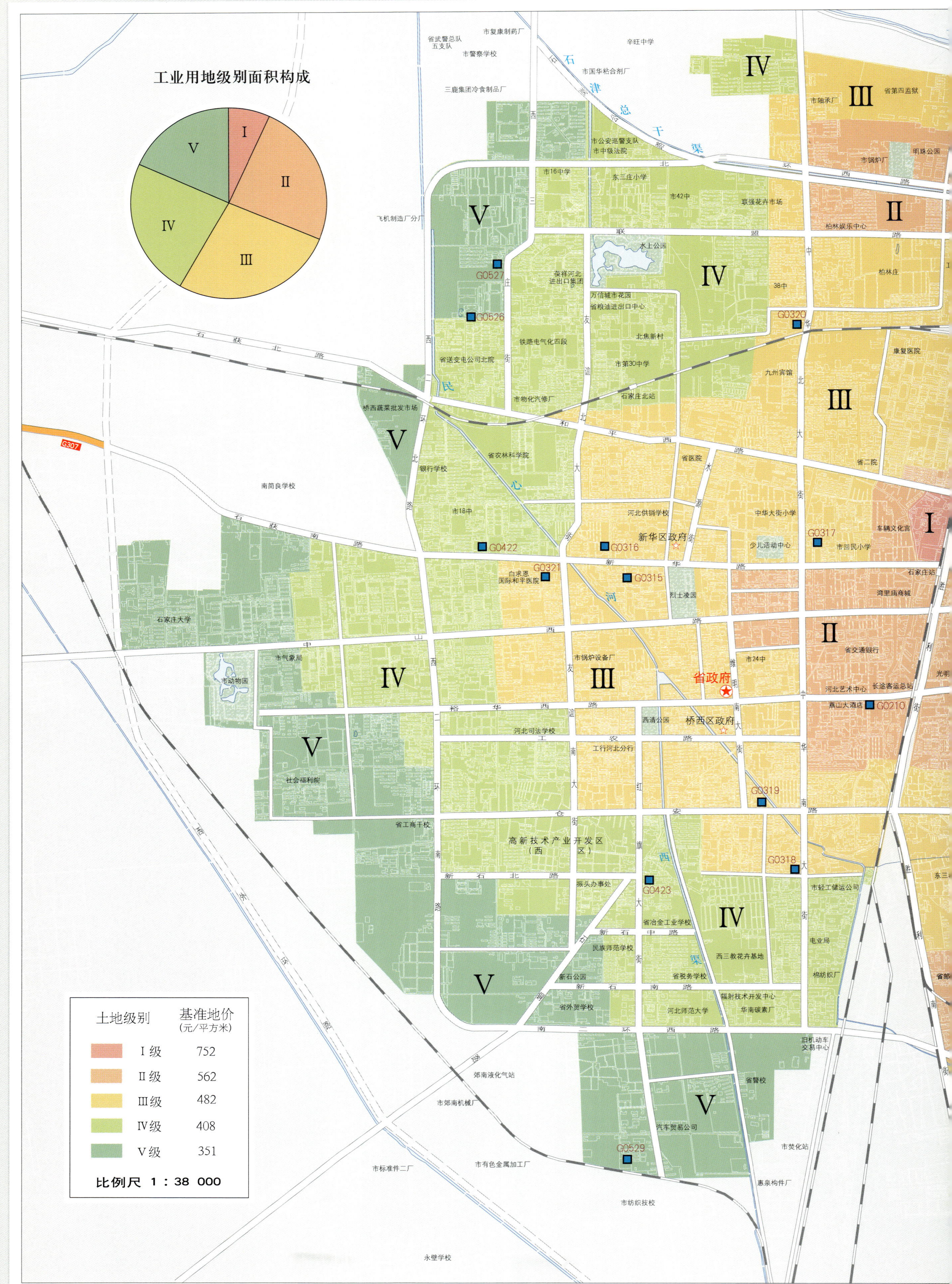

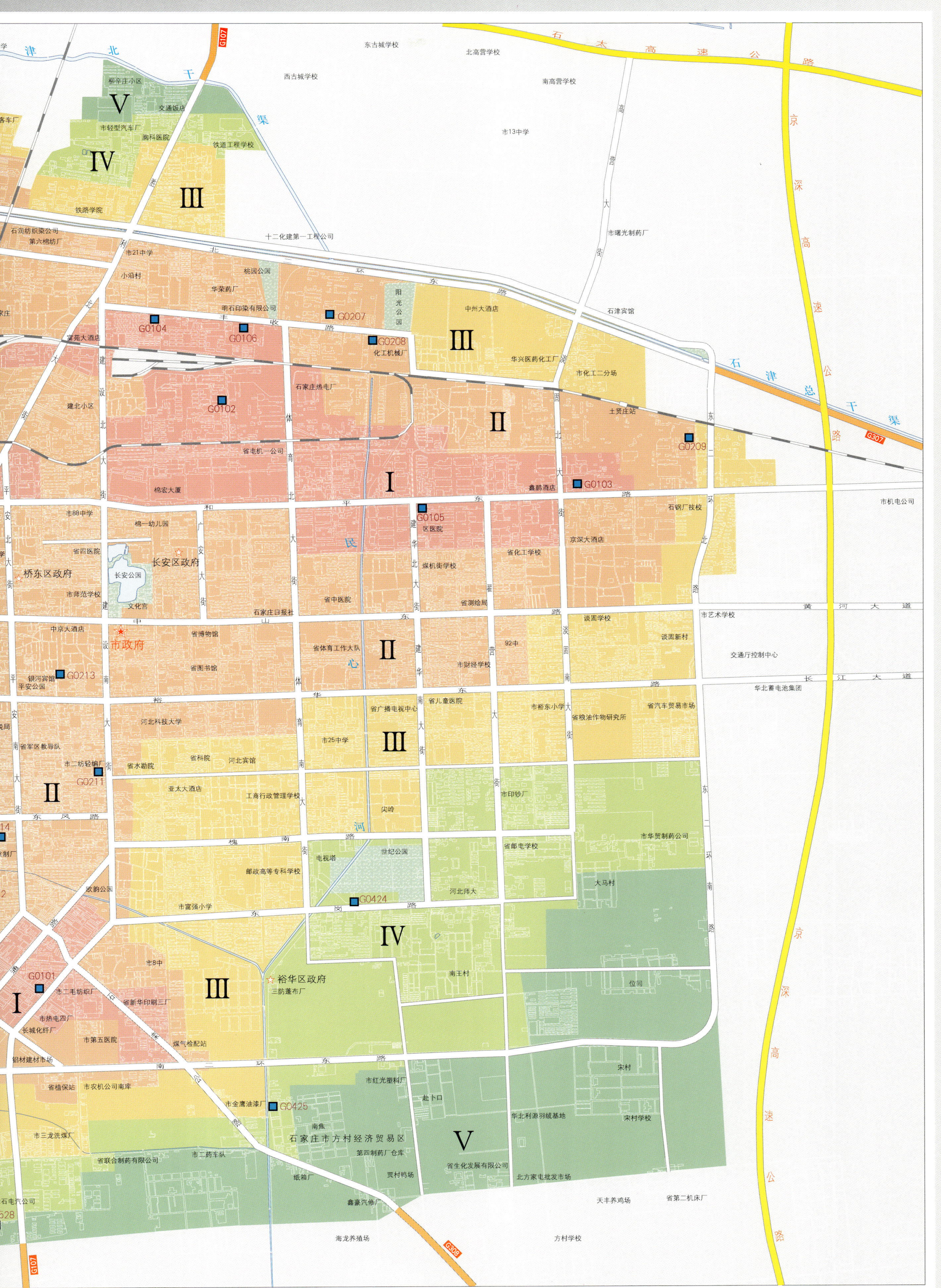

石太高速公路
京深高速公路
石津总干渠
东古城学校
北高营学校
西古城学校
南高营学校
市13中学
柳辛庄小区
交通饭店
市轻型汽车厂
胸科医院
铁道工程学校
铁路学院
石油纺织染公司
第六棉纺厂
十二化建第一工程公司
市曙光制药厂
市21中学
小沿村
桃园公园
华荣药厂
市石印染有限公司
阳光公园
中州大酒店
石津宾馆
华兴医药化工厂
市化工二分场
富苑大酒店
化工机械厂
石家庄热电厂
建北小区
土贤庄站
省电机一公司
棉宏大厦
鑫鹏酒店
石钢厂技校
市机电公司
市88中学
棉一幼儿园
区医院
省四医院
长安区政府
桥东区政府
长安公园
煤机街学校
省化工学校
京深大酒店
市师范学校
文化宫
省中医院
省测绘局
石家庄日报社
黄河大道
市艺术学校
谈固学校
谈固新村
中京大酒店
市政府
省博物馆
省体育工作大队
92中
交通厅控制中心
银河宾馆
平安公园
省图书馆
市财经学校
长江大道
华北蓄电池集团
省广播电视中心
省儿童医院
市裕东小学
省汽车贸易市场
省粮油作物研究所
河北科技大学
省军区教导队
市25中学
省水勘院
省科院
河北宾馆
市二纺轻钢厂
亚太大酒店
工商行政管理学校
尖岭
市印钞厂
市华贸制药公司
电视塔
世纪公园
省邮电学校
邮政高等专科学校
欧韵公园
河北师大
大马村
市富强小学
市8中
裕华区政府
三防蓬布厂
南王村
位同
市二毛纺织厂
省新华印刷三厂
市热电四厂
长城化纤厂
市第五医院
煤气检配站
铝材建材市场
宋村
市红光塑料厂
省植保站
市农机公司南库
市金鹰油漆厂
赵卜口
华北利源羽绒基地
宋村学校
石家庄市方村经济贸易区
市三龙洗煤厂
第四制药厂仓库
省联合制药有限公司
市二药车队
纸箱厂
贾村鸭场
省生化发展有限公司
北方家电批发市场
鑫豪汽修厂
天丰养鸡场
省第二机床厂
海龙养殖场
方村学校

用　途	土地级别	监测点编　号	监测点地价（元/平方米）	土地级别	监测点编　号	监测点地价（元/平方米）	土地级别	监测点编　号	监测点地价（元/平方米）
商业	Ⅰ	S0101	5 332	Ⅱ	S0221	3 801	Ⅳ	S0441	1 796
		S0102	5 320		S0222	3 758	Ⅴ	S0542	1 289
		S0103	4 956		S0223	3 231		S0543	1 184
		S0104	5 109		S0224	2 810		S0544	1 166
		S0105	4 664	Ⅲ	S0325	2 890		S0545	1 229
		S0106	5 969		S0326	2 722		S0546	1 033
		S0107	5 511		S0327	2 958		S0547	1 102
		S0108	4 593		S0328	2 940	Ⅵ	S0648	903
		S0109	4 121		S0329	2 557		S0649	801
		S0110	4 217		S0330	2 884		S0650	876
		S0111	5 347		S0331	2 157		S0651	756
		S0112	4 866		S0332	2 726	Ⅶ	S0752	647
		S0113	4 227		S0333	2 847		S0753	629
		S0114	5 340		S0334	2 566		S0754	653
		S0115	5 474	Ⅳ	S0435	1 869		S0755	669
		S0116	4 813		S0436	1 690	Ⅷ	S0856	494
	Ⅱ	S0217	3 798		S0437	1 494		S0857	561
		S0218	3 376		S0438	1 900		S0858	515
		S0219	3 994		S0439	1 917		S0859	486
		S0220	3 722		S0440	1 970			
居住	Ⅰ	Z0101	2 236	Ⅱ	Z0215	1 800	Ⅳ	Z0429	924
		Z0102	2 384		Z0216	1 684		Z0430	879
		Z0103	2 128	Ⅲ	Z0317	1 128		Z0431	860
		Z0104	2 077		Z0318	1 160	Ⅴ	Z0532	711
		Z0105	2 157		Z0319	1 085		Z0533	641
		Z0106	2 160		Z0320	1 177		Z0534	721
		Z0107	2 226		Z0321	1 289		Z0535	718
		Z0108	2 163		Z0322	1 314		Z0536	653
		Z0109	2 165		Z0323	1 168		Z0537	849
	Ⅱ	Z0210	1 647		Z0324	1 109		Z0538	780
		Z0211	1 334	Ⅳ	Z0425	983	Ⅵ	Z0639	463
		Z0212	1 394		Z0426	864		Z0640	471
		Z0213	1 491		Z0427	970		Z0641	444
		Z0214	1 538		Z0428	916		Z0642	510
工业	Ⅰ	G0101	728	Ⅱ	G0211	523	Ⅲ	G0321	487
		G0102	792		G0212	537	Ⅳ	G0422	390
		G0103	720		G0213	538		G0423	430
		G0104	741		G0214	546		G0424	389
		G0105	746	Ⅲ	G0315	449		G0425	412
		G0106	763		G0316	462	Ⅴ	G0526	381
	Ⅱ	G0207	604		G0317	442		G0527	371
		G0208	605		G0318	420		G0528	381
		G0209	570		G0319	414		G0529	336
		G0210	535		G0320	459			

◦商业用地监测点地价内涵：在正常土地市场条件下，基准日为2001年1月1日，设定土地开发程度为“五通一平”（宗地红线外通路、通电、供水、排水、通讯及宗地红线内场地平整），容积率为2.0，商业用地法定最高出让年限40年的完整土地使用权价格。

◦居住用地监测点地价内涵：在正常土地市场条件下，基准日为2001年1月1日，设定土地开发程度为“五通一平”（宗地红线外通路、通电、供水、排水、通讯及宗地红线内场地平整），容积率为1.3，居住用地法定最高出让年限70年的完整土地使用权价格。

◦工业用地监测点地价内涵：在正常土地市场条件下，基准日为2001年1月1日，设定土地开发程度为“五通一平”（宗地红线外通路、通电、供水、排水、通讯及宗地红线内场地平整），工业用地法定最高出让年限50年的完整土地使用权价格。

太原市

太原市简称“并”，山西省省会，是山西省政治、经济、文化、科技和信息中心，是一个以能源、重化工业为主的工业基地，也是华北西南部地区重要的中心城市。位于晋中盆地北端，辖6区、1市、3县，面积6 959平方千米，其中建成区面积为177平方千米，全市总人口315万。

太原市根据《城镇土地分等定级规程》、《城镇土地估价规程》、《城市地价动态监测体系技术规范》及《2000—2001年度城市土地价格调查实施方案》，明确基准地价内涵，在土地利用总体规划确定的市区218.44平方千米的土地范围内，进行自然、社会、经济及土地市场状况等调查，全面利用计算机系统技术，辅助完成了城市土地综合定级，商业、居住、工业用地定级与基准地价更新，设立119个地价监测点，建立了城市土地基准地价更新系统，为我国城市地价动态监测体系建设奠定了基础。也为太原市强化城市土地资产管理，规范土地市场，制定各类规划和提高土地利用的经济、社会和环境效益提供科学依据。

太原市基准地价已于2002年9月23日由市政府公布，10月23日起实施。

- 商业用地基准地价内涵：在正常土地市场条件下，基准日为2001年1月1日，设定土地开发程度为“七通一平”（宗地红线外通路、通电、供水、排水、通讯、通气、通暖及宗地红线内场地平整），平均容积率为3.1，商业用地法定最高出让年限40年的完整土地使用权平均价格。

- 居住用地基准地价内涵：在正常土地市场条件下，基准日为2001年1月1日，设定土地开发程度为“七通一平”（宗地红线外通路、通电、供水、排水、通讯、通气、通暖及宗地红线内场地平整），平均容积率为2.6，居住用地法定最高出让年限70年的完整土地使用权平均价格。

- 工业用地基准地价内涵：在正常土地市场条件下，基准日为2001年1月1日，设定土地开发程度为“五通一平”（宗地红线外通路、通电、供水、排水、通讯及宗地红线内场地平整），平均容积率为0.7，工业用地法定最高出让年限50年的完整土地使用权平均价格。

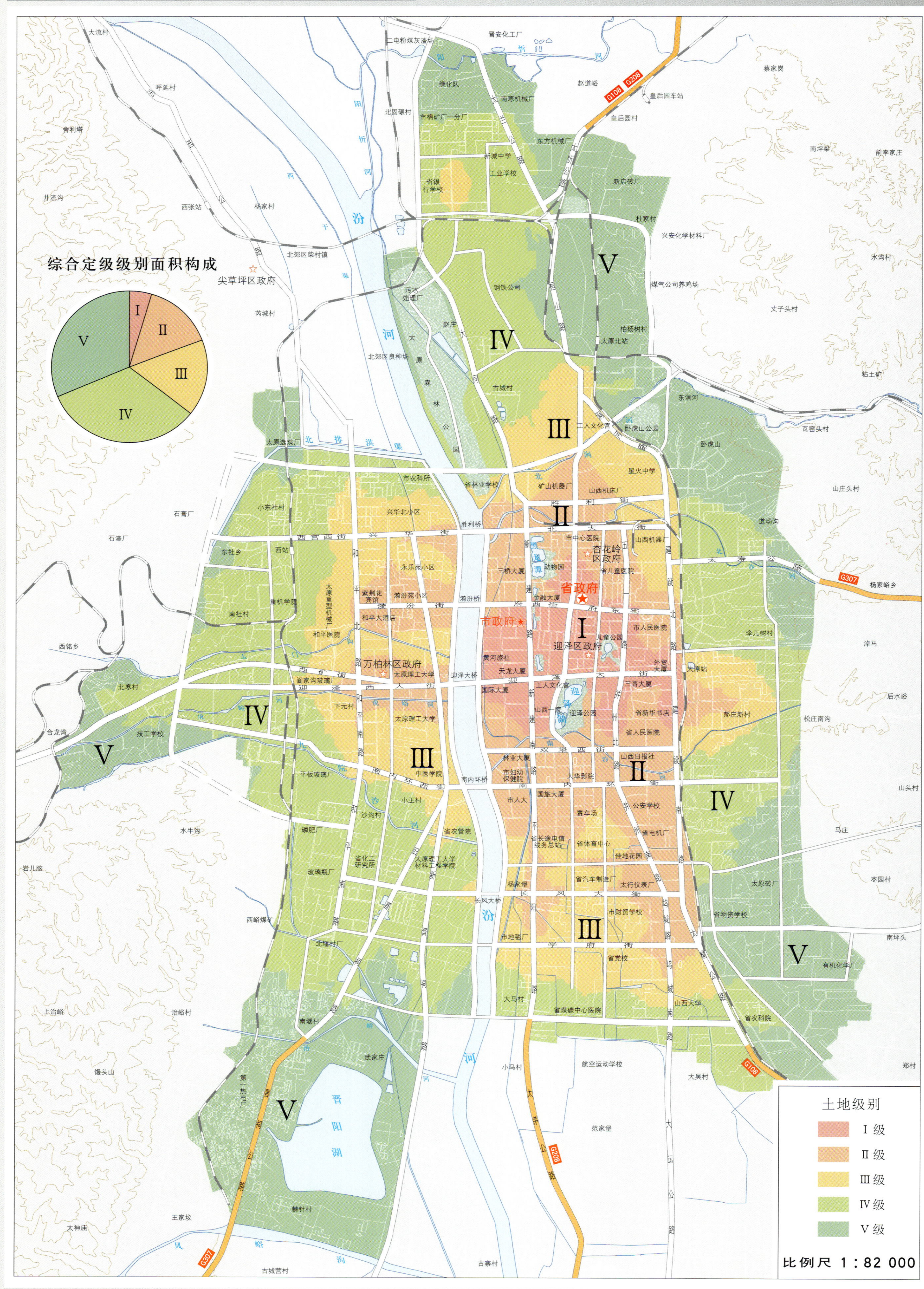
综合定级级别面积构成
I
II
III
IV
V
土地级别
I 级
II 级
III 级
IV 级
V 级
比例尺 1：82 000
省政府
市政府
万柏林区政府
杏花岭区政府
迎泽区政府
尖草坪区政府

太原市商业用地基准地价及监测点

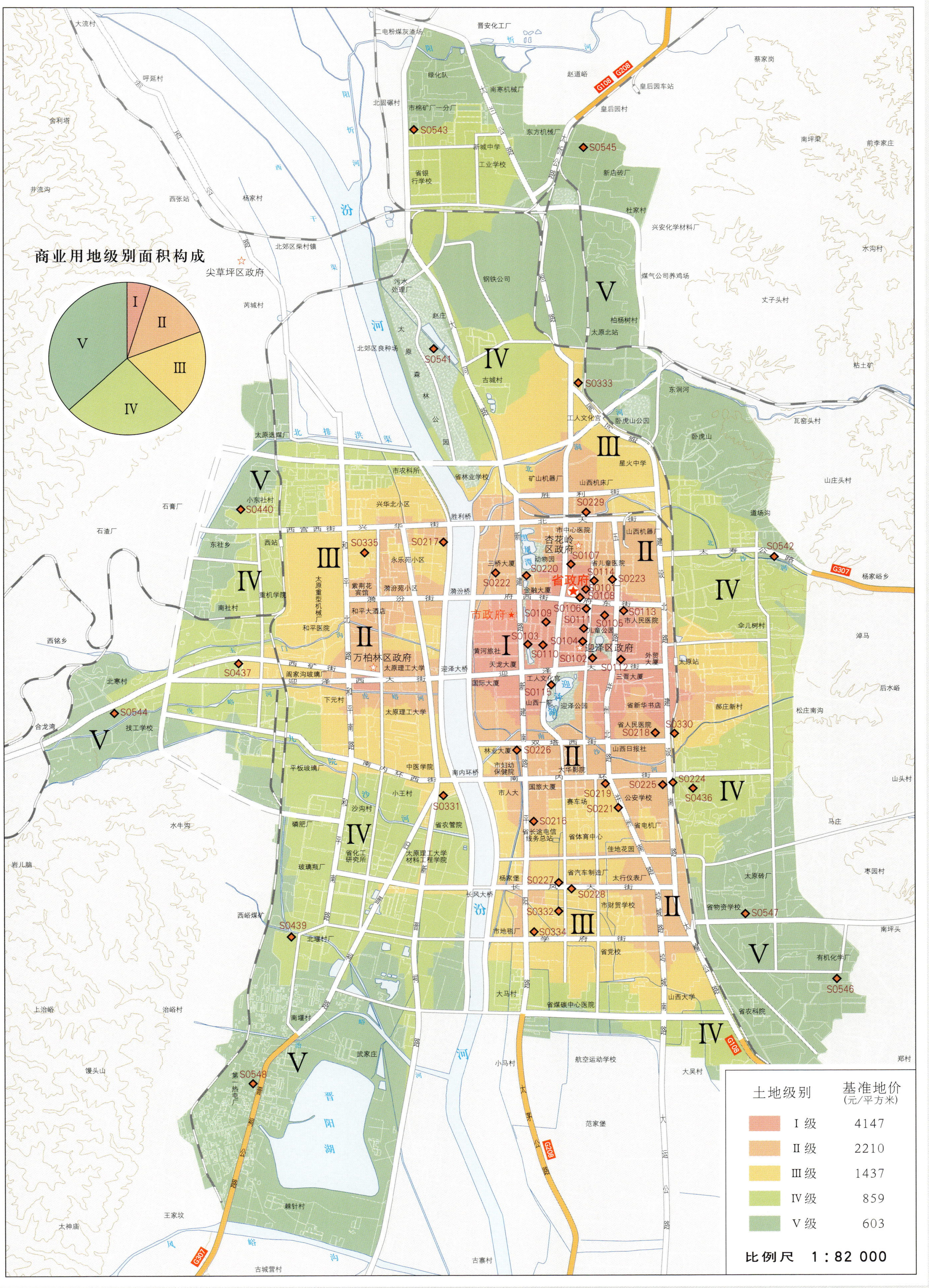

太原市居住用地基准地价及监测点

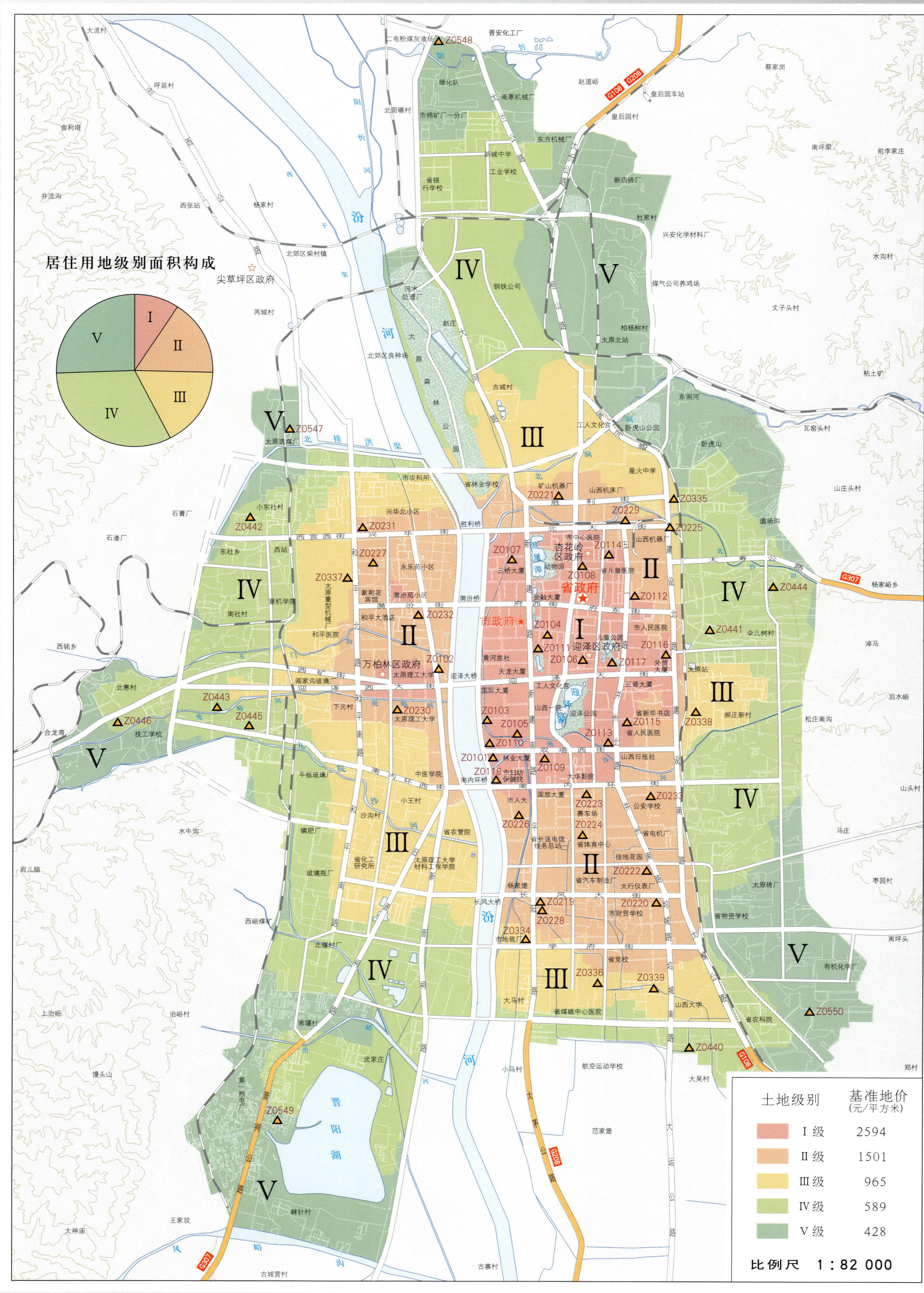

土地级别	基准地价（元/平方米）
I级	2594
II级	1501
III级	965
IV级	589
V级	428

太原市工业用地基准地价及监测点

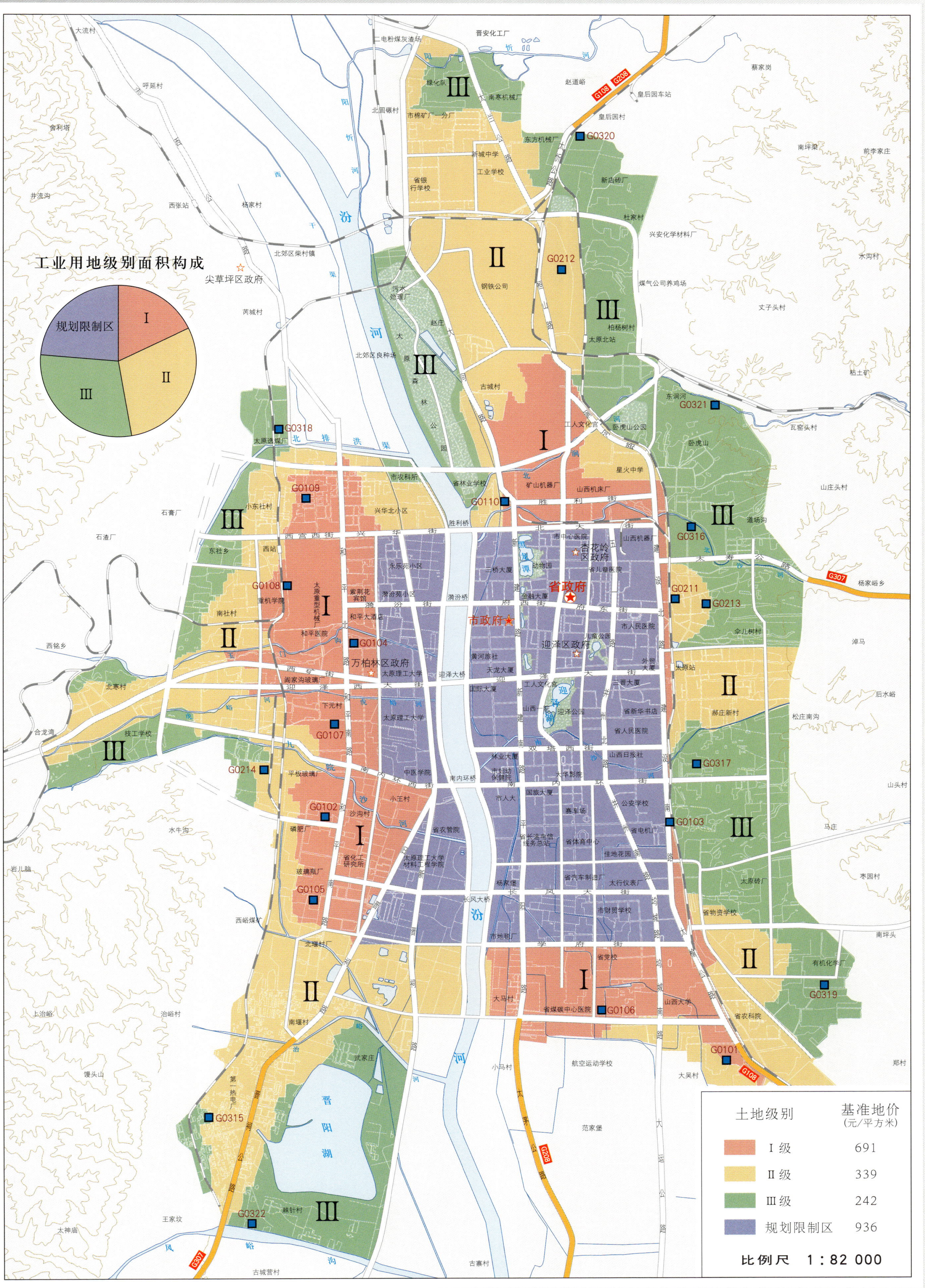

用　途	土地级别	监测点编　号	监测点地价（元/平方米）	土地级别	监测点编　号	监测点地价（元/平方米）	土地级别	监测点编　号	监测点地价（元/平方米）
商业	Ⅰ	S0101	4 157	Ⅱ	S0217	1 910	Ⅲ	S0333	1 233
		S0102	4 625		S0218	2 102		S0334	1 370
		S0103	3 468		S0219	2 505		S0335	1 250
		S0104	4 224		S0220	2 337	Ⅳ	S0436	772
		S0105	3 369		S0221	2 155		S0437	829
		S0106	4 275		S0222	2 335		S0439	690
		S0107	2 887		S0223	2 157		S0440	762
		S0108	4 557		S0224	2 080			
		S0109	3 679		S0225	2 032	Ⅴ	S0541	663
		S0110	3 944		S0226	2 647		S0542	625
		S0111	4 526		S0227	2 154		S0543	664
		S0112	4 826		S0228	2 535		S0544	588
		S0113	3 699		S0229	2 327		S0545	558
		S0114	4 015	Ⅲ	S0330	1 503		S0546	572
		S0115	4 198		S0331	1 033		S0547	688
	Ⅱ	S0216	1 937		S0332	1 679		S0548	522
居住	Ⅰ	Z0101	2 488	Ⅰ	Z0118	2 071	Ⅲ	Z0335	903
		Z0102	2 055	Ⅱ	Z0219	1 425		Z0336	1 067
		Z0103	2 525		Z0220	1 292		Z0337	1 006
		Z0104	3 334		Z0221	1 241		Z0338	758
		Z0105	2 113		Z0222	1 672		Z0339	826
		Z0106	3 407		Z0223	1 770	Ⅳ	Z0440	604
		Z0107	2 078		Z0224	1 457		Z0441	587
		Z0108	2 116		Z0225	1 422		Z0442	539
		Z0109	2 072		Z0226	1 471		Z0443	589
		Z0110	2 153		Z0227	1 296		Z0444	553
		Z0111	3 484		Z0228	1 371		Z0445	663
		Z0112	2 007		Z0229	1 205		Z0446	458
		Z0113	2 385		Z0230	1 219	Ⅴ	Z0547	420
		Z0114	2 359		Z0231	1 184		Z0548	438
		Z0115	2 535		Z0232	1 270		Z0549	424
		Z0116	2 475		Z0233	1 585		Z0550	428
		Z0117	2 583	Ⅲ	Z0334	864			
工业	Ⅰ	G0101	579	Ⅰ	G0109	481	Ⅲ	G0317	277
		G0102	673		G0110	918		G0318	235
		G0103	879	Ⅱ	G0211	456		G0319	201
		G0104	628		G0212	443		G0320	179
		G0105	531		G0213	441		G0321	173
		G0106	558		G0214	480		G0322	181
		G0107	649	Ⅲ	G0315	223			
		G0108	507		G0316	293			

◦商业用地监测点地价内涵：在正常土地市场条件下，基准日为2001年1月1日，设定土地开发程度为“七通一平”（宗地红线外通路、通电、供水、排水、通讯、通气、通暖及宗地红线内场地平整），容积率为3.1，商业用地法定最高出让年限40年的完整土地使用权价格。

◦居住用地监测点地价内涵：在正常土地市场条件下，基准日为2001年1月1日，设定土地开发程度为“七通一平”（宗地红线外通路、通电、供水、排水、通讯、通气、通暖及宗地红线内场地平整），容积率为2.6，居住用地法定最高出让年限70年的完整土地使用权价格。

◦工业用地监测点地价内涵：在正常土地市场条件下，基准日为2001年1月1日，设定土地开发程度为“五通一平”（宗地红线外通路、通电、供水、排水、通讯及宗地红线内场地平整），容积率为0.7，工业用地法定最高出让年限50年的完整土地使用权价格。

呼和浩特市

呼和浩特，蒙古语意为“青色之城”，简称“呼市”。始建于明万历年间，是内蒙古自治区首府和政治、经济、文化中心，国家历史文化名城。呼市是我国北方沿边开放地区重要的中心城市和商业贸易中心，是内蒙古呼市—包头—鄂尔多斯“金三角”经济区和自治区中西部对内对外联系交往的重要门户，也是一座具有鲜明民族特点和时代风貌的新兴工业城市，同时也是我国重要的毛纺织工业基地之一。位于内蒙古自治区中部，辖4区、4县、1旗，面积17 271平方千米，全市总人口212万。

呼和浩特市根据《城镇土地分等定级规程》、《城镇土地估价规程》、《城镇地价动态监测体系技术规范》及《2000－2001年度城市土地价格调查实施方案》，明确基准地价内涵，在市辖新城区、玉泉区、回民区、赛罕区四个建成区以及金川开发区、如意开发区、白塔组团和石化组团，共247.95平方千米的区域范围内，全面开展自然、社会、经济及土地市场状况等调查，利用计算机系统技术，辅助完成了城市土地综合定级，商业、居住、工业用地定级与基准地价更新，设立244个地价监测点，建立了城市土地基准地价更新系统，为我国城市地价动态监测体系建设奠定了基础。也为呼和浩特市强化城市土地资产管理，规范土地市场，制定各类规划和提高土地利用的经济、社会和环境效益提供科学依据。

- 商业用地基准地价内涵：在正常土地市场条件下，基准日为2001年1月1日，设定土地开发程度为“五通一平”（宗地红线外通路、通电、供水、排水、通讯及宗地红线内场地平整），平均容积率为2.0，商业用地法定最高出让年限40年的完整土地使用权平均价格。

- 居住用地基准地价内涵：在正常土地市场条件下，基准日为2001年1月1日，设定土地开发程度为“五通一平”（宗地红线外通路、通电、供水、排水、通讯及宗地红线内场地平整），平均容积率为1.3，居住用地法定最高出让年限70年的完整土地使用权平均价格。

- 工业用地基准地价内涵：在正常土地市场条件下，基准日为2001年1月1日，设定土地开发程度为“五通一平”（宗地红线外通路、通电、供水、排水、通讯及宗地红线内场地平整），工业用地法定最高出让年限50年的完整土地使用权平均价格。

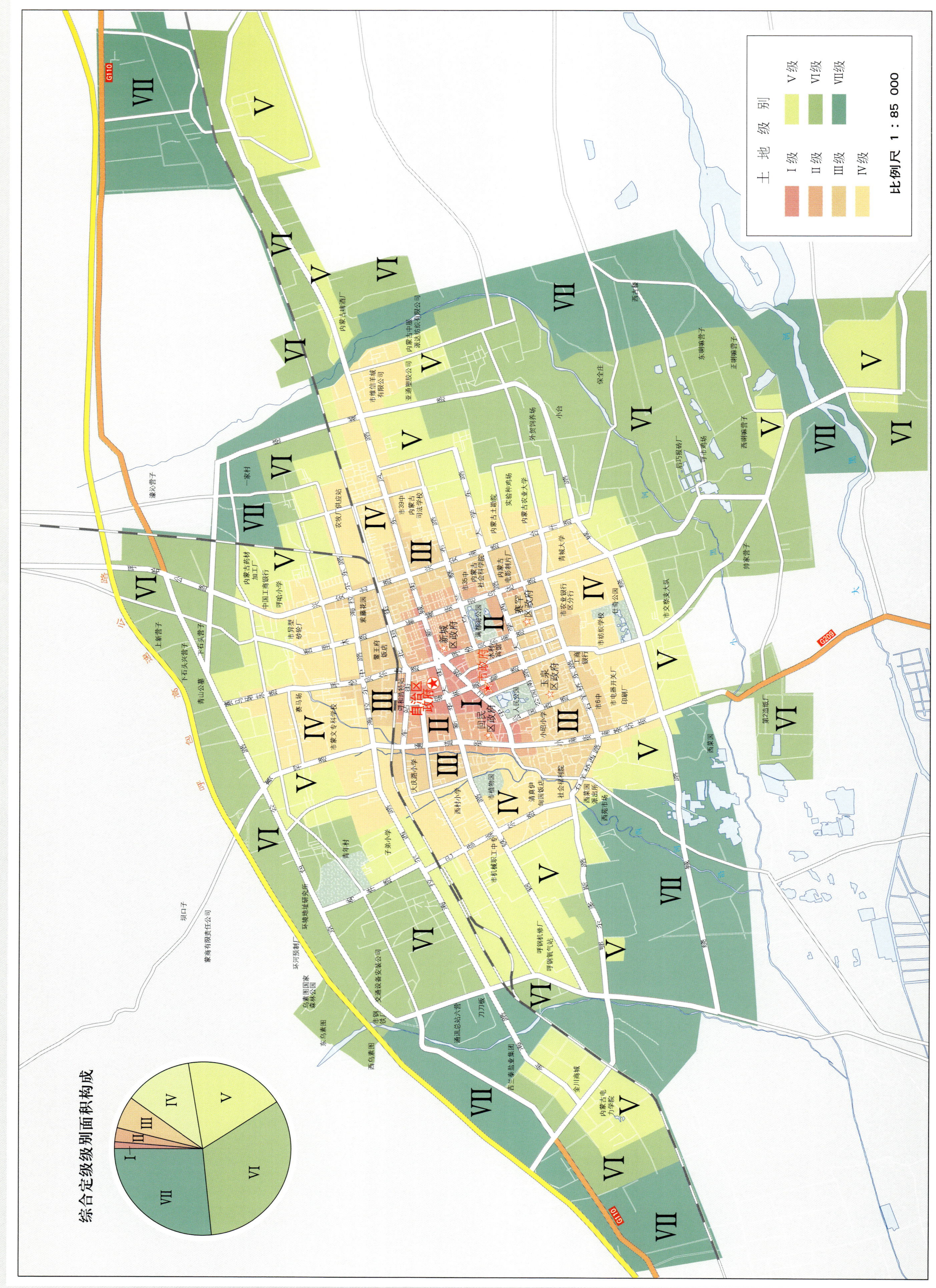
土地级别
I级
II级
III级
IV级
V级
VI级
VII级
比例尺 1：85 000
综合定级级别面积构成
自治区政府
市政府
新城区政府
回民区政府
玉泉区政府
赛罕区政府
G110
G209

呼和浩特市商业用地基准地价及监测点

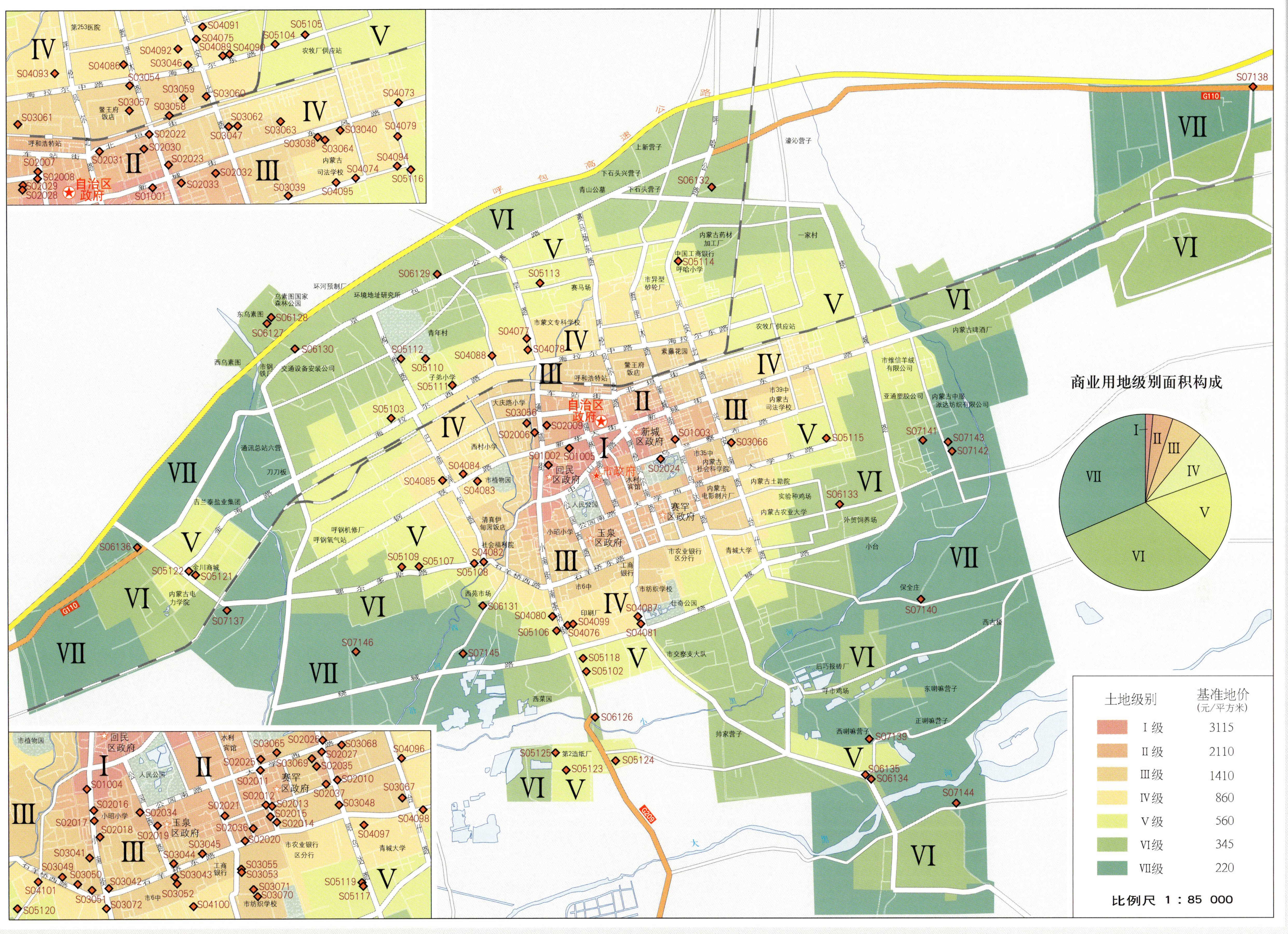

呼和浩特市居住用地基准地价及监测点

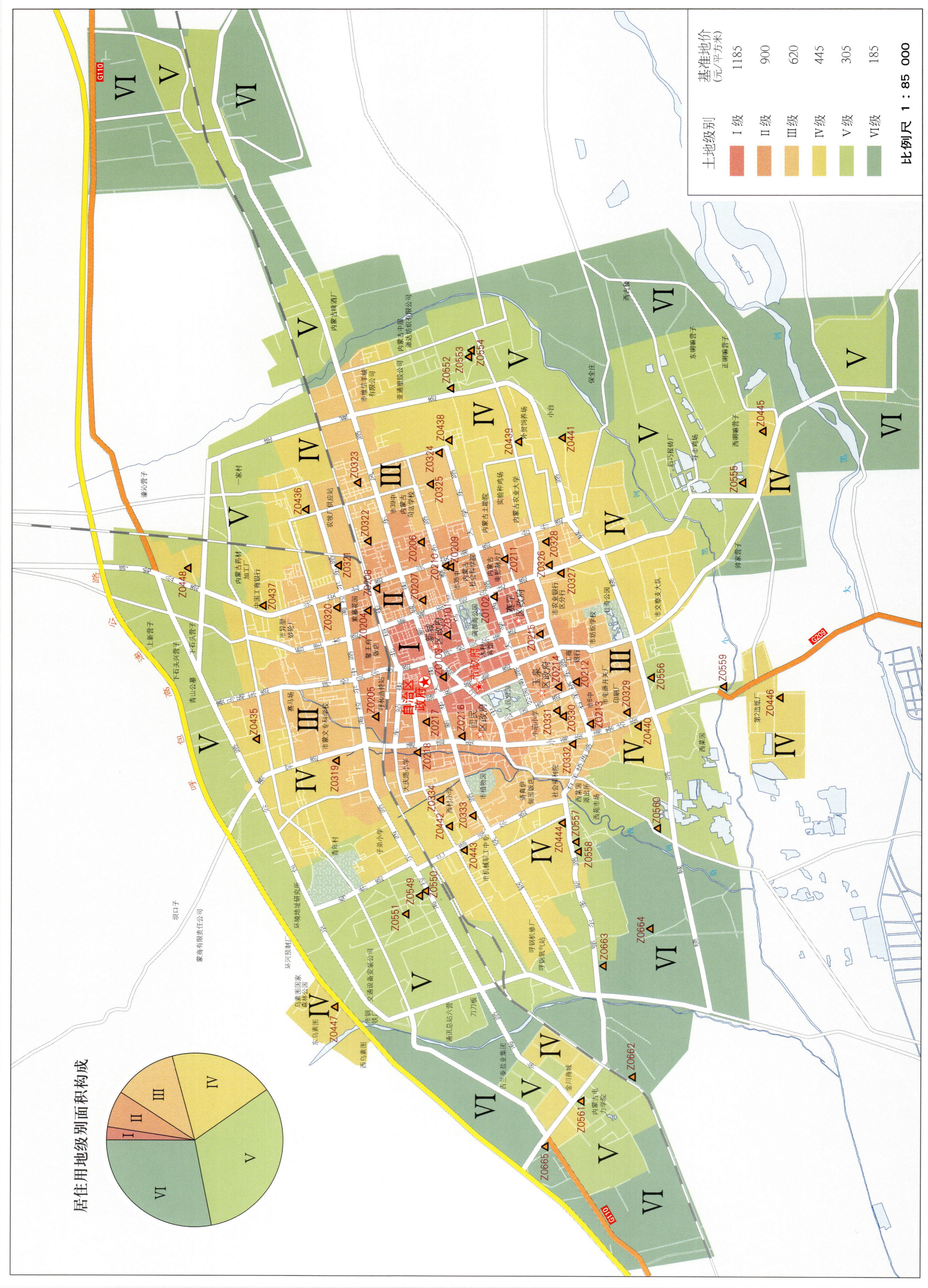

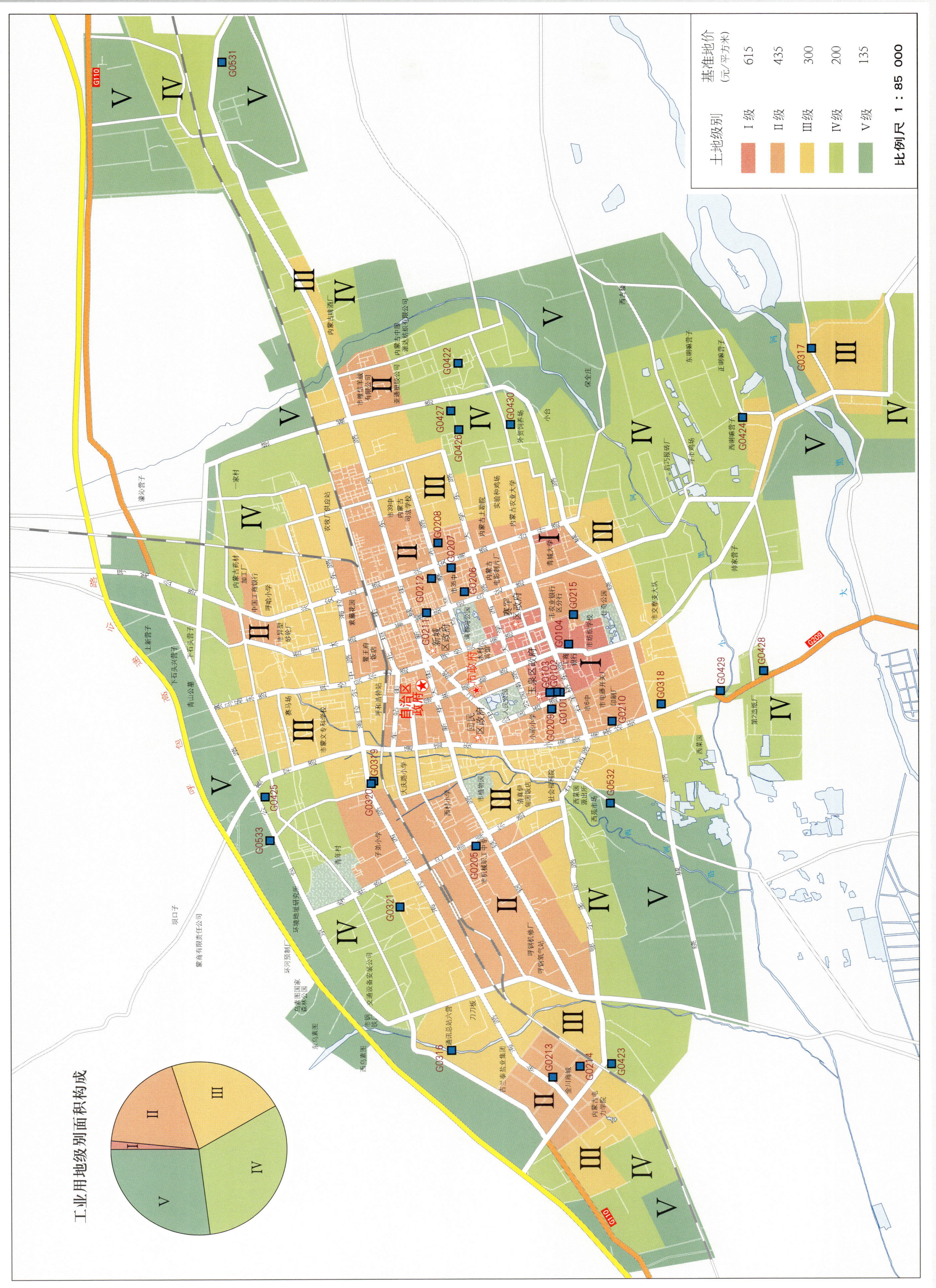
土地级别
基准地价（元/平方米）
Ⅰ级 615
Ⅱ级 435
Ⅲ级 300
Ⅳ级 200
Ⅴ级 135
比例尺 1：85 000
工业用地级别面积构成

用途	土地级别	监测点编号	监测点地价（元/平方米）	土地级别	监测点编号	监测点地价（元/平方米）	土地级别	监测点编号	监测点地价（元/平方米）	土地级别	监测点编号	监测点地价（元/平方米）
商业	Ⅰ	S01001	3 008	Ⅲ	S03038	1 621	Ⅳ	S04075	1 411	Ⅴ	S05112	568
		S01002	3 760		S03039	2 072		S04076	1 125		S05113	564
		S01003	3 493		S03040	1 864		S04077	651		S05114	651
		S01004	3 244		S03041	2 034		S04078	1 316		S05115	771
		S01005	1 710		S03042	2 159		S04079	1 220		S05116	604
	Ⅱ	S02006	1 960		S03043	2 242		S04080	1 236		S05117	634
		S02007	2 918		S03044	2 369		S04081	782		S05118	647
		S02008	2 641		S03045	1 844		S04082	1 009		S05119	669
		S02009	2 409		S03046	1 307		S04083	969		S05120	514
		S02010	1 850		S03047	2 140		S04084	948		S05121	742
		S02011	2 806		S03048	1 769		S04085	859		S05122	934
		S02012	2 376		S03049	1 504		S04086	1 265		S05123	625
		S02013	2 893		S03050	2 017		S04087	1 112		S05124	509
		S02014	2 383		S03051	1 619		S04088	1 094		S05125	520
		S02015	2 012		S03052	1 776		S04089	1 200	Ⅵ	S06126	303
		S02016	2 533		S03053	1 833		S04090	1 374		S06127	355
		S02017	1 069		S03054	1 835		S04091	1 142		S06128	351
		S02018	1 330		S03055	1 546		S04092	1 365		S06129	358
		S02019	2 217		S03056	1 716		S04093	1 120		S06130	317
		S02020	2 413		S03057	1 483		S04094	1 329		S06131	288
		S02021	3 042		S03058	1 592		S04095	1 022		S06132	446
		S02022	2 383		S03059	5 070		S04096	1 180		S06133	422
		S02023	2 044		S03060	1 607		S04097	1 017		S06134	407
		S02024	2 245		S03061	1 591		S04098	1 243		S06135	409
		S02025	2 794		S03062	1 740		S04099	981		S06136	308
		S02026	2 260		S03063	2 111		S04100	1 063	Ⅶ	S07137	211
		S02027	2 215		S03064	1 289		S04101	1 000		S07138	212
		S02028	2 096		S03065	1 950	Ⅴ	S05102	859		S07139	225
		S02029	2 333		S03066	1 725		S05103	560		S07140	208
		S02030	2 411		S03067	1 544		S05104	703		S07141	192
		S02031	2 176		S03068	1 648		S05105	652		S07142	223
		S02032	2 394		S03069	2 176		S05106	1 037		S07143	200
		S02033	2 093		S03070	1 410		S05107	237		S07144	206
		S02034	2 205		S03071	720		S05108	700		S07145	203
		S02035	2 229		S03072	1 357		S05109	741		S07146	204
		S02036	1 868	Ⅳ	S04073	1 319		S05110	508			
		S02037	1 523		S04074	1 157		S05111	520			
居住	Ⅰ	Z0101	1 177	Ⅱ	Z0218	980	Ⅳ	Z0435	539	Ⅴ	Z0552	351
		Z0102	1 099	Ⅲ	Z0319	675		Z0436	540		Z0553	359
		Z0103	1 180		Z0320	671		Z0437	567		Z0554	372
	Ⅱ	Z0204	967		Z0321	651		Z0438	534		Z055 5	393
		Z0205	977		Z0322	676		Z0439	482		Z0556	305
		Z0206	951		Z0323	680		Z0440	556		Z0557	440
		Z0207	956		Z0324	682		Z0441	502		Z0558	329
		Z0208	972		Z0325	676		Z0442	451		Z0559	297
		Z0209	971		Z0326	701		Z0443	538		Z0560	370
		Z0210	980		Z0327	702		Z0444	443		Z0561	388
		Z0211	982		Z0328	700		Z0445	614	Ⅵ	Z0662	145
		Z0212	945		Z0329	665		Z0446	445		Z0663	152
		Z0213	945		Z0330	679		Z0447	459		Z0664	162
		Z0214	955		Z0331	674		Z0448	460		Z0665	150
		Z0215	956		Z0332	669	Ⅴ	Z0549	370			
		Z0216	950		Z0333	645		Z0550	325			
		Z0217	971		Z0334	643		Z0551	354			
工业	Ⅰ	G0101	612	Ⅱ	G0210	484	Ⅲ	G0319	325	Ⅳ	G0428	223
		G0102	611		G0211	603		G0320	329		G0429	229
		G0103	597		G0212	477		G0321	311		G0430	225
		G0104	618		G0213	597	Ⅳ	G0422	227	Ⅴ	G0531	173
	Ⅱ	G0205	490		G0214	594		G0423	227		G0532	173
		G0206	342		G0215	467		G0424	236		G0533	230
		G0207	483	Ⅲ	G0316	327		G0425	235			
		G0208	350		G0317	485		G0426	231			
		G0209	613		G0318	331		G0427	236			

° 商业用地监测点地价内涵：在正常土地市场条件下，基准日为2001年1月1日，设定土地开发程度为“五通一平”（宗地红线外通路、通电、供水、排水、通讯及宗地红线内场地平整），容积率为2.0，商业用地法定最高出让年限40年的完整土地使用权价格。

° 居住用地监测点地价内涵：在正常土地市场条件下，基准日为2001年1月1日，设定土地开发程度为“五通一平”（宗地红线外通路、通电、供水、排水、通讯及宗地红线内场地平整），容积率为1.3，居住用地法定最高出让年限70年的完整土地使用权价格。

° 工业用地监测点地价内涵：在正常土地市场条件下，基准日为2001年1月1日，设定土地开发程度为“五通一平”（宗地红线外通路、通电、供水、排水、通讯及宗地红线内场地平整），工业用地法定最高出让年限50年的完整土地使用权价格。

沈阳市

沈阳市是辽宁省省会，中国著名的重工业城市，东北地区经济、文化中心与交通、通讯枢纽，国家历史文化名城。位于辽宁省中部，辖9区、1市、3县，面积12 942平方千米，其中市区面积3 495平方千米，全市总人口688万。

沈阳市根据《城镇土地分等定级规程》、《城镇土地估价规程》、《城市地价动态监测体系技术规范》及《2000—2001年度城市土地价格调查实施方案》，明确基准地价内涵，在城区（和平区、沈河区、大东区、皇姑区、铁西区、沈阳经济技术开发区及于洪区、东陵区在三环以内的区域）482平方千米的土地范围内，进行自然、社会、经济及土地市场状况等调查，全面利用计算机系统技术，辅助完成了城市土地综合定级，商业、居住、工业用地定级与基准地价更新，设立132个地价监测点，建立了城市土地基准地价更新系统，为我国城市地价动态监测体系建设奠定了基础。也为沈阳市强化城市土地资产管理，规范土地市场，制定各类规划和提高土地利用的经济、社会和环境效益提供科学依据。

沈阳市城市基准地价已于2002年12月20日在《沈阳日报》上公布，2003年1月1日起实施。

- 商业用地基准地价内涵：在正常土地市场条件下，基准日为2001年1月1日，设定土地开发程度为“六通一平”（宗地红线外通路、通电、供水、排水、通讯、通暖及宗地红线内场地平整），平均容积率为2.5，商业用地法定最高出让年限40年的完整土地使用权平均价格。

- 居住用地基准地价内涵：在正常土地市场条件下，基准日为2001年1月1日，设定土地开发程度为“七通一平”（宗地红线外通路、通电、供水、排水、通讯、通气、通暖及宗地红线内场地平整），平均容积率为1.7，居住用地法定最高出让年限70年的完整土地使用权平均价格。

- 工业用地基准地价内涵：在正常土地市场条件下，基准日为2001年1月1日，设定土地开发程度为“五通一平”（宗地红线外通路、通电、供水、排水、通讯及宗地红线内场地平整），平均容积率为1.0，工业用地法定最高出让年限50年的完整土地使用权平均价格。

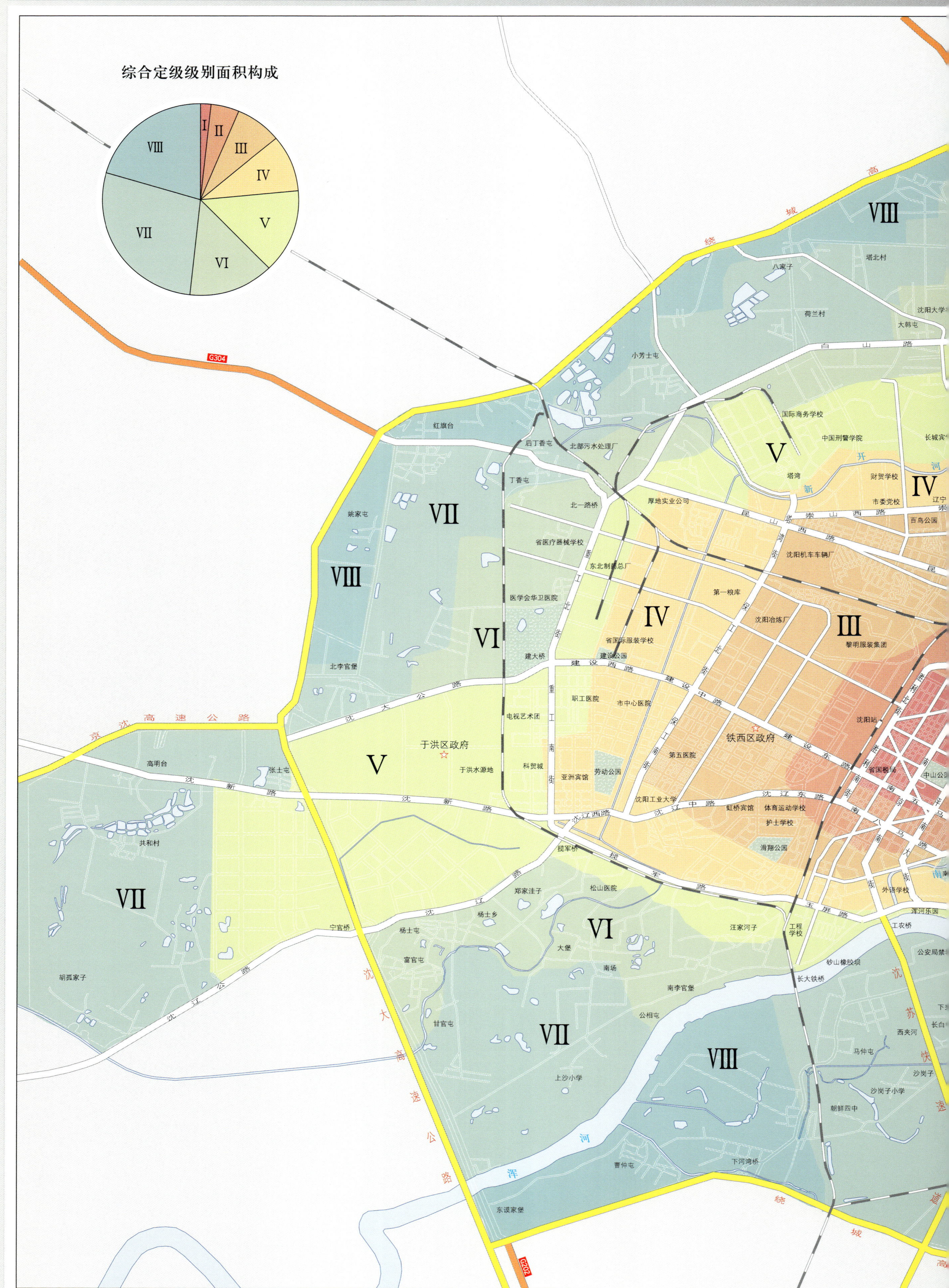
综合定级级别面积构成
I
II
III
IV
V
VI
VII
VIII
铁西区政府
于洪区政府
沈阳站
京沈高速公路
沈大高速公路
绕城高速
沈新路
沈大公路
沈辽路
沈辽公路
沈辽中路
沈辽东路
沈辽西路
建设西路
建设中路
建设东路
北一路桥
白山路
崇山西路
卫工北街
卫工南街
重工街
浑河
新开河
G304
G202
塔湾
八家子
荷兰村
小芳士屯
红旗台
后丁香屯
丁香屯
北部污水处理厂
姚家屯
北李官堡
高明台
张士屯
共和村
胡孤家子
宁官桥
杨士屯
杨士乡
富官屯
甘官屯
郑家洼子
松山医院
大堡
南场
南李官堡
公相屯
上沙小学
曹仲屯
东谈家堡
下河湾桥
汪家河子
长大铁桥
砂山橡胶厂
马仲屯
沙岗子
沙岗子小学
朝鲜四中
西关河
国际商务学校
中国刑警学院
财贸学校
市委党校
百鸟公园
沈阳机车车辆厂
第一粮库
沈阳冶炼厂
黎明服装集团
省国际服装学校
建设公园
职工医院
市中心医院
第五医院
劳动公园
亚洲宾馆
电视艺术团
科贸城
于洪水源地
沈阳工业大学
虹桥宾馆
体育运动学校
护士学校
滑翔公园
外语学校
工农桥
省医疗器械学校
东北制药总厂
医学会华卫医院
建大桥
厚地实业公司
劳军桥
工程学校
塔北村
大韩屯
沈阳大学
省国税局
中山公园

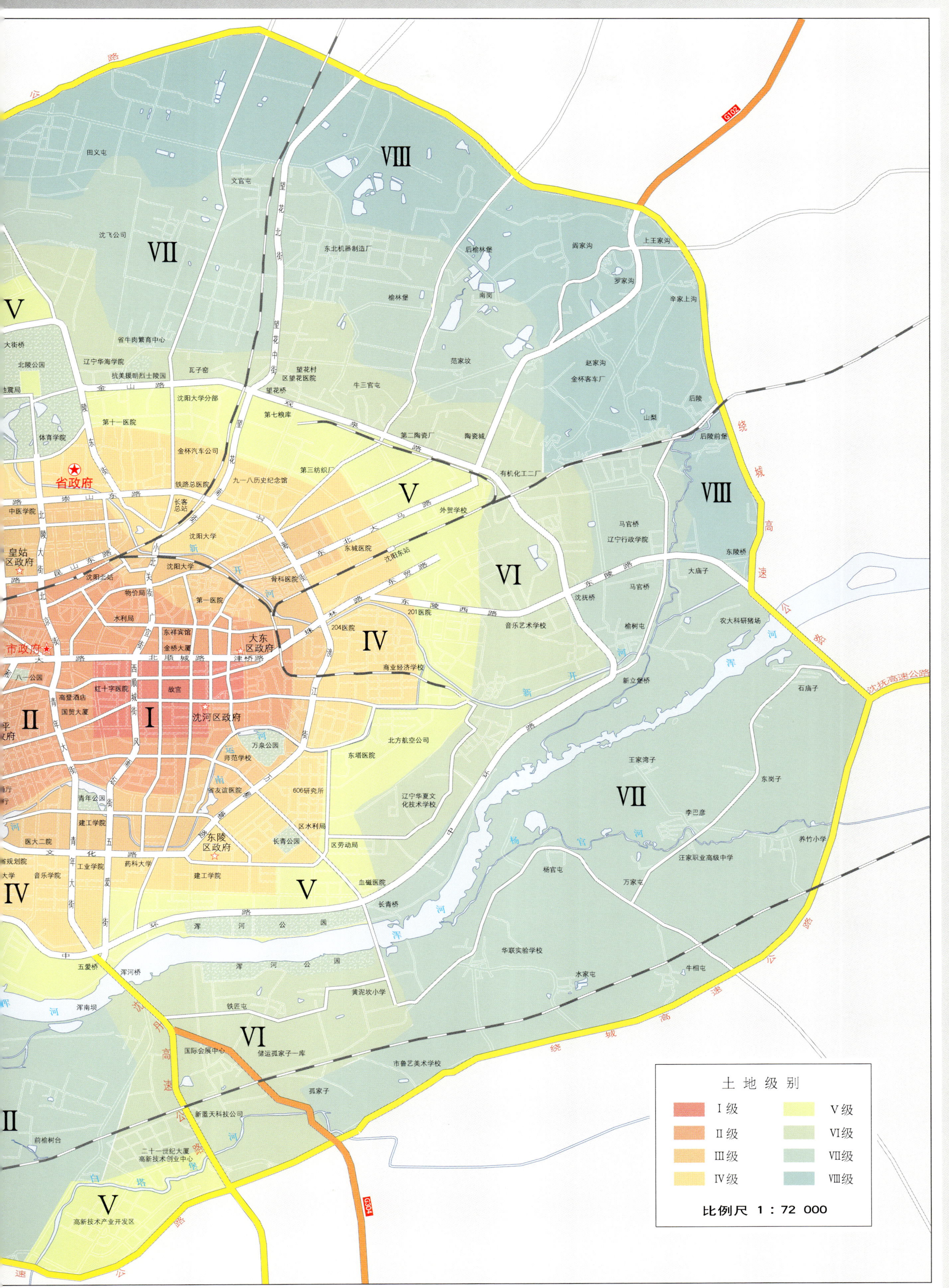

田义屯
文官屯
Ⅷ
Ⅶ
沈飞公司
东北机器制造厂
后榆林堡
阎家沟
上王家沟
罗家沟
辛家上沟
南岗
榆林堡
Ⅴ
大街桥
北陵公园
省牛肉繁育中心
辽宁华海学院
抗美援朝烈士陵园
瓦子窑
望花村
区望花医院
牛三官屯
范家坟
赵家沟
金杯客车厂
后陵
山梨
后陵前堡
金山路
沈阳大学分部
望花桥
第七粮库
第十一医院
体育学院
第二陶瓷厂
陶瓷城
金杯汽车公司
有机化工二厂
省政府
第三纺织厂
九一八历史纪念馆
铁路总医院
长客总站
崇山东路
中医学院
外贸学校
沈阳大学
东城医院
沈阳东站
马官桥
辽宁行政学院
东陵桥
皇姑区政府
沈阳北站
沈阳大学
骨科医院
Ⅵ
大庙子
沈抚桥
马官桥
物价局
第一医院
201医院
农大科研猪场
水利局
东祥宾馆
204医院
音乐艺术学校
榆树屯
市政府
金桥大厦
大东区政府
Ⅳ
北顺城路
津桥路
商业经济学校
八一公园
红十字医院
故宫
新立堡桥
石庙子
高登酒店
国贸大厦
Ⅱ
Ⅰ
沈河区政府
沈抚高速公路
万泉公园
北方航空公司
师范学校
东塔医院
王家湾子
东岗子
省友谊医院
606研究所
辽宁华夏文化技术学校
青年公园
李巴彦
建工学院
区水利局
长青公园
养竹小学
医大二院
东陵区政府
区劳动局
汪家职业高级中学
工业学院
药科大学
杨官屯
音乐学院
建工学院
Ⅴ
万家屯
血栓医院
长青桥
浑河公园
华联实验学校
五爱桥
浑河桥
水家屯
牛相屯
黄泥坎小学
浑南坝
铁匠屯
国际会展中心
储运孤家子一库
市鲁艺美术学校
孤家子
新蓝天科技公司
前榆树台
二十一世纪大厦
高新技术创业中心
高新技术产业开发区
绕城高速公路
G102
G304
土 地 级 别
Ⅰ级
Ⅱ级
Ⅲ级
Ⅳ级
Ⅴ级
Ⅵ级
Ⅶ级
Ⅷ级
比例尺 1：72 000

商业用地级别面积构成
I
II
III
IV
V
VI
VII
VIII
于洪区政府
铁西区政府
S0745
S0640
S0532
S0427
S0534
S0430
S0324
S0641
S0535
S0429
S0533
S0642
S0749
S0318
S0853
S0747
S0850
S0101
S0105
S0103
S0111
G304
G202
京沈高速公路
沈大高速公路
绕城高速
白山路
建设西路
建设东路
沈辽西路
沈辽中路
沈辽东路
沈辽路
沈新路
沈大公路
北二路
崇山西路
浑河
新开河
沈阳站
中山公园
劳动公园
沈阳工业大学
省国税局

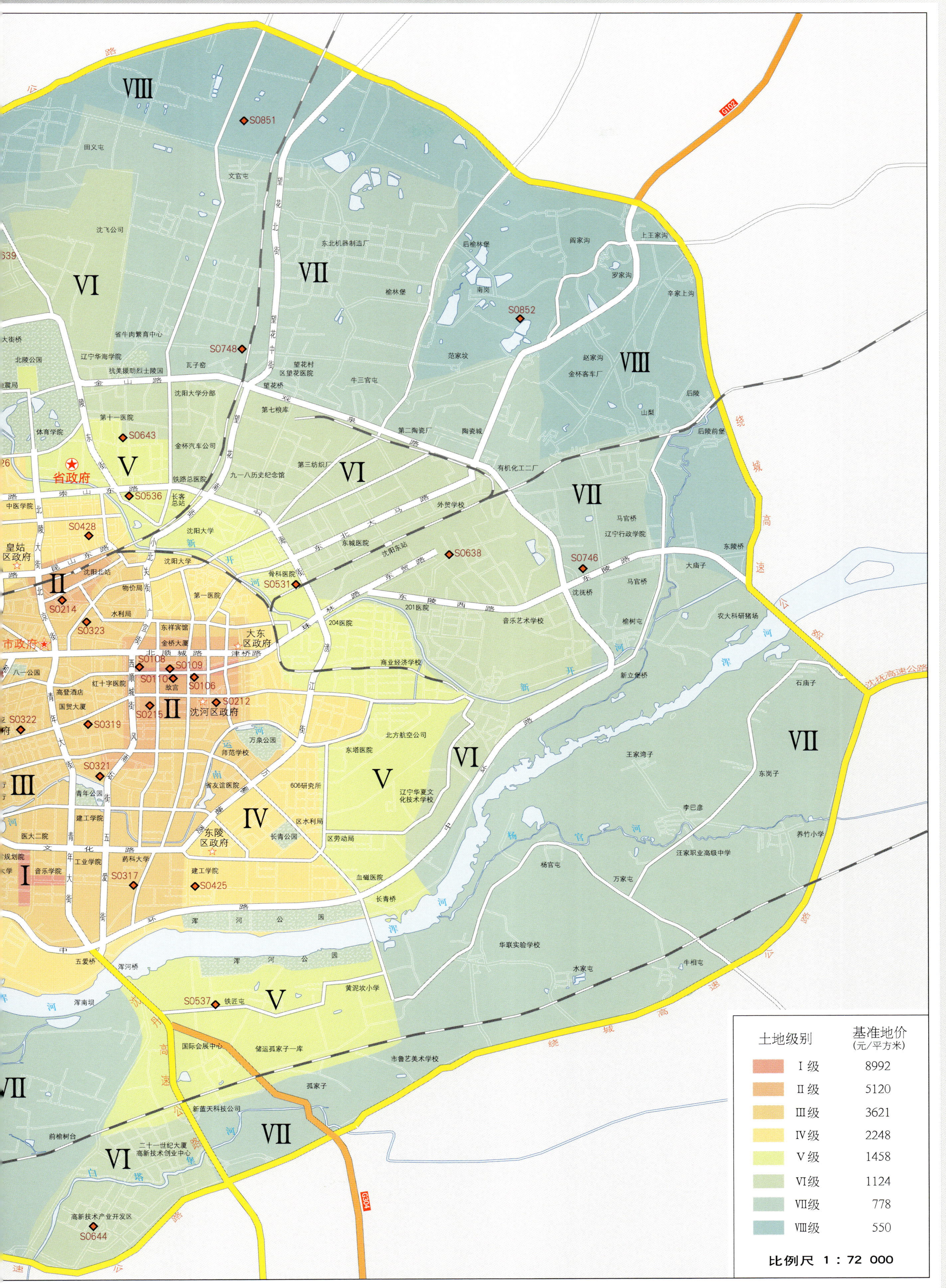

土地级别
基准地价
(元/平方米)
Ⅰ级 8992
Ⅱ级 5120
Ⅲ级 3621
Ⅳ级 2248
Ⅴ级 1458
Ⅵ级 1124
Ⅶ级 778
Ⅷ级 550
比例尺 1 : 72 000
S0851
S0852
S0748
S0643
S0536
S0428
S0214
S0323
S0638
S0746
S0531
S0108
S0109
S0110
S0106
S0212
S0215
S0322
S0319
S0321
S0317
S0425
S0537
S0644
省政府
市政府
皇姑区政府
大东区政府
沈河区政府
东陵区政府
G102
G304
沈抚高速公路
绕城高速公路
田义屯
文官屯
沈飞公司
东北机器制造厂
榆林堡
后榆林堡
南岗
阎家沟
上王家沟
罗家沟
辛家上沟
范家坟
赵家沟
金杯客车厂
后陵
山梨
后陵前堡
省牛肉繁育中心
辽宁华海学院
抗美援朝烈士陵园
瓦子窑
望花村
区望花医院
牛三官屯
望花桥
沈阳大学分部
第十一医院
第七粮库
第二陶瓷厂
陶瓷城
有机化工二厂
体育学院
金杯汽车公司
铁路总医院
九一八历史纪念馆
第三纺织厂
外贸学校
马官桥
辽宁行政学院
东陵桥
中医学院
沈阳大学
东城医院
沈阳东站
骨科医院
沈阳北站
物价局
水利局
第一医院
201医院
音乐艺术学校
沈抚桥
马官桥
大庙子
榆树屯
农大科研猪场
东祥宾馆
金桥大厦
204医院
商业经济学校
新立堡桥
石庙子
八一公园
高登酒店
红十字医院
故宫
国贸大厦
万泉公园
北方航空公司
东塔医院
王家湾子
东岗子
师范学校
省友谊医院
606研究所
辽宁华夏文化技术学校
青年公园
建工学院
区水利局
长青公园
区劳动局
李巴彦
养竹小学
医大二院
工业学院
药科大学
建工学院
血蜮医院
长青桥
杨官屯
万家屯
汪家职业高级中学
音乐学院
浑河公园
五爱桥
浑河桥
浑南坝
华联实验学校
水家屯
牛相屯
铁匠屯
黄泥坎小学
国际会展中心
储运孤家子一库
市鲁艺美术学校
孤家子
新蓝天科技公司
前榆树台
二十一世纪大厦
高新技术创业中心
高新技术产业开发区
Ⅰ
Ⅱ
Ⅲ
Ⅳ
Ⅴ
Ⅵ
Ⅶ
Ⅷ

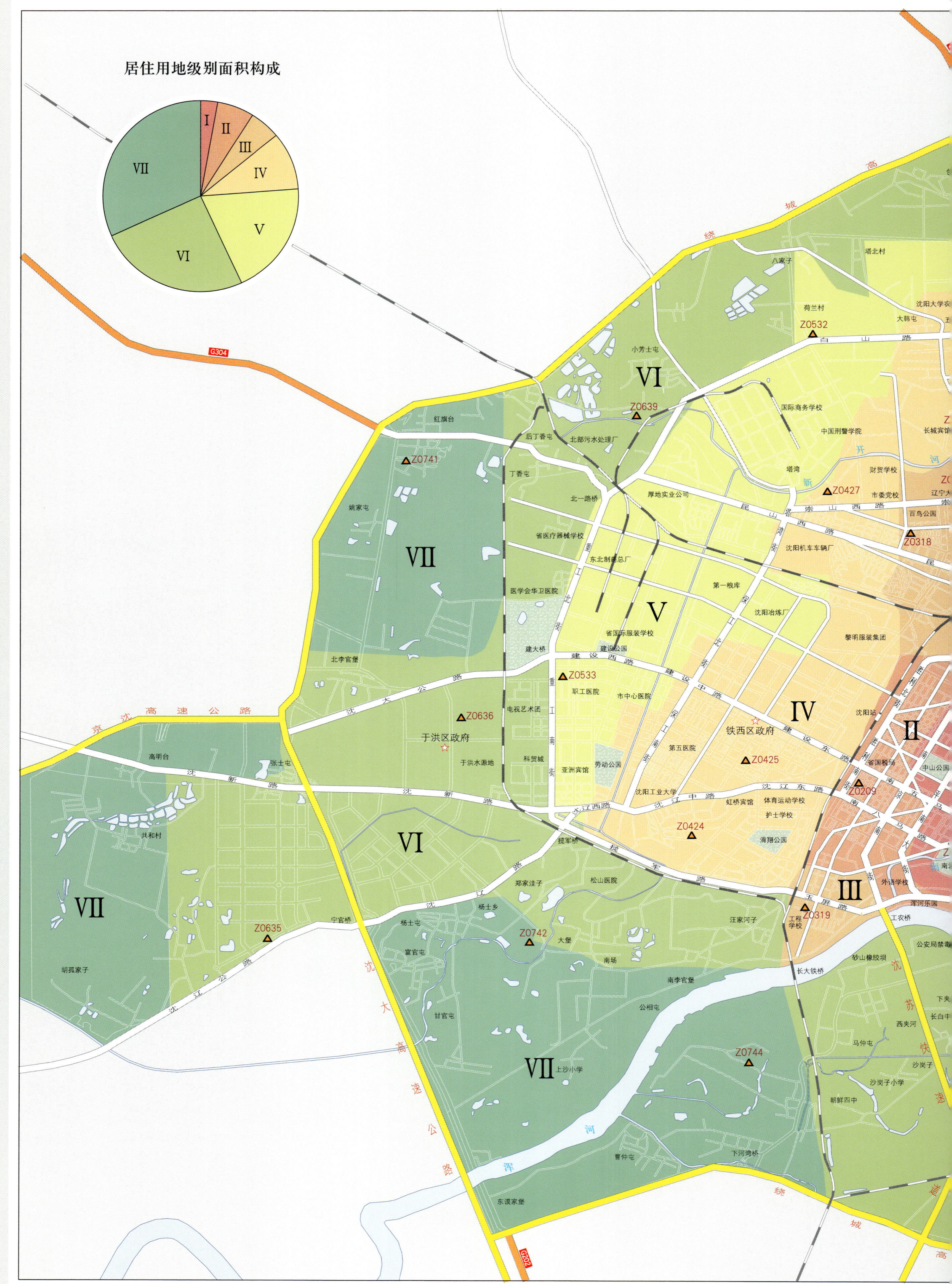

居住用地级别面积构成
I
II
III
IV
V
VI
VII
G304
京沈高速公路
绕城高速
Z0532
Z0639
Z0741
Z0427
Z0318
Z0533
Z0636
Z0425
Z0209
Z0424
Z0635
Z0742
Z0319
Z0744
于洪区政府
铁西区政府
沈阳站
中山公园
劳动公园
滑翔公园
建设公园
百鸟公园
沈阳工业大学
沈阳大学
北李官堡
姚家屯
丁香屯
红旗台
小韩屯
荷兰村
塔北村
八家子
高明台
张士屯
共和村
胡孤家子
宁官桥
杨士屯
富官屯
甘官屯
上沙小学
东渠家堡
曹仲屯
下河湾桥
公相屯
南李官堡
南场
大堡
汪家河子
郑家洼子
松山医院
马仲屯
沙岗子
朝鲜四中
西夹河
长大铁桥
工农桥
沈辽公路
沈大高速公路
沈新路
沈大公路
沈辽中路
沈辽东路
沈辽西路
建设西路
建设中路
建设东路
崇山西路
白山路
卫工街
北二路
浑河
新开河
G202

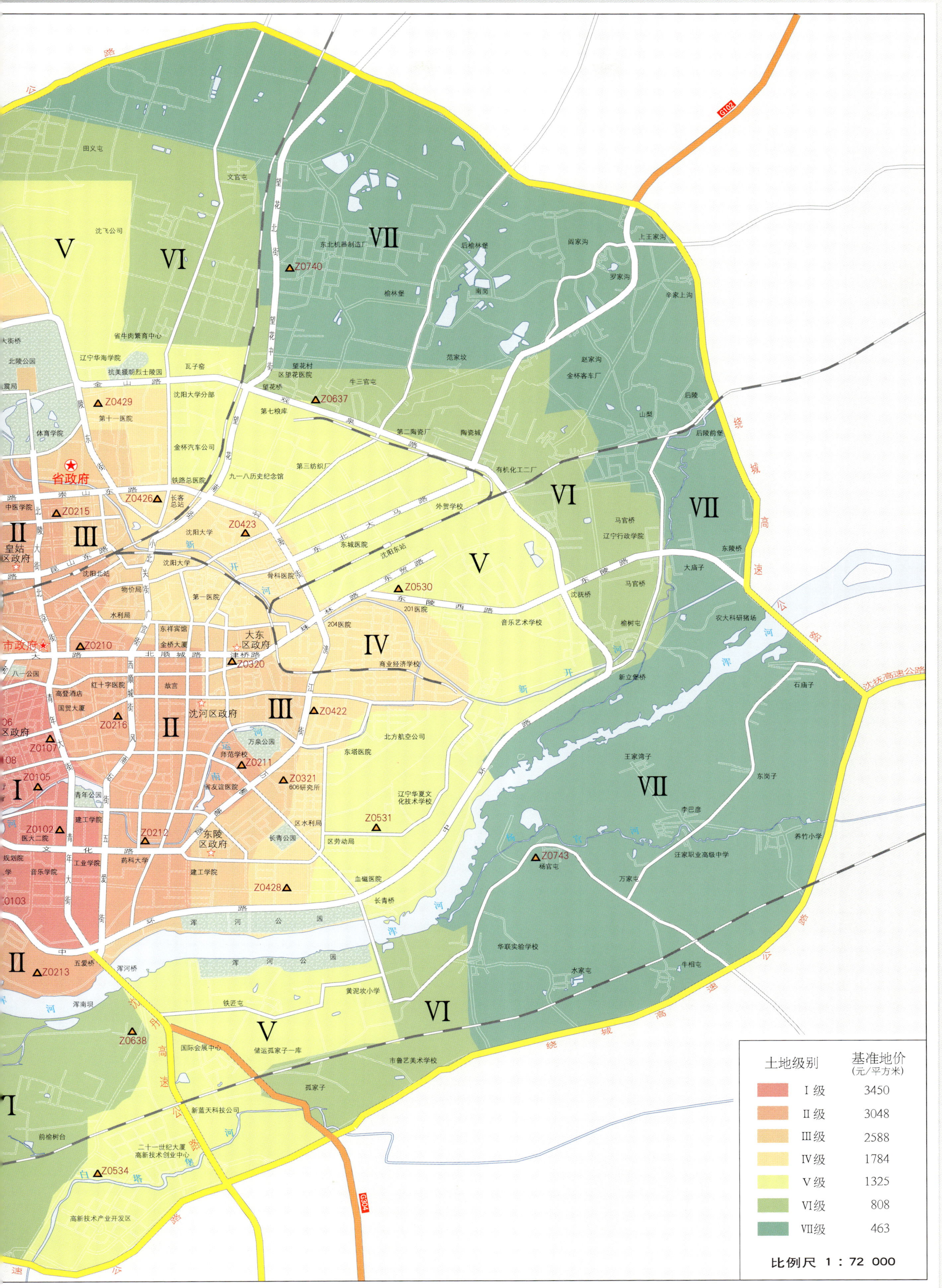

土地级别
基准地价
(元/平方米)
Ⅰ级 3450
Ⅱ级 3048
Ⅲ级 2588
Ⅳ级 1784
Ⅴ级 1325
Ⅵ级 808
Ⅶ级 463
比例尺 1 : 72 000
G102
G304
沈抚高速公路
绕城高速公路
省政府
市政府
皇姑区政府
大东区政府
沈河区政府
东陵区政府
Z0740
Z0637
Z0429
Z0426
Z0215
Z0423
Z0530
Z0210
Z0320
Z0422
Z0216
Z0107
Z0105
Z0211
Z0321
Z0102
Z0212
Z0531
Z0428
Z0743
Z0213
Z0638
Z0534
0103
田义屯
文官屯
沈飞公司
东北机器制造厂
榆林堡
后榆林堡
南岗
范家坟
阎家沟
上王家沟
罗家沟
辛家上沟
赵家沟
金杯客车厂
启陵
山梨
启陵前堡
省牛肉繁育中心
辽宁华海学院
北陵公园
抗美援朝烈士陵园
瓦子窑
望花村
区望花医院
望花桥
牛三官屯
沈阳大学分部
第十一医院
第七粮库
体育学院
金杯汽车公司
第二陶瓷厂
陶瓷城
有机化工二厂
第三纺织厂
九一八历史纪念馆
铁路总医院
长客总站
中医学院
外贸学校
马官桥
辽宁行政学院
沈阳大学
东城医院
沈阳东站
沈阳北站
骨科医院
东陵桥
大庙子
马官桥
物价局
第一医院
201医院
沈抚桥
音乐艺术学校
榆树屯
水利局
东祥宾馆
金桥大厦
204医院
农大科研猪场
商业经济学校
新立堡桥
石庙子
八一公园
红十字医院
高登酒店
国贸大厦
故宫
北方航空公司
万泉公园
东塔医院
王家湾子
东岗子
师范学校
省友谊医院
606研究所
辽宁华夏文化技术学校
李巴彦
养竹小学
青年公园
建工学院
医大二院
区水利局
长青公园
区劳动局
杨官屯
汪家职业高级中学
万家屯
规划院
工业学院
药科大学
音乐学院
建工学院
血磁医院
长青桥
华联实验学校
水家屯
牛相屯
浑河桥
五爱桥
浑南坝
铁匠屯
黄泥坎小学
国际会展中心
储运孤家子一库
市鲁艺美术学校
孤家子
新蓝天科技公司
前榆树台
二十一世纪大厦
高新技术创业中心
高新技术产业开发区
浑河
新开河

沈阳市工业用地基准地价及监测点

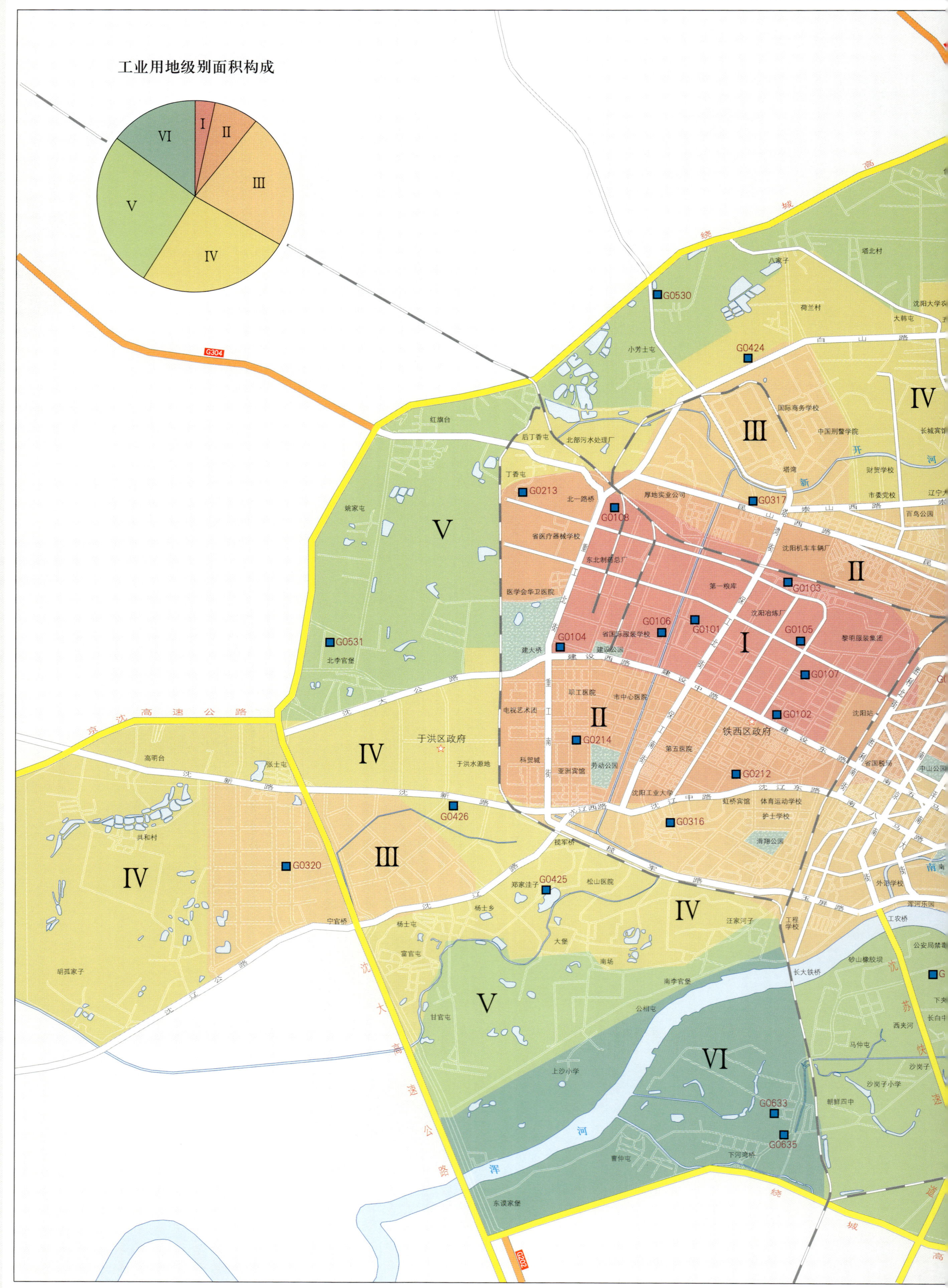

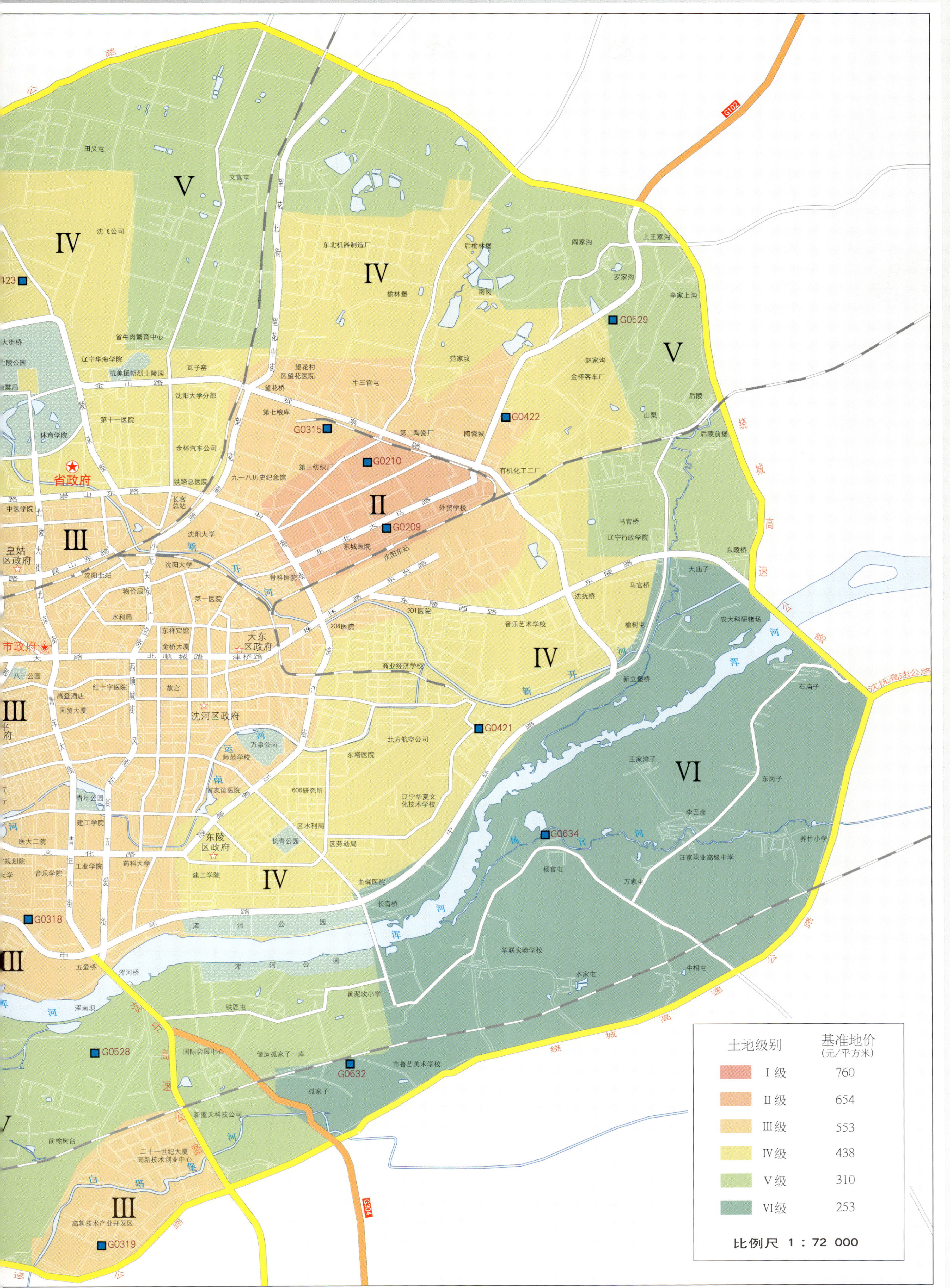

土地级别
基准地价（元/平方米）
Ⅰ级 760
Ⅱ级 654
Ⅲ级 553
Ⅳ级 438
Ⅴ级 310
Ⅵ级 253
比例尺 1 : 72 000
省政府
市政府
皇姑区政府
大东区政府
沈河区政府
东陵区政府
G0315
G0210
G0209
G0422
G0529
G0421
G0634
G0318
G0528
G0632
G0319
G102
G304
沈阳东站
沈阳北站
沈抚高速公路
东北机器制造厂
辽宁行政学院
沈阳大学
万泉公园
青年公园
长青公园
高新技术产业开发区
二十一世纪大厦高新技术创业中心
国际会展中心

用　途	土地级别	监测点编　号	监测点地价（元/平方米）	土地级别	监测点编　号	监测点地价（元/平方米）	土地级别	监测点编　号	监测点地价（元/平方米）
商业	Ⅰ	S0101	11 069	Ⅲ	S0319	3 790	Ⅴ	S0537	1 347
		S0102	9 052		S0320	4 144	Ⅵ	S0638	1 152
		S0103	9 291		S0321	3 668		S0639	1 169
		S0104	7 865		S0322	3 651		S0640	1 051
		S0105	7 314		S0323	3 175		S0641	1 270
		S0106	10 829		S0324	3 370		S0642	1 248
		S0107	7 572	Ⅳ	S0425	2 243		S0643	1 120
		S0108	10 351		S0426	2 538		S0644	999
		S0109	10 499		S0427	2 504	Ⅶ	S0745	683
		S0110	9 665		S0428	2 860		S0746	884
		S0111	7 628		S0429	1 961		S0747	751
	Ⅱ	S0212	5 192		S0430	1 965		S0748	596
		S0213	4 172	Ⅴ	S0531	1 789		S0749	663
		S0214	6 858		S0532	1 717	Ⅷ	S0850	611
		S0215	5 074		S0533	1 432		S0851	461
	Ⅲ	S0316	6 419		S0534	1 476		S0852	427
		S0317	3 621		S0535	1 460		S0853	666
		S0318	3 660		S0536	1 544			
居住	Ⅰ	Z0101	3 332	Ⅱ	Z0216	3 269	Ⅴ	Z0531	1 461
		Z0102	3 225	Ⅲ	Z0317	2 728		Z0532	1 475
		Z0103	3 629		Z0318	2 728		Z0533	1 364
		Z0104	3 306		Z0319	2 382		Z0534	1 244
		Z0105	3 620		Z0320	2 528	Ⅵ	Z0635	970
		Z0106	3 279		Z0321	2 574		Z0636	983
		Z0107	3 635	Ⅳ	Z0422	1 934		Z0637	912
		Z0108	3 216		Z0423	1 930		Z0638	692
	Ⅱ	Z0209	3 320		Z0424	1 795		Z0639	967
		Z0210	3 414		Z0425	1 634	Ⅶ	Z0740	477
		Z0211	3 201		Z0426	1 946		Z0741	466
		Z0212	2 852		Z0427	1 765		Z0742	571
		Z0213	3 246		Z0428	1 626		Z0743	595
		Z0214	2 794		Z0429	1 907		Z0744	570
		Z0215	2 879	Ⅴ	Z0530	1 497			
工业	Ⅰ	G0101	690	Ⅱ	G0213	659	Ⅳ	G0425	379
		G0102	859		G0214	588		G0426	480
		G0103	817	Ⅲ	G0315	657	Ⅴ	G0527	278
		G0104	667		G0316	547		G0528	271
		G0105	829		G0317	493		G0529	374
		G0106	540		G0318	469		G0530	313
		G0107	831		G0319	509		G0531	365
		G0108	711		G0320	581	Ⅵ	G0632	283
	Ⅱ	G0209	686	Ⅳ	G0421	393		G0633	223
		G0210	702		G0422	384		G0634	293
		G0211	583		G0423	447		G0635	226
		G0212	631		G0424	444			

°商业用地监测点地价内涵：在正常土地市场条件下，基准日为2001年1月1日，设定土地开发程度为“六通一平”（宗地红线外通路、通电、供水、排水、通讯、通暖及宗地红线内场地平整），容积率为2.5，商业用地法定最高出让年限40年的完整土地使用权价格。

°居住用地监测点地价内涵：在正常土地市场条件下，基准日为2001年1月1日，设定土地开发程度为“七通一平”（宗地红线外通路、通电、供水、排水、通讯、通气、通暖及宗地红线内场地平整），容积率为1.7，居住用地法定最高出让年限70年的完整土地使用权价格。

°工业用地监测点地价内涵：在正常土地市场条件下，基准日为2001年1月1日，设定土地开发程度为“五通一平”（宗地红线外通路、通电、供水、排水、通讯及宗地红线内场地平整），容积率为1.0，工业用地法定最高出让年限50年的完整土地使用权价格。

大连市位于中国辽东半岛南端，东濒黄海，西临渤海，北依东北三省和内蒙古广大腹地，南与中国山东半岛隔海相望，是京津门户和中国重要的港口、贸易、工业、旅游城市，也是我国沿海开放城市和计划单列市之一。辖6区、3市、1县，面积13 237平方千米，其中市区面积为2 414.96平方千米，全市总人口555万。

大连市根据《城镇土地分等定级规程》、《城镇土地估价规程》、《城市地价动态监测体系技术规范》及《2000－2001年度城市土地价格调查实施方案》，明确基准地价内涵，在市辖中山区、西岗区、沙河口区和甘井子区585.6平方千米的土地范围内，全面开展自然、社会、经济及土地市场状况等调查，利用计算机系统技术，辅助完成了城市土地综合定级，商业、居住、工业用地定级与基准地价更新，设立113个地价监测点，建立了城市土地基准地价更新、地价监测信息管理与发布系统，为我国城市地价动态监测体系建设奠定了基础。也为大连市强化城市土地资产管理，规范土地市场，制定各类规划和提高土地利用的经济、社会和环境效益提供科学依据。

- 商业用地基准地价内涵：在正常土地市场条件下，基准日为2001年1月1日，设定土地开发程度为“七通一平”(宗地红线外通路、通电、供水、排水、通讯、通气、通暖及宗地红线内场地平整)，一级地平均容积率为3.0，二至四级地平均容积率为1.5，五至九级地平均容积率为1.2，商业用地法定最高出让年限40年的完整土地使用权平均价格。

- 居住用地基准地价内涵：在正常土地市场条件下，基准日为2001年1月1日，设定土地开发程度为“七通一平”(宗地红线外通路、通电、供水、排水、通讯、通气、通暖及宗地红线内场地平整)，平均容积率为1.4，居住用地法定最高出让年限70年的完整土地使用权平均价格。

- 工业用地基准地价内涵：在正常土地市场条件下，基准日为2001年1月1日，设定土地开发程度为“五通一平”(宗地红线外通路、通电、供水、排水、通讯及宗地红线内场地平整)，工业用地法定最高出让年限50年的完整土地使用权平均价格。

大连市土地综合定级级别

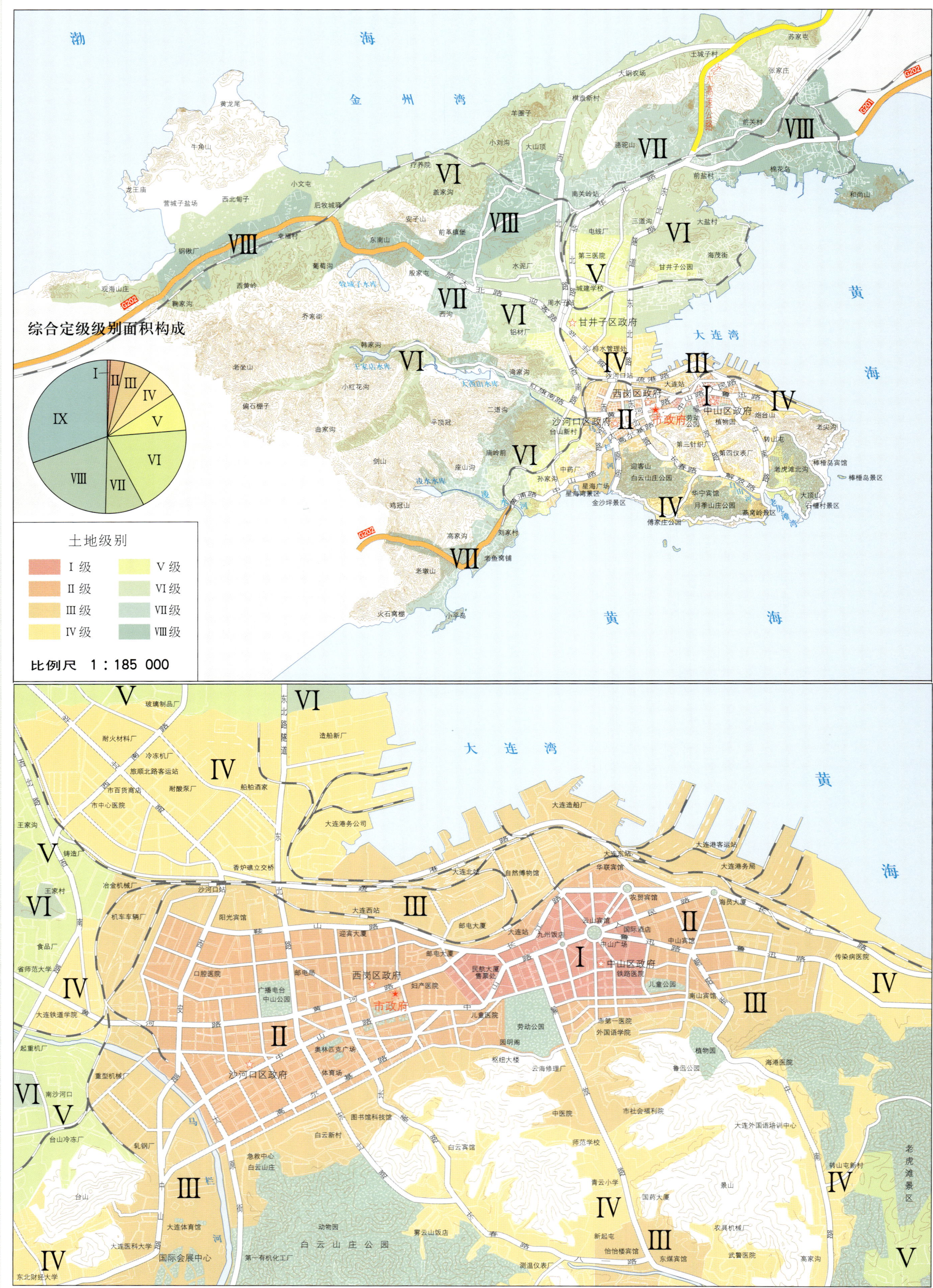

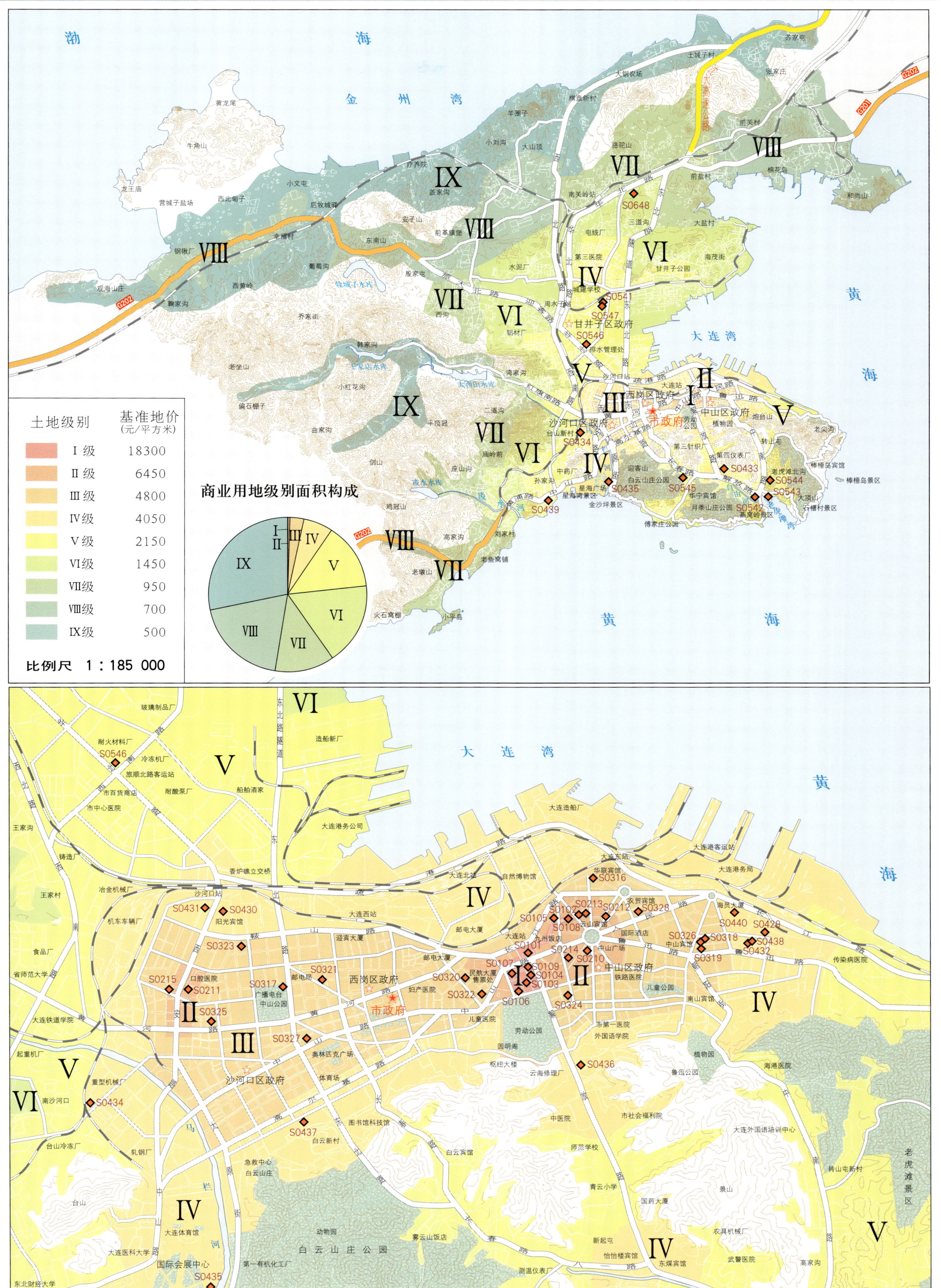
渤海
金州湾
黄海
大连湾
土地级别
基准地价（元/平方米）
Ⅰ级 18300
Ⅱ级 6450
Ⅲ级 4800
Ⅳ级 4050
Ⅴ级 2150
Ⅵ级 1450
Ⅶ级 950
Ⅷ级 700
Ⅸ级 500
比例尺 1：185 000
商业用地级别面积构成
甘井子区政府
西岗区政府
中山区政府
沙河口区政府
市政府
白云山庄公园
劳动公园
中山广场
大连站
大连港客运站
S0648
S0541
S0547
S0546
S0434
S0435
S0439
S0545
S0433
S0544
S0543
S0542
S0316
S0431
S0430
S0323
S0215
S0211
S0325
S0317
S0321
S0327
S0437
S0320
S0322
S0436
S0324
S0328
S0326
S0318
S0319
S0440
S0428
S0438
S0432

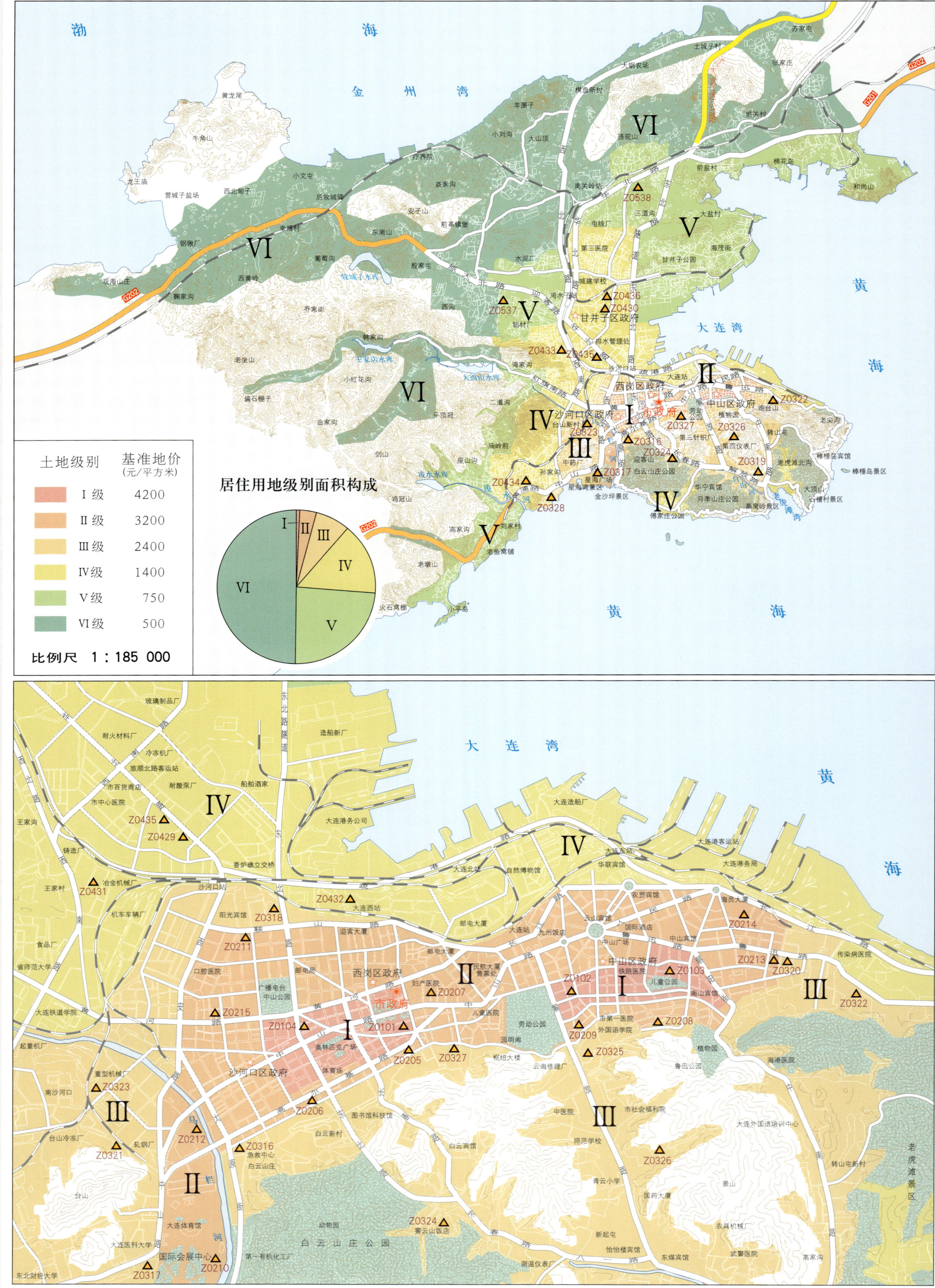
土地级别 基准地价（元/平方米）
Ⅰ级 4200
Ⅱ级 3200
Ⅲ级 2400
Ⅳ级 1400
Ⅴ级 750
Ⅵ级 500
比例尺 1：185 000
居住用地级别面积构成
渤海
金州湾
黄海
大连湾
甘井子区政府
西岗区政府
中山区政府
沙河口区政府
市政府
白云山庄公园
老虎滩景区

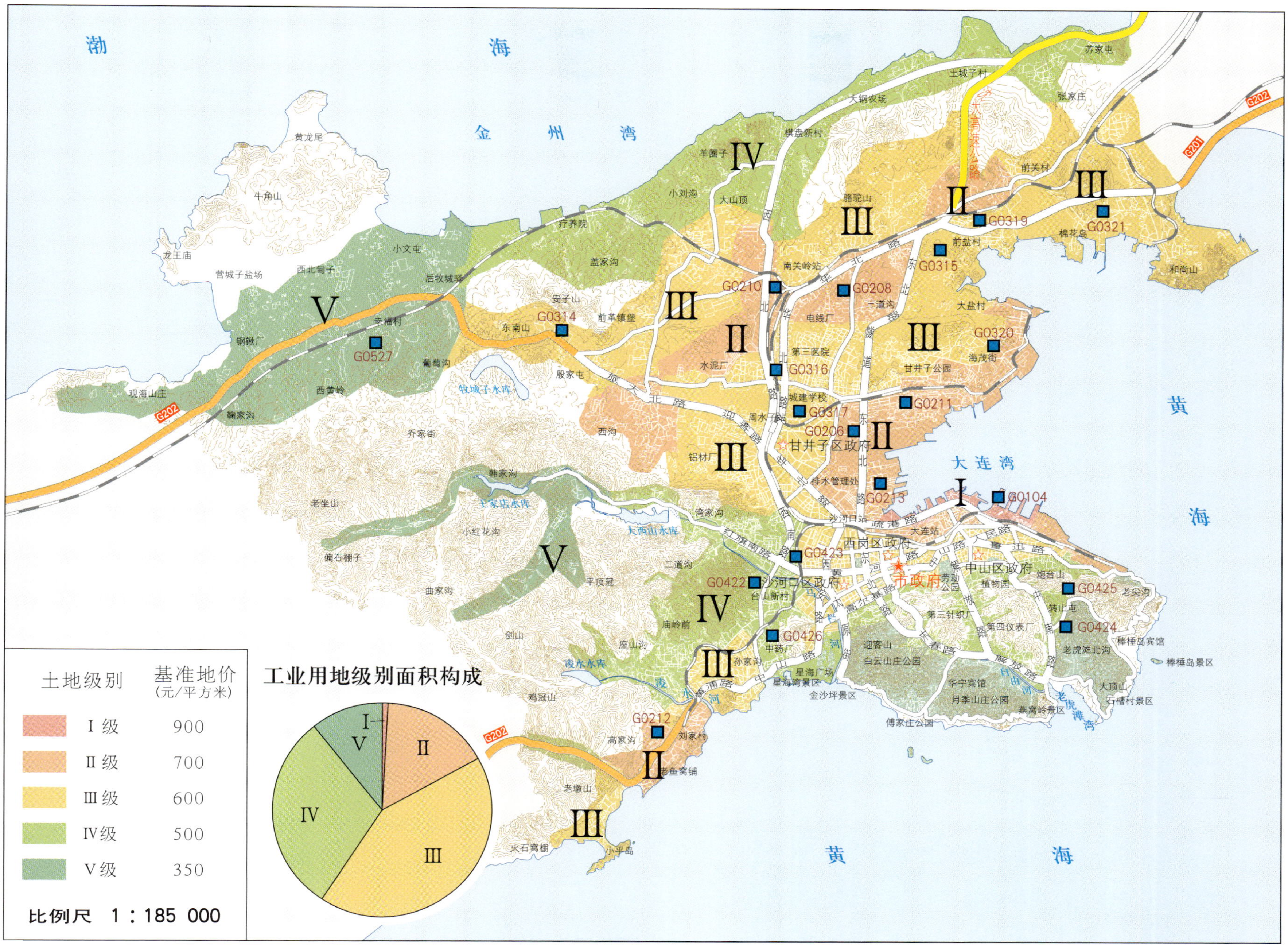

土地级别	基准地价（元/平方米）
Ⅰ级	900
Ⅱ级	700
Ⅲ级	600
Ⅳ级	500
Ⅴ级	350

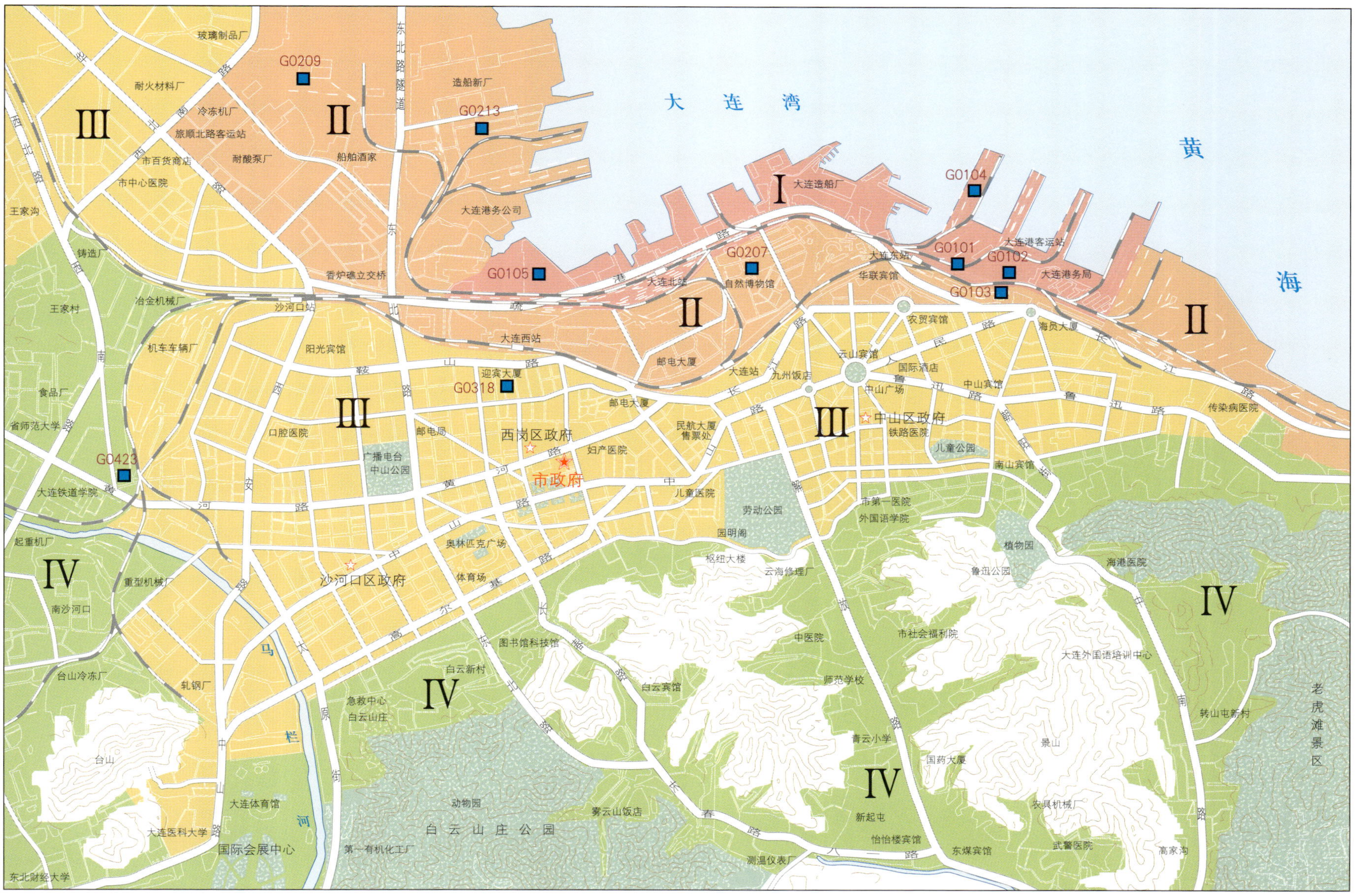

比例尺 1：185 000

工业用地级别面积构成

用　途	土地级别	监测点编　号	监测点地价（元/平方米）	土地级别	监测点编　号	监测点地价（元/平方米）	土地级别	监测点编　号	监测点地价（元/平方米）
商业	Ⅰ	S0101	3 966	Ⅲ	S0317	2 065	Ⅳ	S0433	2 388
		S0102	6 900		S0318	3 597		S0434	2 536
		S0103	3 613		S0319	3 445		S0435	1 758
		S0104	1 651		S0320	1 236		S0436	2 101
		S0105	2 369		S0321	1 433		S0437	1 868
		S0106	2 446		S0322	2 356		S0438	1 634
		S0107	2 229		S0323	2 884		S0439	1 498
		S0108	5 346		S0324	2 082		S0440	1 921
		S0109	6 100		S0325	2 384	Ⅴ	S0541	1 509
	Ⅱ	S0210	5 151		S0326	3 097		S0542	1 905
		S0211	1 700		S0327	1 583		S0543	1 669
		S0212	6 772		S0328	1 753		S0544	1 574
		S0213	1 973	Ⅳ	S0429	2 192		S0545	5 146
		S0214	3 771		S0430	1 594		S0546	1 864
		S0215	2 945		S0431	2 936		S0547	985
	Ⅲ	S0316	1 799		S0432	2 564	Ⅵ	S0648	1 163
居住	Ⅰ	Z0101	3 103	Ⅱ	Z0214	1 224	Ⅲ	Z0327	1 329
		Z0102	2 639		Z0215	2 423		Z0328	1 899
		Z0103	3 252	Ⅲ	Z0316	1 837	Ⅳ	Z0429	830
		Z0104	2 903		Z0317	1 337		Z0430	1 132
	Ⅱ	Z0205	2 407		Z0318	1 600		Z0431	592
		Z0206	1 162		Z0319	1 779		Z0432	1 199
		Z0207	1 567		Z0320	1 478		Z0433	778
		Z0208	1 745		Z0321	1 423		Z0434	880
		Z0209	1 908		Z0322	1 404		Z0435	822
		Z0210	1 505		Z0323	1 507		Z0436	1 065
		Z0211	1 677		Z0324	1 548	Ⅴ	Z0537	635
		Z0212	1 677		Z0325	1 520		Z0538	441
		Z0213	1 312		Z0326	1 032			
工业	Ⅰ	G0101	852	Ⅱ	G0211	567	Ⅲ	G0321	501
		G0102	855		G0212	797	Ⅳ	G0422	493
		G0103	841		G0213	624		G0423	746
		G0104	841	Ⅲ	G0314	461		G0424	696
		G0105	841		G0315	603		G0425	700
	Ⅱ	G0206	683		G0316	407		G0426	684
		G0207	560		G0317	470	Ⅴ	G0527	719
		G0208	672		G0318	791			
		G0209	444		G0319	618			
		G0210	739		G0320	593			

◦商业用地监测点地价内涵：在正常土地市场条件下，基准日为2001年1月1日，设定土地开发程度为“七通一平”（宗地红线外通路、通电、供水、排水、通讯、通气、通暖及宗地红线内场地平整），容积率按所在级别（1级、2～4级、5级以后）分别为3.0、1.5、1.2，商业用地法定最高出让年限40年的完整土地使用权价格。

◦居住用地监测点地价内涵：在正常土地市场条件下，基准日为2001年1月1日，设定土地开发程度为“七通一平”（宗地红线外通路、通电、供水、排水、通讯、通气、通暖及宗地红线内场地平整），容积率为1.4，居住用地法定最高出让年限70年的完整土地使用权价格。

◦工业用地监测点地价内涵：在正常土地市场条件下，基准日为2001年1月1日，设定土地开发程度为“五通一平”（宗地红线外通路、通电、供水、排水、通讯及宗地红线内场地平整），工业用地法定最高出让年限50年的完整土地使用权价格。

长春市

长春市是吉林省省会，全省政治、经济、科技和文化中心，也是全国重要的工业城市。位于吉林省中部，东北腹心地带。辖6区、3市、1县，面积20 532平方千米，其中环城路内面积为158平方千米，全市总人口705万。

长春市土地管理局于1999年初承担了“城市基准地价更新及信息社会化服务示范工程”项目。根据《城镇土地定级规程》和《城镇土地估价规程》，通过全面调查长春市自然、社会、经济及土地市场状况，分析影响土地质量及价格的相关因素、土地价格交易形式及相应价格水平以及土地价格与影响因素之间相关关系等，利用计算机系统技术对长春市原有的基准地价进行了全面更新，建立了长春市土地定级估价与土地市场信息发布系统。在此基础上，根据《1999年度城市土地价格调查实施方案》和《城市地价动态监测体系技术规范》，通过土地市场调查，进行了长春市城市地价动态监测体系建设研究，设立85个地价监测点，为我国城市地价动态监测体系建设奠定了基础。也为长春市强化城市土地资产管理，规范土地市场，制定各类规划和提高土地利用的经济、社会和环境效益提供科学依据。

- 商业用地基准地价内涵：在正常土地市场条件下，基准日为2000年1月1日，设定土地开发程度为“七通一平”（宗地红线外通路、通电、供水、排水、通讯、通气、通暖及宗地红线内场地平整），平均容积率为2.0，商业用地法定最高出让年限40年的完整土地使用权平均价格。

- 居住用地基准地价内涵：在正常土地市场条件下，基准日为2000年1月1日，设定土地开发程度为“七通一平”（宗地红线外通路、通电、供水、排水、通讯、通气、通暖及宗地红线内场地平整），平均容积率为1.0，居住用地法定最高出让年限70年的完整土地使用权平均价格。

- 工业用地基准地价内涵：在正常土地市场条件下，基准日为2000年1月1日，设定土地开发程度1～6级为“七通一平”（宗地红线外通路、通电、供水、排水、通讯、通气、通暖及宗地红线内场地平整），7级为“五通一平”（宗地红线外通路、通电、供水、排水、通讯及宗地红线内场地平整），平均容积率为1.0以下，工业用地法定最高出让年限50年的完整土地使用权平均价格。

综合定级级别面积构成
Ⅰ
Ⅱ
Ⅲ
Ⅳ
Ⅴ
Ⅵ
Ⅶ
Ⅷ
省政府
市政府
宽城区政府
绿园区政府
朝阳区政府
长春站
长营高速公路

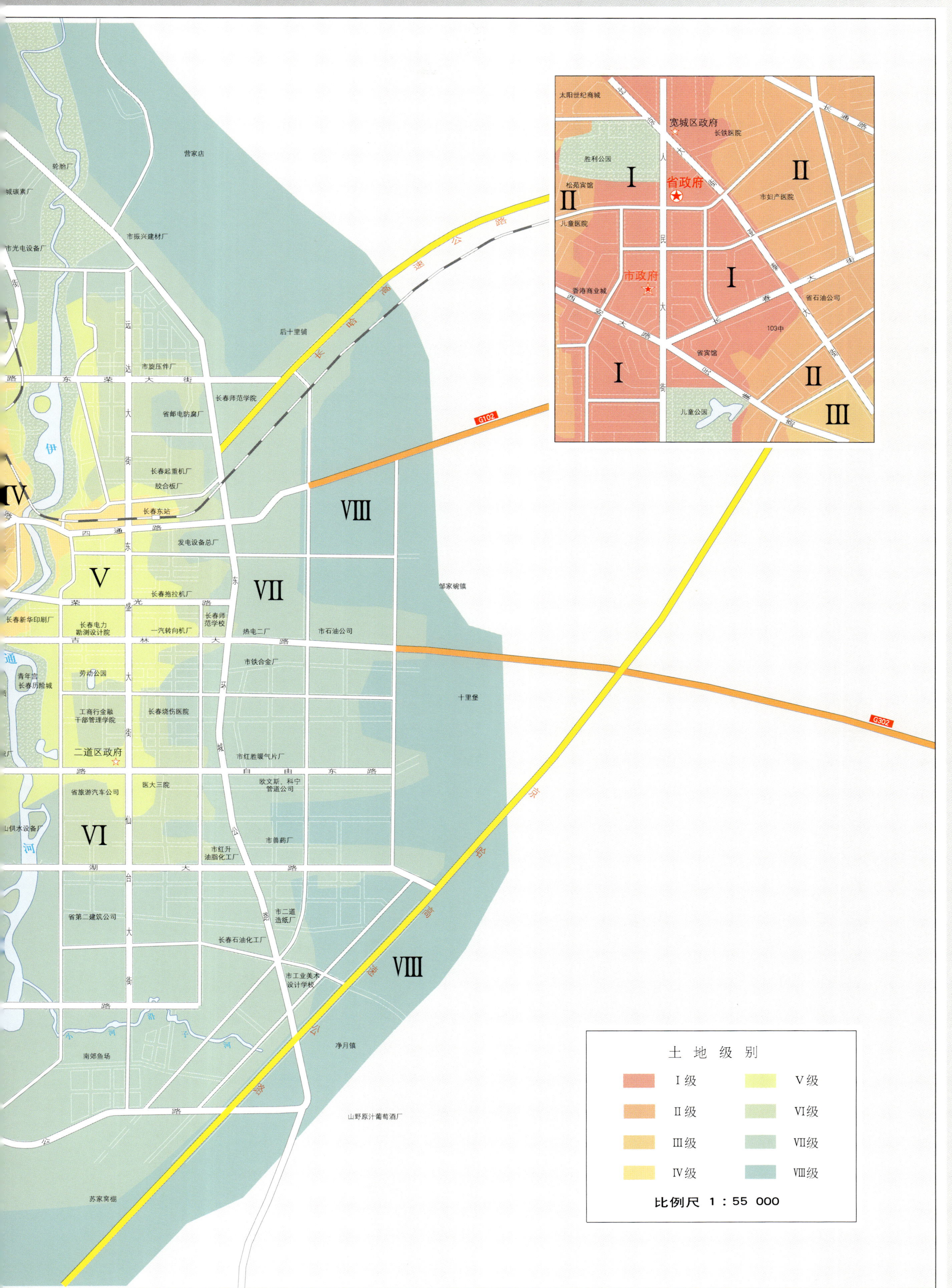

土 地 级 别
Ⅰ级
Ⅱ级
Ⅲ级
Ⅳ级
Ⅴ级
Ⅵ级
Ⅶ级
Ⅷ级
比例尺 1：55 000
太阳世纪商城
宽城区政府
长铁医院
胜利公园
省政府
松苑宾馆
市妇产医院
儿童医院
市政府
香港商业城
省石油公司
103中
省宾馆
儿童公园
营家店
轮胎厂
城碳素厂
市振兴建材厂
市光电设备厂
后十里铺
市旋压件厂
长春师范学院
省邮电防腐厂
长春起重机厂
胶合板厂
长春东站
发电设备总厂
长春拖拉机厂
长春新华印刷厂
长春电力勘测设计院
一汽转向机厂
长春师范学校
热电二厂
市石油公司
邹家碗镇
市铁合金厂
劳动公园
青年宫
长春历险城
十里堡
工商行金融干部管理学院
长春烧伤医院
二道区政府
市红胜暖气片厂
医大三院
欧文斯、科宁管道公司
省旅游汽车公司
山供水设备厂
市兽药厂
市红升油脂化工厂
省第二建筑公司
市二道造纸厂
长春石油化工厂
市工业美术设计学校
南郊鱼场
净月镇
山野原汁葡萄酒厂
苏家窝棚
G102
G302

商业用地级别面积构成
Ⅰ
Ⅱ
Ⅲ
Ⅳ
Ⅴ
Ⅵ
Ⅶ
Ⅷ
省政府
市政府
宽城区政府
绿园区政府
朝阳区政府
S0632
S0211
S0635
S0742
S0528
S0212
S0214
S0101
S0424
S0423
S0317
S0318
S0531
S0740
G302
G102
长营高速公路
四间房
班家营子
崔家营子
市奋进铸钢厂
市第二车辆厂
凯旋医院
市食品集团公司
职业师范学院
广源宾馆
市第二试验机厂
市汽车离合器厂
电动工具厂
铁北体育场
中通宾馆
长春站
长途汽车北站
长铁医院
市妇产医院
省石油公司
103中
省宾馆
儿童公园
市建筑工程设计院
省文化活动中心
中医院
吉林电力职工大学
动植物公园
长春体育场
林业宾馆
东北师范大学
吉林工业大学
南关
长春轻机厂
净水厂
中科院长春分院
幸福
市制碱厂
长春野力集团
一汽长春轻型车厂
武警医院
一汽车轮厂
机车厂
新月屯
富鑫装潢厂
市东方机械厂
市第二中等专业学校
胜利医院
机械厂医院
化工三厂
市黎明航空铝窗厂
长白铸件厂
四季青
市第一针织厂
市北方茶炉厂
胜利建筑材料厂
农牧大学
94中
客车医院
客车厂
立交桥
胜利公园
松苑宾馆
儿童医院
香港商业城
国际饭店
科技大学
文化广场
吉林正大有限公司
朝阳公园
白求恩医科大学
吉林大学
长白山宾馆
吉祥大酒店
省医院
长春电影制片厂
东北教育书局
南湖
南湖公园
工农广场
长春外国语学校
吉林工学院
结核医院
西安公园
青普立交桥
长客宾馆
西安桥
市二医院
铸钢厂
省财税专科学校
市铸管厂
省司法警校
市传染病院
长春纺织厂
汽车研究所
市机械工业学校
电影城
建筑工程学院
宽平大桥
毛巾厂
中国第一汽车集团公司
长春南站
一汽职工大学
散热器公司
姚家窝堡
大刘家屯
祝家屯
一汽轿车轻型车分厂
孟家屯
吉林交通学院
肿瘤医院
气象研究所
省劳动干部学校
邮电学院
南湖宾馆
南湖医院
华侨饭店
市生物工程公司
光机学院
长春大学
省林业学校
胜利屯
吉林在学南校区
大三家子
杨家屯
张家粉房
绿园区中医院
长春消防器材厂
机场路
西安大路
解放大路
自由大路
南湖大路
卫星路
长春大街

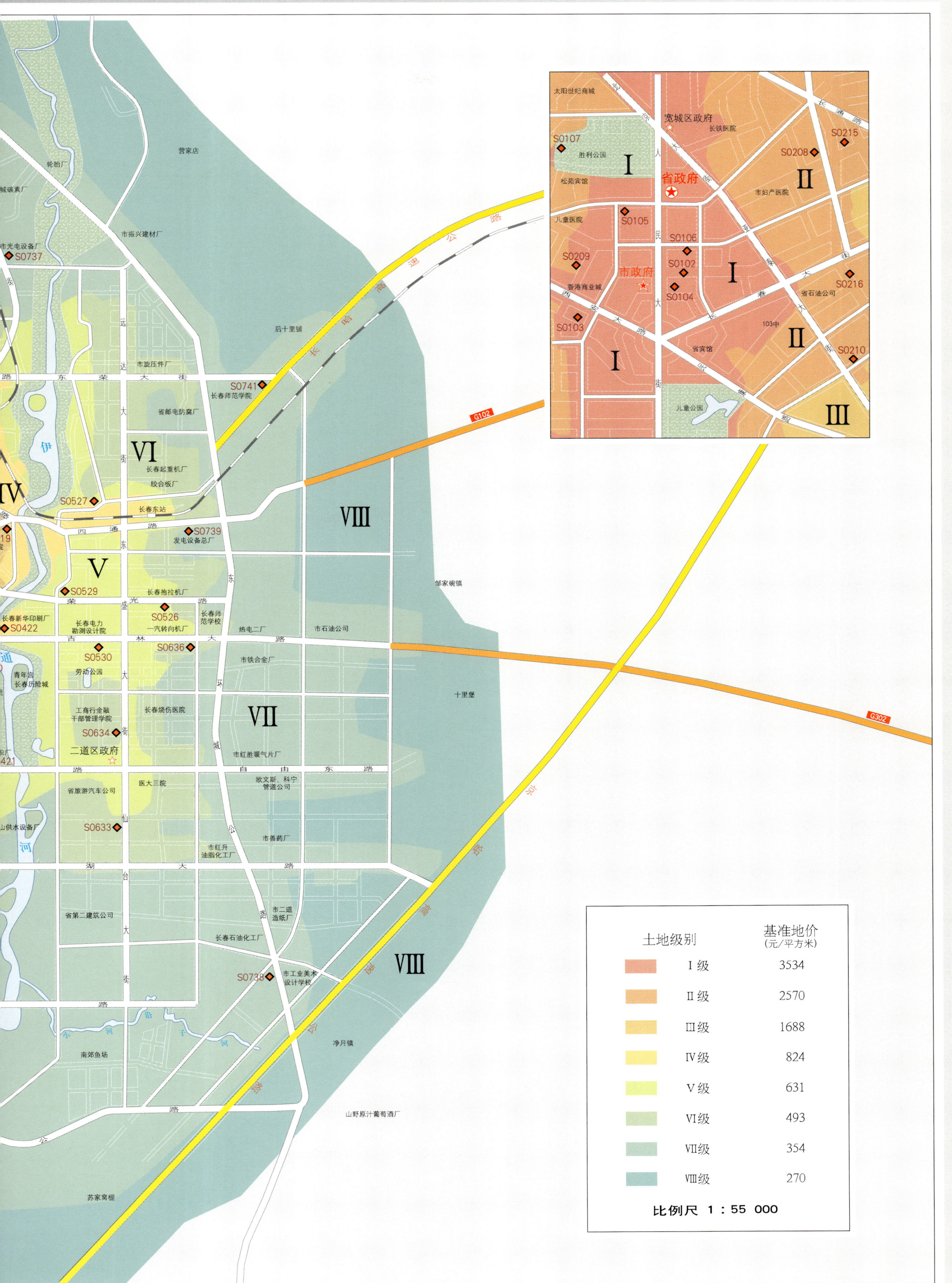

土地级别
基准地价
(元/平方米)
I 级 3534
II 级 2570
III 级 1688
IV 级 824
V 级 631
VI 级 493
VII 级 354
VIII 级 270
比例尺 1 : 55 000
省政府
市政府
宽城区政府
二道区政府

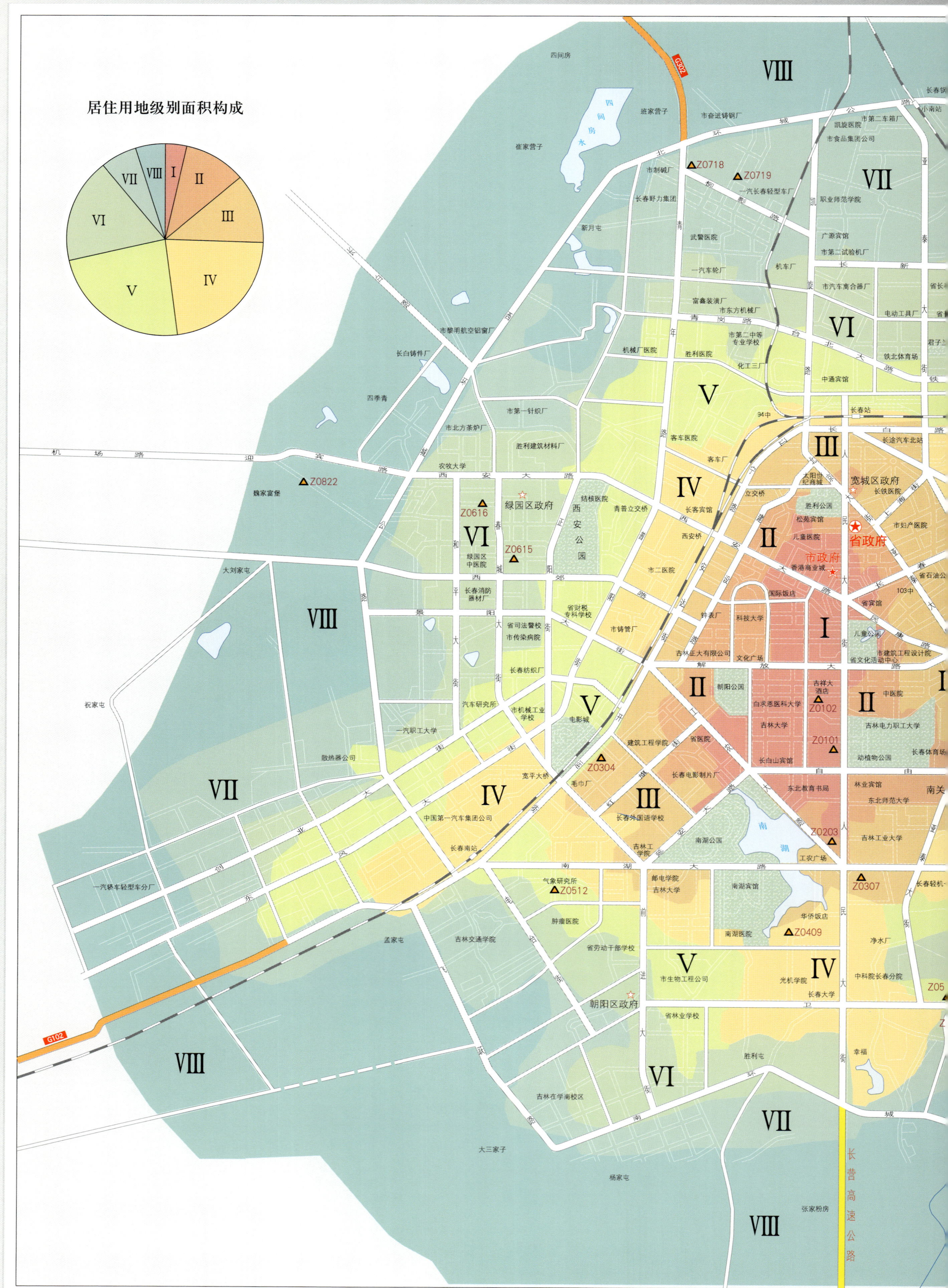
居住用地级别面积构成
I
II
III
IV
V
VI
VII
VIII

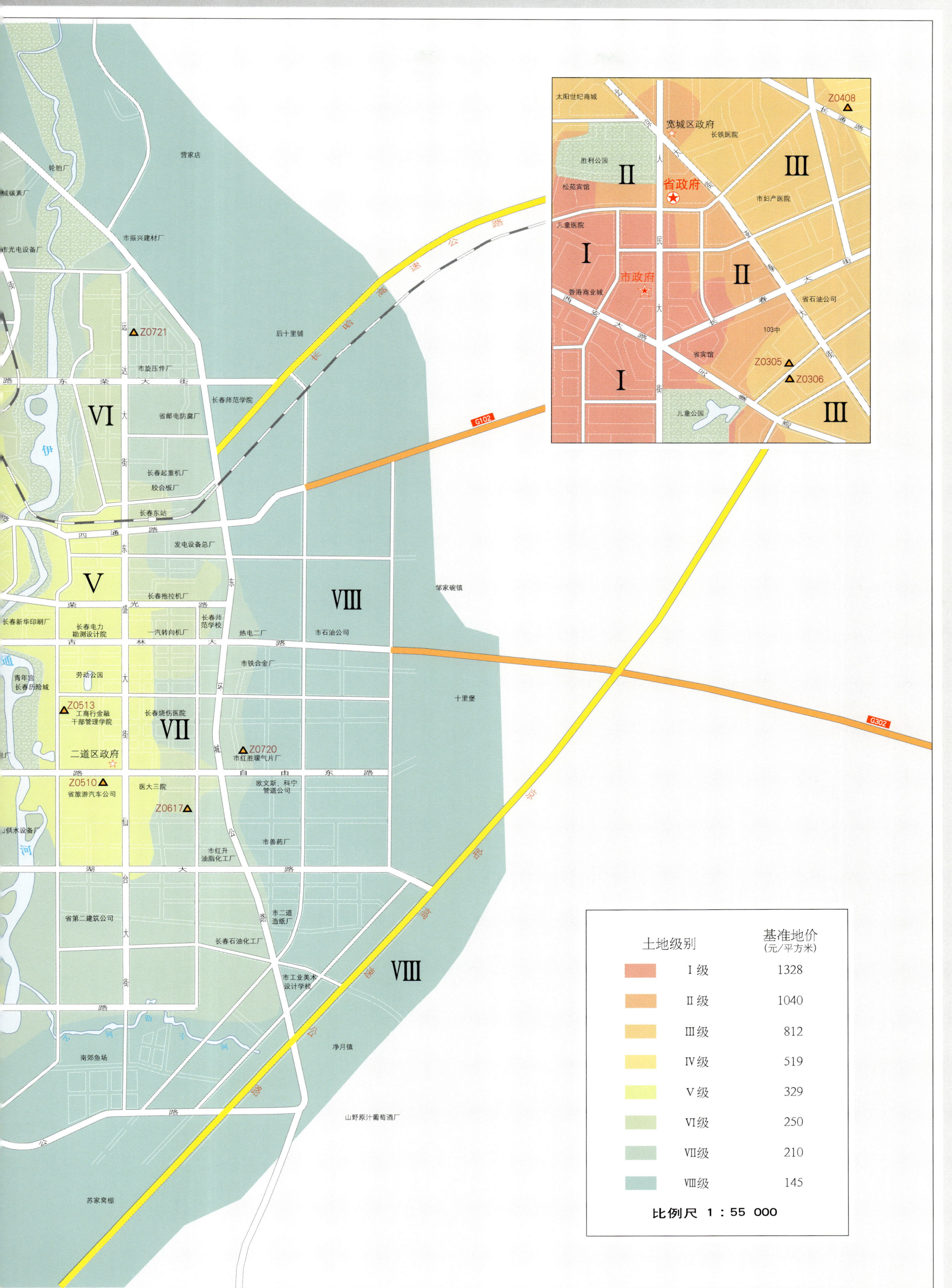

宽城区政府
省政府
市政府
二道区政府
Z0408
Z0305
Z0306
Z0721
Z0513
Z0720
Z0510
Z0617
G102
G302
土地级别
基准地价
(元/平方米)
I 级 1328
II 级 1040
III级 812
IV级 519
V 级 329
VI级 250
VII级 210
VIII级 145
比例尺 1 : 55 000

长春市工业用地基准地价及监测点

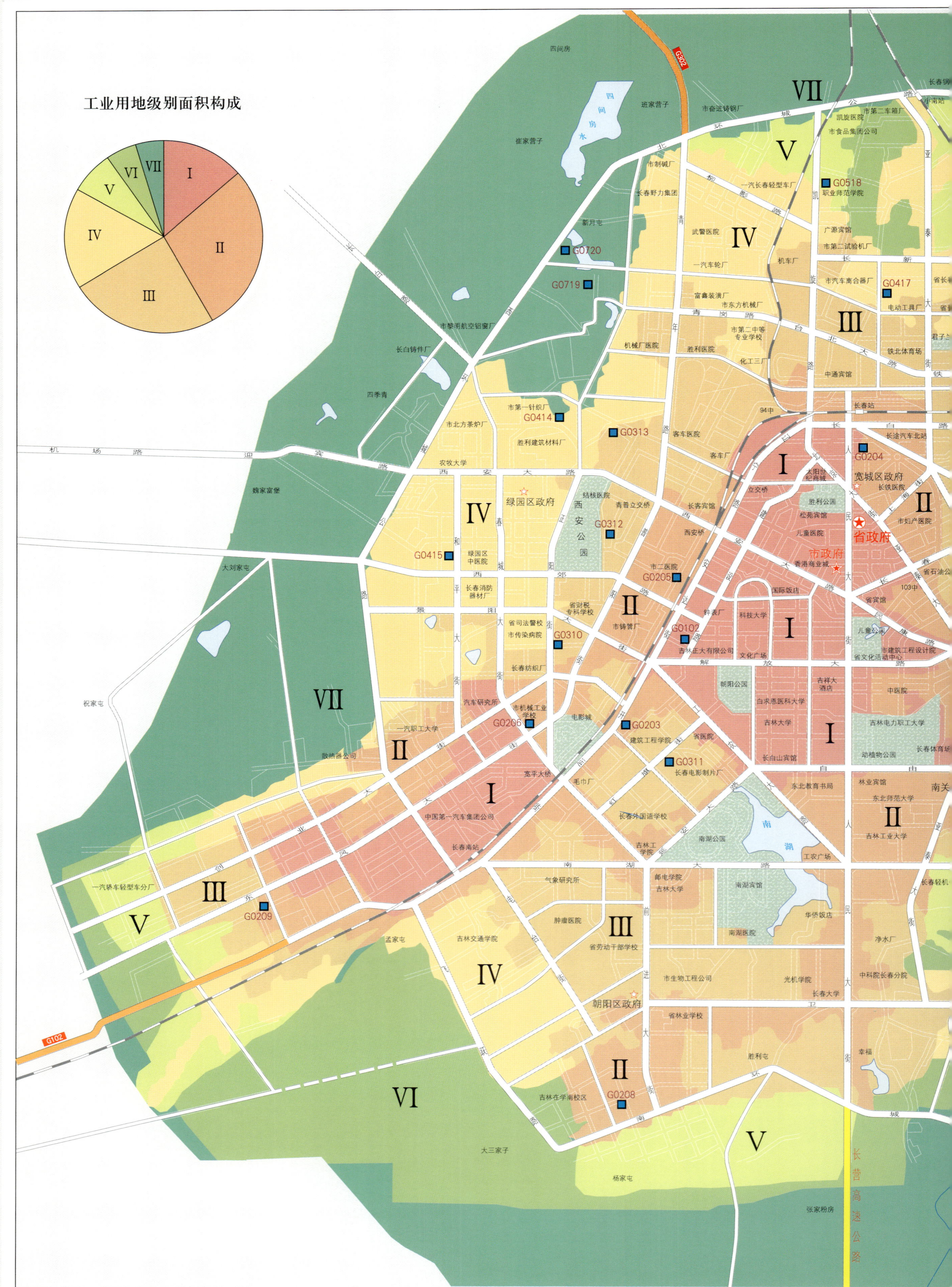

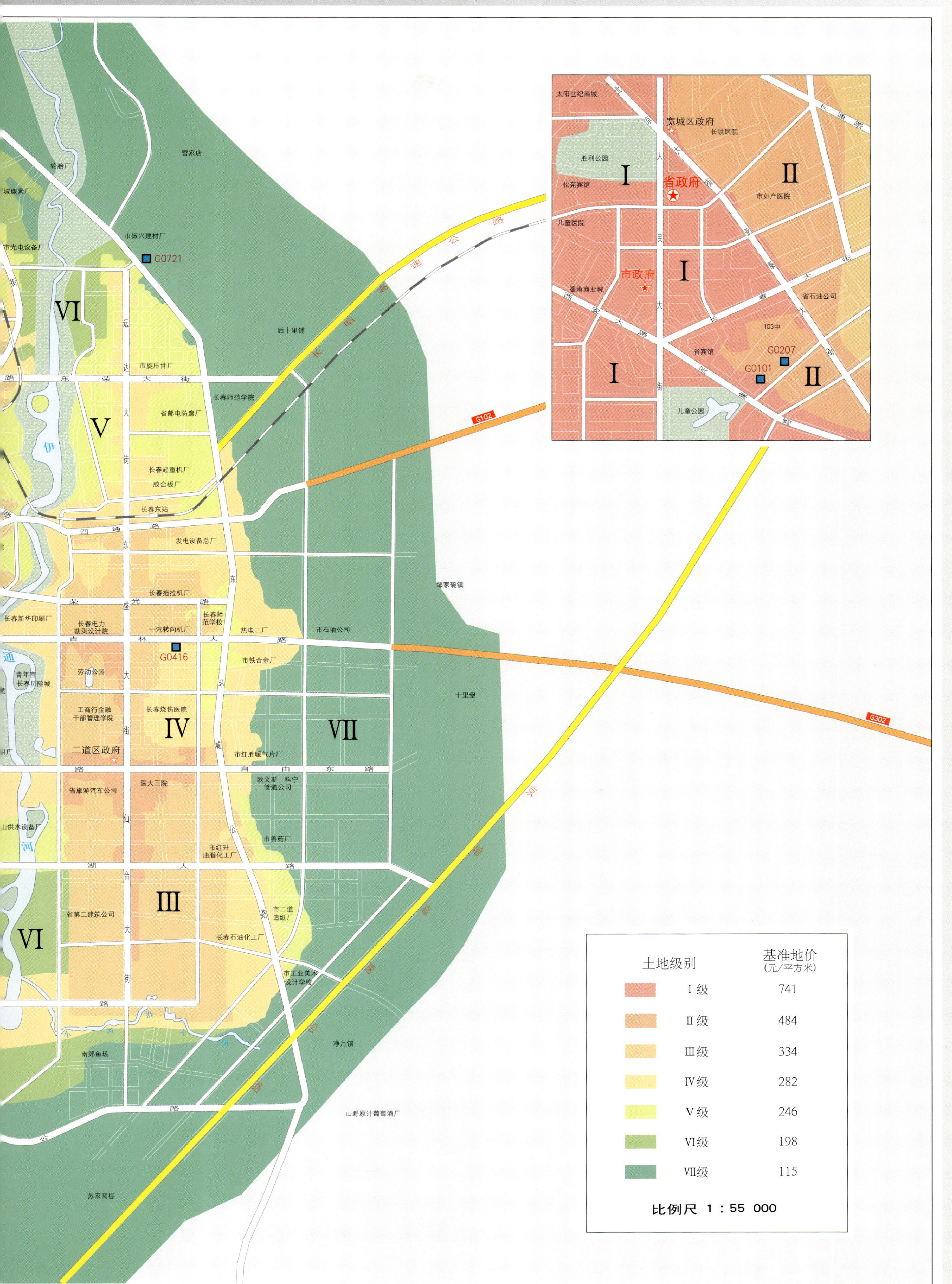
土地级别
基准地价
(元/平方米)
Ⅰ级 741
Ⅱ级 484
Ⅲ级 334
Ⅳ级 282
Ⅴ级 246
Ⅵ级 198
Ⅶ级 115
比例尺 1：55 000
宽城区政府
省政府
市政府
二道区政府
G0721
G0416
G0207
G0101
G102
G302
太阳世纪商城
长铁医院
胜利公园
松苑宾馆
市妇产医院
儿童医院
香港商业城
省石油公司
103中
省宾馆
儿童公园
营家店
轮胎厂
市振兴建材厂
后十里铺
市旋压件厂
长春师范学院
省邮电防腐厂
长春起重机厂
胶合板厂
长春东站
发电设备总厂
长春拖拉机厂
长春新华印刷厂
长春电力勘测设计院
一汽转向机厂
长春师范学校
热电二厂
市石油公司
郜家碗镇
劳动公园
市铁合金厂
青年宫
长春历险城
工商行金融干部管理学院
长春烧伤医院
十里堡
市红胜暖气片厂
医大三院
省旅游汽车公司
欧文斯、科宁管道公司
市兽药厂
市红升油脂化工厂
省第二建筑公司
市二道造纸厂
长春石油化工厂
市工业美术设计学校
南郊鱼场
净月镇
山野原汁葡萄酒厂
苏家窝棚
Ⅰ
Ⅱ
Ⅲ
Ⅳ
Ⅴ
Ⅵ
Ⅶ

用　途	土地级别	监测点编号	监测点地价（元/平方米）	土地级别	监测点编号	监测点地价（元/平方米）
商业	Ⅰ	S0101	2 000	Ⅳ	S0422	223
		S0102	4 722		S0423	730
		S0103	4 900		S0424	890
		S0104	5 000		S0425	1 000
		S0105	5 200	Ⅴ	S0526	280
		S0106	5 400		S0527	378
		S0107	5 300		S0528	550
	Ⅱ	S0208	4 000		S0529	690
		S0209	6 388		S0530	704
		S0210	890		S0531	350
		S0211	1 196	Ⅵ	S0632	434
		S0212	1 555		S0633	260
		S0213	1 739		S0634	704
		S0214	1 762		S0635	1 000
		S0215	1 795		S0636	258
		S0216	3 044	Ⅶ	S0737	464
	Ⅲ	S0317	3 518		S0738	230
		S0318	3 110		S0739	245
		S0319	2 775		S0740	90
	Ⅳ	S0420	1 732		S0741	149
		S0421	1 842		S0742	872
居住	Ⅰ	Z0101	803	Ⅴ	Z0512	115
		Z0102	1 600		Z0513	250
	Ⅱ	Z0203	785	Ⅵ	Z0614	114
	Ⅲ	Z0304	362		Z0615	127
		Z0305	945		Z0616	268
		Z0306	1 098		Z0617	258
		Z0307	1 250	Ⅶ	Z0718	148
	Ⅳ	Z0408	1 114		Z0719	176
		Z0409	440		Z0720	97
	Ⅴ	Z0510	1 000		Z0721	193
		Z0511	114	Ⅷ	Z0822	103
工业	Ⅰ	G0101	480	Ⅲ	G0312	224
		G0102	501		G0313	200
	Ⅱ	G0203	170	Ⅳ	G0414	212
		G0204	272		G0415	290
		G0205	290		G0416	493
		G0206	370		G0417	168
		G0207	480	Ⅴ	G0518	193
		G0208	300	Ⅶ	G0719	300
		G0209	356		G0720	264
	Ⅲ	G0310	260		G0721	100
		G0311	336			

- 商业用地监测点地价内涵：在正常土地市场条件下，基准日为2001年12月31日，设定土地开发程度为“七通一平”（宗地红线外通路、通电、供水、排水、通讯、通气、通暖及宗地红线内场地平整），现状利用状况下，商业用地法定最高出让年限40年的完整土地使用权价格。
- 居住用地监测点地价内涵：在正常土地市场条件下，基准日为2001年12月31日，设定土地开发程度为“七通一平”（宗地红线外通路、通电、供水、排水、通讯、通气、通暖及宗地红线内场地平整），现状利用状况下，居住用地法定最高出让年限70年的完整土地使用权价格。
- 工业用地监测点地价内涵：在正常土地市场条件下，基准日为2001年12月31日，设定土地开发程度为“七通一平”（宗地红线外通路、通电、供水、排水、通讯、通气、通暖及宗地红线内场地平整），现状利用状况下，工业用地法定最高出让年限50年的完整土地使用权价格。

哈尔滨市

哈尔滨市是黑龙江省省会，我国东北北部的政治、经济、科技、文化和贸易中心，国家历史文化名城。位于黑龙江省南部，辖7区、4市、8县，面积53 775平方千米，全市总人口941万。

哈尔滨市根据《城镇土地分等定级规程》、《城镇土地估价规程》、《城市地价动态监测体系技术规范》及《2000－2001年度城市土地价格调查实施方案》，明确基准地价内涵，在城市建设用地区（经济开发区、高新技术开发区和太阳岛风景区）、建制镇和乡镇建设用地区，总面积280.15平方千米的土地范围内，全面开展自然、社会、经济及土地市场状况等调查，利用计算机系统技术，辅助完成了城市土地综合定级，商业、居住、工业用地定级与基准地价更新，设立121个地价监测点，建立了城市土地基准地价更新系统,为我国城市地价动态监测体系建设奠定了基础。也为哈尔滨市强化城市土地资产管理，规范土地市场，制定各类规划和提高土地利用的经济、社会和环境效益提供科学依据。

- 商业用地基准地价内涵：在正常土地市场条件下，基准日为2001年1月1日，设定土地开发程度1～6级为“六通一平”（宗地红线外通路、通电、供水、排水、通讯、通气及宗地红线内场地平整），7级以后为“四通一平”（宗地红线外通路、通电、供水、通讯及宗地红线内场地平整），平均容积率为2.0，商业用地法定最高出让年限40年的完整土地使用权平均价格。

- 居住用地基准地价内涵：在正常土地市场条件下，基准日为2001年1月1日，设定土地开发程度1～4级为“六通一平”（宗地红线外通路、通电、供水、排水、通讯、通气及宗地红线内场地平整），5级以后为“四通一平”（宗地红线外通路、通电、供水、通讯及宗地红线内场地平整），平均容积率为2.0，居住用地法定最高出让年限70年的完整土地使用权平均价格。

- 工业用地基准地价内涵：在正常土地市场条件下，基准日为2001年1月1日，设定土地开发程度1～3级为“六通一平”（宗地红线外通路、通电、供水、排水、通讯、通气及宗地红线内场地平整），4级以后为“四通一平”（宗地红线外通路、通电、供水、通讯及宗地红线内场地平整），平均容积率为2.0，工业用地法定最高出让年限50年的完整土地使用权平均价格。

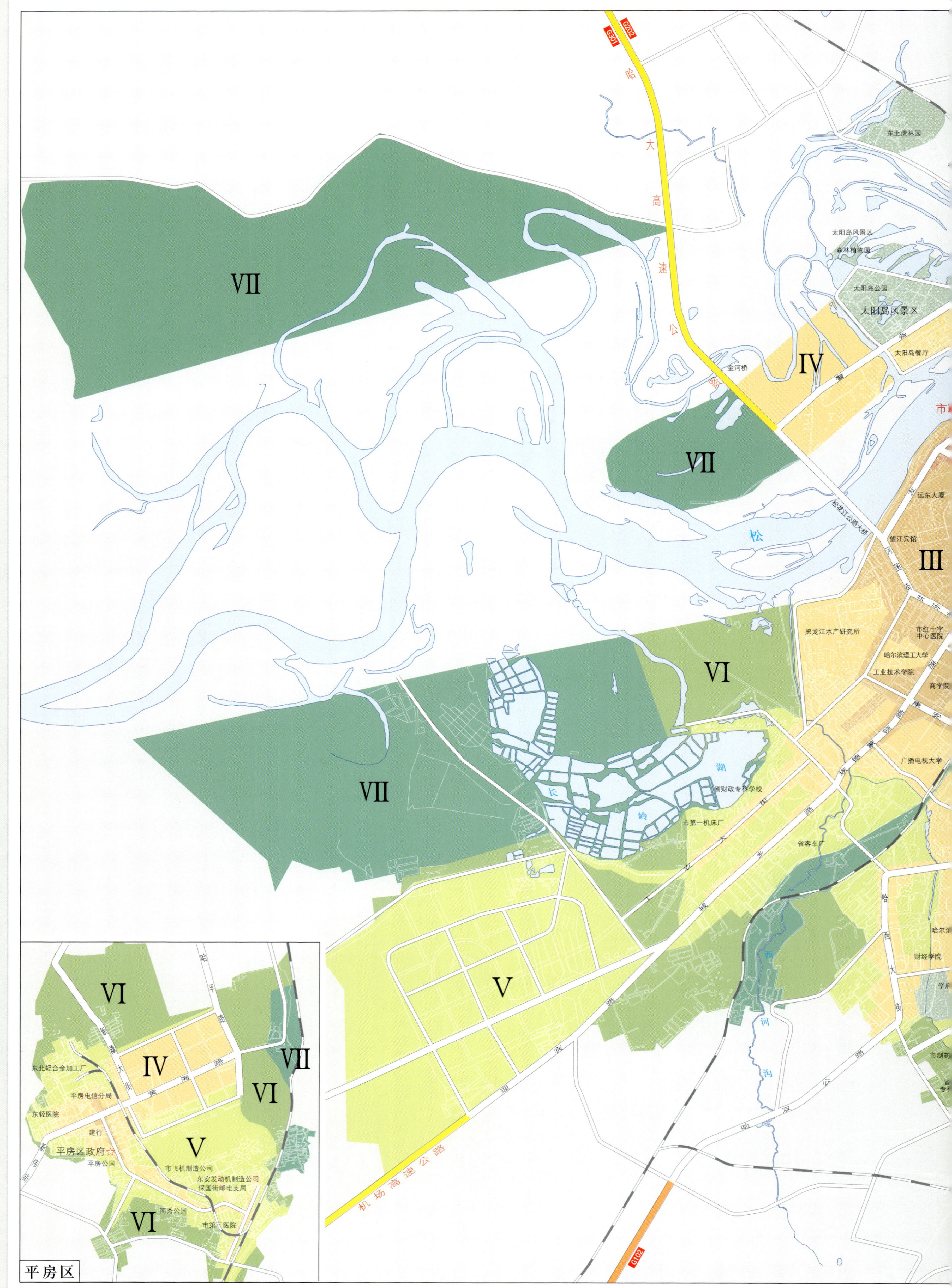
Ⅶ
Ⅶ
Ⅶ
Ⅵ
Ⅴ
Ⅳ
Ⅲ
东北虎林园
太阳岛风景区
森林植物园
太阳岛公园
太阳岛风景区
太阳岛餐厅
金河桥
松花江公路大桥
远东大厦
望江宾馆
黑龙江水产研究所
市红十字中心医院
哈尔滨理工大学
工业技术学院
商学院
广播电视大学
省财政专科学校
市第一机床厂
省客车厂
财经学院
机场高速公路
平房区
Ⅵ
Ⅳ
Ⅶ
Ⅵ
Ⅴ
Ⅵ
东北轻合金加工厂
平房电信分局
东轻医院
建行
平房区政府
平房公园
市飞机制造公司
东安发动机制造公司
保国街邮电支局
南秀公园
市第三医院

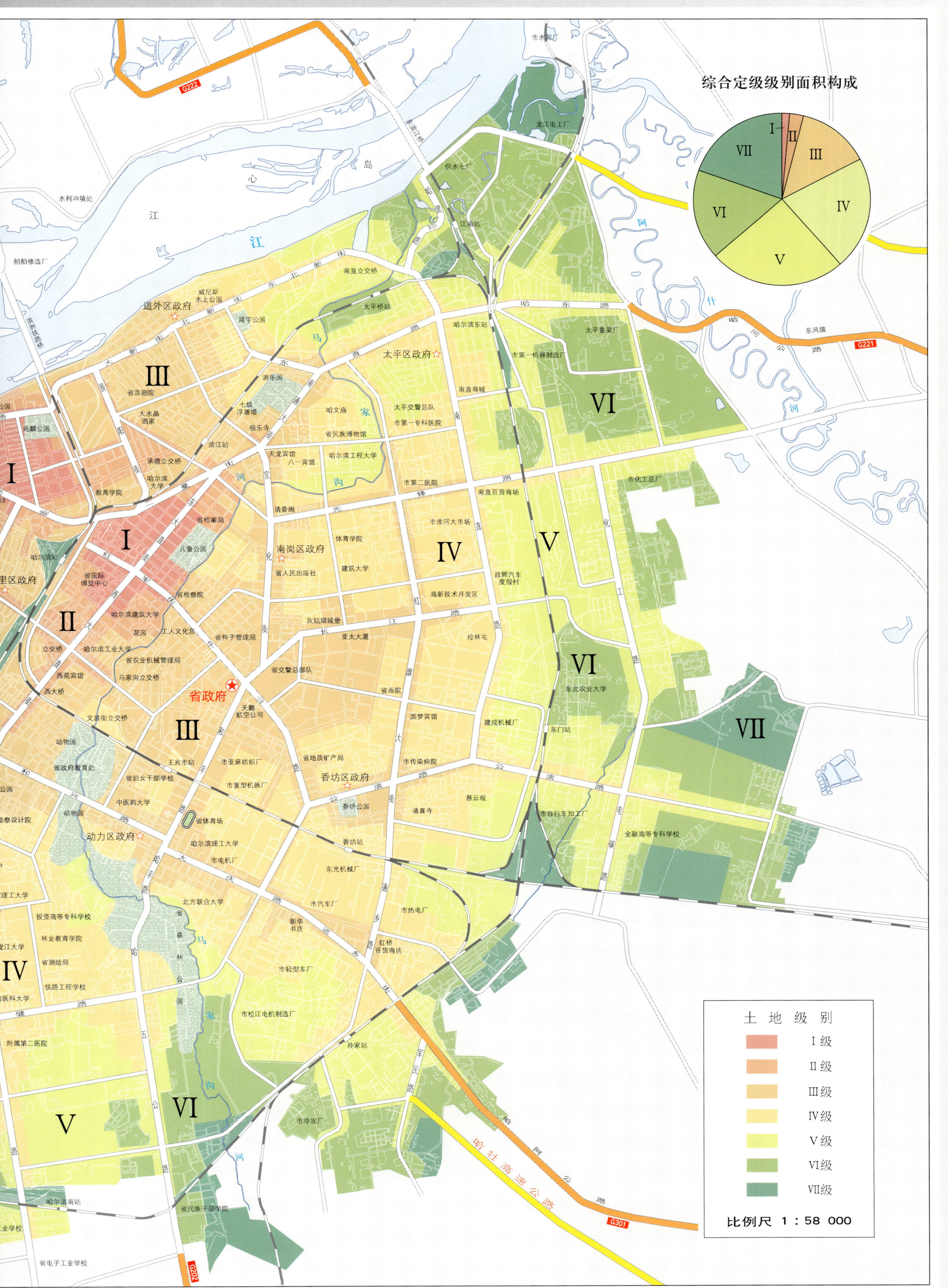

综合定级级别面积构成
土 地 级 别
I 级
II 级
III 级
IV 级
V 级
VI 级
VII 级
比例尺 1 : 58 000
道外区政府
太平区政府
南岗区政府
香坊区政府
动力区政府
省政府
哈尔滨东站
哈尔滨站
哈尔滨南站
太平桥站
滨江站
江桥站
香坊站
东门站
孙家站
东北农业大学
哈尔滨工程大学
哈尔滨理工大学
哈尔滨工业大学
东北林业大学
建筑大学
北方联合大学
哈尔滨工程大学
龙江电工厂
太平畜菜厂
市第一机器制造厂
市化工总厂
南直立交桥
高新技术开发区
省人民出版社
省博物馆
儿童公园
省检察院
香坊公园
省体育场
市松江电机制造厂
市冷冻厂
省民族干部学院
省电子工业学校
金融高等专科学校
投资高等专科学校
林业教育学院
铁路工程学校
水利冲填处
船舶修造厂
供水七厂
市水泵厂
东风镇
哈牡高速公路
哈 同 公 路
哈 阿 公 路
G222
G221
G301
G202
江
心
岛
马
家
沟
阿
什
河

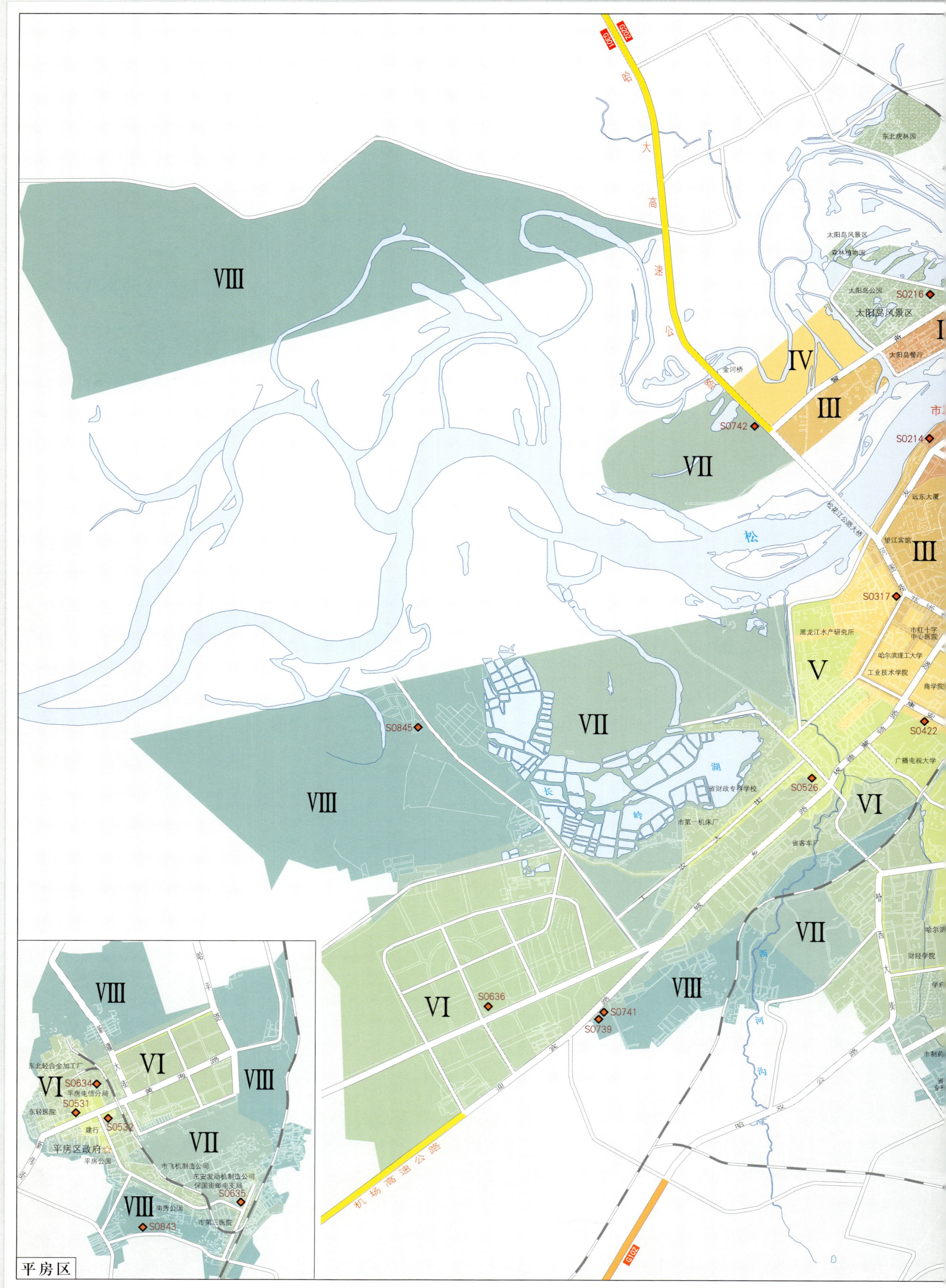
VIII
VII
VIII
VII
IV
III
III
V
VI
VI
VII
VIII
S0742
S0845
S0216
S0214
S0317
S0422
S0526
S0636
S0741
S0739
太阳岛风景区
森林植物园
太阳岛公园
东北虎林园
太阳岛餐厅
金河桥
松花江公路大桥
远东大厦
望江宾馆
黑龙江水产研究所
市红十字中心医院
哈尔滨理工大学
工业技术学院
商学院
广播电视大学
省财政专科学校
市第一机床厂
省客车厂
财经学院
哈大高速公路
机场高速公路
哈双公路
平房区
VIII
VI
VI
VIII
VII
VIII
S0634
S0531
S0532
S0635
S0843
东北轻合金加工厂
平房电信分局
东轻医院
建行
平房区政府
平房公园
市飞机制造公司
东安发动机制造公司
保国街邮电支局
南秀公园
市第三医院

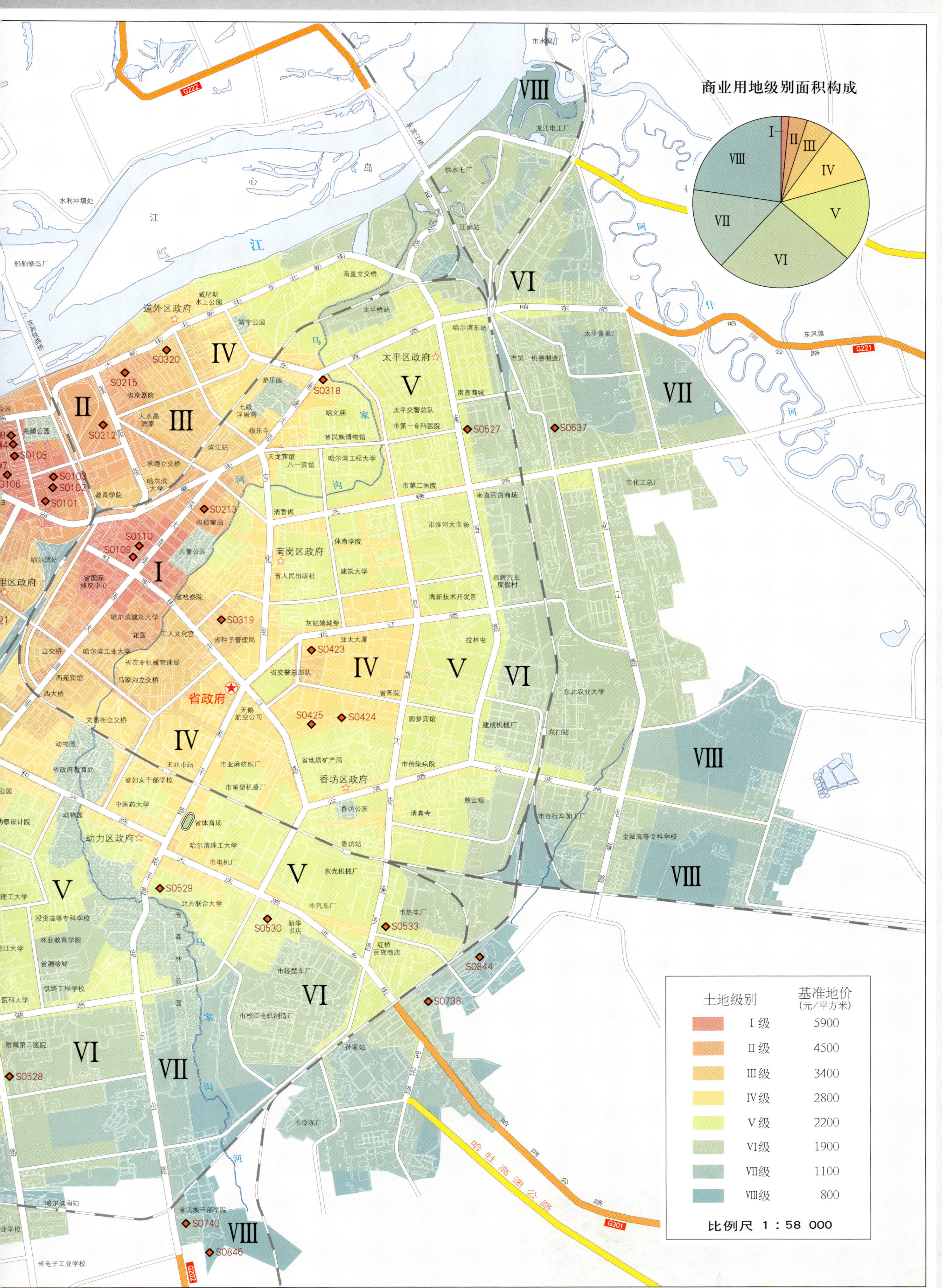
商业用地级别面积构成
土地级别
基准地价 (元/平方米)
Ⅰ级 5900
Ⅱ级 4500
Ⅲ级 3400
Ⅳ级 2800
Ⅴ级 2200
Ⅵ级 1900
Ⅶ级 1100
Ⅷ级 800
比例尺 1 : 58 000
道外区政府
太平区政府
南岗区政府
香坊区政府
动力区政府
省政府
哈尔滨东站
哈尔滨站
哈尔滨南站
香坊站
太平桥站
滨江站
江
心
岛
马
家
沟
阿
什
河
哈
同
公
路
哈东路
哈牡高速公路
哈阿公路
G222
G221
G301
G202
S0101
S0102
S0103
S0105
S0109
S0110
S0212
S0213
S0215
S0318
S0319
S0320
S0423
S0424
S0425
S0527
S0528
S0529
S0530
S0533
S0637
S0738
S0740
S0844
S0846
东北农业大学
哈尔滨工业大学
哈尔滨理工大学
哈尔滨工程大学
建筑大学
北方联合大学
龙江电工厂
市化工总厂
市第一机器制造厂

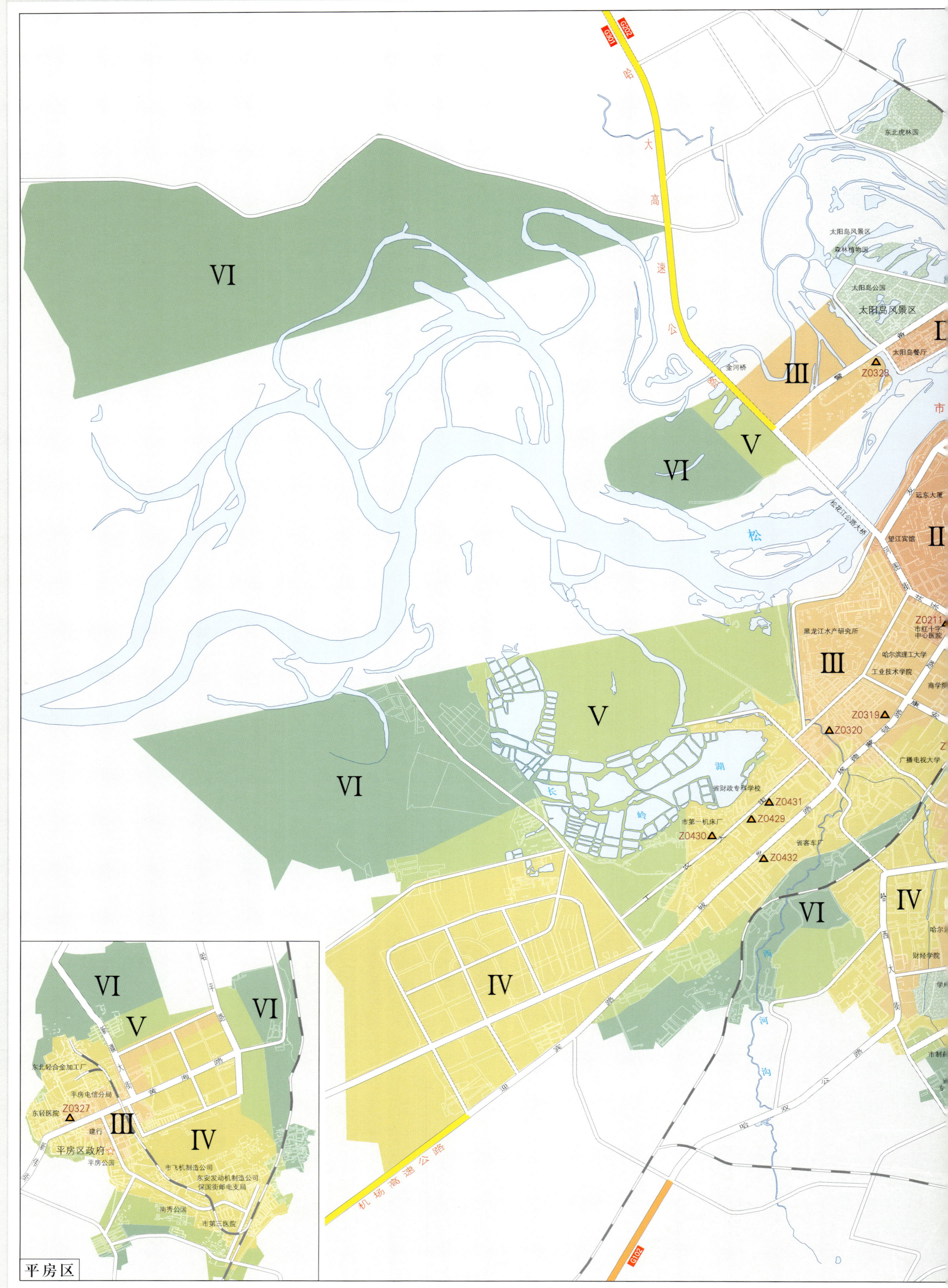
VI
V
VI
V
VI
III
II
III
IV
VI
IV
松
湖
哈大高速公路
机场高速公路
G301
G202
G102
太阳岛风景区
森林植物园
太阳岛公园
太阳岛风景区
东北虎林园
太阳岛餐厅
Z0328
金河桥
远东大厦
望江宾馆
Z0211
市红十字中心医院
黑龙江水产研究所
哈尔滨理工大学
工业技术学院
Z0319
Z0320
广播电视大学
省财政专科学校
Z0431
Z0429
市第一机床厂
Z0430
省客车厂
Z0432
财经学院
平房区
VI
V
VI
III
IV
东北轻合金加工厂
平房电信分局
东轻医院
Z0327
建行
平房区政府
平房公园
市飞机制造公司
东安发动机制造公司
保国街邮电支局
南秀公园
市第三医院

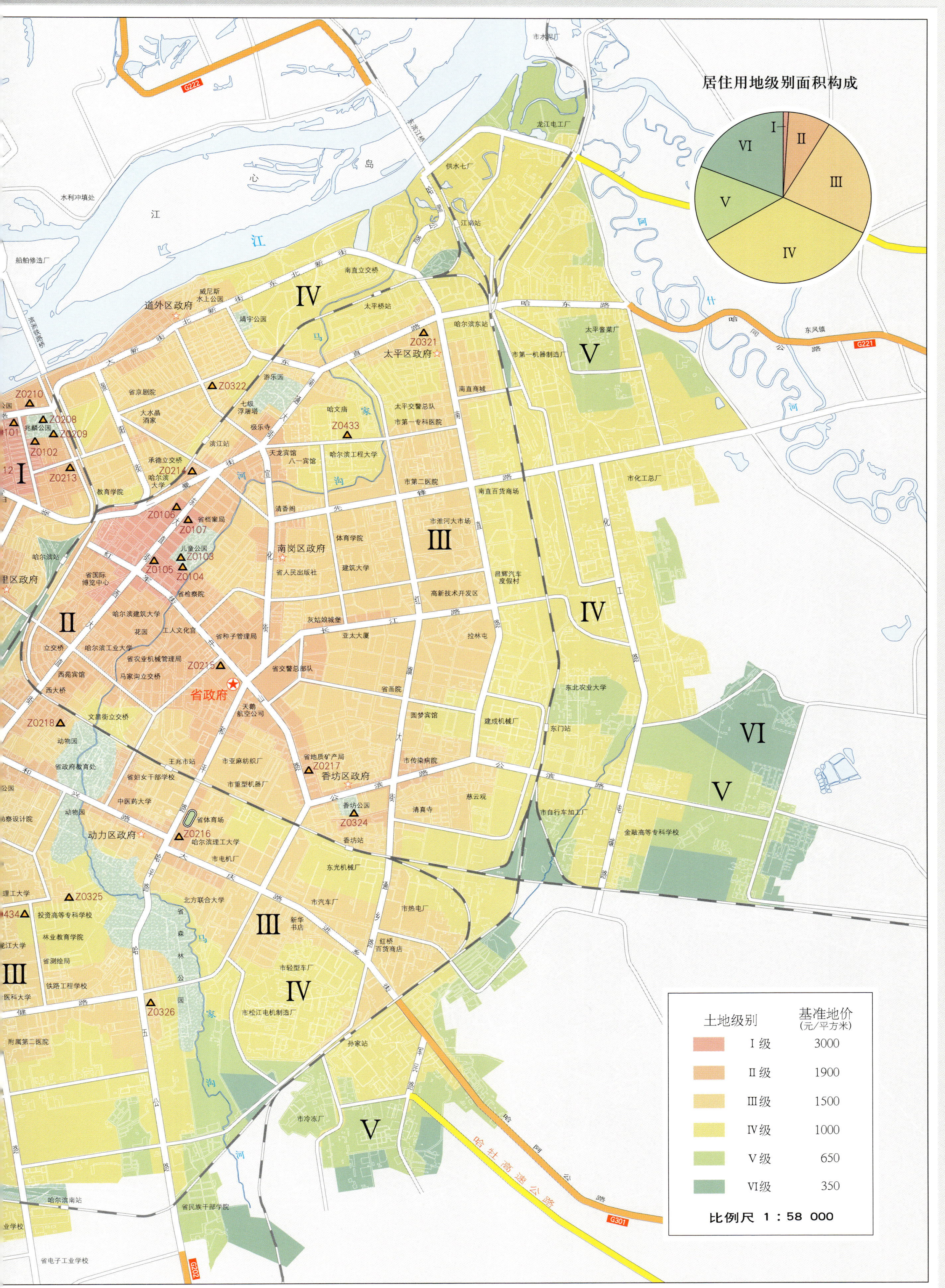

居住用地级别面积构成
I
II
III
IV
V
VI
土地级别
基准地价
(元/平方米)
I 级 3000
II 级 1900
III级 1500
IV级 1000
V 级 650
VI级 350
比例尺 1 : 58 000
道外区政府
太平区政府
南岗区政府
省政府
香坊区政府
动力区政府
哈尔滨东站
哈尔滨站
哈尔滨南站
香坊站
孙家站
东门站
江北站
Z0210
Z0208
Z0209
Z0102
Z0213
Z0214
Z0106
Z0107
Z0103
Z0105
Z0104
Z0215
Z0218
Z0216
Z0217
Z0324
Z0325
Z0326
Z0321
Z0322
Z0433
哈针高速公路
G222
G221
G202
G301
松
花
江
太阳岛
马家沟
何家沟
阿什河
哈同公路
东北农业大学
哈尔滨工业大学
哈尔滨工程大学
哈尔滨理工大学
哈尔滨建筑大学
龙江电工厂
太平畜产厂
市化工总厂
金融高等专科学校
省电子工业学校
省民族干部学院

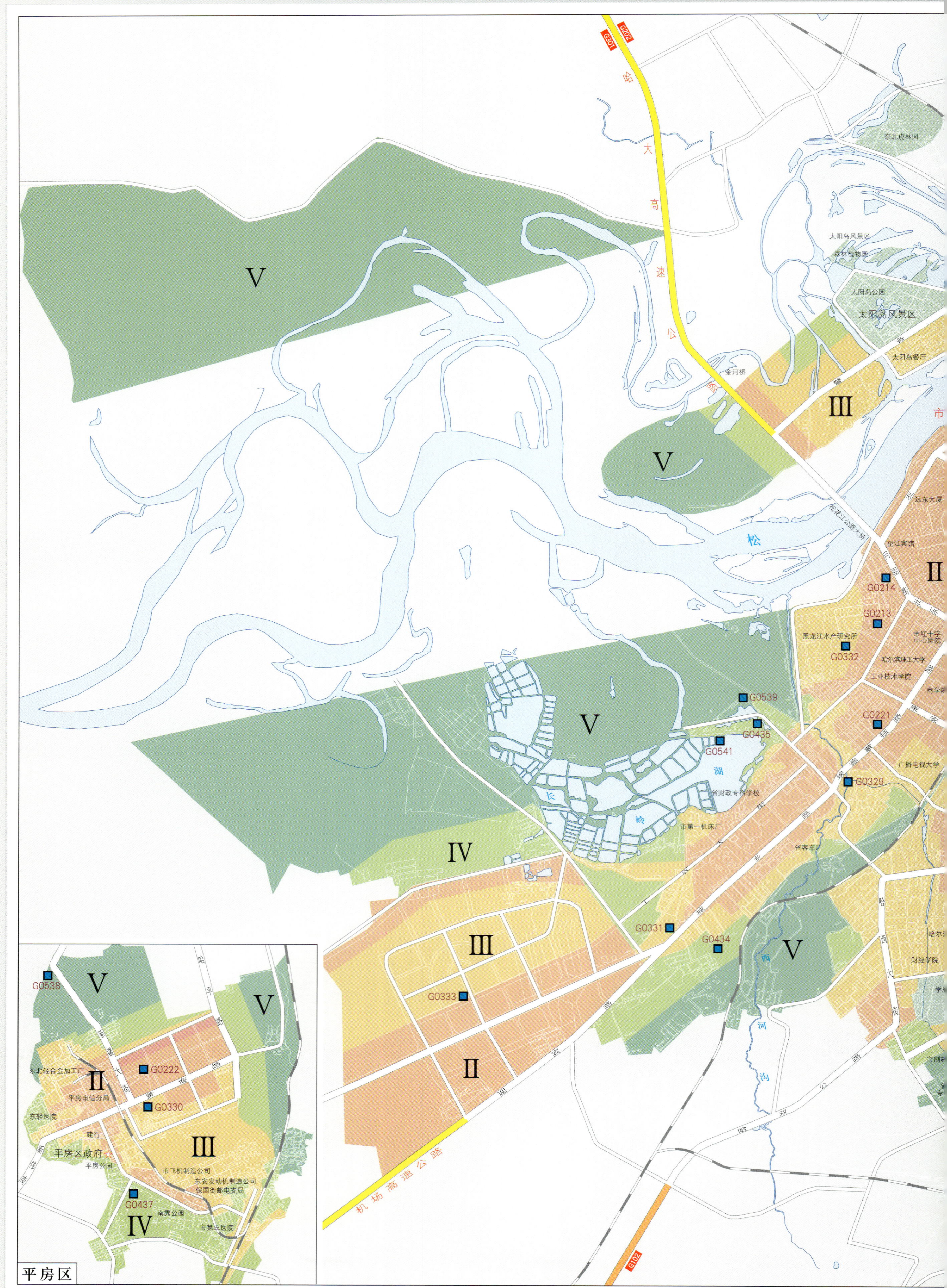
V
V
V
V
V
V
V
IV
IV
III
III
III
II
II
II
G0214
G0213
G0332
G0539
G0435
G0541
G0221
G0329
G0331
G0434
G0333
G0538
G0222
G0330
G0437
太阳岛风景区
太阳岛公园
太阳岛餐厅
东北虎林园
金河桥
松
长岭湖
省财政专科学校
市第一机床厂
省客车厂
黑龙江水产研究所
哈尔滨理工大学
工业技术学院
广播电视大学
财经学院
机场高速公路
哈大高速公路
哈双公路
东北轻合金加工厂
平房电信分局
东轻医院
平房区政府
平房公园
市飞机制造公司
东安发动机制造公司
南秀公园
市第三医院
平房区

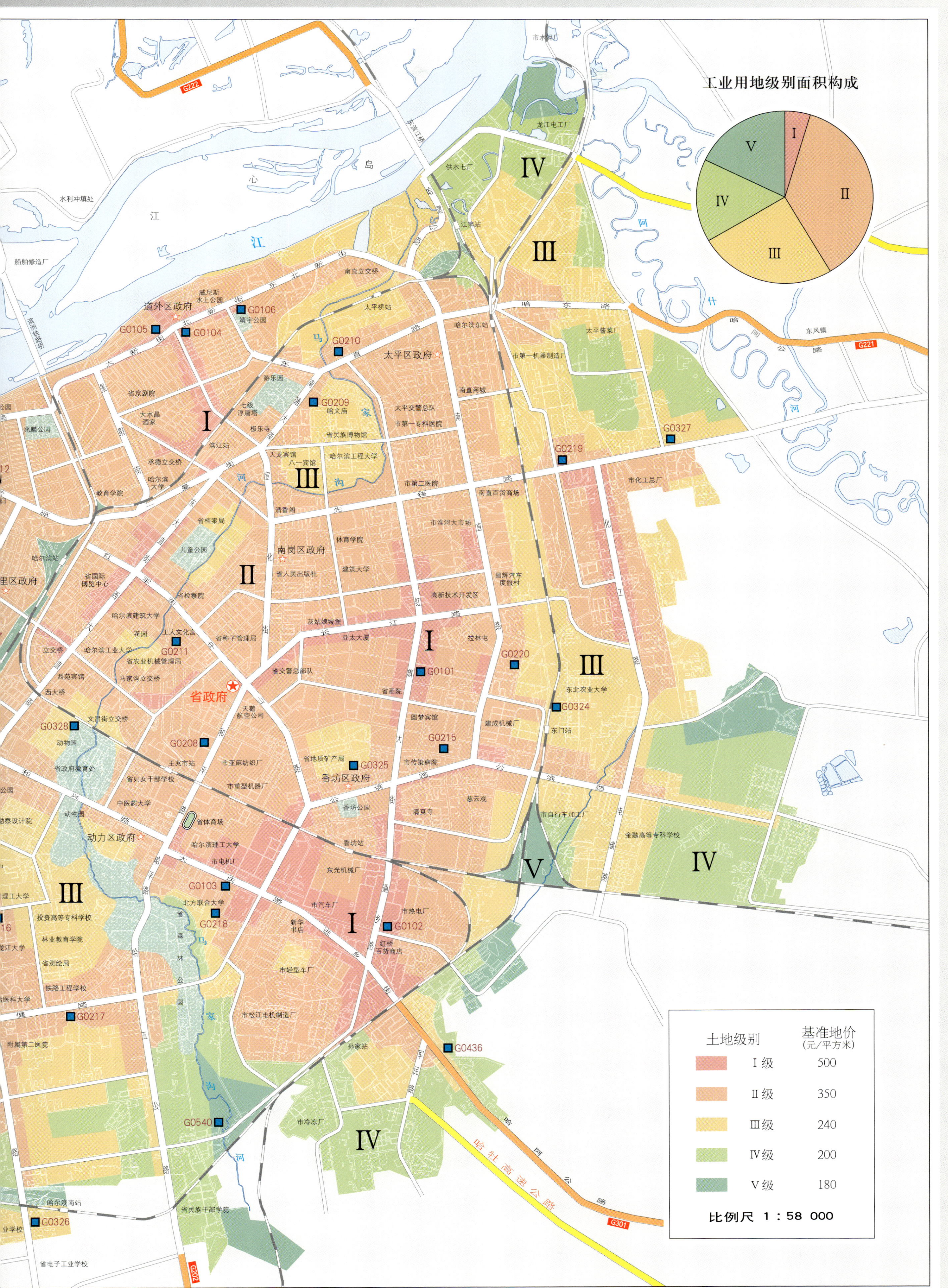

工业用地级别面积构成
I
II
III
IV
V
土地级别
基准地价(元/平方米)
I 级 500
II 级 350
III 级 240
IV 级 200
V 级 180
比例尺 1：58 000
省政府
道外区政府
太平区政府
南岗区政府
香坊区政府
动力区政府
哈尔滨东站
哈尔滨南站
香坊站
哈牡高速公路
G222
G221
G301
G202
G0101
G0102
G0103
G0104
G0105
G0106
G0208
G0209
G0210
G0211
G0215
G0217
G0218
G0219
G0220
G0324
G0325
G0326
G0327
G0328
G0436
G0540
东北农业大学
哈尔滨工程大学
哈尔滨工业大学
哈尔滨理工大学
建筑大学
体育学院

监测点地价表

用途	土地级别	监测点编号	监测点地价（元/平方米）	土地级别	监测点编号	监测点地价（元/平方米）	土地级别	监测点编号	监测点地价（元/平方米）
商业	Ⅰ	S0101	6 404	Ⅲ	S0317	3 478	Ⅴ	S0533	2 189
		S0102	6 612		S0318	3 738	Ⅵ	S0634	1 845
		S0103	6 179		S0319	3 731		S0635	1 856
		S0104	6 377		S0320	3 001		S0636	1 833
		S0105	6 316		S0321	1 780		S0637	2 902
		S0106	6 613	Ⅳ	S0422	5 666	Ⅶ	S0738	1 131
		S0107	6 397		S0423	2 948		S0739	1 139
		S0108	6 373		S0424	2 807		S0740	818
		S0109	6 334		S0425	1 827		S0741	1 139
		S0110	6 844	Ⅴ	S0526	2 220		S0742	2 191
	Ⅱ	S0211	4 546		S0527	2 297	Ⅷ	S0843	815
		S0212	4 388		S0528	2 229		S0844	794
		S0213	4 764		S0529	2 154		S0845	727
		S0214	4 661		S0530	2 242		S0846	789
		S0215	3 740		S0531	2 342			
		S0216	1 140		S0532	2 343			
居住	Ⅰ	Z0101	3 116	Ⅱ	Z0213	2 115	Ⅲ	Z0325	1 530
		Z0102	2 923		Z0214	1 990		Z0326	1 503
		Z0103	3 188		Z0215	1 969		Z0327	1 478
		Z0104	3 119		Z0216	2 022		Z0328	1 012
		Z0105	3 188		Z0217	2 001	Ⅳ	Z0429	1 033
		Z0106	3 130		Z0218	1 066		Z0430	972
		Z0107	3 045	Ⅲ	Z0319	1 523		Z0431	1 032
	Ⅱ	Z0208	1 949		Z0320	1 530		Z0432	1 014
		Z0209	1 949		Z0321	1 614		Z0433	1 128
		Z0210	1 930		Z0322	1 531		Z0434	1 017
		Z0211	2 068		Z0323	1 524			
		Z0212	2 050		Z0324	1 516			
工业	Ⅰ	G0101	519	Ⅱ	G0215	349	Ⅲ	G0329	232
		G0102	542		G0216	344		G0330	239
		G0103	531		G0217	363		G0331	240
		G0104	503		G0218	354		G0332	239
		G0105	495		G0219	366		G0333	229
		G0106	504		G0220	361	Ⅳ	G0434	200
	Ⅱ	G0207	528		G0221	372		G0435	207
		G0208	384		G0222	359		G0436	200
		G0209	347		G0223	238		G0437	201
		G0210	364	Ⅲ	G0324	240	Ⅴ	G0538	174
		G0211	345		G0325	248		G0539	174
		G0212	350		G0326	255		G0540	178
		G0213	352		G0327	244		G0541	124
		G0214	357		G0328	242			

° 商业用地监测点地价内涵：在正常土地市场条件下，基准日为2001年1月1日，设定土地开发程度1～6级为“六通一平”（宗地红线外通路、通电、供水、排水、通讯、通气及宗地红线内场地平整），7级以后为“四通一平”（宗地红线外通路、通电、供水、通讯及宗地红线内场地平整），容积率为2.0，商业用地法定最高出让年限40年的完整土地使用权价格。

° 居住用地监测点地价内涵：在正常土地市场条件下，基准日为2001年1月1日，设定土地开发程度1～4级为“六通一平”（宗地红线外通路、通电、供水、排水、通讯、通气及宗地红线内场地平整），5级以后为“四通一平”（宗地红线外通路、通电、供水、通讯及宗地红线内场地平整），容积率为2.0，居住用地法定最高出让年限70年的完整土地使用权价格。

° 工业用地监测点地价内涵：在正常土地市场条件下，基准日为2001年1月1日，设定土地开发程度1～3级为“六通一平”（宗地红线外通路、通电、供水、排水、通讯、通气及宗地红线内场地平整），4级以后为“四通一平”（宗地红线外通路、通电、供水、通讯及宗地红线内场地平整），容积率为2.0，工业用地法定最高出让年限50年的完整土地使用权价格。

南京市

南京市

南京市简称“宁”，是江苏省省会，全省政治、经济、文化中心，为我国七大古都之一，长江中下游重要的中心城市，国家历史文化名城，我国重要的教育基地、科技中心和创新基地，长江下游地区重要的金融、贸易和信息中心。辖11区、2县，面积6 421平方千米，全市总人口553万。

南京市根据《城镇土地分等定级规程》、《城镇土地估价规程》、《城市地价动态监测体系技术规范》及《2000—2001年度城市土地价格调查实施方案》，明确基准地价内涵，在市区（主城区、浦口区、大厂区）1 025平方千米的土地范围内，进行自然、社会、经济及土地市场状况等调查，全面利用计算机系统技术，辅助完成了城市土地综合定级，商业、居住、工业用地定级与基准地价更新，设立132个地价监测点，建立了城市土地基准地价更新系统，为我国城市地价动态监测体系建设奠定了基础。也为南京市强化城市土地资产管理，规范土地市场，制定各类规划和提高土地利用的经济、社会和环境效益提供科学依据。

注：2002年南京市部分行政区划有调整，撤消了浦口区和江浦县，设立新的南京市浦口区，区人民政府驻珠江镇；撤消了大厂区和六合县，设立南京市六合区，区人民政府驻雄州镇。为反映当时地价调查的实际情况，本图对此行政区划变动未作调整。

- 商业用地基准地价内涵：在正常土地市场条件下，基准日为2001年1月1日，设定土地开发程度1～6级为“六通一平”（宗地红线外通路、通电、供水、排水、通讯、通气及宗地红线内场地平整），7～8级为“五通一平”（宗地红线外通路、通电、供水、排水、通讯及宗地红线内场地平整），1～8级土地的平均容积率分别为：4.0、3.2、3.0、2.5、2.1、1.8、1.5、1.1，商业用地法定最高出让年限40年的完整土地使用权平均价格。

- 居住用地基准地价内涵：在正常土地市场条件下，基准日为2001年1月1日，设定土地开发程度1～5级为“六通一平”（宗地红线外通路、通电、供水、排水、通讯、通气及宗地红线内场地平整），6级为“五通一平”（宗地红线外通路、通电、供水、排水、通讯及宗地红线内场地平整），1～6级土地的平均容积率分别为：3.0、2.5、2.0、1.5、1.2、1.2，居住用地法定最高出让年限70年的完整土地使用权平均价格。

- 工业用地基准地价内涵：在正常土地市场条件下，基准日为2001年1月1日，设定土地开发程度1～2级为“六通一平”（宗地红线外通路、通电、供水、排水、通讯、通气及宗地红线内场地平整），3～4级为“五通一平”（宗地红线外通路、通电、供水、排水、通讯及宗地红线内场地平整），工业用地法定最高出让年限50年的完整土地使用权平均价格。

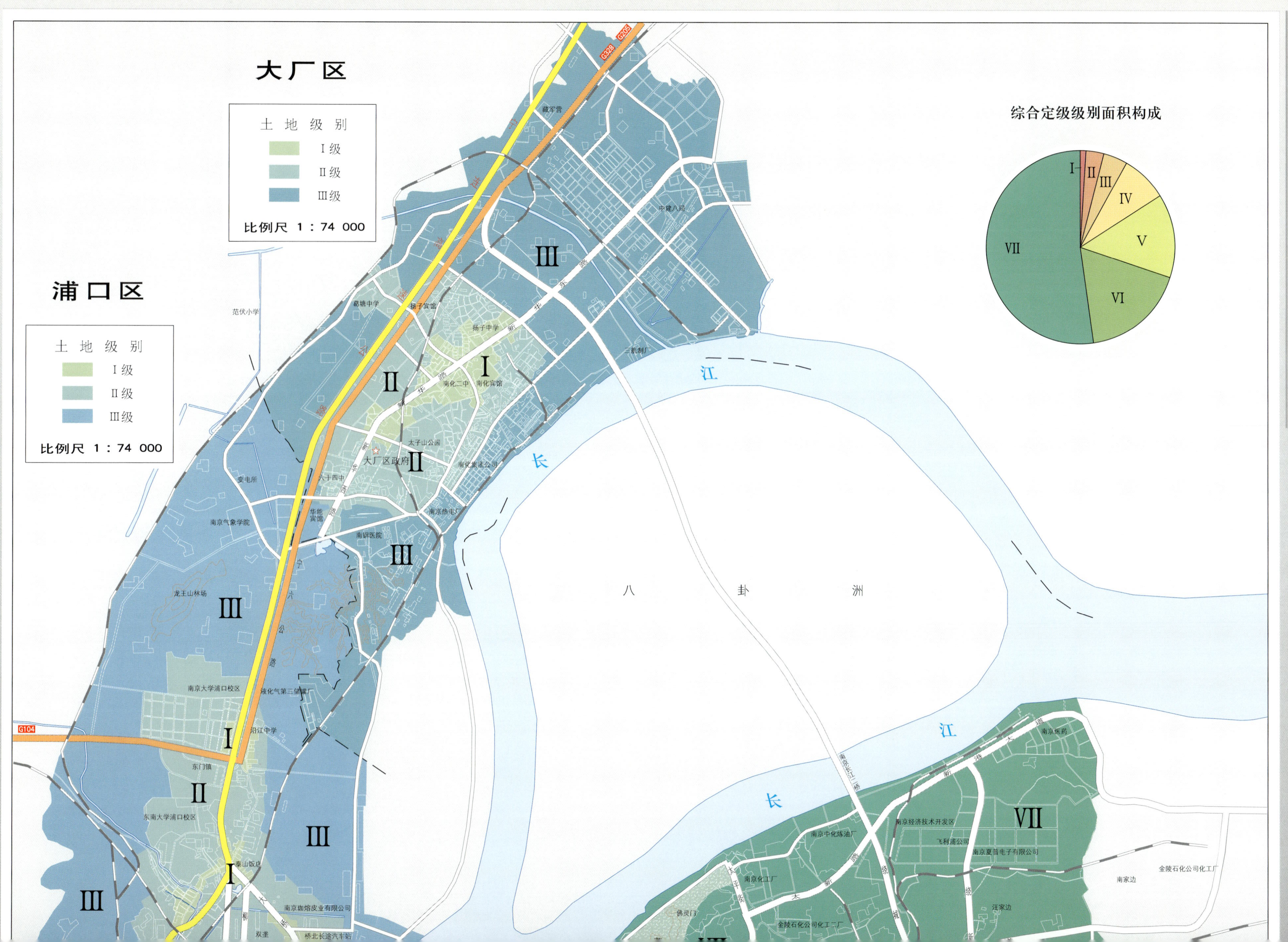
大厂区
土地级别
I级
II级
III级
比例尺 1：74 000
浦口区
土地级别
I级
II级
III级
比例尺 1：74 000
综合定级级别面积构成
I
II
III
IV
V
VI
VII
长江
八卦洲
大厂区政府
南京大学浦口校区
东南大学浦口校区
南京经济技术开发区
南京化工厂
南京家边
金陵石化公司化工厂

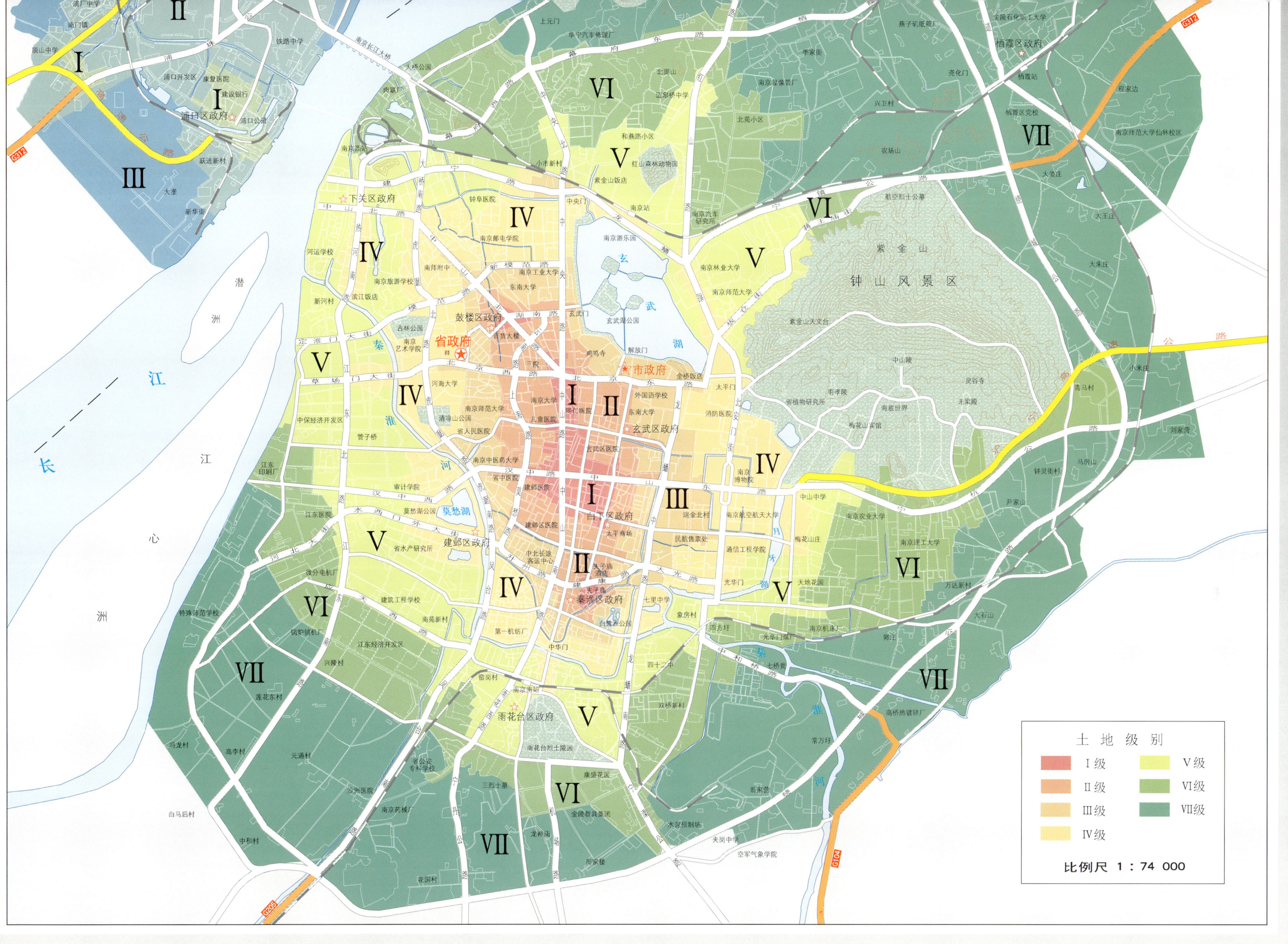
土地级别
I级
II级
III级
IV级
V级
VI级
VII级
比例尺 1：74 000
钟山风景区
紫金山
玄武湖
莫愁湖
长江
省政府
市政府
鼓楼区政府
玄武区政府
白下区政府
秦淮区政府
建邺区政府
下关区政府
雨花台区政府
栖霞区政府
浦口区政府

大厂区
土地级别 基准地价（元/平方米）
I级 1600
II级 890
III级 680
比例尺 1：74 000
浦口区
土地级别 基准地价（元/平方米）
I级 1290
II级 850
III级 650
比例尺 1：74 000
商业用地级别面积构成
I
II
III
IV
V
VI
VII
VIII
长江
八卦洲
大厂区政府
G104
G205
G328
S0746

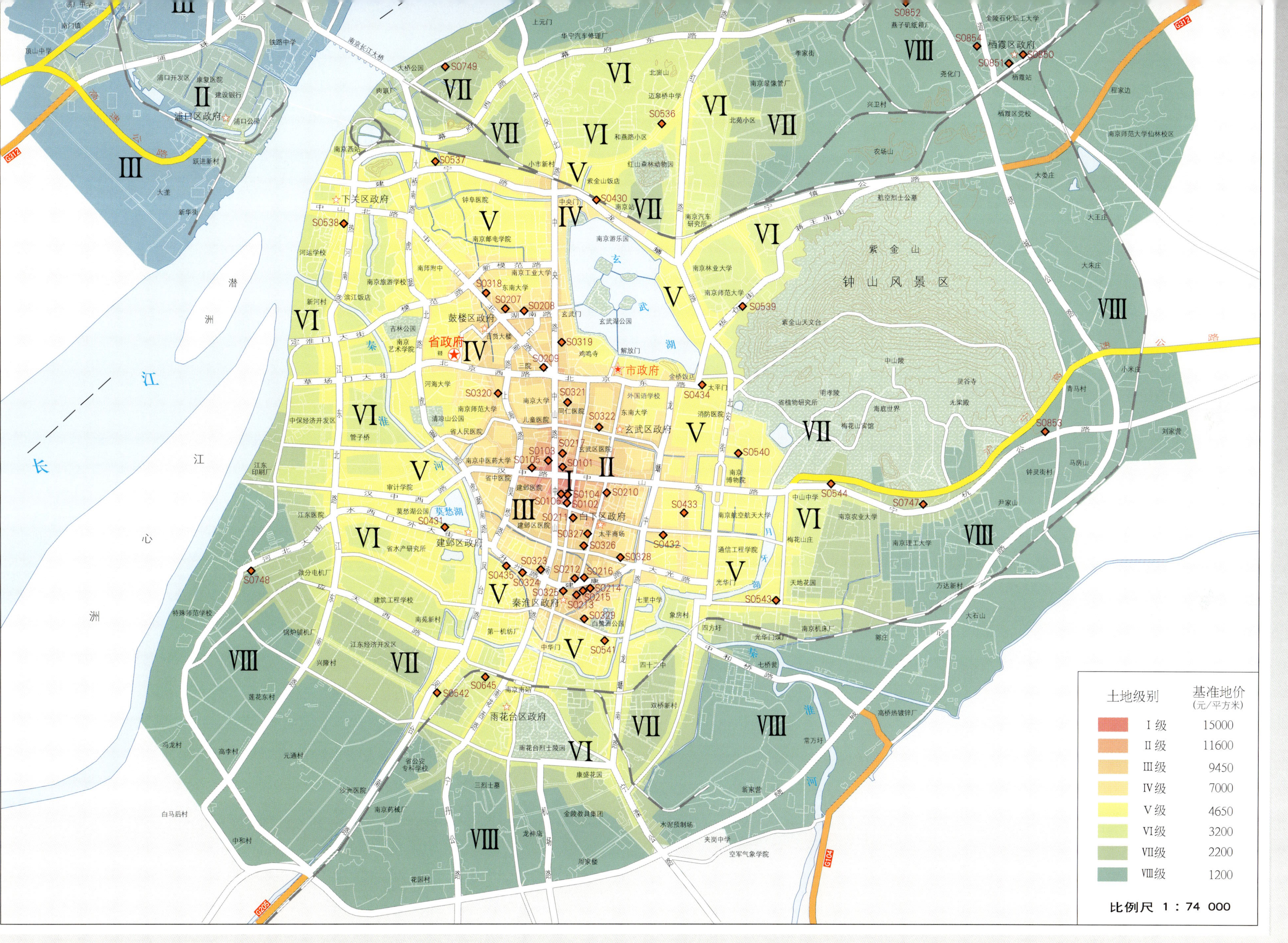
土地级别
基准地价(元/平方米)
I级 15000
II级 11600
III级 9450
IV级 7000
V级 4650
VI级 3200
VII级 2200
VIII级 1200
比例尺 1：74 000
紫金山
钟山风景区
玄武湖
长江
江心洲
市政府
省政府
鼓楼区政府
玄武区政府
白下区政府
秦淮区政府
建邺区政府
下关区政府
雨花台区政府
栖霞区政府
浦口区政府

居住用地级别面积构成
大厂区
土地级别 基准地价(元/平方米)
I级 900
II级 680
III级 535
比例尺 1：74 000
浦口区
土地级别 基准地价(元/平方米)
I级 870
II级 660
III级 500
比例尺 1：74 000
长江
八卦洲
大厂区政府

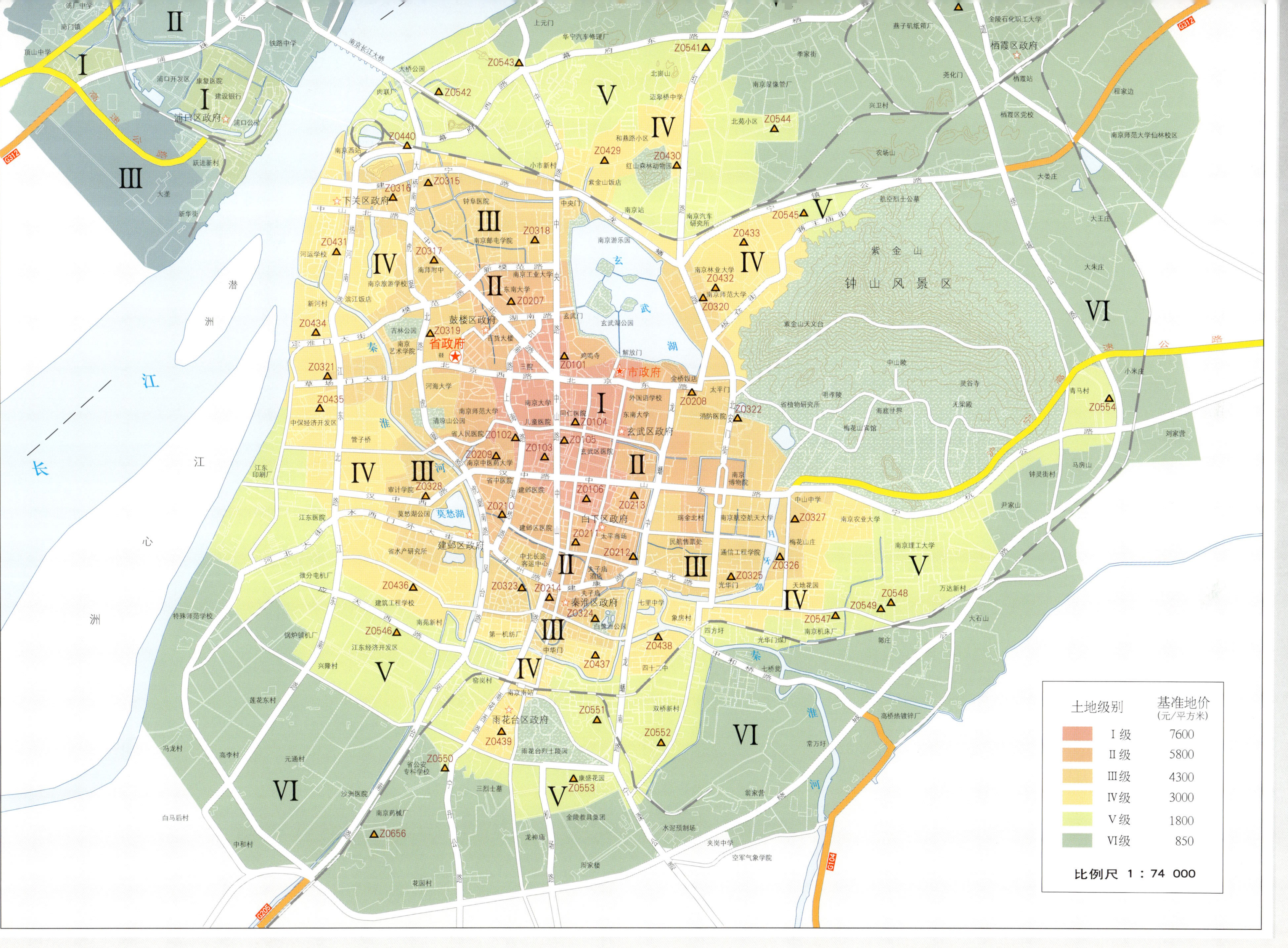
土地级别
基准地价
(元/平方米)
Ⅰ级 7600
Ⅱ级 5800
Ⅲ级 4300
Ⅳ级 3000
Ⅴ级 1800
Ⅵ级 850
比例尺 1 : 74 000
省政府
市政府
玄武区政府
白下区政府
秦淮区政府
建邺区政府
鼓楼区政府
下关区政府
雨花台区政府
栖霞区政府
浦口区政府
紫金山
钟山风景区
玄武湖
莫愁湖
长江
潜洲
江心洲
秦淮河

工业用地级别面积构成
Ⅰ
Ⅱ
Ⅲ
Ⅳ
规划限制区
大厂区
土地级别 基准地价（元/平方米）
Ⅰ级 740
Ⅱ级 550
比例尺 1：74 000
浦口区
土地级别 基准地价（元/平方米）
Ⅰ级 710
Ⅱ级 510
比例尺 1：74 000
长江
八卦洲
G0206

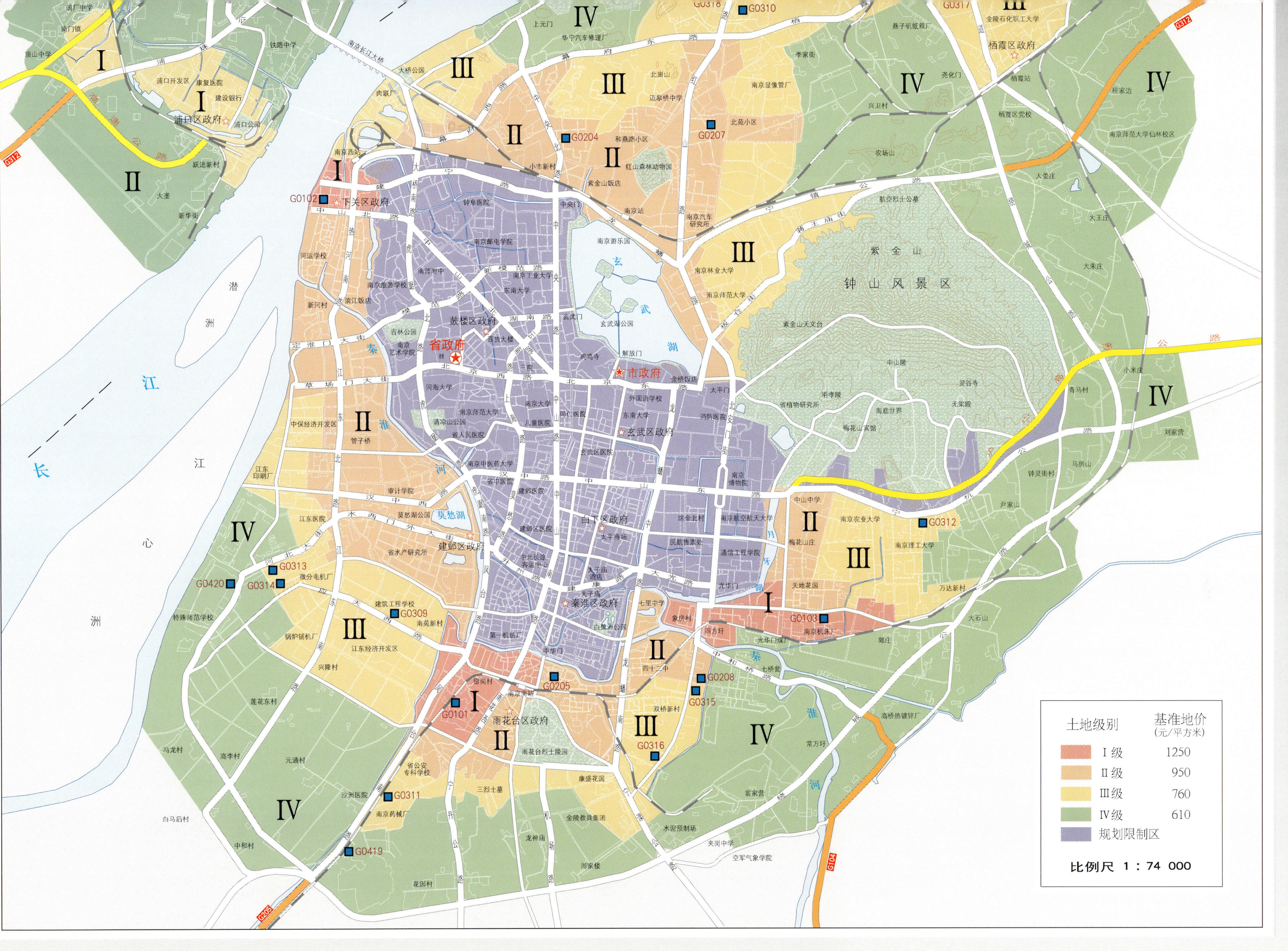
土地级别
基准地价
(元/平方米)
I级 1250
II级 950
III级 760
IV级 610
规划限制区
比例尺 1：74 000
紫金山
钟山风景区
玄武湖
莫愁湖
省政府
市政府
鼓楼区政府
玄武区政府
白下区政府
秦淮区政府
建邺区政府
下关区政府
雨花台区政府
栖霞区政府
浦口区政府
长江
江心洲
潜洲
G0101
G0102
G0103
G0204
G0205
G0207
G0208
G0309
G0310
G0311
G0312
G0313
G0314
G0315
G0316
G0419
G0420
G104
G205
G312

用　途	土地级别	监测点编　号	监测点地价（元/平方米）	土地级别	监测点编　号	监测点地价（元/平方米）	土地级别	监测点编　号	监测点地价（元/平方米）
商业	Ⅰ	S0101	28 386	Ⅲ	S0319	10 998	Ⅴ	S0537	6 815
		S0102	36 273		S0320	10 548		S0538	7 459
		S0103	30 514		S0321	11 907		S0539	7 780
		S0104	34 554		S0322	13 968		S0540	6 725
		S0105	27 927		S0323	11 614		S0541	5 230
		S0106	36 662		S0324	10 260		S0542	5 276
	Ⅱ	S0207	28 054		S0325	10 901		S0543	8 339
		S0208	15 176		S0326	12 982		S0544	5 012
		S0209	24 942		S0327	12 020	Ⅵ	S0645	3 160
		S0210	13 610		S0328	9 496	Ⅶ	S0746	3 248
		S0211	15 232		S0329	13 691		S0747	3 261
		S0212	21 615	Ⅳ	S0430	12 700		S0748	2 181
		S0213	27 258		S0431	9 939		S0749	1 995
		S0214	18 343		S0432	12 565	Ⅷ	S0850	1 904
		S0215	13 362		S0433	6 783		S0851	1 865
		S0216	25 739		S0434	6 854		S0852	6 586
		S0217	14 189		S0435	8 412		S0853	1 200
	Ⅲ	S0318	10 434	Ⅴ	S0536	8 003		S0854	1 075
居住	Ⅰ	Z0101	8 247	Ⅲ	Z0320	4 328	Ⅳ	Z0439	2 057
		Z0102	8 443		Z0321	4 273		Z0440	3 267
		Z0103	8 100		Z0322	3 763	Ⅴ	Z0541	1 861
		Z0104	8 187		Z0323	3 356		Z0542	1 400
		Z0105	7 886		Z0324	4 436		Z0543	1 266
		Z0106	8 744		Z0325	4 139		Z0544	1 765
	Ⅱ	Z0207	6 698		Z0326	4 998		Z0545	2 005
		Z0208	5 682		Z0327	5 987		Z0546	1 938
		Z0209	6 698		Z0328	3 580		Z0547	2 357
		Z0210	4 346	Ⅳ	Z0429	2 849		Z0548	2 178
		Z0211	6 356		Z0430	2 946		Z0549	2 281
		Z0212	5 273		Z0431	4 110		Z0550	1 524
		Z0213	5 966		Z0432	3 596		Z0551	1 785
		Z0214	5 080		Z0433	3 561		Z0552	1 760
	Ⅲ	Z0315	4 290		Z0434	2 837		Z0553	1 892
		Z0316	4 273		Z0435	2 873		Z0554	911
		Z0317	4 392		Z0436	2 597	Ⅵ	Z0655	966
		Z0318	5 177		Z0437	2 564		Z0656	943
		Z0319	4 565		Z0438	3 233		Z0657	880
工业	Ⅰ	G0101	1 299	Ⅱ	G0208	622	Ⅲ	G0315	760
		G0102	1 330	Ⅲ	G0309	768		G0316	744
		G0103	1 415		G0310	779		G0317	791
	Ⅱ	G0204	989		G0311	761		G0318	779
		G0205	1 036		G0312	742	Ⅳ	G0419	631
		G0206	1 002		G0313	756		G0420	605
		G0207	999		G0314	762		G0421	614

◦商业用地监测点地价内涵：在正常土地市场条件下，基准日为2001年1月1日，设定土地开发程度为“六通一平”（宗地红线外通路、通电、供水、排水、通讯、通气及宗地红线内场地平整），容积率1~8级依次为：4.0、3.2、3.0、2.5、2.1、1.8、1.5、1.1，商业用地法定最高出让年限40年的完整土地使用权价格。

◦居住用地监测点地价内涵：在正常市场条件下，基准日为2001年1月1日，设定土地开发程度为“六通一平”（宗地红线外通路、通电、供水、排水、通讯、通气及宗地红线内场地平整），容积率1~6级依次为：3.0、2.5、2.0、1.5、1.2、1.2，居住用地法定最高出让年限70年的完整土地使用权价格。

◦工业用地监测点地价内涵：在正常土地市场条件下，基准日为2001年1月1日，设定土地开发程度为“六通一平”（宗地红线外通路、通电、供水、排水、通讯、通气及宗地红线内场地平整），工业用地法定最高出让年限50年的完整土地使用权价格。

南通市

南通市是江苏省省辖市，我国14个沿海开放城市之一，素有“崇川福地”之称，是通往苏北的重要门户和苏北经济中心之一。位于江苏省东南部，长江入海口的北岸、通扬和通吕两条运河的交汇处，东滨黄海，南临长江，与上海市、苏州市隔江相望，西与泰州市毗连，北同盐城市接壤。辖2区、4市、2县，面积8 544平方千米，全市总人口783万。

南通市根据《城镇土地分等定级规程》、《城镇土地估价规程》、《城市地价动态监测体系技术规范》及《2000－2001年度城市土地价格调查实施方案》，明确基准地价内涵，在南通城市规划区域约210平方千米的土地范围内，通过对区域的自然、社会、经济及土地市场状况等调查，全面利用计算机系统技术，辅助完成了城市土地综合定级，商业，居住、工业用地定级与基准地价更新，设立77个地价监测点，建立了城市土地基准地价更新系统，为我国城市地价动态监测体系建设奠定了基础。也为南通市强化城市土地资产管理，规范土地市场，制定各类规划和提高土地利用的经济、社会和环境效益提供科学依据。

商业用地基准地价内涵：在正常土地市场条件下，基准日为2001年1月1日，设定土地开发程度1～4级为“六通一平”（宗地红线外通路、通电、供水、排水、通讯、通气及宗地红线内场地平整），5～6级为“五通一平”（宗地红线外通路、通电、供水、排水、通讯及宗地红线内场地平整），7级为“四通一平”（宗地红线外通路、通电、供水、通讯及宗地红线内场地平整），平均容积率按级别依次为2.2、2.0、1.8、1.6、1.0、1.0、1.0，商业用地法定最高出让年限40年的完整土地使用权平均价格。

居住用地基准地价内涵：在正常土地市场条件下，基准日为2001年1月1日，设定土地开发程度1～3级为“六通一平”（宗地红线外通路、通电、供水、排水、通讯、通气及宗地红线内场地平整），4级为“五通一平”（宗地红线外通路、通电、供水、排水、通讯及宗地红线内场地平整），5级为“四通一平”（宗地红线外通路、通电、供水、通讯及宗地红线内场地平整），平均容积率按级别依次为2.0、1.8、1.5、1.0、0.8，居住用地法定最高出让年限70年的完整土地使用权平均价格。

工业用地基准地价内涵：在正常土地市场条件下，基准日为2001年1月1日，设定土地开发程度1～2级为“六通一平”（宗地红线外通路、通电、供水、排水、通讯、通气及宗地红线内场地平整），3级为“五通一平”（宗地红线外通路、通电、供水、排水、通讯及宗地红线内场地平整），4级为“四通一平”（宗地红线外通路、通电、供水、通讯及宗地红线内场地平整），工业用地法定最高土地出让年限50年的完整土地使用权平均价格。

综合定级级别面积构成
I
II
III
IV
V
VI
宁启高速公路
通启高速公路
金通公路
通吕运河
通启运河
通启公路
G204
长
江
市政府
港闸区政府
崇川区政府
南通汽车站
土地级别
I级
II级
III级
IV级
V级
VI级
比例尺 1：110 000

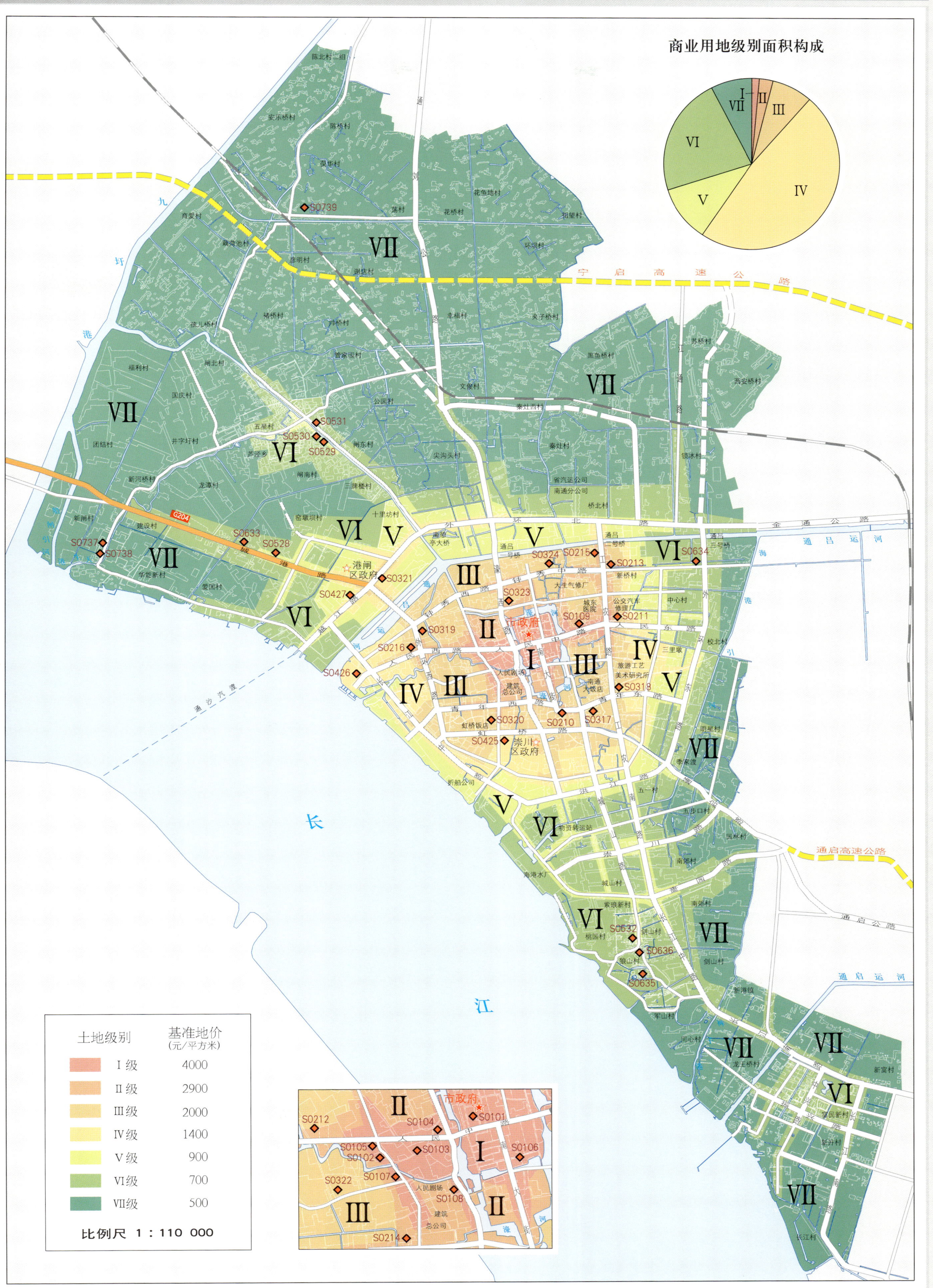
商业用地级别面积构成
I
II
III
IV
V
VI
VII
土地级别
基准地价（元/平方米）
I级 4000
II级 2900
III级 2000
IV级 1400
V级 900
VI级 700
VII级 500
比例尺 1：110 000
宁启高速公路
通启高速公路
通启公路
通启运河
通吕运河
金通公路
长
江
市政府
港闸区政府
崇川区政府
S0739
S0531
S0530
S0529
S0633
S0528
S0737
S0738
S0321
S0427
S0426
S0324
S0215
S0213
S0634
S0323
S0109
S0211
S0319
S0216
S0318
S0320
S0210
S0317
S0425
S0632
S0636
S0635
S0212
S0104
S0101
S0105
S0102
S0103
S0106
S0322
S0107
S0108
S0214
人民剧场
建筑总公司
G204

南通市居住用地基准地价及监测点

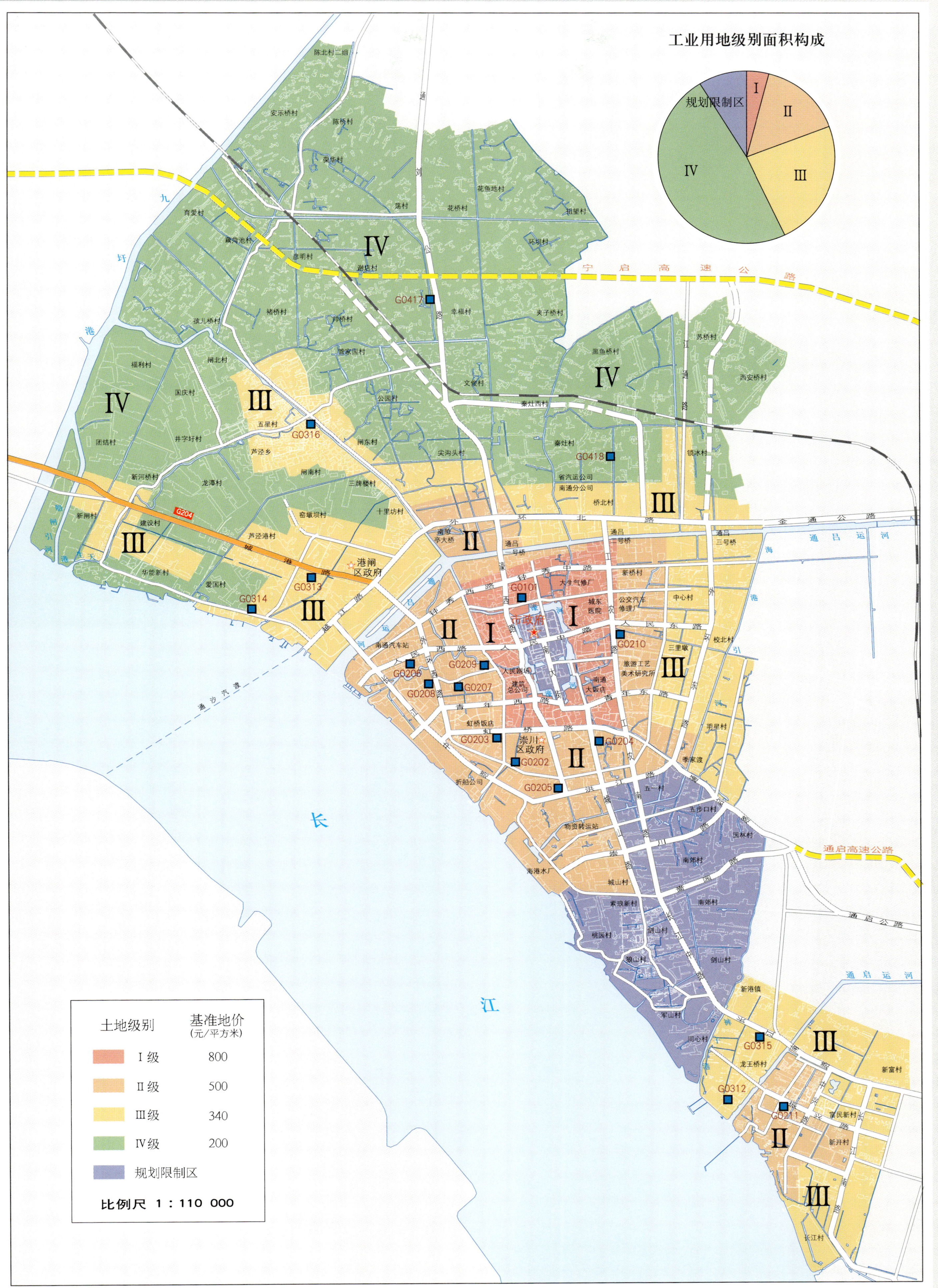
工业用地级别面积构成
规划限制区
I
II
III
IV
土地级别 基准地价（元/平方米）
I 级 800
II 级 500
III 级 340
IV 级 200
规划限制区
比例尺 1：110 000
宁启高速公路
通启高速公路
通启公路
通启运河
通吕运河
金通公路
G204
长
江
市政府
港闸区政府
崇川区政府
G0101
G0202
G0203
G0204
G0205
G0206
G0207
G0208
G0209
G0210
G0211
G0312
G0313
G0314
G0315
G0316
G0417
G0418

用　途	土地级别	监测点编号	监测点地价（元/平方米）	土地级别	监测点编号	监测点地价（元/平方米）
商业	Ⅰ	S0101	7 202	Ⅲ	S0321	3 505
		S0102	6 119		S0322	2 087
		S0103	5 014		S0323	3 447
		S0104	7 160		S0324	2 081
		S0105	6 830	Ⅳ	S0425	2 219
		S0106	6 638		S0426	1 547
		S0107	5 949		S0427	1 547
		S0108	6 618	Ⅴ	S0528	993
		S0109	4 751		S0529	983
	Ⅱ	S0210	3 479		S0530	924
		S0211	3 008		S0531	948
		S0212	2 545		S0532	957
		S0213	3 313	Ⅵ	S0633	711
		S0214	2 576		S0634	704
		S0215	2 652		S0635	723
		S0216	2 290		S0636	1 340
	Ⅲ	S0317	3 515	Ⅶ	S0737	517
		S0318	1 677		S0738	908
		S0319	3 507		S0739	518
		S0320	3 552			
居住	Ⅰ	Z0101	2 625	Ⅲ	Z0311	1 187
		Z0102	2 661		Z0312	1 090
		Z0103	2 669		Z0313	1 080
		Z0104	2 640		Z0314	1 161
	Ⅱ	Z0205	1 577	Ⅳ	Z0415	689
		Z0206	1 857		Z0416	727
		Z0207	1 698		Z0417	718
	Ⅲ	Z0308	1 768		Z0418	729
		Z0309	1 249	Ⅴ	Z0519	420
		Z0310	1 333		Z0520	399
工业	Ⅰ	G0101	553	Ⅱ	G0210	559
	Ⅱ	G0202	851		G0211	560
		G0203	575	Ⅲ	G0312	383
		G0204	559		G0313	408
		G0205	542		G0314	411
		G0206	550		G0315	381
		G0207	529		G0316	428
		G0208	543	Ⅳ	G0417	243
		G0209	575		G0418	248

◦商业用地监测点地价内涵：在正常土地市场条件下，基准日为2001年1月1日，设定土地开发程度1～4级为“六通一平”（宗地红线外通路、通电、供水、排水、通讯、通气及宗地红线内场地平整），5～6级为“五通一平”（宗地红线外通路、通电、供水、排水、通讯及宗地红线内场地平整），7级为“四通一平”（宗地红线外通路、通电、供水、通讯及宗地红线内场地平整），容积率1～7级依次为2.2、2.0、1.8、1.6、1.0、1.0、1.0，商业用地法定最高出让年限40年的完整土地使用权价格。

◦居住用地监测点地价内涵：在正常土地市场条件下，基准日为2001年1月1日，设定土地开发程度1～3级为“六通一平”（宗地红线外通路、通电、供水、排水、通讯、通气及宗地红线内场地平整），4级为“五通一平”（宗地红线外通路、通电、供水、排水、通讯及宗地红线内场地平整），5级为“四通一平”（宗地红线外通路、通电、供水、通讯及宗地红线内场地平整），容积率1～5级依次为2.0、1.8、1.5、1.0、0.8，居住用地法定最高出让年限40年的完整土地使用权价格。

◦工业用地监测点地价内涵：在正常土地市场条件下，基准日为2001年1月1日，设定土地开发程度1～2级为“六通一平”（宗地红线外通路、通电、供水、排水、通讯、通气及宗地红线内场地平整），3级为“五通一平”（宗地红线外通路、通电、供水、排水、通讯及宗地红线内场地平整），4级为“四通一平”（宗地红线外通路、通电、供水、通讯及宗地红线内场地平整），工业用地法定最高出让年限50年的完整土地使用权价格。

杭州市

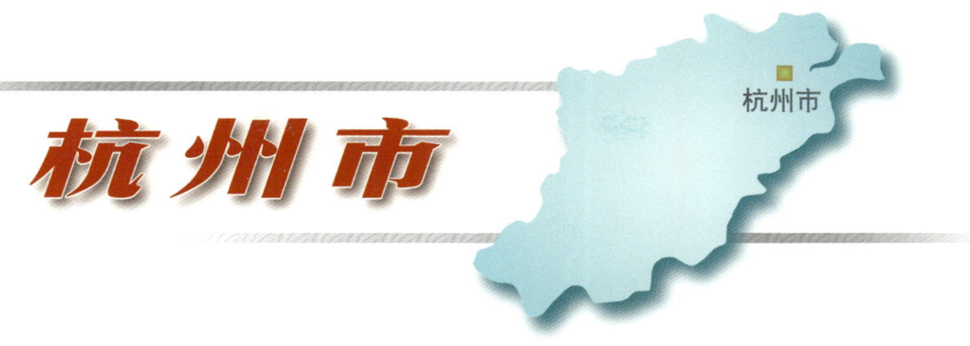

杭州市是浙江省省会，是全省的政治、经济、文化中心，也是长江三角洲南翼的经济重镇，国家历史文化名城。位于我国东南沿海，浙江省西北部。东临杭州湾，南与衢州、金华、绍兴三市连接，西与安徽省交界，北与湖州、嘉兴毗邻。辖8区、3市、2县，面积16 596平方千米，其中市区面积为682.85平方千米，全市总人口631万。

杭州市根据《城镇土地分等定级规程》、《城镇土地估价规程》、《城市地价动态监测体系技术规范》及《2000—2001年度城市土地价格调查实施方案》，明确基准地价内涵，在杭州城市建成区及规划建设区(其中西湖风景名胜区约为60平方千米，但不包括萧山区和余杭区)682.85平方千米的土地范围内，全面开展自然、社会、经济及土地市场状况等调查，利用计算机系统技术，辅助完成了城市土地综合定级，商业、居住、工业用地定级与基准地价更新，设立118个地价监测点，建立了城市土地基准地价更新、地价信息查询和发布系统，为我国城市地价动态监测体系建设奠定了基础。也为杭州市强化城市土地资产管理，规范土地市场，制定各类规划和提高土地利用的经济、社会和环境效益提供科学依据。

杭州市基准地价已于2002年2月2日由市政府公布实施。

- 商业用地基准地价内涵：在正常土地市场条件下，基准日为2000年1月1日，设定土地开发程度为“五通一平”(宗地红线外通路、通电、供水、排水、通讯及宗地红线内场地平整)；平均容积率为2.5，商业用地法定最高出让年限40年的完整土地使用权平均价格。

- 居住用地基准地价内涵：在正常土地市场条件下，基准日为2000年1月1日，设定土地开发程度为“五通一平”(宗地红线外通路、通电、供水、排水、通讯及宗地红线内场地平整)；平均容积率为2.5，居住用地法定最高出让年限70年的完整土地使用权平均价格。

- 工业用地基准地价内涵：在正常土地市场条件下，基准日为2000年1月1日，设定土地开发程度为“五通一平”(宗地红线外通路、通电、供水、排水、通讯及宗地红线内场地平整)；平均容积率为2.5，工业用地法定最高出让年限50年的完整土地使用权平均价格。

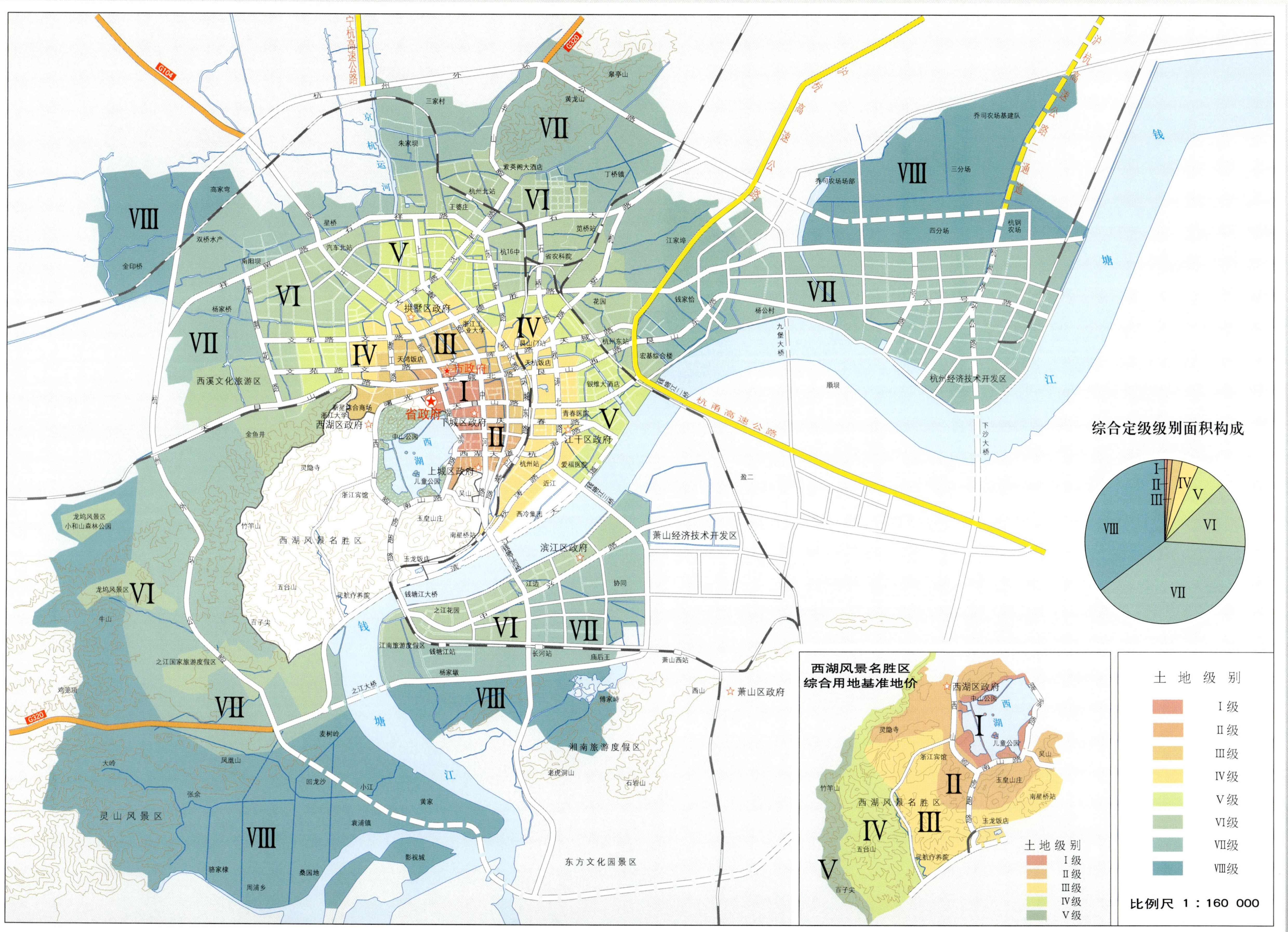
综合定级级别面积构成
土地级别
I级
II级
III级
IV级
V级
VI级
VII级
VIII级
比例尺 1：160 000
西湖风景名胜区
综合用地基准地价
省政府
市政府
西湖区政府
上城区政府
下城区政府
拱墅区政府
江干区政府
滨江区政府
萧山区政府
萧山经济技术开发区
杭州经济技术开发区
西溪文化旅游区
湘南旅游度假区
东方文化园景区
灵山风景区
西湖风景名胜区
杭甬高速公路
沪杭高速公路
宁杭高速公路

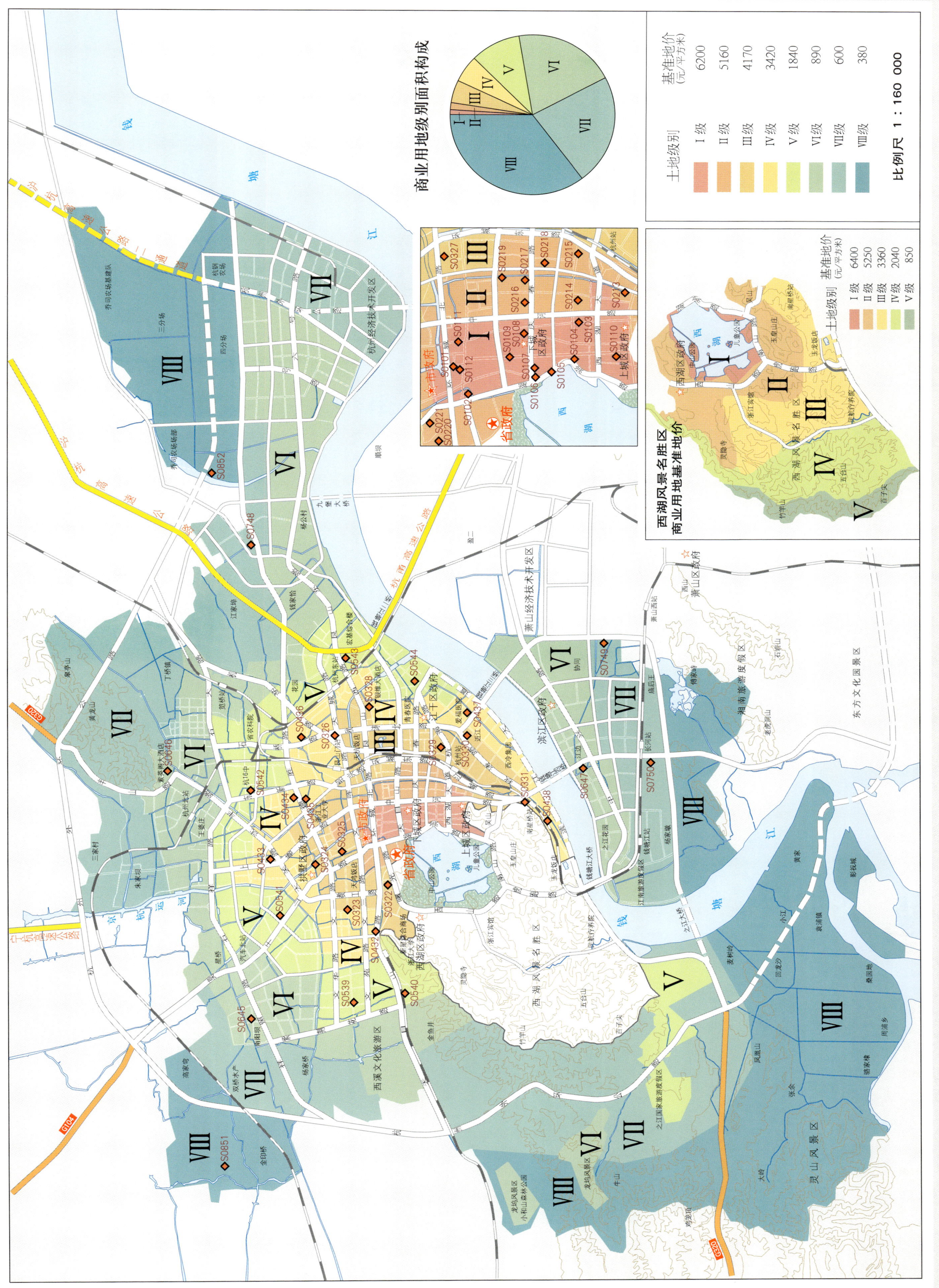

商业用地级别面积构成
土地级别
基准地价（元/平方米）
Ⅰ级 6200
Ⅱ级 5160
Ⅲ级 4170
Ⅳ级 3420
Ⅴ级 1840
Ⅵ级 890
Ⅶ级 600
Ⅷ级 380
比例尺 1：160 000
西湖风景名胜区商业用地基准地价
土地级别
基准地价（元/平方米）
Ⅰ级 6400
Ⅱ级 5250
Ⅲ级 3360
Ⅳ级 2040
Ⅴ级 850
市政府
省政府
上城区政府
下城区政府
西湖区政府
拱墅区政府
江干区政府
滨江区政府
萧山区政府
萧山经济技术开发区
杭州经济技术开发区
西溪文化旅游区
湘南旅游度假区
东方文化园景区
之江国家旅游度假区
灵山风景区
钱塘江
西湖

杭州市居住用地基准地价及监测点

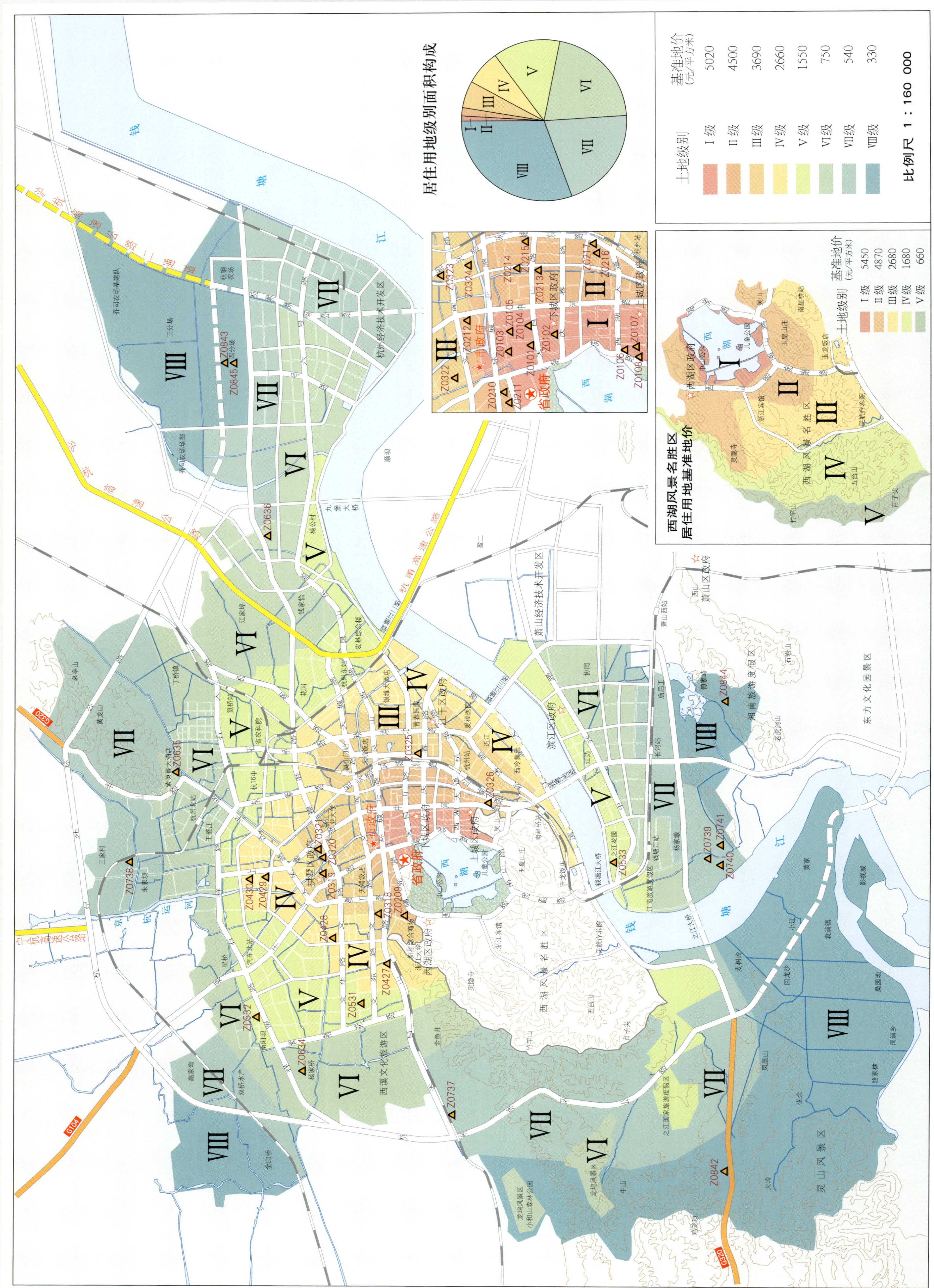

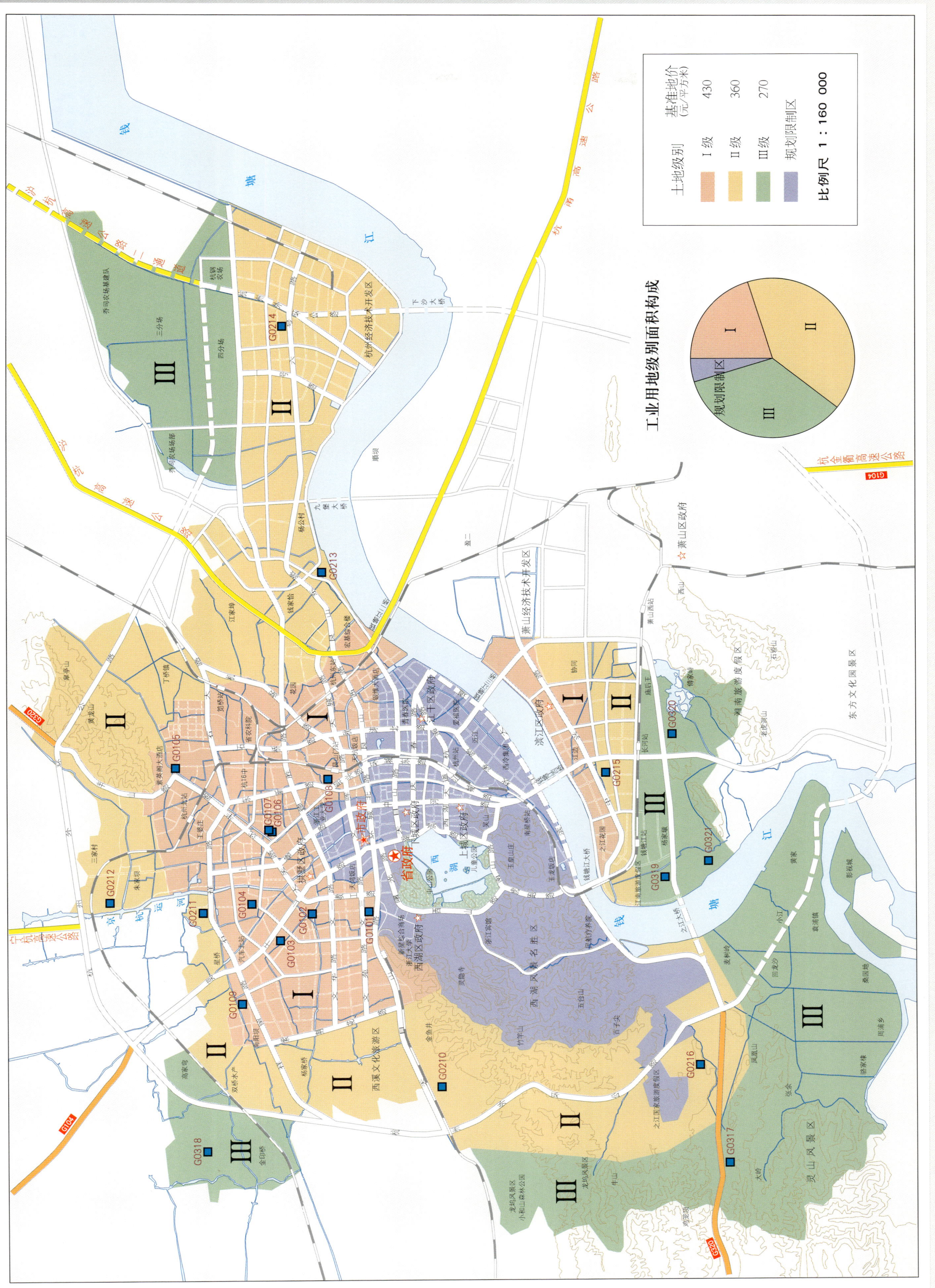
土地级别
基准地价（元/平方米）
Ⅰ级 430
Ⅱ级 360
Ⅲ级 270
规划限制区
比例尺 1：160 000
工业用地级别面积构成
钱塘江
萧山区政府
省政府
市政府
西湖
G0101
G0102
G0103
G0104
G0105
G0106
G0107
G0108
G0109
G0210
G0211
G0212
G0213
G0214
G0215
G0216
G0317
G0318
G0319
G0320
G0321

用 途	土地级别	监测点编 号	监测点地价（元/平方米）	土地级别	监测点编 号	监测点地价（元/平方米）	土地级别	监测点编 号	监测点地价（元/平方米）
商业	Ⅰ	S0101	6 105	Ⅱ	S0219	4 814	Ⅳ	S0437	4 332
		S0102	6 200		S0220	7 062		S0438	3 783
		S0103	5 112		S0221	6 659	Ⅴ	S0539	787
		S0104	6 343	Ⅲ	S0322	4 707		S0540	1 063
		S0105	5 684		S0323	5 129		S0541	1 600
		S0106	8 536		S0324	3 161		S0542	1 829
		S0107	5 331		S0325	1 774		S0543	954
		S0108	6 383		S0326	4 400		S0544	2 247
		S0109	5 470		S0327	3 207	Ⅵ	S0645	540
		S0110	6 755		S0328	2 089		S0646	1 109
		S0111	7 959		S0329	3 866		S0647	990
		S0112	7 221		S0330	3 611	Ⅶ	S0748	562
	Ⅱ	S0213	5 816		S0331	4 526		S0749	665
		S0214	4 187	Ⅳ	S0432	2 357		S0750	570
		S0215	2 791		S0433	2 212	Ⅷ	S0851	455
		S0216	5 434		S0434	3 747		S0852	364
		S0217	5 212		S0435	5 013			
		S0218	4 082		S0436	2 177			
居住	Ⅰ	Z0101	4 170	Ⅱ	Z0217	4 398	Ⅴ	Z0533	776
		Z0102	4 343	Ⅲ	Z0318	4 046	Ⅵ	Z0634	824
		Z0103	4 796		Z0319	2 798		Z0635	819
		Z0105	5 081		Z0320	3 448		Z0636	551
		Z0106	6 034		Z0321	2 721	Ⅶ	Z0737	578
		Z0107	5 020		Z0323	3 405		Z0738	833
		Z0108	4 285		Z0324	2 656		Z0739	343
	Ⅱ	Z0209	3 505		Z0325	2 826		Z0740	296
		Z0210	5 331		Z0326	5 183		Z0741	375
		Z0212	3 700	Ⅳ	Z0427	1 256	Ⅷ	Z0842	300
		Z0213	2 913		Z0429	1 593		Z0843	328
		Z0214	6 425		Z0430	2 332		Z0844	365
		Z0215	3 796	Ⅴ	Z0531	735		Z0845	543
		Z0216	5 526		Z0532	554			
工业	Ⅰ	G0101	892	Ⅰ	G0108	755	Ⅱ	G0215	468
		G0102	662		G0109	361		G0216	324
		G0103	420	Ⅱ	G0210	374	Ⅲ	G0317	260
		G0104	433		G0211	354		G0318	257
		G0105	437		G0212	327		G0319	260
		G0106	558		G0213	367		G0320	292
		G0107	558		G0214	371		G0321	293

◦商业用地监测点地价内涵：在正常土地市场条件下，基准日为2000年1月1日，设定土地开发程度为“五通一平”（宗地红线外通路、通供水、通排水、通电、通讯及宗地红线内场地平整），容积率为2.5，商业用地法定最高出让年限40年的完整土地使用权价格。

◦居住用地监测点地价内涵：在正常土地市场条件下，基准日为2000年1月1日，设定土地开发程度为“五通一平”（宗地红线外通路、通供水、通排水、通电、通讯及宗地红线内场地平整），容积率为2.5，居住用地法定最高出让年限70年的完整土地使用权价格。

◦工业用地监测点地价内涵：在正常土地市场条件下，基准日为2000年1月1日，设定土地开发程度为“五通一平”（宗地红线外通路、通供水、通排水、通电、通讯及宗地红线内场地平整），工业用地法定最高出让年限50年的完整土地使用权价格。

宁波市

宁波市简称“甬”，地处浙江省东部沿海，是国家历史文化名城，现代化国际港口城市，长江三角洲南翼的经济中心。位居全国大陆海岸线中段，东临东海，有舟山群岛为天然屏障，南枕三门湾，陆域南缘与台州市的三门、天台两县毗邻，西接绍兴市的新昌、嵊州、上虞等县（市），北濒杭州湾。辖6区、3市、2县，面积9 365平方千米，其中市区面积1033平方千米，全市总人口543万。

宁波市根据《城镇土地分等定级规程》、《城镇土地估价规程》、《城市地价动态监测体系技术规范》及《2000—2001年度城市土地价格调查实施方案》，明确基准地价内涵，在中心城市建成区和规划建设区（宁波市土地利用总体规划和城市规划确定的城镇建设用地范围内的所有土地，即三江片）211.13平方千米的土地范围内，进行自然、社会、经济及土地市场状况等调查，以计算机和地理信息系统为辅助手段，完成了宁波市城市土地综合定级，商业、居住、工业用地定级与基准地价更新，建立了城市土地宗地价格评估参照标准和土地市场交易价格调控体系，设立115个地价监测点，建立了基于因特网的地价信息发布及查询系统，提高了城市土地价格信息社会化服务水平，为我国城市地价动态监测体系建设奠定了基础。也为宁波市强化城市土地资产管理，规范土地市场，制定各类规划和提高土地利用的经济、社会和环境效益提供科学依据。

宁波市基准地价成果已经于2002年4月11日由市政府公布。

- 商业用地基准地价内涵：在正常土地市场条件下，基准日为2001年1月1日，设定土地开发程度为“五通一平”（宗地红线外通路、通电、供水、排水、通讯及宗地红线内场地平整），平均容积率为2.5，商业用地法定最高出让年限40年的完整土地使用权平均价格。

- 居住用地基准地价内涵：在正常土地市场条件下，基准日为2001年1月1日，设定土地开发程度为“五通一平”（宗地红线外通路、通电、供水、排水、通讯及宗地红线内场地平整），平均容积率为1.7，居住用地法定最高出让年限70年的完整土地使用权平均价格。

- 工业用地基准地价内涵：在正常土地市场条件下，基准日为2001年1月1日，设定土地开发程度为“五通一平”（宗地红线外通路、通电、供水、排水、通讯及宗地红线内场地平整），平均容积率为0.7，工业用地法定最高出让年限50年的完整土地使用权平均价格。

宁波市土地综合定级级别

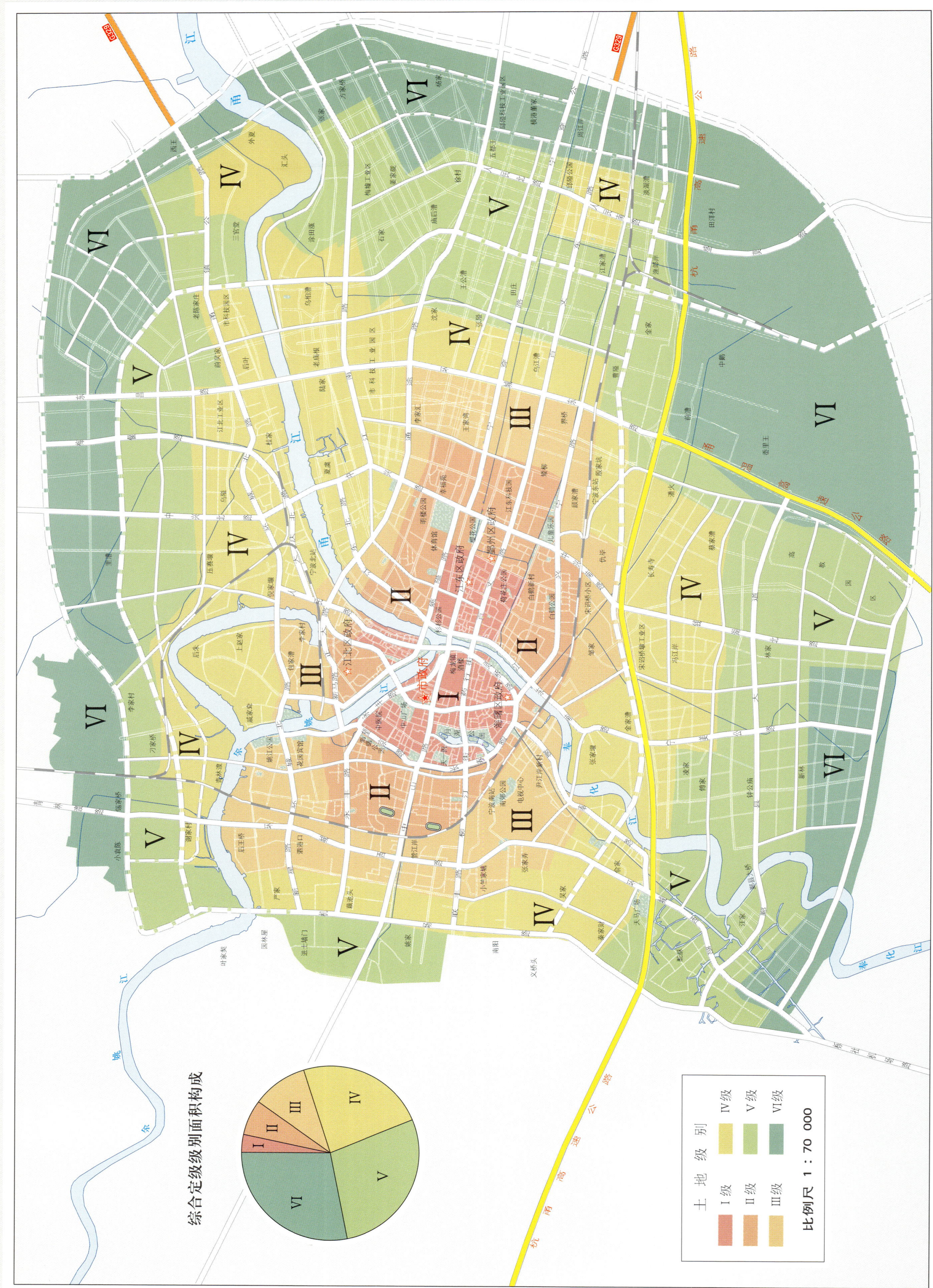

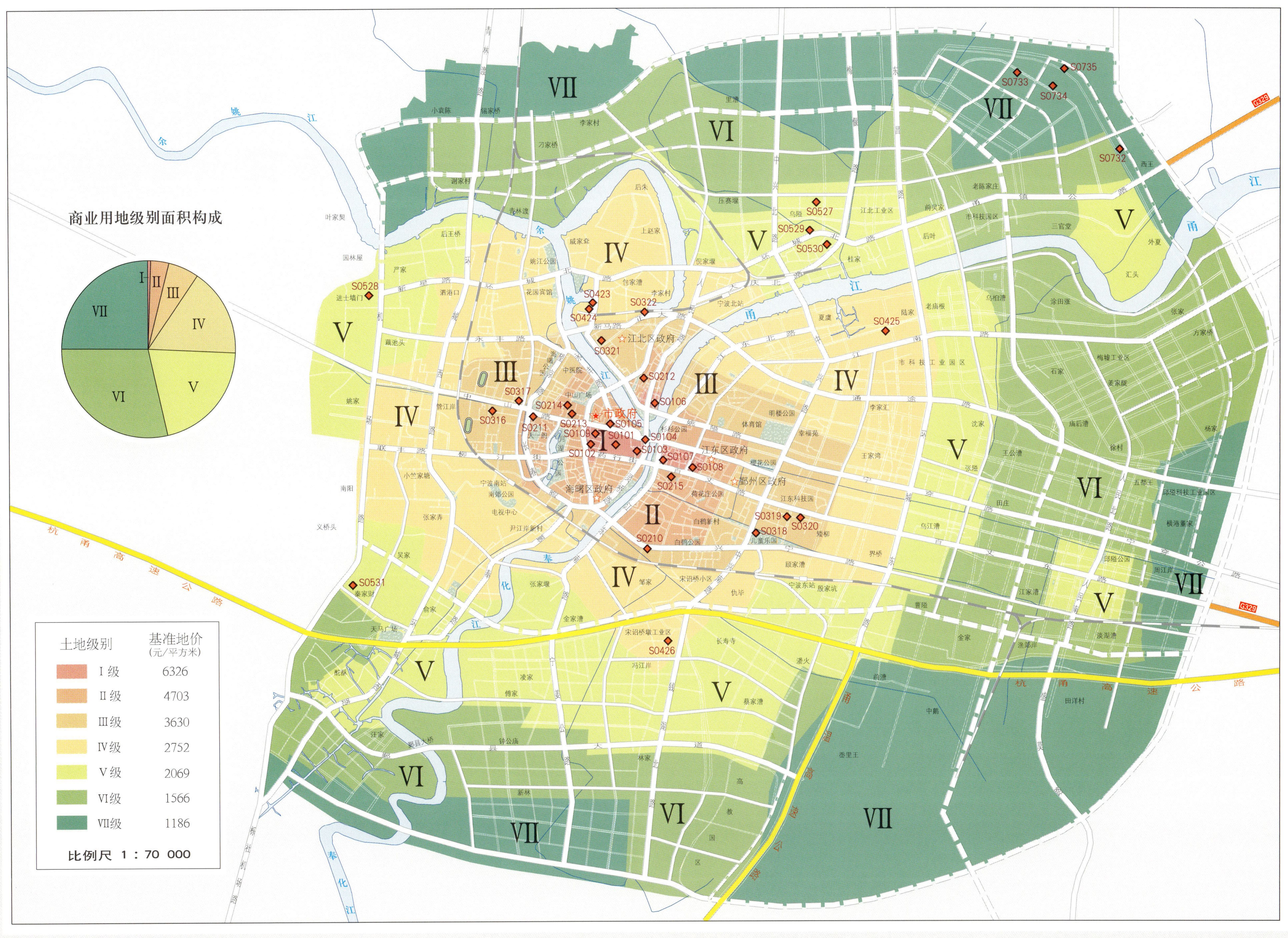

商业用地级别面积构成
土地级别
基准地价（元/平方米）
Ⅰ级 6326
Ⅱ级 4703
Ⅲ级 3630
Ⅳ级 2752
Ⅴ级 2069
Ⅵ级 1566
Ⅶ级 1186
比例尺 1：70 000

宁波市居住用地基准地价及监测点

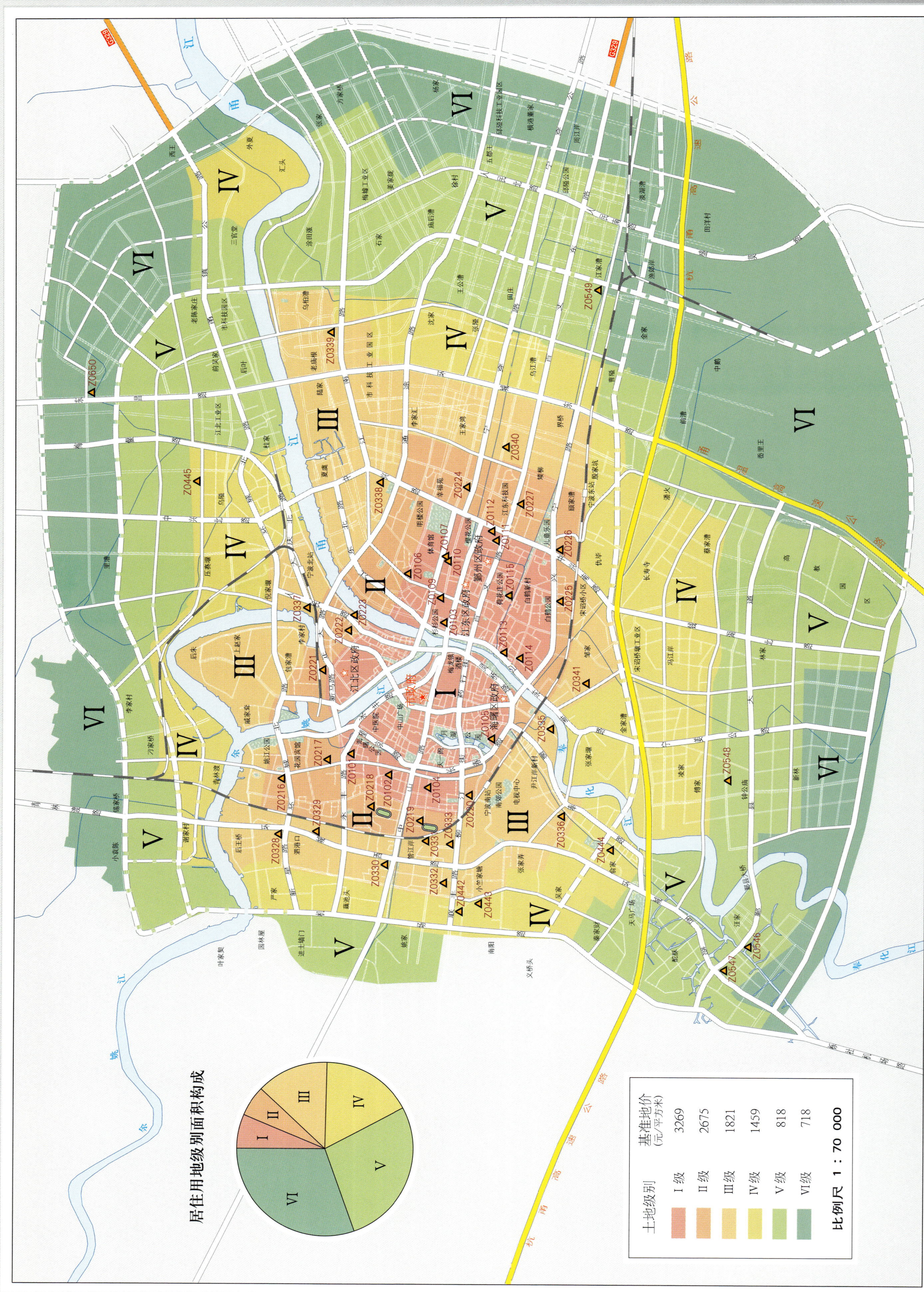

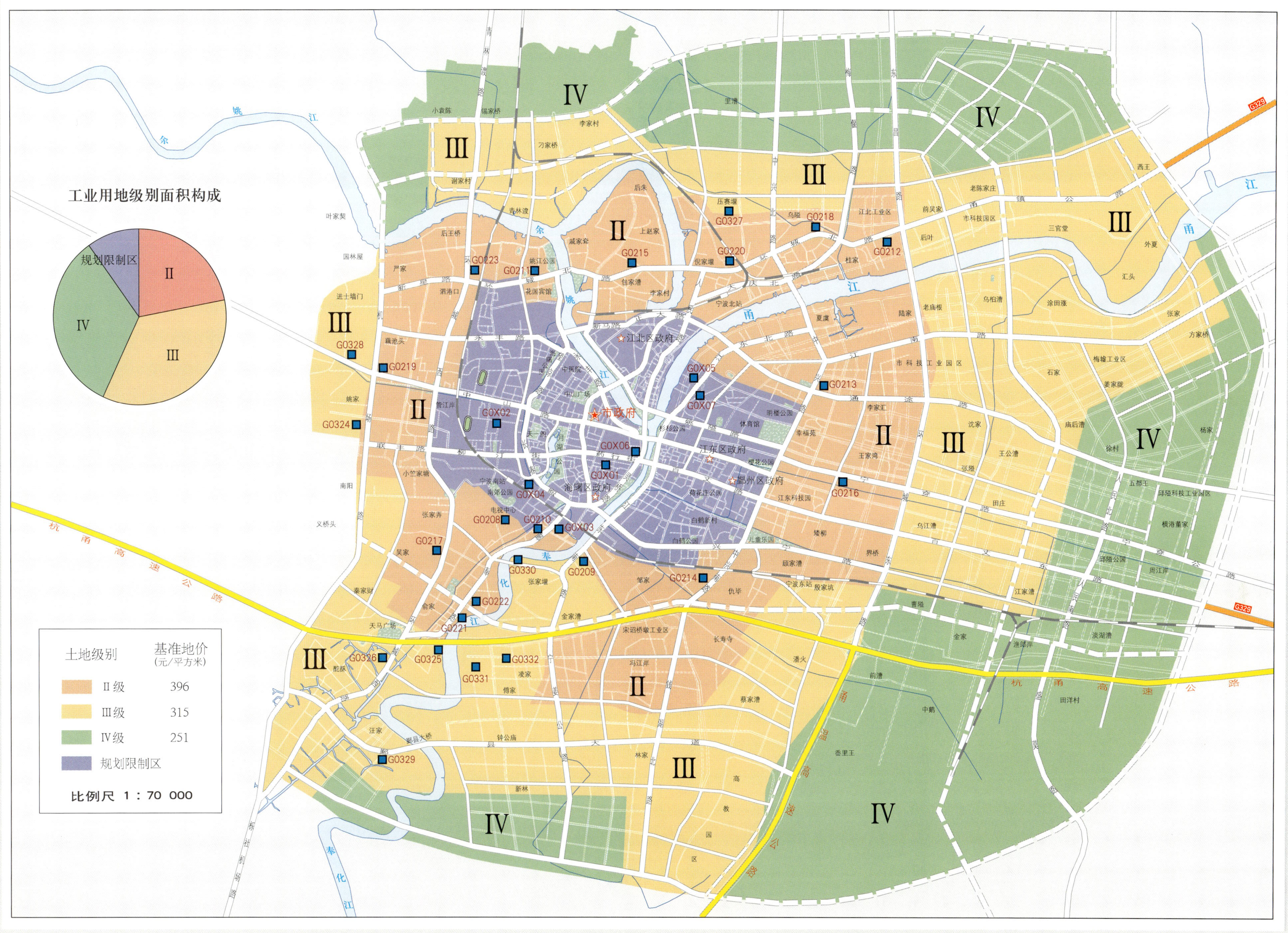

工业用地级别面积构成
Ⅱ
Ⅲ
Ⅳ
规划限制区
土地级别
基准地价（元/平方米）
Ⅱ级 396
Ⅲ级 315
Ⅳ级 251
规划限制区
比例尺 1：70 000
市政府
江北区政府
江东区政府
鄞州区政府
海曙区政府

用　途	土地级别	监测点编　号	监测点地价（元/平方米）	土地级别	监测点编　号	监测点地价（元/平方米）	土地级别	监测点编　号	监测点地价（元/平方米）
商业	I	S0101	7 636	II	S0213	5 243	IV	S0425	2 592
		S0102	6 767		S0214	4 671		S0426	834
		S0103	6 317		S0215	1 745	V	S0527	2 131
		S0104	6 970	III	S0316	3 297		S0528	2 033
		S0105	6 400		S0317	3 501		S0529	2 090
		S0106	4 616		S0318	3 742		S0530	2 291
		S0107	6 747		S0319	4 021		S0531	709
		S0108	6 530		S0320	3 914	VII	S0732	1 881
		S0109	5 220		S0321	3 738		S0733	2 302
	II	S0210	4 552		S0322	4 005		S0734	4 892
		S0211	5 021	IV	S0423	2 663		S0735	2 859
		S0212	4 953		S0424	2 689			
居住	I	Z0101	2 664	II	Z0218	2 904	III	Z0335	1 836
		Z0102	3 173		Z0219	2 686		Z0336	2 057
		Z0103	2 998		Z0220	2 405		Z0337	1 537
		Z0104	2 963		Z0221	2 449		Z0338	2 175
		Z0105	3 256		Z0222	2 604		Z0339	2 370
		Z0106	1 936		Z0223	2 981		Z0340	2 072
		Z0107	2 957		Z0224	2 540		Z0341	1 639
		Z0109	3 333		Z0225	4 331	IV	Z0442	2 209
		Z0110	3 561		Z0226	2 922		Z0443	2 339
		Z0111	2 928		Z0227	2 030		Z0444	1 772
		Z0112	2 829	III	Z0328	1 719		Z0445	1 520
		Z0113	3 053		Z0329	1 827	V	Z0546	1 979
		Z0114	3 052		Z0330	1 910		Z0547	723
		Z0115	2 790		Z0331	1 794		Z0548	1 178
	II	Z0216	1 470		Z0332	2 090		Z0549	793
		Z0217	2 796		Z0333	2 182	VI	Z0650	423
工业	规划限制区（X）	G0X01	638	II	G0212	425	II	G0223	505
		G0X02	568		G0213	385	III	G0324	399
		G0X03	445		G0214	408		G0325	370
		G0X04	521		G0215	304		G0326	388
		G0X05	316		G0216	396		G0327	331
		G0X06	311		G0217	396		G0328	344
		G0X07	311		G0218	396		G0329	283
	II	G0208	482		G0219	355		G0330	249
		G0209	350		G0220	475		G0331	309
		G0210	418		G0221	400		G0332	295
		G0211	441		G0222	370			

- 商业用地监测点地价内涵：在正常土地市场条件下，基准日为2001年1月1日，设定土地开发程度为“五通一平”（宗地红线外通路、通电、供水、排水、通讯及宗地红线内场地平整），容积率为2.5，商业用地法定最高出让年限40年的完整土地使用权价格。

- 居住用地监测点地价内涵：在正常土地市场条件下，基准日为2001年1月1日，设定土地开发程度为“五通一平”（宗地红线外通路、通电、供水、排水、通讯及宗地红线内场地平整），容积率为1.7，居住用地法定最高出让年限70年的完整土地使用权价格。

- 工业用地监测点地价内涵：在正常土地市场条件下，基准日为2001年1月1日，设定土地开发程度为“五通一平”（宗地红线外通路、通电、供水、排水、通讯及宗地红线内场地平整），容积率为0.7，工业用地法定最高出让年限50年的完整土地使用权价格。

合肥市是安徽省省会，全省政治、经济、文化、信息中心，是一个新兴的综合工业城市，也是全国重要的科研教育基地。位于安徽省中部，江淮之间。全市辖4区、3县，面积7 386平方千米，市区面积458平方千米，全市总人口434万。

合肥市根据《城镇土地分等定级规程》、《城镇土地估价规程》、《城市地价动态监测体系技术规范》及《2000－2001年度城市土地价格调查实施方案》，明确基准地价内涵，在合肥市城市建成区及规划建设区约245平方千米的土地范围内（包括高新技术开发区、经济技术开发区、新站综合实验区和肥东龙岗开发区），全面开展自然、社会、经济及土地市场状况等调查，利用计算机系统技术，辅助完成了城市土地综合定级，商业、居住、工业用地定级与基准地价更新，设立120个地价监测点，建立了城市土地基准地价更新系统，为我国城市地价动态监测体系建设奠定了基础。也为合肥市强化城市土地资产管理，规范土地市场，制定各类规划和提高土地利用的经济、社会和环境效益提供科学依据。

合肥市基准地价更新成果已于2003年2月1日由市政府公布实施。

- 商业用地基准地价内涵：在正常土地市场条件下，基准日为2001年1月1日，设定土地开发程度为“五通一平”（宗地红线外通路、通电、供水、排水、通讯及宗地红线内场地平整），1～7级地平均容积率分别为1.4、1.3、1.2、1.1、1.0、0.9、0.8，商业用地法定最高出让年限40年的完整土地使用权平均价格。

- 居住用地基准地价内涵：在正常土地市场条件下，基准日为2001年1月1日，设定土地开发程度为“五通一平”（宗地红线外通路、通电、供水、排水、通讯及宗地红线内场地平整），1～6级地平均容积率分别为2.4、2.0、1.8、1.6、1.4、1.2，居住用地法定最高出让年限70年的完整土地使用权平均价格。

- 工业用地基准地价内涵：在正常土地市场条件下，基准日为2001年1月1日，设定土地开发程度为“五通一平”（宗地红线外通路、通电、供水、排水、通讯及宗地红线内场地平整），平均容积率为1.0，工业用地法定最高出让年限50年的完整土地使用权平均价格。

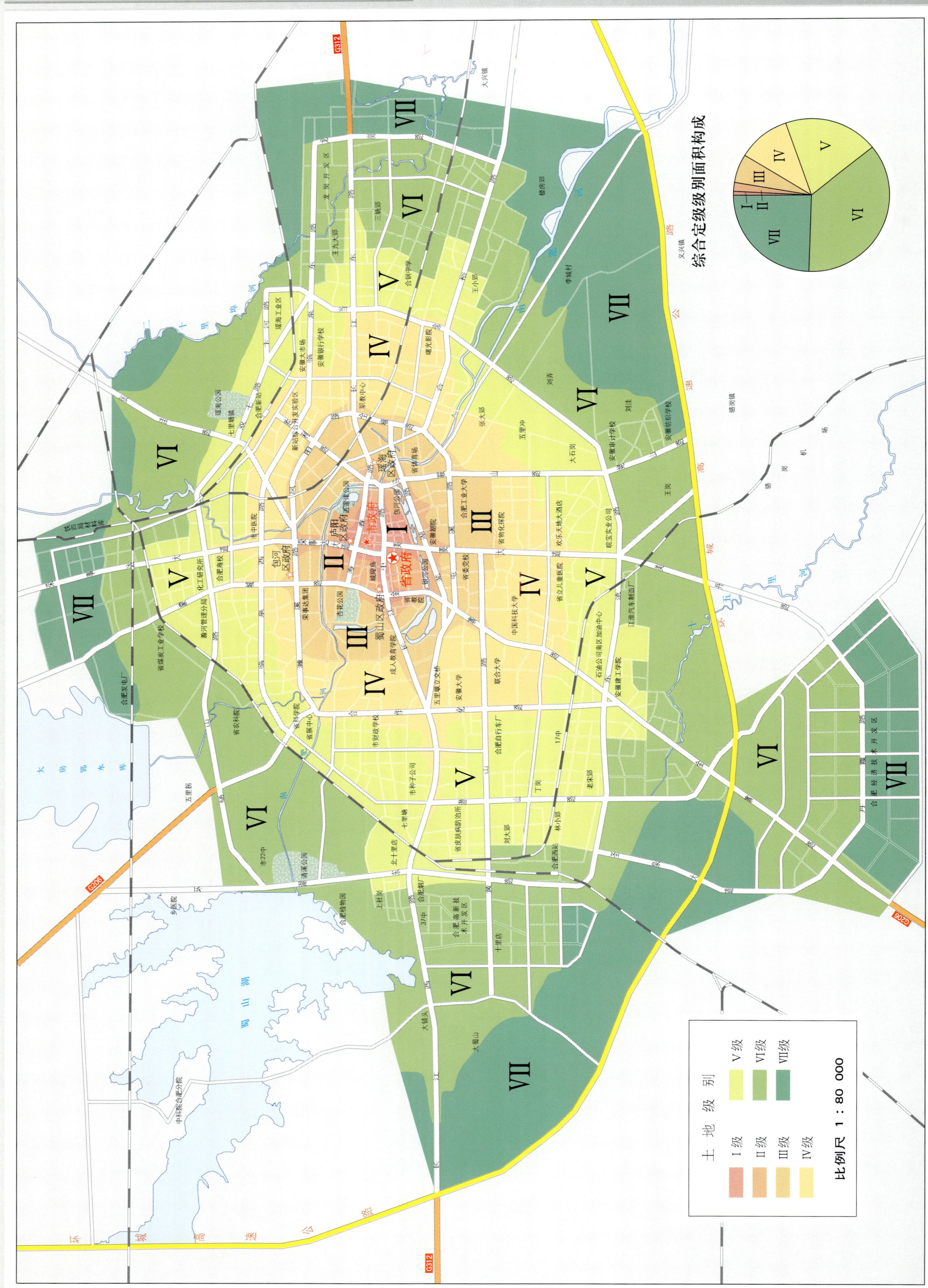
综合定级级别面积构成
土地级别
Ⅰ级
Ⅱ级
Ⅲ级
Ⅳ级
Ⅴ级
Ⅵ级
Ⅶ级
比例尺 1：80 000
市政府
省政府
庐阳区政府
瑶海区政府
包河区政府
蜀山区政府
董铺水库
大房郢水库
蜀山湖
环城高速公路
G312
G206

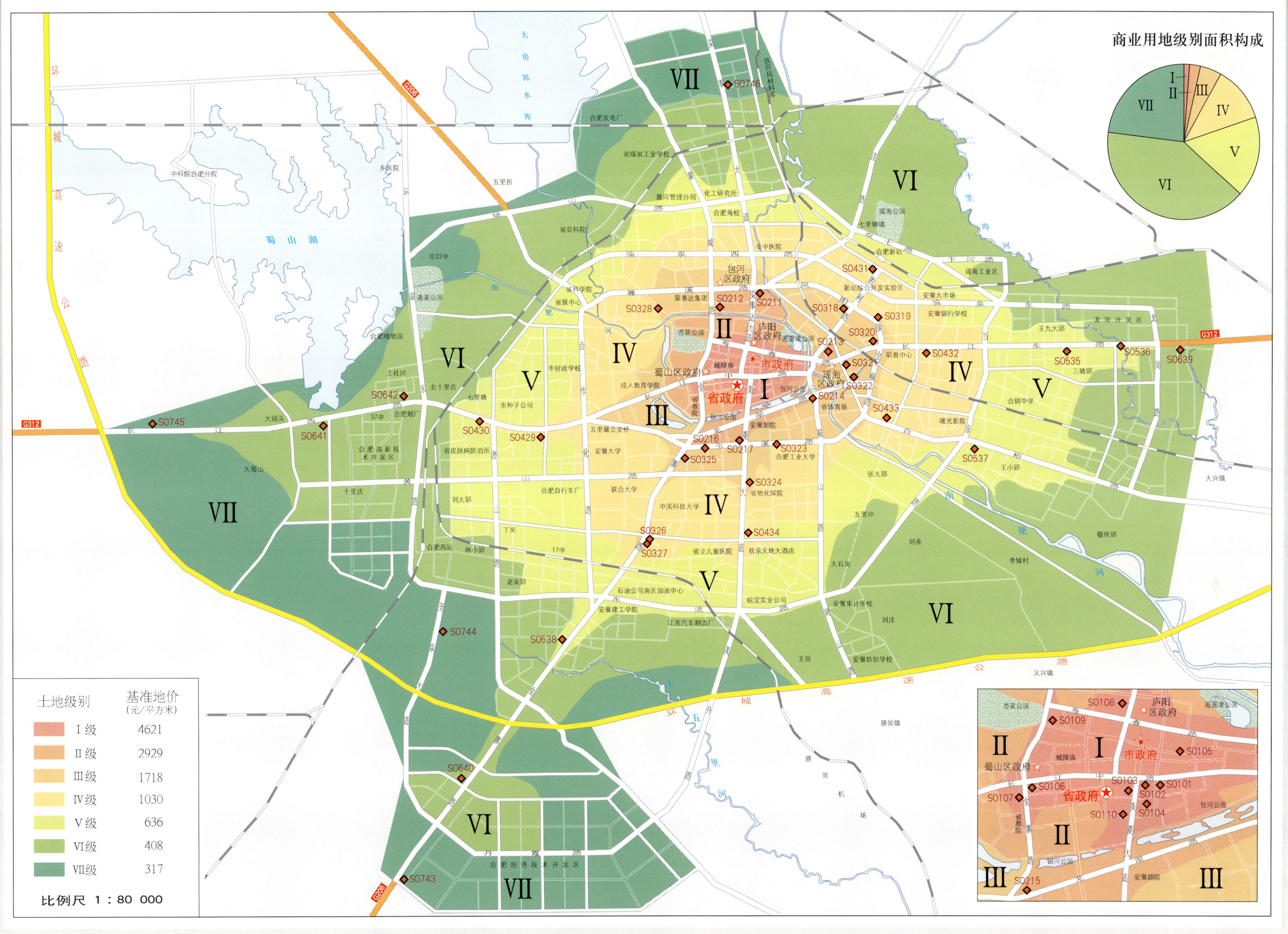
商业用地级别面积构成
土地级别
基准地价（元/平方米）
Ⅰ级 4621
Ⅱ级 2929
Ⅲ级 1718
Ⅳ级 1030
Ⅴ级 636
Ⅵ级 408
Ⅶ级 317
比例尺 1：80 000
市政府
省政府
庐阳区政府
瑶海区政府
包河区政府
蜀山区政府
环城高速公路
蜀山湖
大房郢水库
G312
G206

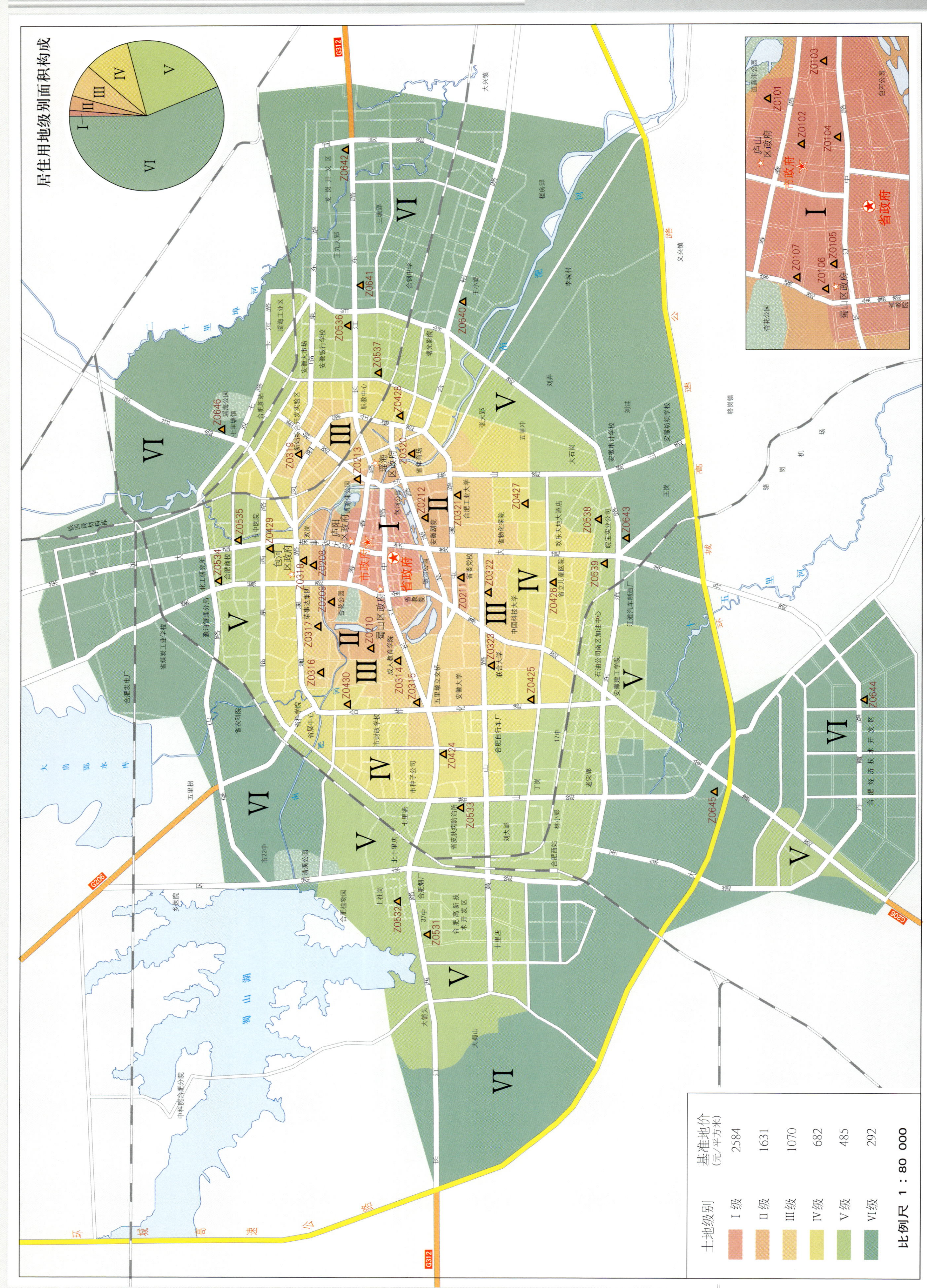
居住用地级别面积构成
土地级别 基准地价（元/平方米）
Ⅰ级 2584
Ⅱ级 1631
Ⅲ级 1070
Ⅳ级 682
Ⅴ级 485
Ⅵ级 292
比例尺 1：80 000
省政府
市政府
庐阳区政府
包河区政府
蜀山区政府
瑶海区政府
大房郢水库
蜀山湖
环城高速公路
G312
G206

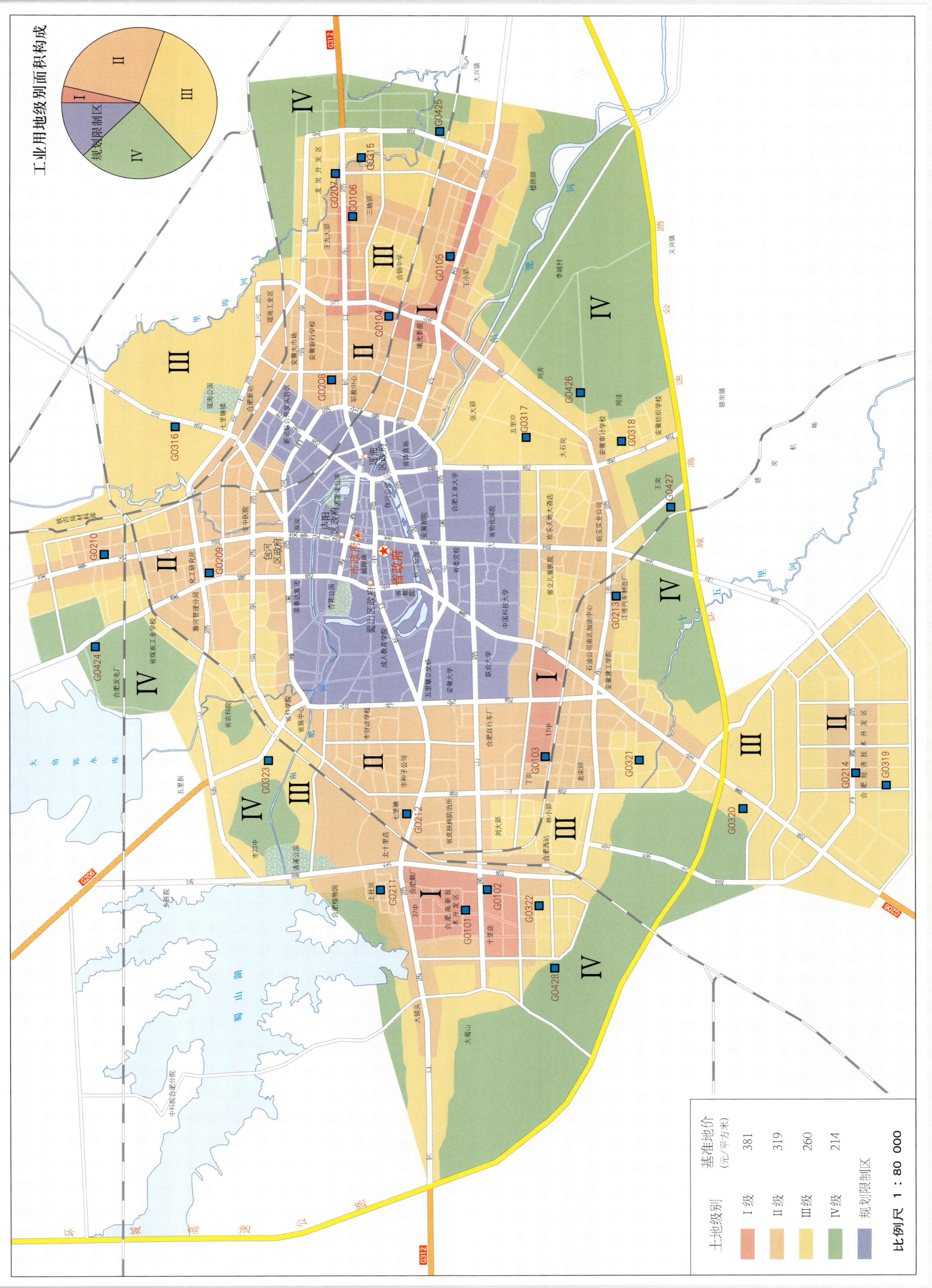
工业用地级别面积构成
I
II
III
IV
规划限制区
土地级别
基准地价
(元/平方米)
I级 381
II级 319
III级 260
IV级 214
规划限制区
比例尺 1 : 80 000

用途	土地级别	监测点编号	监测点地价（元/平方米）	土地级别	监测点编号	监测点地价（元/平方米）	土地级别	监测点编号	监测点地价（元/平方米）
商业	Ⅰ	S0101	6 657	Ⅱ	S0217	3 282	Ⅳ	S0433	842
		S0102	6 412	Ⅲ	S0318	1 870		S0434	1 433
		S0103	5 991		S0319	1 741	Ⅴ	S0535	478
		S0104	6 525		S0320	1 779		S0536	384
		S0105	5 338		S0321	2 187		S0537	457
		S0106	5 817		S0322	1 645		S0538	433
		S0107	5 502		S0323	1 965	Ⅵ	S0639	357
		S0108	5 865		S0324	2 096		S0640	320
		S0109	5 024		S0325	1 657		S0641	356
		S0110	5 750		S0326	2 143		S0642	468
	Ⅱ	S0211	2 979		S0327	1 913	Ⅶ	S0743	267
		S0212	2 931		S0328	2 258		S0744	328
		S0213	2 921	Ⅳ	S0429	1 140		S0745	317
		S0214	3 112		S0430	1 192		S0746	348
		S0215	3 962		S0431	866			
		S0216	2 937		S0432	1 457			
居住	Ⅰ	Z0101	2 604	Ⅲ	Z0317	1 299	Ⅴ	Z0533	769
		Z0102	2 857		Z0318	1 331		Z0534	488
		Z0103	2 558		Z0319	999		Z0535	824
		Z0104	2 754		Z0320	880		Z0536	453
		Z0105	2 047		Z0321	784		Z0537	664
		Z0106	2 250		Z0322	1 208		Z0538	516
		Z0107	2 516		Z0323	1 161		Z0539	634
	Ⅱ	Z0208	2 072	Ⅳ	Z0424	928	Ⅵ	Z0640	317
		Z0209	2 002		Z0425	776		Z0641	387
		Z0210	2 742		Z0426	778		Z0642	250
		Z0211	1 823		Z0427	832		Z0643	344
		Z0212	1 736		Z0428	757		Z0644	253
		Z0213	1 688		Z0429	646		Z0645	286
	Ⅲ	Z0314	1 374		Z0430	506		Z0646	307
		Z0315	1 322	Ⅴ	Z0531	477			
		Z0316	900		Z0532	652			
工业	Ⅰ	G0101	279	Ⅱ	G0211	234	Ⅲ	G0321	232
		G0102	279		G0212	352		G0322	235
		G0103	257		G0213	311		G0323	234
		G0104	433		G0214	235	Ⅳ	G0424	233
		G0105	313	Ⅲ	G0315	206		G0425	231
		G0106	310		G0316	324		G0426	206
	Ⅱ	G0207	229		G0317	300		G0427	228
		G0208	420		G0318	292		G0428	218
		G0209	311		G0319	231			
		G0210	223		G0320	231			

°商业用地监测点地价内涵：在正常土地市场条件下，基准日为2001年1月1日，设定土地开发程度为“五通一平”（宗地红线外通路、通电、供水、排水、通讯及宗地红线内场地平整），容积率1～7级分别是1.4、1.3、1.2、1.1、1.0、0.9、0.8，商业用地法定最高出让年限40年的完整土地使用权价格。

°居住用地监测点地价内涵：在正常土地市场条件下，基准日为2001年1月1日，设定土地开发程度为“五通一平”（宗地红线外通路、通电、供水、排水、通讯及宗地红线内场地平整），容积率1～6级分别是2.4、2.0、1.8、1.6、1.4、1.2，居住用地法定最高出让年限70年的完整土地使用权价格。

°工业用地监测点地价内涵：在正常土地市场条件下，基准日为2001年1月1日，设定土地开发程度为“五通一平”（宗地红线外通路、通电、供水、排水、通讯及宗地红线内场地平整），容积率为1.0，工业用地法定最高出让年限50年的完整土地使用权价格。

福州市是福建省省会，全省政治、经济、文化中心，中国最早实行对外开放的沿海港口城市之一，也是国家历史文化名城、著名的商贸城市。市内多榕树，别称“榕城”。位于中国东南沿海，闽江下游的福州盆地内，与台湾一水相望，两地最近处仅相距68海里。辖5区、2市、6县，面积12 153平方千米，其中市区建成区面积75平方千米，全市总人口594万。

福州市根据《城镇土地分等定级规程》、《城镇土地估价规程》、《城市地价动态监测体系技术规范》及《1999年度城市土地价格调查实施方案》，明确基准地价内涵，全面利用计算机系统技术，在《福州城市总体规划（1995～2010)》确定的城市规划区197平方千米范围内，全面开展自然、社会、经济及土地市场状况等调查，利用计算机系统技术，辅助完成了城市土地综合定级，商业、居住、工业用地定级与基准地价更新，设立30个地价监测点，建立了城市土地基准地价更新系统，为我国城市地价动态监测体系建设奠定了基础。也为福州市强化城市土地资产管理，规范土地市场，制定各类规划和提高土地利用的经济、社会和环境效益提供科学依据。

福州市基准地价已于2002年1月30日由市政府公布实施。

- 商业用地基准地价内涵：在正常土地市场条件下，基准日为2000年9月30日，设定土地开发程度为“五通一平”（宗地红线外通路、通电、供水、排水、通讯及宗地红线内场地平整），平均容积率为5.0，商业用地法定最高出让年限40年的完整土地使用权平均价格。

- 居住用地基准地价内涵：在正常土地市场条件下，基准日为2000年9月30日，设定土地开发程度为“五通一平”（宗地红线外通路、通电、供水、排水、通讯及宗地红线内场地平整），平均容积率为2.2，居住用地法定最高出让年限70年的完整土地使用权平均价格。

- 工业用地基准地价内涵：在正常土地市场条件下，基准日为2000年9月30日，设定土地开发程度为“五通一平”（宗地红线外通路、通电、供水、排水、通讯及宗地红线内场地平整），平均容积率为1.0，工业用地法定最高出让年限50年的完整土地使用权平均价格。

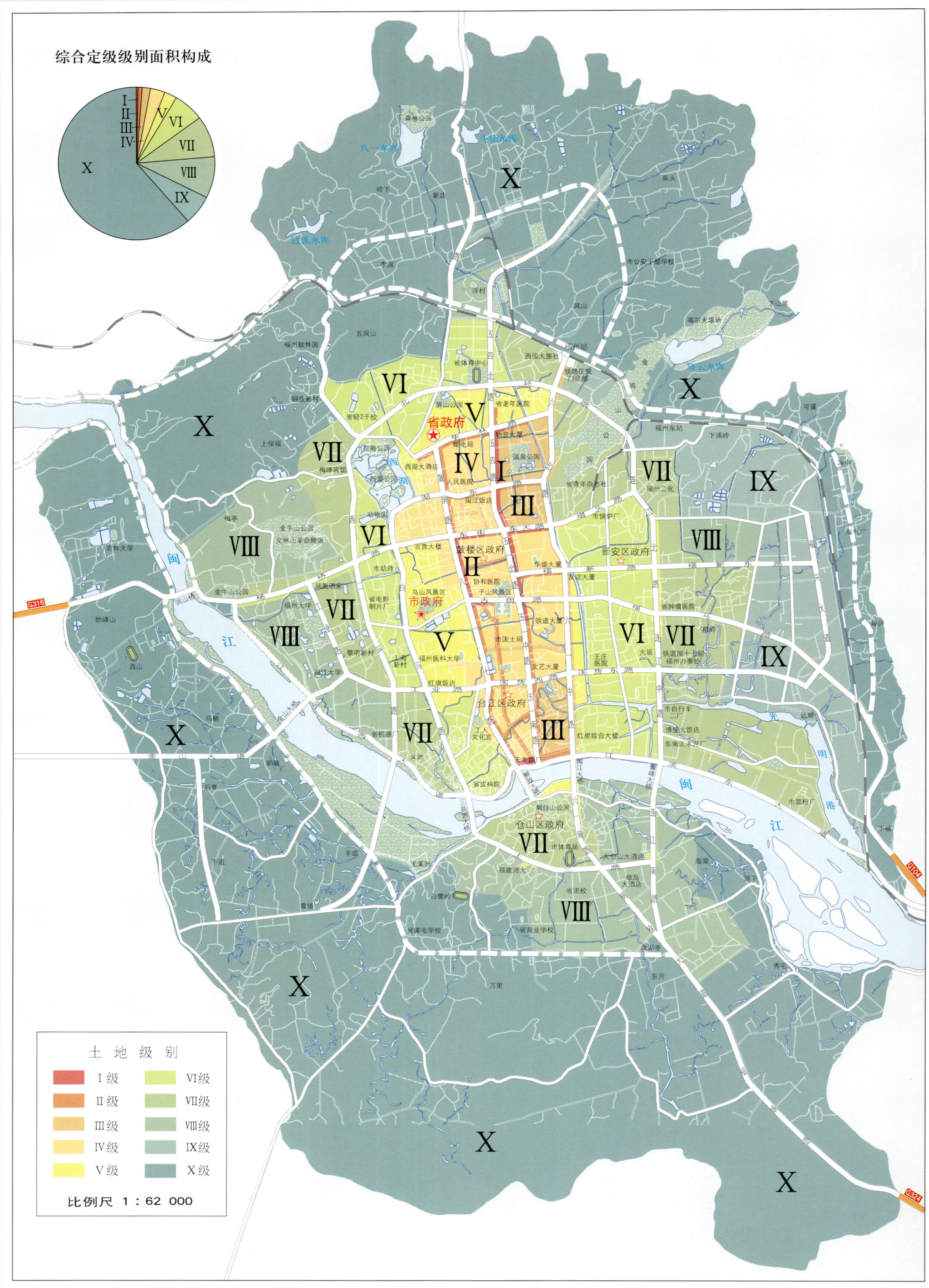

综合定级级别面积构成
I
II
III
IV
V
VI
VII
VIII
IX
X
土 地 级 别
I 级
II 级
III 级
IV 级
V 级
VI 级
VII 级
VIII 级
IX 级
X 级
比例尺 1：62 000
省政府
市政府
鼓楼区政府
晋安区政府
台江区政府
仓山区政府
闽
江
G316
G104
G324

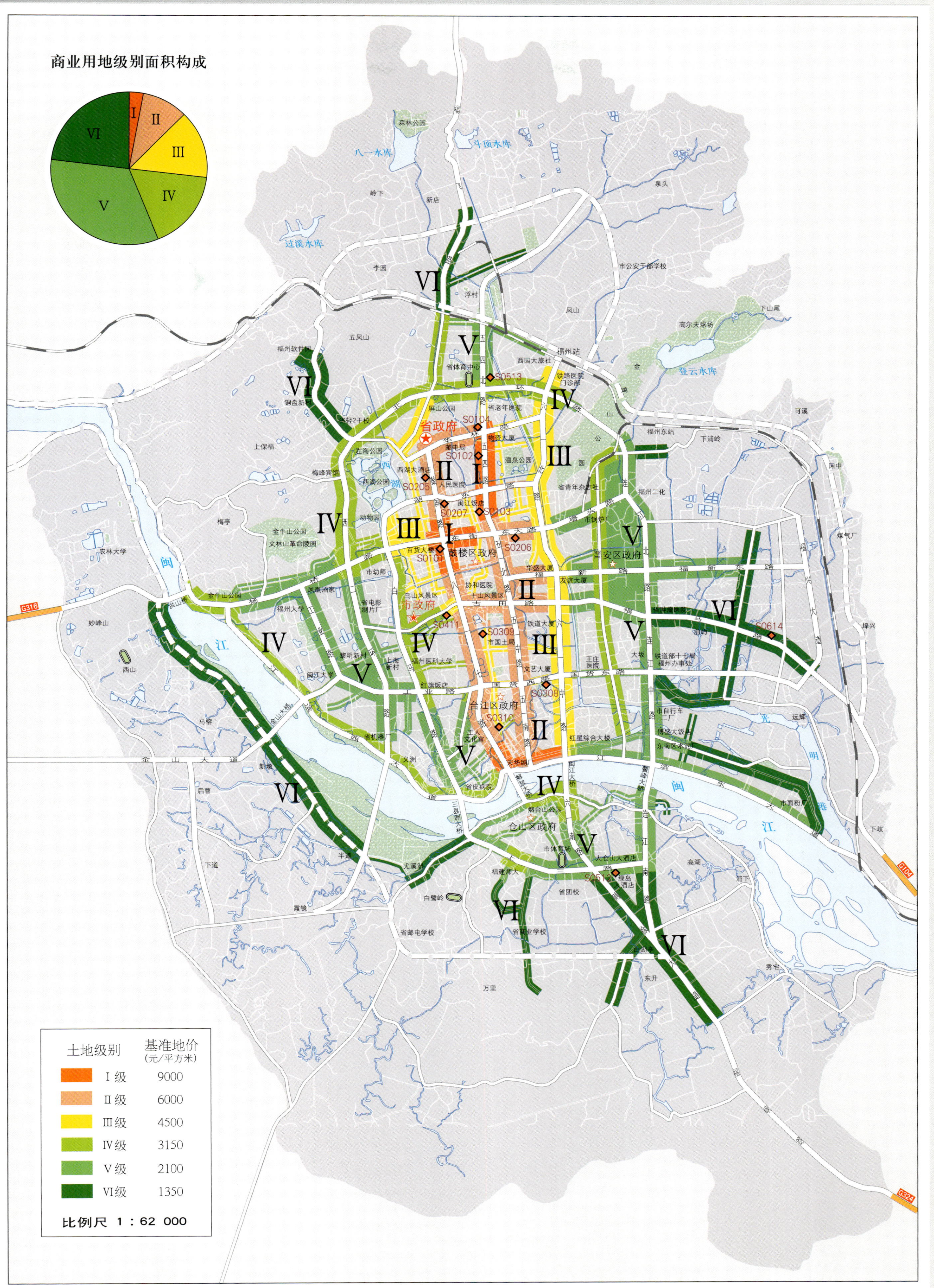
商业用地级别面积构成
I
II
III
IV
V
VI
土地级别 基准地价（元/平方米）
I级 9000
II级 6000
III级 4500
IV级 3150
V级 2100
VI级 1350
比例尺 1：62 000
省政府
市政府
鼓楼区政府
台江区政府
仓山区政府
晋安区政府
S0513
S0104
S0102
S0205
S0207
S0103
S0206
S0101
S0411
S0309
S0308
S0310
S0614
S0512
福州站
福州东站
斗顶水库
八一水库
过溪水库
登云水库
西湖
左海公园
闽江
G316
G104
G324

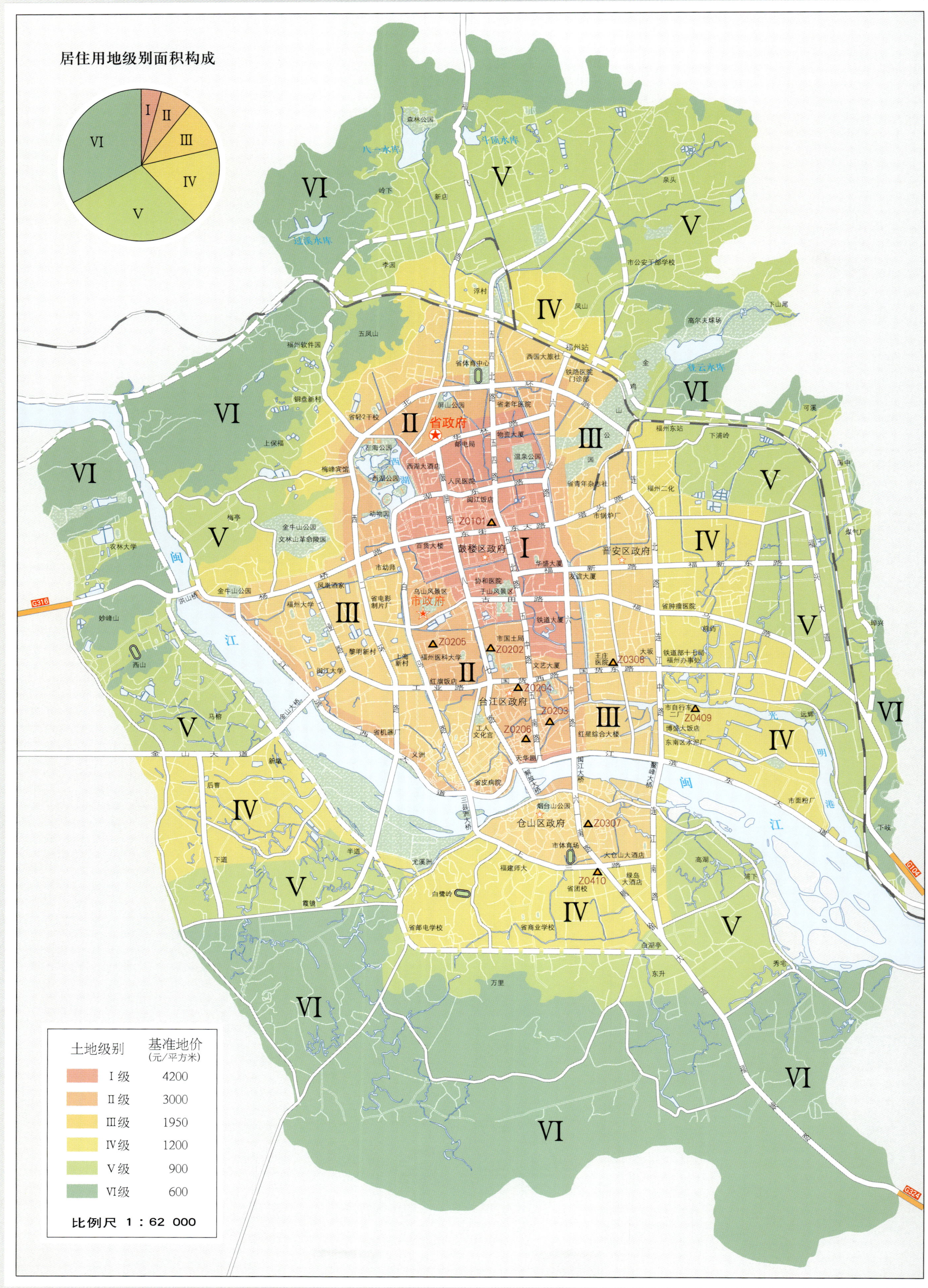

居住用地级别面积构成
I
II
III
IV
V
VI
土地级别 基准地价（元/平方米）
I级 4200
II级 3000
III级 1950
IV级 1200
V级 900
VI级 600
比例尺 1∶62 000
省政府
市政府
鼓楼区政府
晋安区政府
台江区政府
仓山区政府
Z0101
Z0202
Z0203
Z0204
Z0205
Z0206
Z0307
Z0308
Z0409
Z0410
闽江
西湖
左海公园
西湖公园
屏山公园
温泉公园
金牛山公园
乌山风景区
于山风景区
烟台山公园
福州站
福州东站
福州大学
福建医科大学
福建师大
农林大学
新店
岭下
李园
浮村
凤山
五凤山
梅亭
妙峰山
西山
马榕
后营
下道
半道
霞镜
龙溪洲
白鹭岭
万里
东升
高湖
秀屿
白湖亭
G316
G104
G324

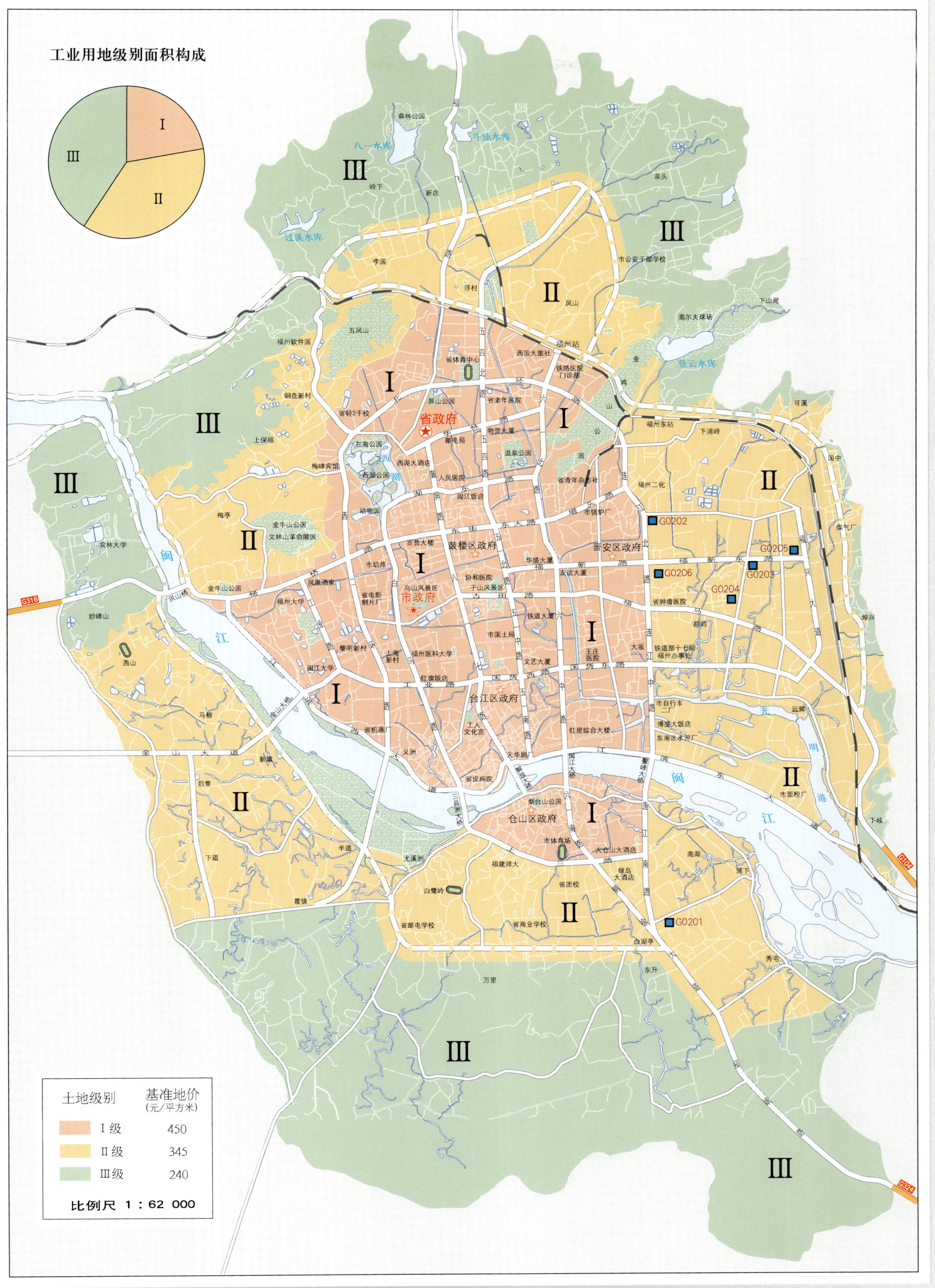
工业用地级别面积构成
I
II
III
土地级别 基准地价
(元/平方米)
I 级 450
II 级 345
III 级 240
比例尺 1：62 000
省政府
市政府
鼓楼区政府
晋安区政府
台江区政府
仓山区政府
G0201
G0202
G0203
G0204
G0205
G0206

用　途	土地级别	监测点编号	监测点地价（元/平方米）	土地级别	监测点编号	监测点地价（元/平方米）
商业	Ⅰ	S0101	8 687	Ⅲ	S0308	3 858
		S0102	8 400		S0309	4 201
		S0103	6 599		S0310	4 494
		S0104	6 443	Ⅳ	S0411	3 450
	Ⅱ	S0205	4 979	Ⅴ	S0512	1 350
		S0206	4 500		S0513	2 000
		S0207	5 743	Ⅵ	S0614	1 506
居住	Ⅰ	Z0101	4 218	Ⅱ	Z0206	3 778
	Ⅱ	Z0202	3 907	Ⅲ	Z0307	1 800
		Z0203	2 991		Z0308	1 793
		Z0204	3 472	Ⅳ	Z0409	1 062
		Z0205	2 159		Z0410	1 661
工业	Ⅱ	G0201	329	Ⅱ	G0204	345
		G0202	303		G0205	382
		G0203	345		G0206	303

◦商业用地监测点地价内涵：在正常土地市场条件下，基准日为2001年1月1日，设定土地开发程度为“五通一平”（宗地红线外通路、通电、供水、排水、通讯及宗地红线内场地平整），容积率为5.0，商业用地法定最高出让年限40年的完整土地使用权价格。

◦居住用地监测点地价内涵：在正常土地市场条件下，基准日为2001年1月1日，设定土地开发程度为“五通一平”（宗地红线外通路、通电、供水、排水、通讯及宗地红线内场地平整），容积率为2.2，居住用地法定最高出让年限70年的完整土地使用权价格。

◦工业用地监测点地价内涵：在正常土地市场条件下，基准日为2001年1月1日，设定土地开发程度为“五通一平”（宗地红线外通路、通电、供水、排水、通讯及宗地红线内场地平整），容积率为1.0，工业用地法定最高出让年限50年的完整土地使用权价格。

南昌市

南昌市是江西省省会，全省政治、经济、科技和文化中心。地处江西省中部偏北，赣江、抚河下游，滨临我国第一大淡水湖——鄱阳湖。辖5区、4县，面积7 372平方千米，全市总人口440万。

2001年4月至2001年12月，南昌市根据《城镇土地分等定级规程》、《城镇土地估价规程》、《城市地价动态监测体系技术规范》及《2000－2001年度城市土地价格调查实施方案》，明确基准地价内涵，在南昌市城市规划区(扣除山体、水域面积)约204平方千米的土地范围内，全面开展自然、社会、经济及土地市场状况等调查，利用计算机系统技术，辅助完成了城市土地综合定级，商业、居住、工业用地定级与基准地价更新，设立120个地价监测点，建立了城市土地基准地价更新系统，为我国城市地价动态监测体系建设奠定了基础。也为南昌市强化城市土地资产管理，规范土地市场，制定各类规划和提高土地利用的经济、社会和环境效益提供科学依据。

2002年6月28日，南昌市政府在《南昌日报》上公布了南昌市基准地价，并于2002年7月1日起实施。

- 商业用地基准地价内涵：在正常土地市场条件下，基准日为2001年1月1日，设定土地开发程度为“五通一平”(宗地红线外通路、通电、供水、排水、通讯及宗地红线内场地平整)，平均容积率为2.2，商业用地法定最高出让年限40年的完整土地使用权平均价格。

- 居住用地基准地价内涵：在正常土地市场条件下，基准日为2001年1月1日，设定土地开发程度为“五通一平”(宗地红线外通路、通电、供水、排水、通讯及宗地红线内场地平整)，平均容积率为2.2，居住用地法定最高出让年限70年的完整土地使用权平均价格。

- 工业用地基准地价内涵：在正常土地市场条件下，基准日为2001年1月1日，设定土地开发程度为“五通一平”(宗地红线外通路、通电、供水、排水、通讯及宗地红线内场地平整)，工业用地法定最高出让年限40年的完整土地使用权平均价格。

南昌市土地综合定级级别

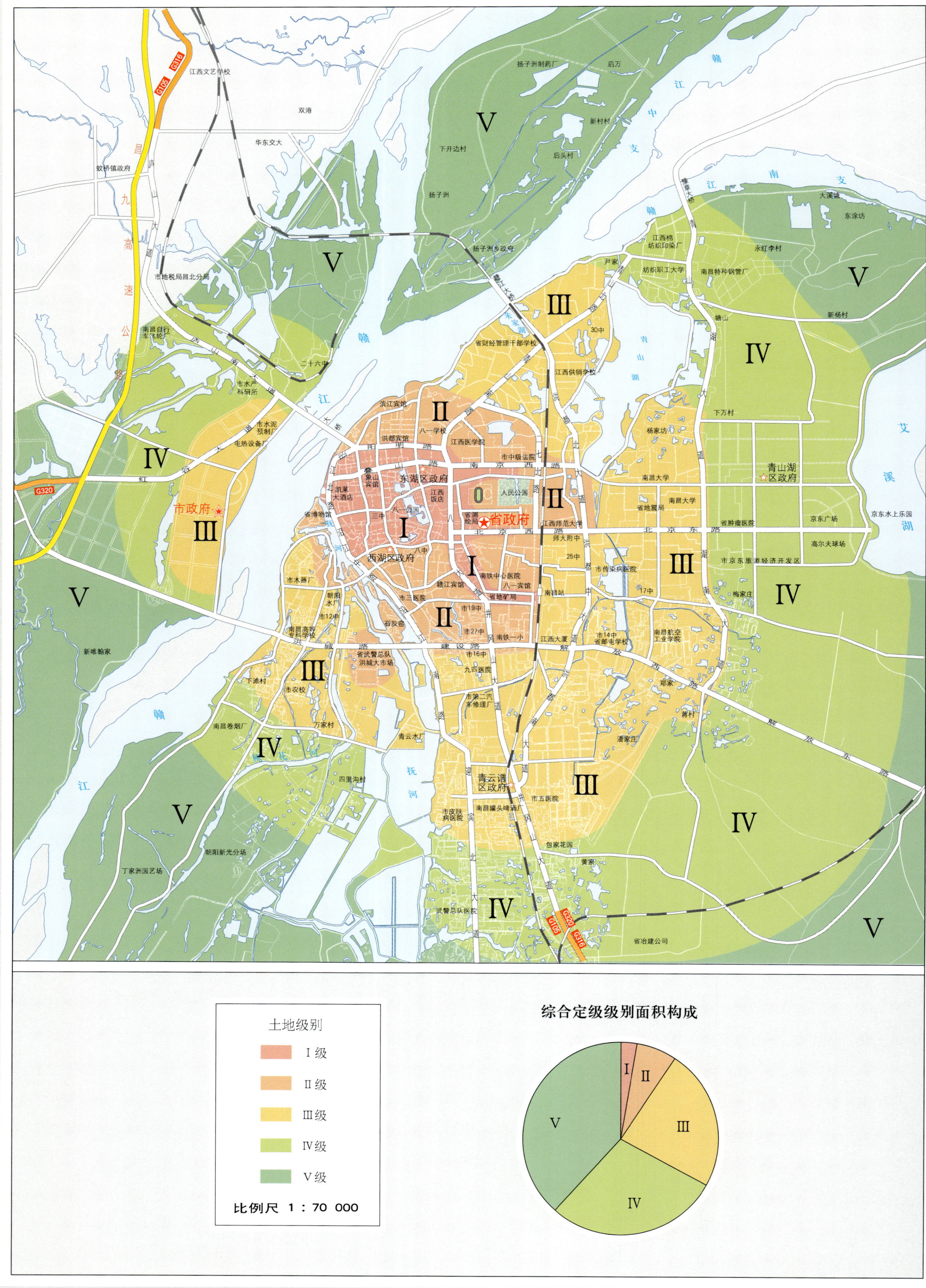

南昌市商业用地基准地价及监测点

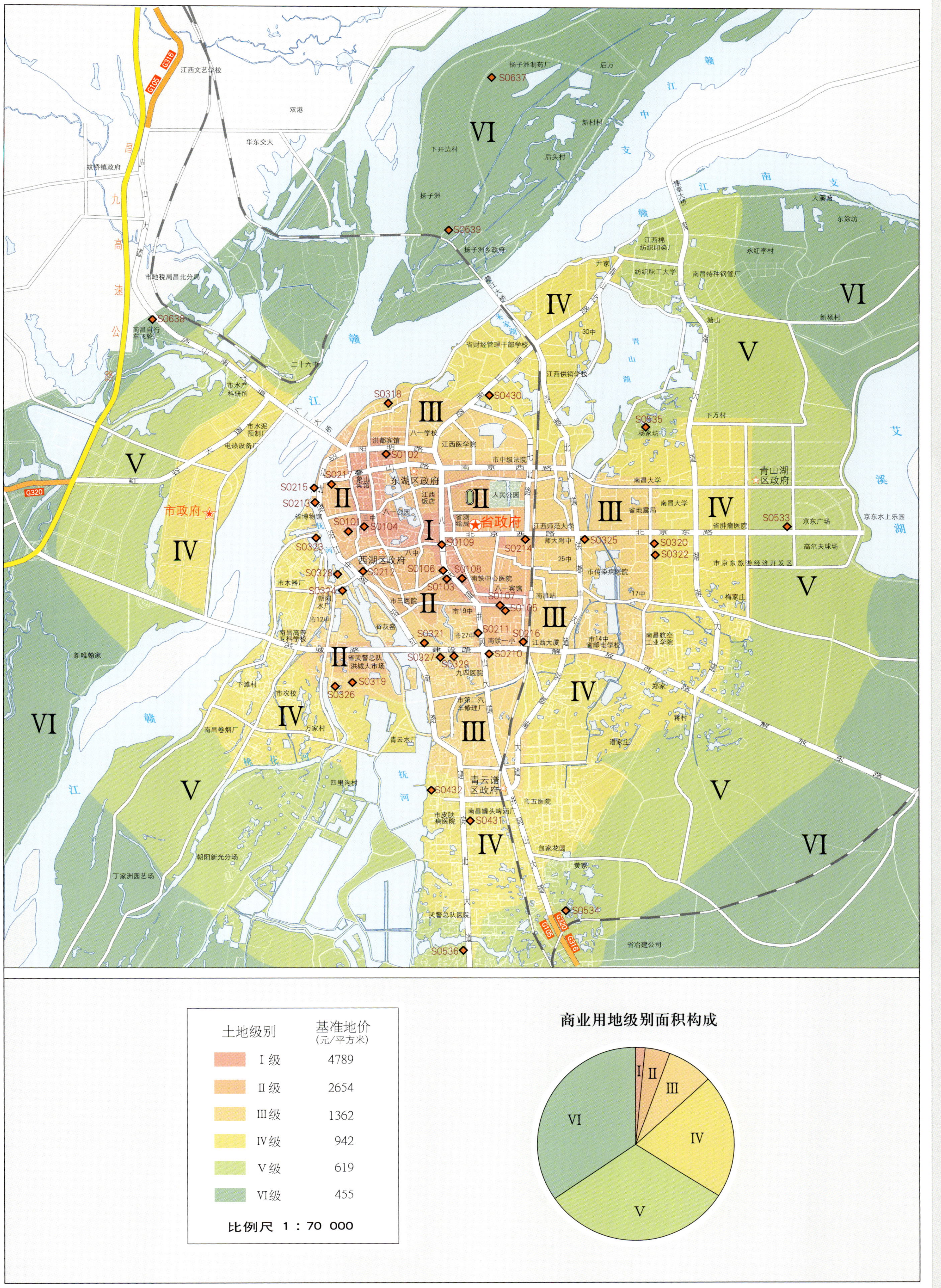

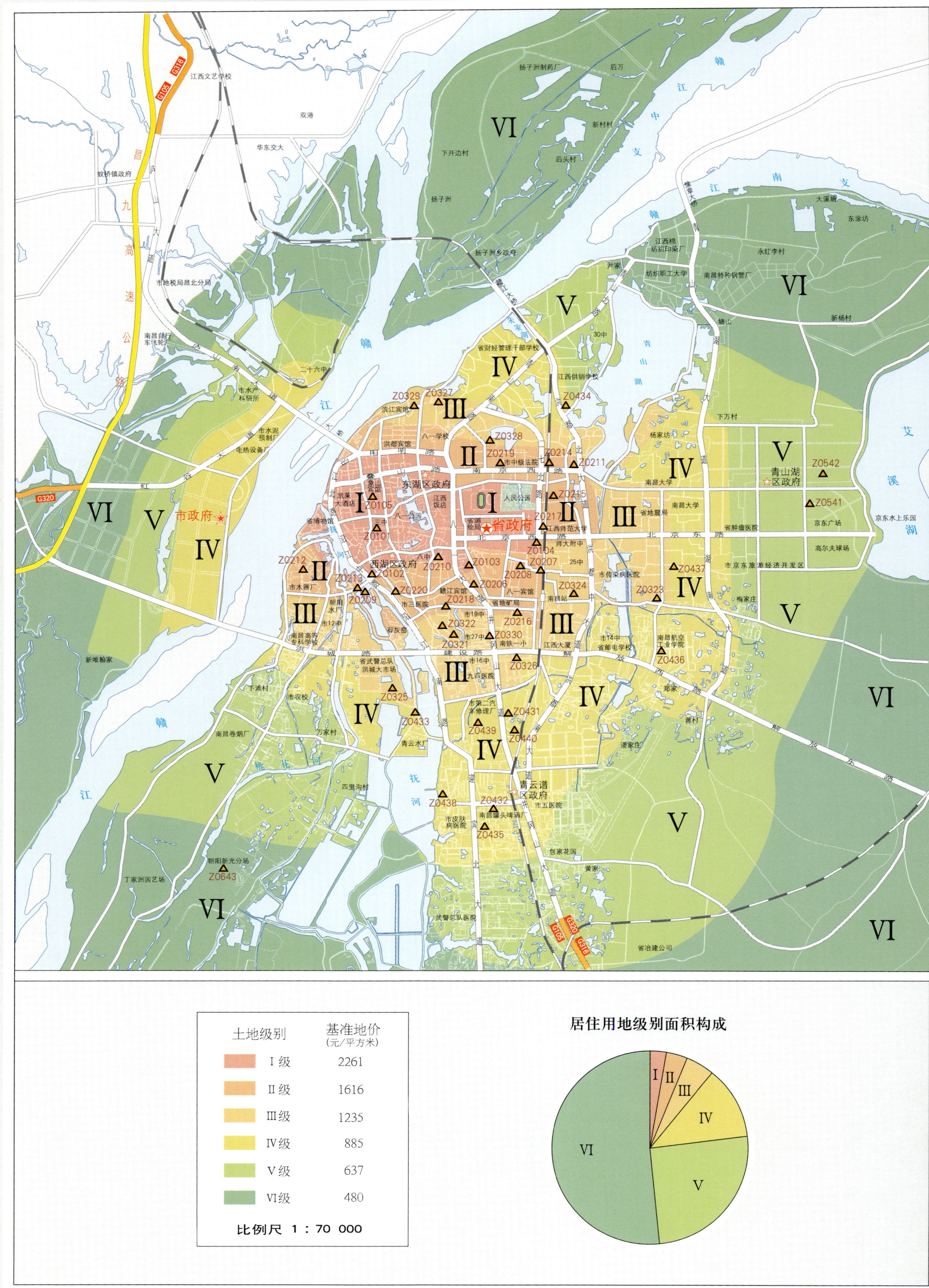

土地级别
基准地价（元/平方米）
Ⅰ级 2261
Ⅱ级 1616
Ⅲ级 1235
Ⅳ级 885
Ⅴ级 637
Ⅵ级 480
比例尺 1：70 000
居住用地级别面积构成

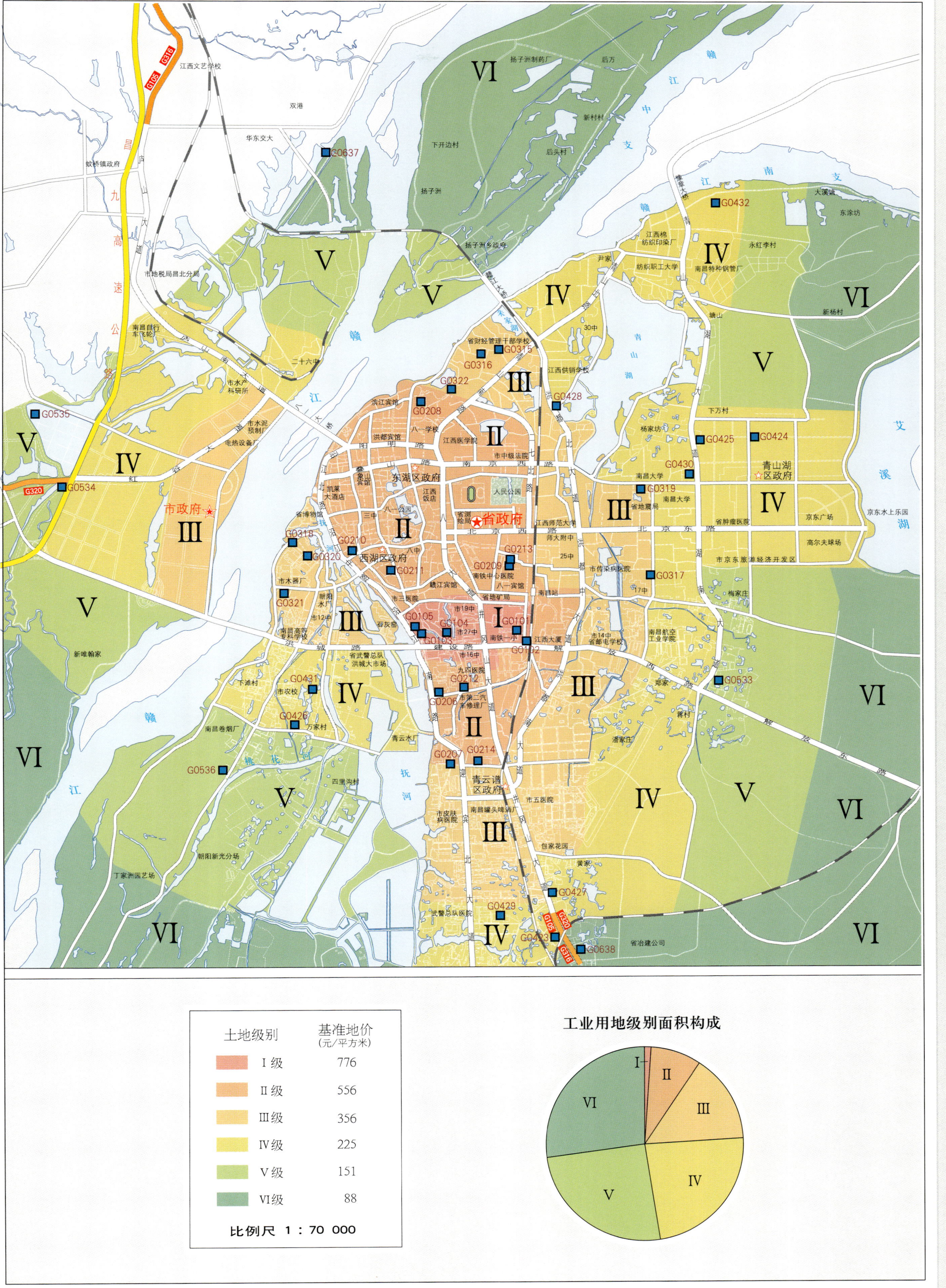

土地级别
基准地价 (元/平方米)
Ⅰ级 776
Ⅱ级 556
Ⅲ级 356
Ⅳ级 225
Ⅴ级 151
Ⅵ级 88
比例尺 1 : 70 000
工业用地级别面积构成
Ⅰ
Ⅱ
Ⅲ
Ⅳ
Ⅴ
Ⅵ
省政府
市政府
东湖区政府
西湖区政府
青云谱区政府
青山湖区政府
人民公园
G0637
G0432
G0535
G0534
G0315
G0316
G0322
G0208
G0428
G0425
G0424
G0430
G0319
G0318
G0320
G0210
G0211
G0213
G0209
G0317
G0321
G0105
G0104
G0103
G0101
G0102
G0431
G0212
G0206
G0533
G0426
G0536
G0207
G0214
G0427
G0429
G0423
G0638
G105
G316
G320

监测点地价表

用途	土地级别	监测点编号	监测点地价（元/平方米）	土地级别	监测点编号	监测点地价（元/平方米）	土地级别	监测点编号	监测点地价（元/平方米）
商业	I	S0101	4 300	II	S0214	3 172	III	S0327	1 256
		S0102	2 178		S0215	3 236		S0328	1 016
		S0103	3 562		S0216	2 311		S0329	1 261
		S0104	4 344		S0217	3 225	IV	S0430	796
		S0105	5 579	III	S0318	2 085		S0431	1 004
		S0106	4 412		S0319	1 231		S0432	793
		S0107	4 533		S0320	1 212	V	S0533	504
		S0108	3 112		S0321	1 106		S0534	550
		S0109	6 060		S0322	1 051		S0535	687
	II	S0210	2 301		S0323	1 824		S0536	645
		S0211	2 316		S0324	1 339	VI	S0637	477
		S0212	2 014		S0325	1 529		S0638	505
		S0213	3 205		S0326	1 093		S0639	423
居住	I	Z0101	2 602	II	Z0216	2 860	IV	Z0431	843
		Z0102	2 378		Z0217	991		Z0432	720
		Z0103	2 926		Z0218	1 525		Z0433	1 308
		Z0104	1 963		Z0219	1 625		Z0434	846
		Z0105	2 146		Z0220	1 284		Z0435	863
	II	Z0206	1 540	III	Z0321	1 345		Z0436	795
		Z0207	1 646		Z0322	1 108		Z0437	779
		Z0208	1 433		Z0323	1 199		Z0438	1 021
		Z0209	1 450		Z0324	1 121		Z0439	934
		Z0210	1 898		Z0325	1 125		Z0440	782
		Z0211	1 948		Z0326	920	V	Z0541	595
		Z0212	1 895		Z0327	870		Z0542	503
		Z0213	1 691		Z0328	1 203	VI	Z0643	473
		Z0214	1 452		Z0329	779			
		Z0215	993		Z0330	829			
工业	I	G0101	720	II	G0214	504	IV	G0427	592
		G0102	890	III	G0315	278		G0428	287
		G0103	788		G0316	485		G0429	328
		G0104	770		G0317	452		G0430	500
		G0105	740		G0318	353		G0431	440
	II	G0206	500		G0319	422		G0432	240
		G0207	586		G0320	380	V	G0533	184
		G0208	890		G0321	367		G0534	179
		G0209	628		G0322	314		G0535	116
		G0210	674	IV	G0423	270		G0536	210
		G0211	680		G0424	273	VI	G0637	88
		G0212	680		G0425	243		G0638	165
		G0213	615		G0426	287			

- 商业用地监测点地价内涵：在正常土地市场条件下，基准日为2001年1月1日，设定土地开发程度为“五通一平”（宗地红线外通路、通电、供水、排水、通讯及宗地红线内场地平整），容积率为2.2，商业用地法定最高出让年限40年的完整土地使用权价格。

- 居住用地监测点地价内涵：在正常土地市场条件下，基准日为2001年1月1日，设定土地开发程度为“五通一平”（宗地红线外通路、通电、供水、排水、通讯及宗地红线内场地平整），容积率为2.2，居住用地法定最高出让年限70年的完整土地使用权价格。

- 工业用地监测点地价内涵：在正常土地市场条件下，基准日为2001年1月1日，设定土地开发程度为“五通一平”（宗地红线外通路、通电、供水、排水、通讯及宗地红线内场地平整），工业用地法定最高出让年限40年的完整土地使用权价格。

济南市是山东省省会，是全省的政治、经济、文化和教育中心，国家历史文化名城。市内多泉水，有“泉城”之称。地处山东省中西部，京沪铁路与胶济铁路的交汇点，南与列入“世界自然文化遗产”的泰山毗邻，北与被称为“中华民族母亲河”的黄河相依。辖6区、1市、3县，面积8 177平方千米，全市总人口569万。

济南市根据《城镇土地分等定级规程》、《城镇土地估价规程》、《城市地价动态监测体系技术规范》及《2000－2001年度城市土地价格调查实施方案》，明确基准地价内涵，在城区东至二钢铁路专用线、南至兴济河、西至腊山河、北至北二环路约161平方千米的土地范围内，充分利用已有的土地定级估价、地籍调查成果和城市规划成果，在全面调查分析影响土地质量及价格的相关因素、土地价格交易形式及相应价格水平以及土地价格与影响因素之间相关关系的基础上，利用计算机系统技术，辅助完成了土地综合定级，商业、居住、工业用地定级与基准地价更新，设立182个地价监测点，建立了城市土地基准地价更新和地价查询信息系统，为我国城市地价动态监测体系建设奠定了基础。也为济南市强化城市土地资产管理，规范土地市场，制定各类规划和提高土地利用的经济、社会和环境效益提供科学依据。

商业用地基准地价内涵：在正常土地市场条件下，基准日为2001年1月1日，设定土地开发程度为“六通一平”（宗地红线外通路、通电、供水、排水、通讯、通气及宗地红线内场地平整），平均容积率为1.3，商业用地法定最高出让年限40年的完整土地使用权平均价格。

居住用地基准地价内涵：在正常土地市场条件下，基准日为2001年1月1日，设定土地开发程度为“六通一平”（宗地红线外宗通路、通电、供水、排水、通讯、通气及宗地红线内场地平整），平均容积率为1.3，居住用地法定最高出让年限70年的完整土地使用权平均价格。

工业用地基准地价内涵：在正常土地市场条件下，基准日为2001年1月1日，设定土地开发程度为“六通一平”（宗地红线外通路、通电、供水、排水、通讯、通气及宗地红线内场地平整），平均容积率为0.6，工业用地法定最高出让年限50年的完整土地使用权平均价格。

济南市土地综合定级级别

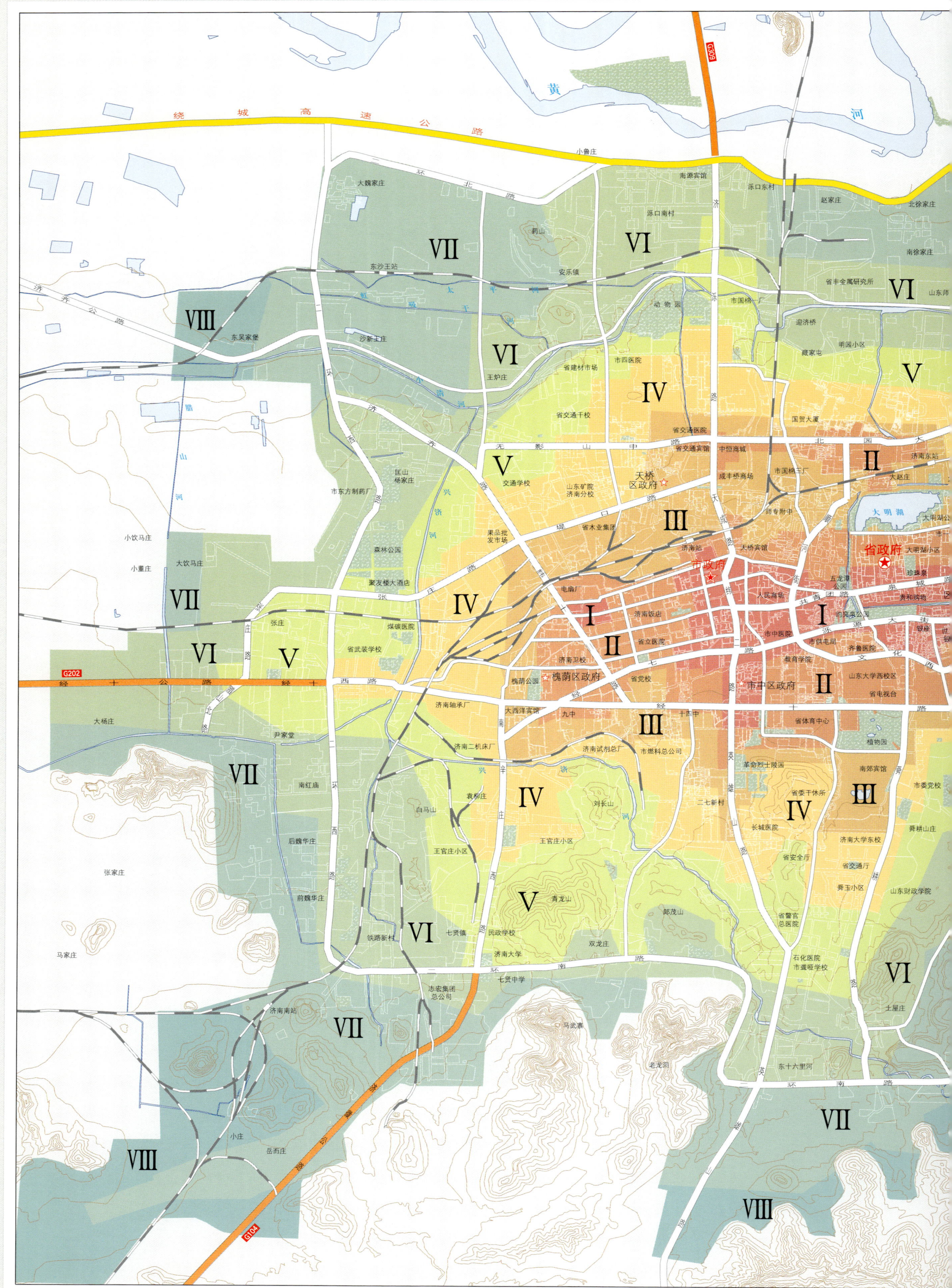

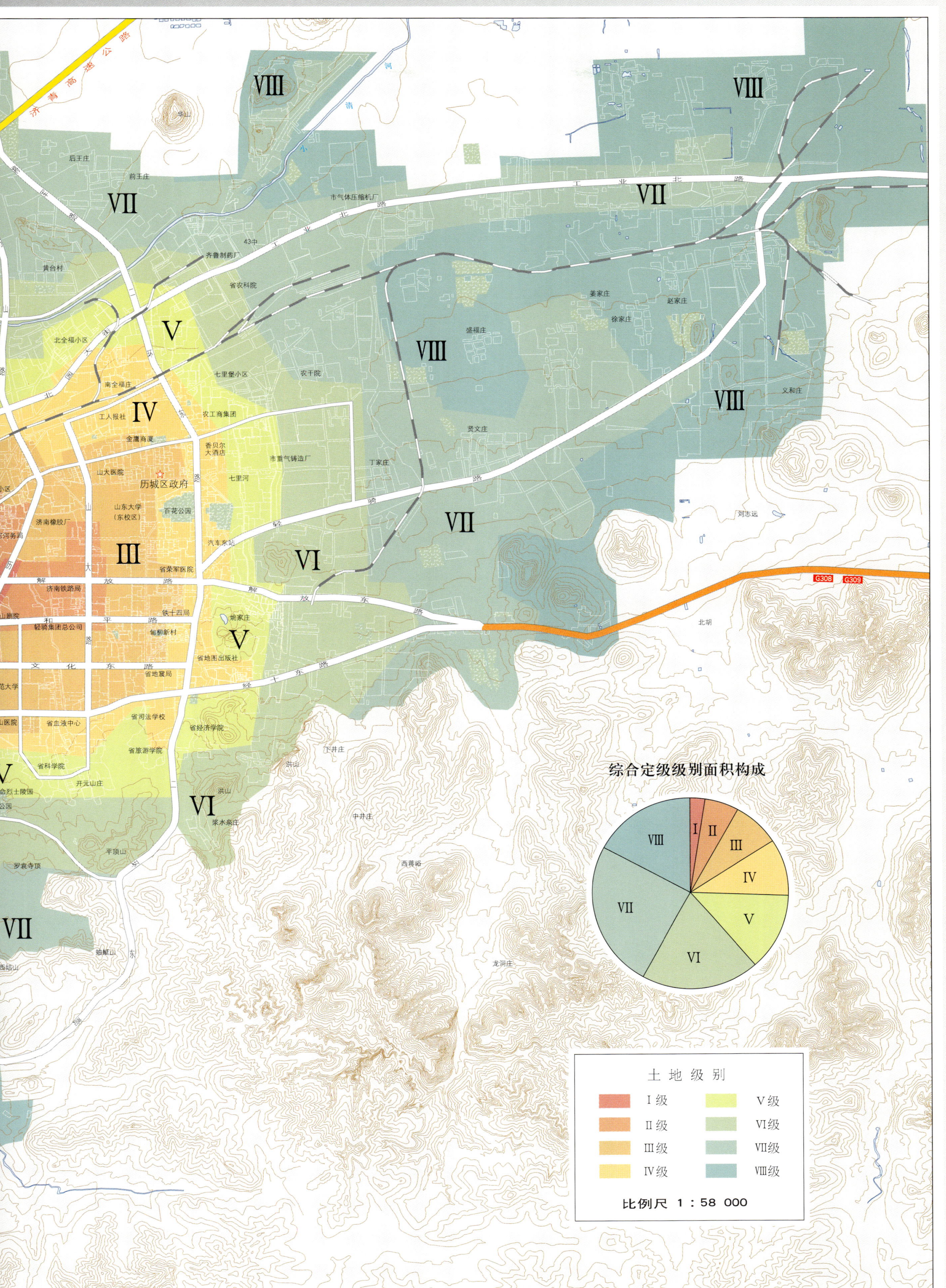
综合定级级别面积构成
土地级别
Ⅰ级
Ⅱ级
Ⅲ级
Ⅳ级
Ⅴ级
Ⅵ级
Ⅶ级
Ⅷ级
比例尺 1：58 000
历城区政府
山东大学（东校区）
济青高速公路
工业北路
解放东路
经十东路
G308
G309

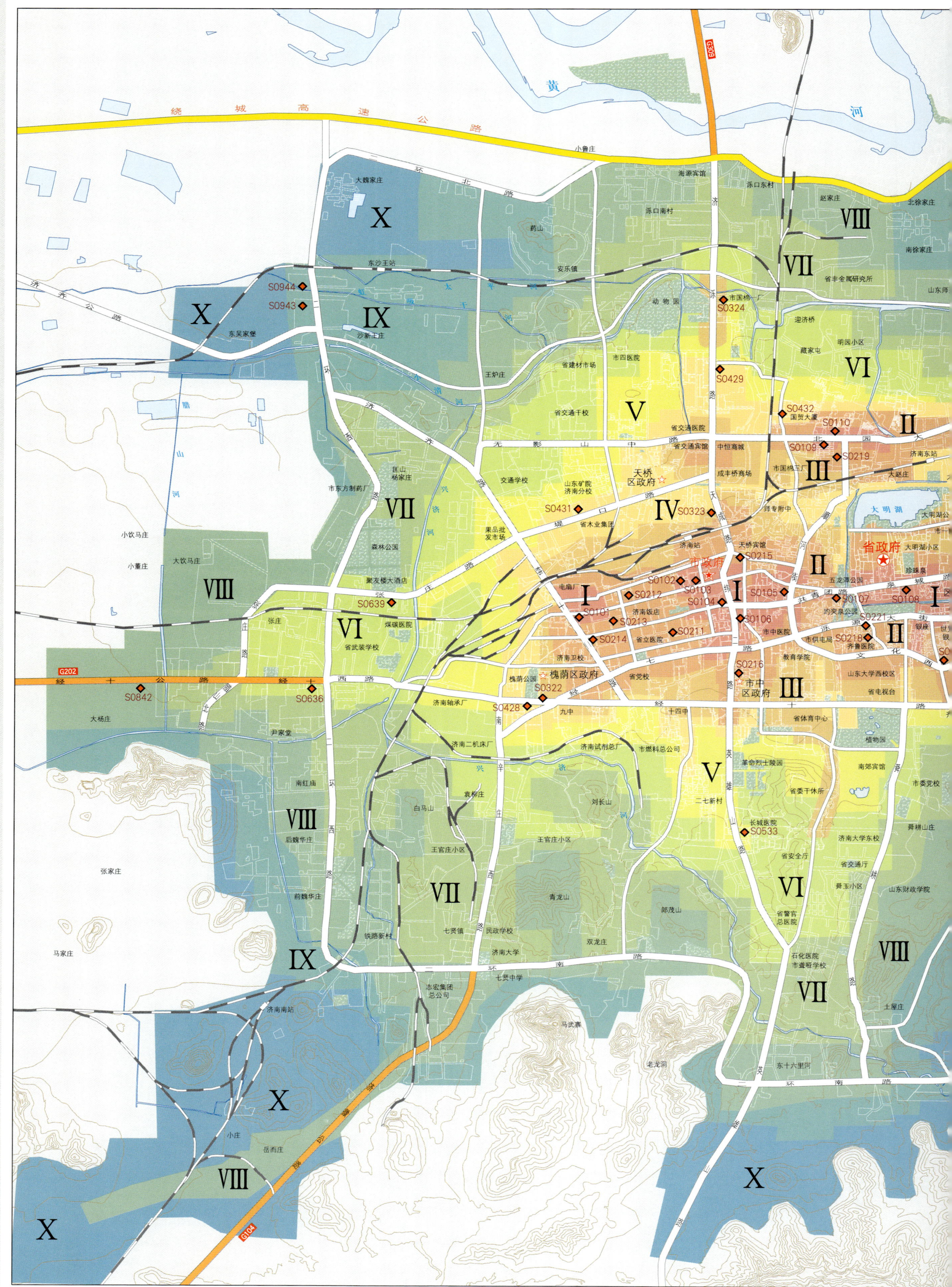

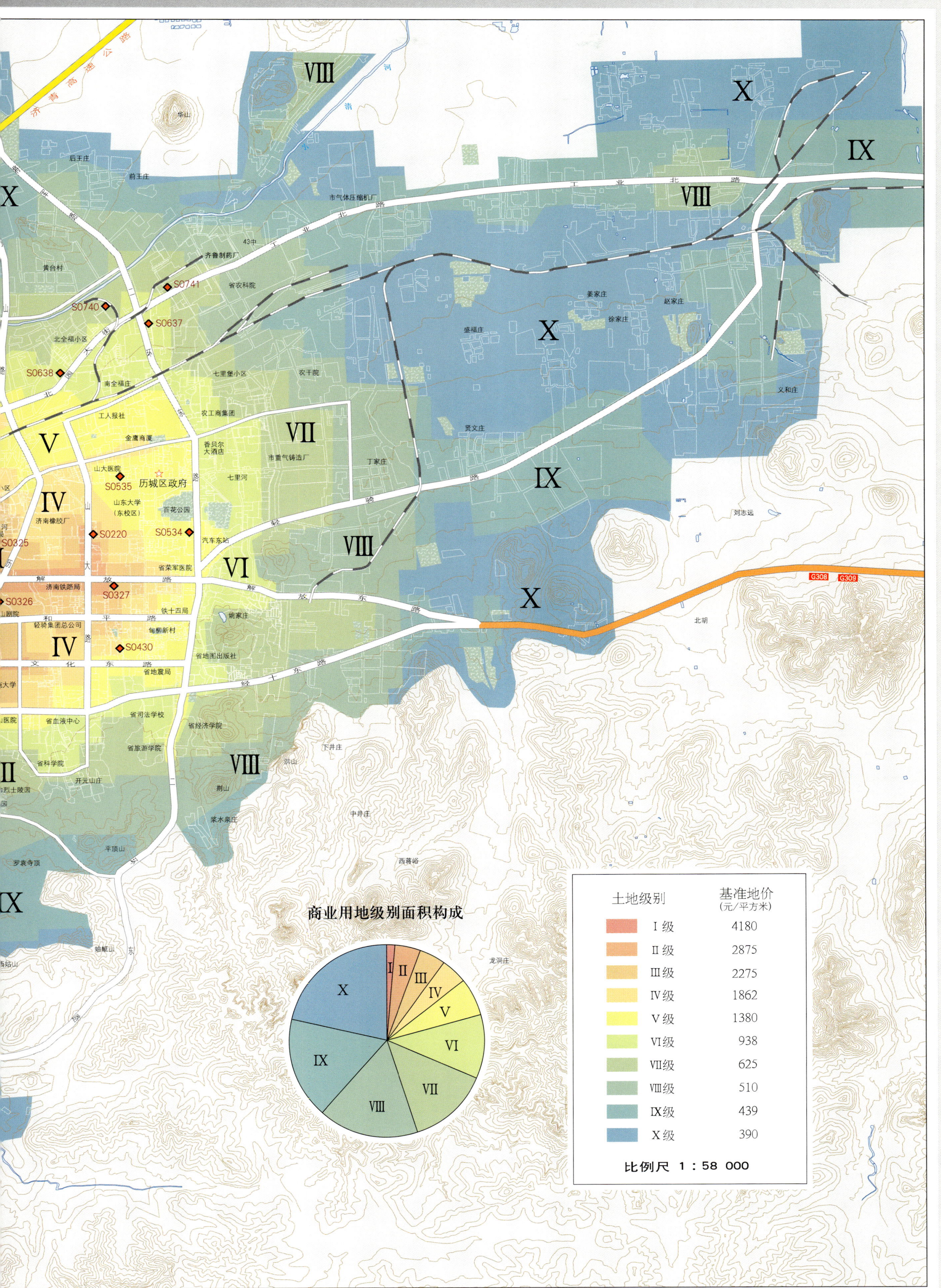
商业用地级别面积构成
土地级别
基准地价（元/平方米）
Ⅰ级 4180
Ⅱ级 2875
Ⅲ级 2275
Ⅳ级 1862
Ⅴ级 1380
Ⅵ级 938
Ⅶ级 625
Ⅷ级 510
Ⅸ级 439
Ⅹ级 390
比例尺 1：58 000
历城区政府
S0535
S0534
S0220
S0741
S0740
S0637
S0638
S0325
S0326
S0327
S0430
G308
G309

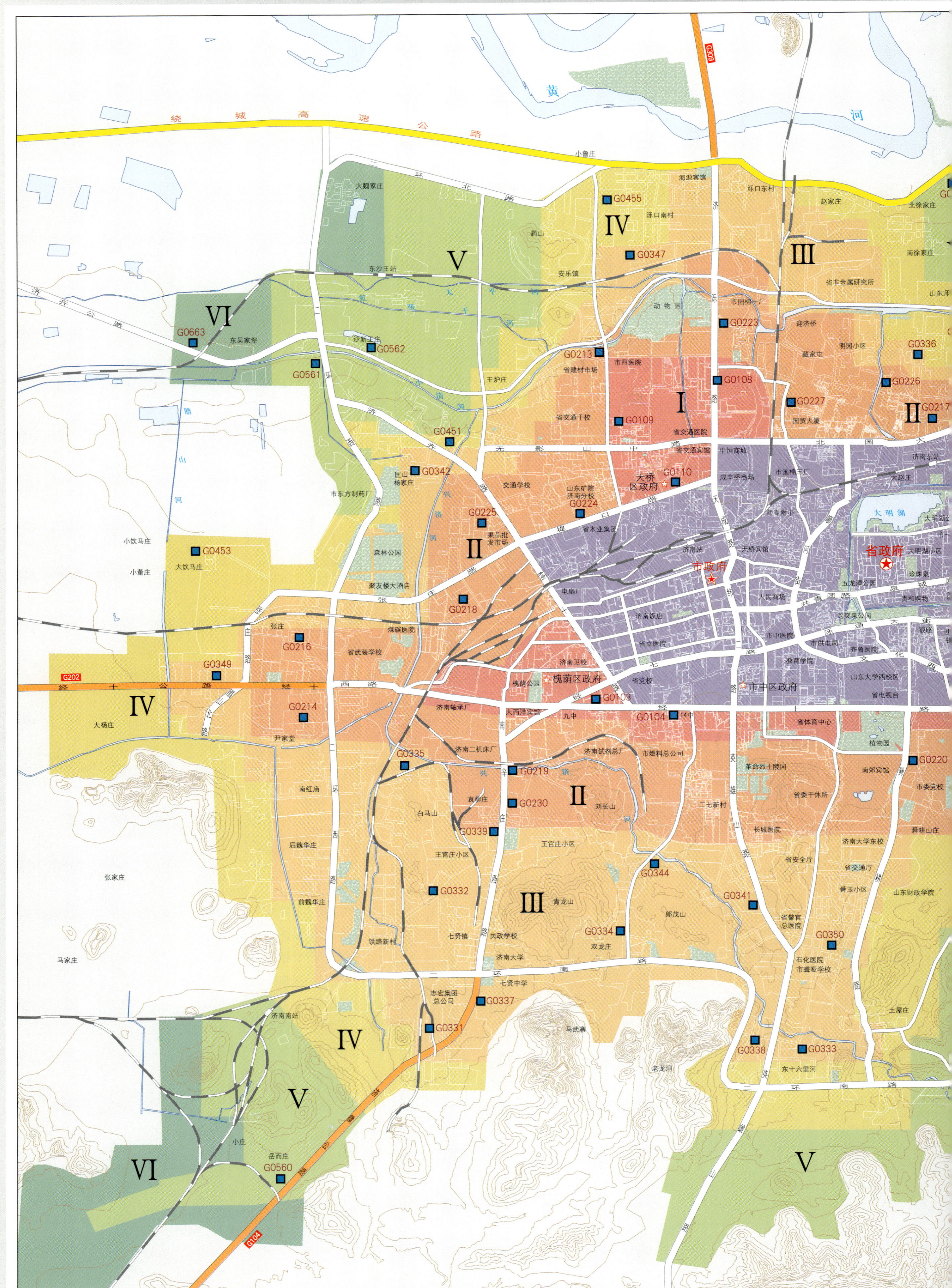

黄河
绕城高速公路
G309
G202
G104
经十公路
小鲁庄
泺口南村
泺口东村
赵家庄
北徐家庄
南徐家庄
大魏家庄
东沙王庄
安乐镇
药山
动物园
市国棉一厂
迎济桥
明湖小区
藏家屯
市四医院
省建材市场
省交通干校
省交通医院
国贸大厦
王炉庄
沙新王庄
东吴家堡
市东方制药厂
匡山杨家庄
交通学校
山东矿院济南分校
果品批发市场
省木业集团
森林公园
聚友楼大酒店
天桥区政府
市政府
省政府
大明湖
济南站
天桥宾馆
人民商场
市中医院
省立医院
济南饭店
济南卫校
槐荫区政府
槐荫公园
市中区政府
省党校
山东大学西校区
省电视台
齐鲁医院
教育学院
省体育中心
植物园
南郊宾馆
市委党校
省委干休所
革命烈士陵园
二七新村
长城医院
济南大学东校
省安全厅
省交通厅
舜玉小区
山东财政学院
省警官总医院
石化医院
市聋哑学校
土屋庄
东十六里河
马武寨
老龙洞
七贤中学
济南大学
民政学校
七贤镇
双龙庄
郎茂山
青龙山
刘长山
王官庄小区
白马山
铁路新村
济南南站
志宏集团总公司
济南轴承厂
济南二机床厂
济南试剂总厂
市燃料总公司
大西洋宾馆
九中
张庄
省武装学校
煤炭医院
尹家堂
南红庙
后魏华庄
前魏华庄
大杨庄
小饮马庄
大饮马庄
小董庄
张家庄
马家庄
小庄
岳而庄
I
II
III
IV
V
VI
G0455
G0347
G0223
G0336
G0226
G0217
G0227
G0108
G0109
G0213
G0110
G0562
G0561
G0663
G0451
G0342
G0225
G0224
G0218
G0453
G0216
G0349
G0214
G0103
G0104
G0335
G0219
G0230
G0339
G0220
G0332
G0344
G0341
G0334
G0350
G0337
G0331
G0338
G0333
G0560

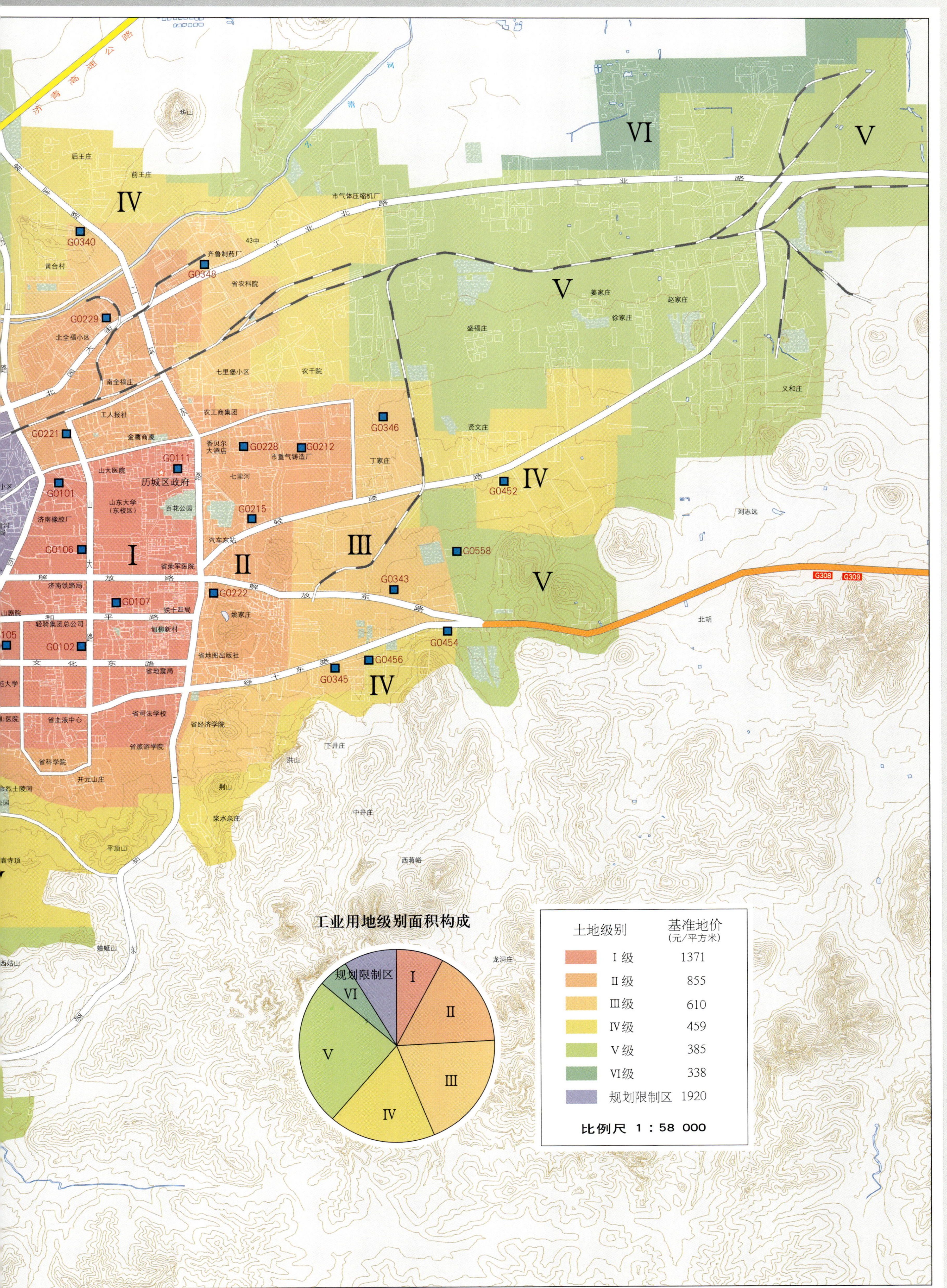

工业用地级别面积构成
规划限制区
I
II
III
IV
V
VI
土地级别
基准地价
(元/平方米)
I 级 1371
II 级 855
III 级 610
IV 级 459
V 级 385
VI 级 338
规划限制区 1920
比例尺 1：58 000
济青高速公路
工业北路
历城区政府
山东大学(东校区)
G0340
G0348
G0229
G0221
G0101
G0106
G0107
G0102
G0111
G0228
G0212
G0346
G0215
G0222
G0343
G0452
G0558
G0454
G0456
G0345
G308
G309

监测点地价表

用途	土地级别	监测点编号	监测点地价（元/平方米）	土地级别	监测点编号	监测点地价（元/平方米）	土地级别	监测点编号	监测点地价（元/平方米）
商业	Ⅰ	S0101	3 626	Ⅱ	S0216	3 316	Ⅳ	S0431	1 367
		S0102	3 864		S0217	3 085		S0432	1 251
		S0103	4 021		S0218	3 686	Ⅴ	S0533	1 086
		S0104	4 514		S0219	2 531		S0534	1 501
		S0105	4 532		S0220	2 552		S0535	1 728
		S0106	4 340		S0221	3 111	Ⅵ	S0636	822
		S0107	3 742	Ⅲ	S0322	1 978		S0637	937
		S0108	4 759		S0323	2 004		S0638	907
		S0109	2 483		S0324	911		S0639	1 438
		S0110	2 827		S0325	2 860	Ⅶ	S0740	412
	Ⅱ	S0211	2 757		S0326	2 439		S0741	468
		S0212	3 017		S0327	2 631	Ⅷ	S0842	557
		S0213	3 275	Ⅳ	S0428	1 868	Ⅸ	S0943	560
		S0214	3 346		S0429	1 661		S0944	470
		S0215	3 713		S0430	1 968			
居住	Ⅰ	Z0101	2 476	Ⅱ	Z0226	1 011	Ⅲ	Z0351	1 466
		Z0102	1 190		Z0227	850		Z0352	1 457
		Z0103	2 682		Z0228	1 753		Z0353	1 225
		Z0104	2 367		Z0229	1 426		Z0354	939
		Z0105	2 319		Z0230	1 486		Z0355	938
		Z0106	3 135		Z0231	2 122		Z0356	1 137
		Z0107	2 719		Z0232	1 566		Z0357	1 544
		Z0108	2 743		Z0233	1 514		Z0358	626
		Z0109	1 519		Z0234	1 335	Ⅳ	Z0459	610
		Z0110	1 514		Z0235	1 408		Z0460	794.5
		Z0111	1 959		Z0236	1 225		Z0461	725
		Z0112	2 231		Z0237	1 976		Z0462	801
		Z0113	2 655		Z0238	1 819		Z0463	826
		Z0114	2 623		Z0239	2 037		Z0464	717
		Z0115	2 682		Z0240	1 771		Z0465	1 084
		Z0116	3 242		Z0241	1 674		Z0466	943
		Z0117	2 100		Z0242	1 120		Z0467	688
		Z0118	1 339		Z0243	1 419		Z0468	731
		Z0119	1 190		Z0244	1 862		Z0469	670
	Ⅱ	Z0220	1 097		Z0245	1 536		Z0470	691
		Z0221	1 445	Ⅲ	Z0346	932		Z0471	607
		Z0222	1 218		Z0347	912		Z0472	594
		Z0223	2 153		Z0348	833		Z0473	500
		Z0224	2 089		Z0349	907	Ⅴ	Z0574	635
		Z0225	1 310		Z0350	1 002		Z0575	547
工业	Ⅰ	G0101	1 248	Ⅱ	G0222	727	Ⅲ	G0343	716
		G0102	1 294		G0223	760		G0344	622
		G0103	1 223		G0224	930		G0345	582
		G0104	1 211		G0225	710		G0346	709
		G0105	1 150		G0226	1 009		G0347	580
		G0106	1 400		G0227	1 015		G0348	584
		G0107	1 319		G0228	731		G0349	654
		G0108	1 076		G0229	685		G0350	773
		G0109	939		G0230	920	Ⅳ	G0451	481
		G0110	1 079	Ⅲ	G0331	518		G0452	523
		G0111	1 272		G0332	650		G0453	532
	Ⅱ	G0212	741		G0333	656		G0454	502
		G0213	967		G0334	617		G0455	547
		G0214	628		G0335	592		G0456	578
		G0215	756		G0336	847		G0457	660
		G0216	707		G0337	598	Ⅴ	G0558	451
		G0217	968		G0338	641		G0559	392
		G0218	653		G0339	788		G0560	428
		G0219	949		G0340	518		G0561	460
		G0220	748		G0341	689		G0562	355
		G0221	1 351		G0342	628	Ⅵ	G0663	475

◦商业用地监测点地价内涵：在正常土地市场条件下，基准日为2001年1月1日，设定土地开发程度为“六通一平”（宗地红线外通路、通电、供水、排水、通讯、通气及宗地红线内场地平整），容积率为1.3，商业用地法定最高出让年限40年的完整土地使用权价格。

◦居住用地监测点地价内涵：在正常土地市场条件下，基准日为2001年1月1日，设定土地开发程度为“六通一平”（宗地红线外通路、通电、供水、排水、通讯、通气及宗地红线内场地平整），容积率为1.3，居住用地法定最高出让年限70年的完整土地使用权价格。

◦工业用地监测点地价内涵：在正常土地市场条件下，基准日为2001年1月1日，设定土地开发程度为“六通一平”（宗地红线外通路、通电、供水、排水、通讯、通气及宗地红线内场地平整），容积率为0.6，工业用地法定最高出让年限50年的完整土地使用权价格。

青岛市

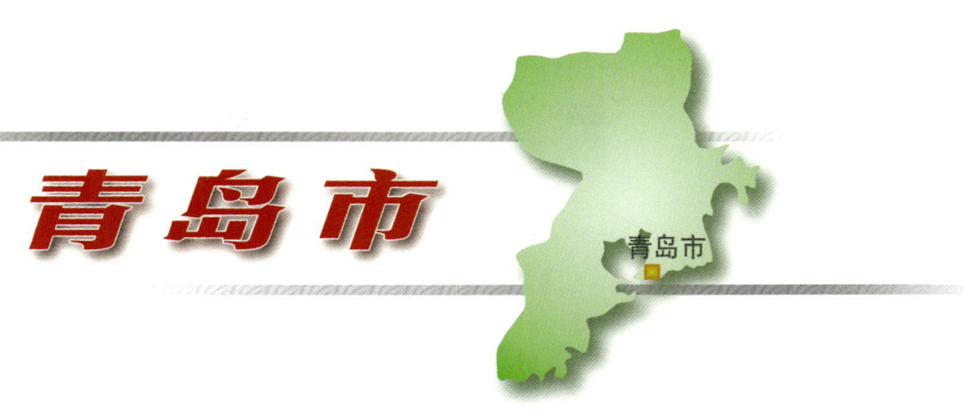

青岛市地处山东半岛南部，是以港口贸易、轻化工业、金融服务、旅游度假、海洋科研为主要特色的沿海对外开放城市，我国东部重要的经济中心和港口城市，国家历史文化名城。东、南濒临黄海，东北与烟台市毗邻，西与潍坊市相连，西南与日照市接壤。辖7区、5市，面积11 026平方千米，其中市区为1 102平方千米，全市总人口710万。

青岛市根据《城镇土地分等定级规程》、《城镇土地估价规程》、《城市地价动态监测体系技术规范》及《2000—2001年度城市土地价格调查实施方案》，明确基准地价内涵，在青岛市城区行政区（包括市南、市北、四方和李沧四个城区）194.61平方千米的土地范围内，进行自然、社会、经济及土地市场状况等调查，全面利用计算机系统技术，辅助完成了城市土地综合定级，商业、居住、工业用地定级与基准地价更新，设立127个地价监测点，建立了城市土地基准地价更新系统，为我国城市地价动态监测体系建设奠定了基础。也为青岛市强化城市土地资产管理，规范土地市场，制定各类规划和提高土地利用的经济、社会和环境效益提供科学依据。

青岛市基准地价更新成果已于2003年1月15日由市政府公布实施。

商业用地基准地价内涵：在正常土地市场条件下，基准日为2002年1月1日，设定土地开发程度为“七通一平”（宗地红线外通路、通电、供水、排水、通讯、通气、通暖及宗地红线内场地平整），平均容积率为1.3，商业用地法定最高出让年限40年的完整土地使用权平均价格。

居住用地基准地价内涵：在正常土地市场条件下，基准日为2002年1月1日，设定土地开发程度为“七通一平”（宗地红线外通路、通电、供水、排水、通讯、通气、通暖及宗地红线内场地平整），平均容积率为1.2，居住用地法定最高出让年限70年的完整土地使用权平均价格。

工业用地基准地价内涵：在正常土地市场条件下，基准日为2002年1月1日，“七通一平”（宗地红线外通路、通电、供水、排水、通讯、通气、通暖及宗地红线内场地平整），平均容积率为0.7，工业用地法定最高出让年限50年的完整土地使用权平均价格。

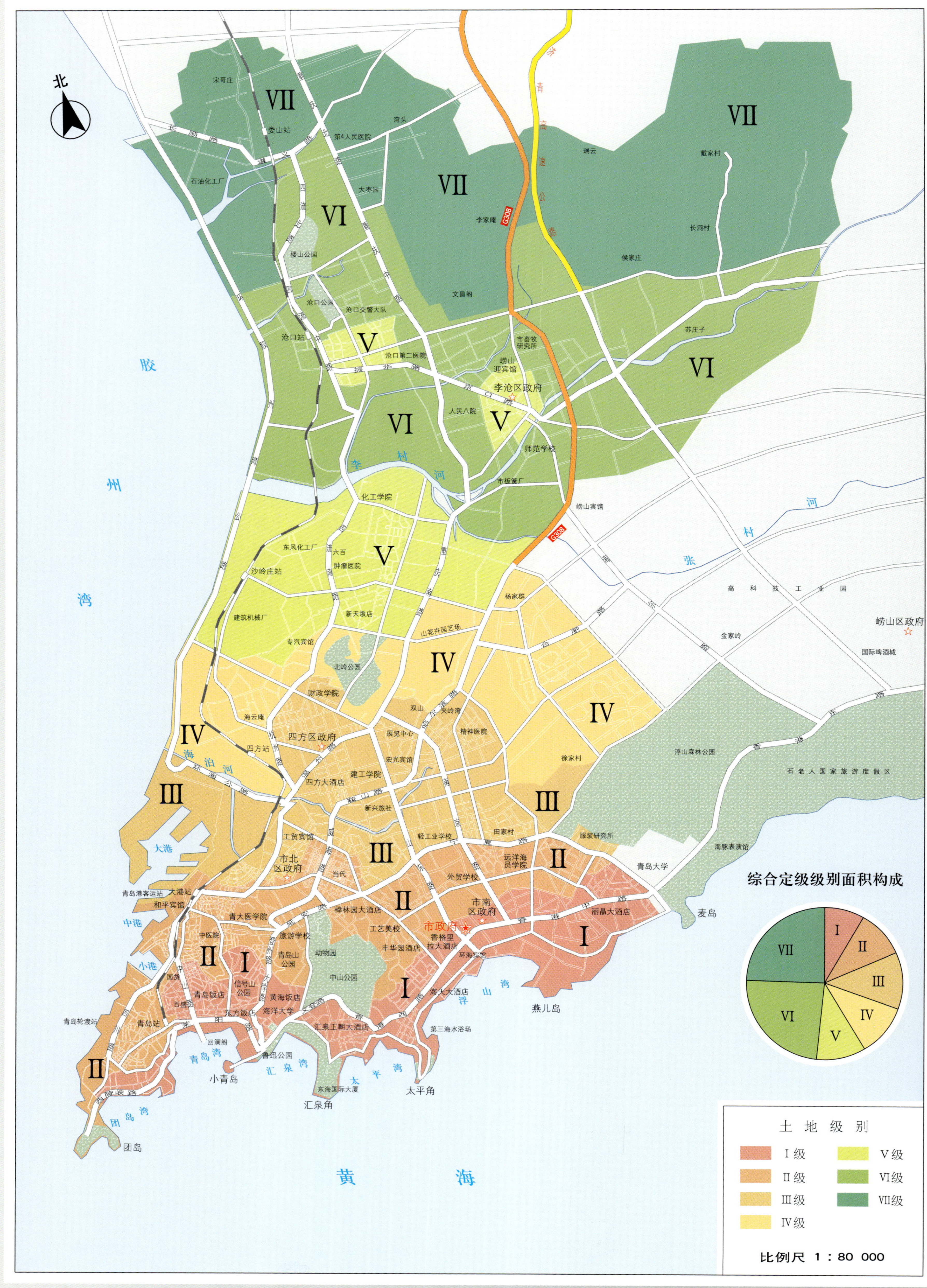
综合定级级别面积构成
土地级别
Ⅰ级
Ⅱ级
Ⅲ级
Ⅳ级
Ⅴ级
Ⅵ级
Ⅶ级
比例尺 1：80 000
胶州湾
黄海
李沧区政府
四方区政府
市北区政府
市南区政府
市政府
崂山区政府
小青岛
汇泉角
太平角
燕儿岛
团岛
麦岛
青岛大学

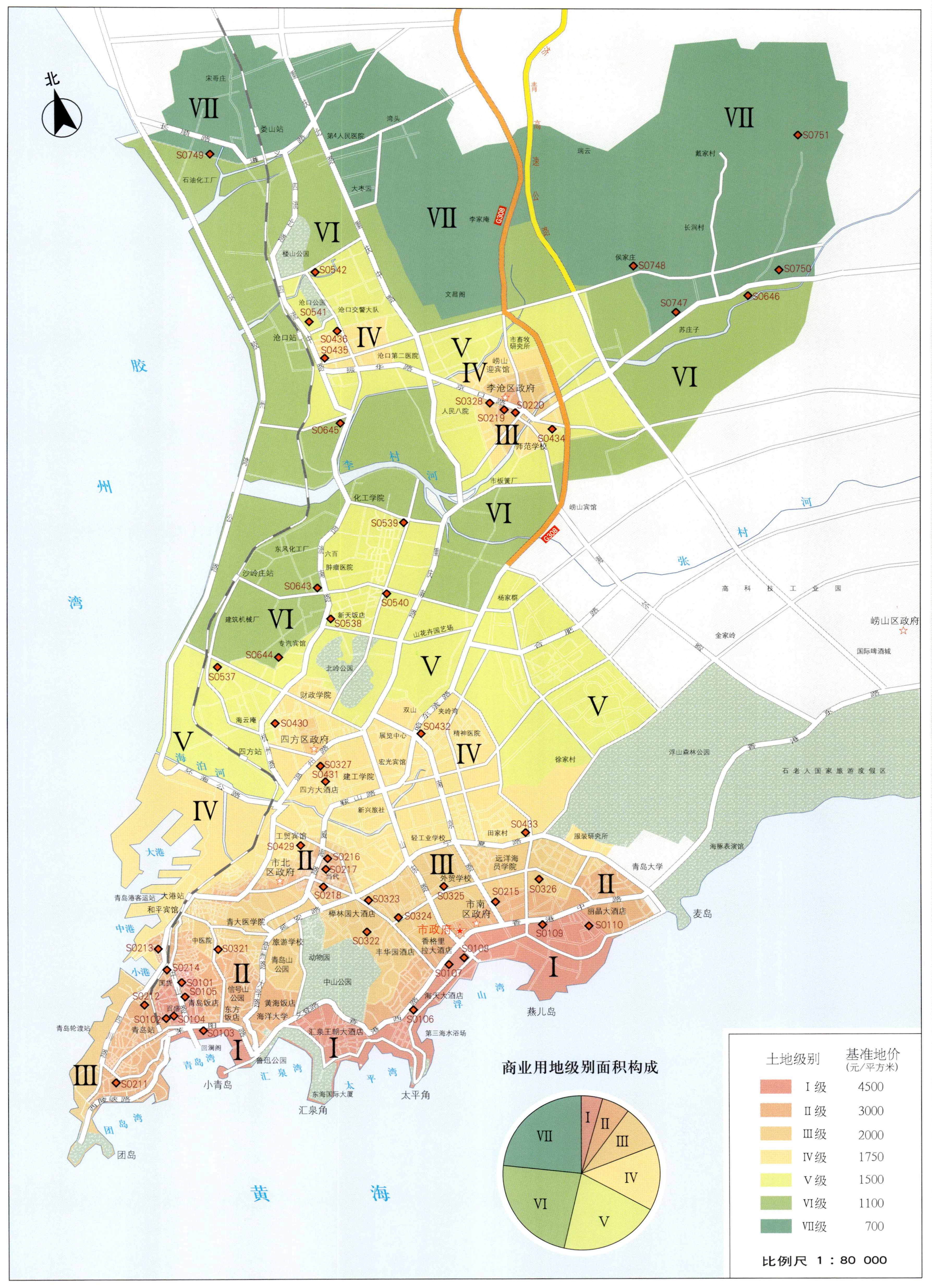
北
胶
州
湾
黄
海
商业用地级别面积构成
土地级别
基准地价（元/平方米）
Ⅰ级 4500
Ⅱ级 3000
Ⅲ级 2000
Ⅳ级 1750
Ⅴ级 1500
Ⅵ级 1100
Ⅶ级 700
比例尺 1：80 000
李沧区政府
四方区政府
市北区政府
市南区政府
市政府
崂山区政府
小青岛
汇泉角
太平角
燕儿岛
麦岛
团岛
青岛大学
大港
中港
小港
浮山湾
太平湾
汇泉湾
青岛湾
团岛湾
李村河
张村河
海泊河
高科技工业园
石老人国家旅游度假区
浮山森林公园
中山公园
北岭公园
楼山公园
沧口公园

青岛市居住用地基准地价及监测点

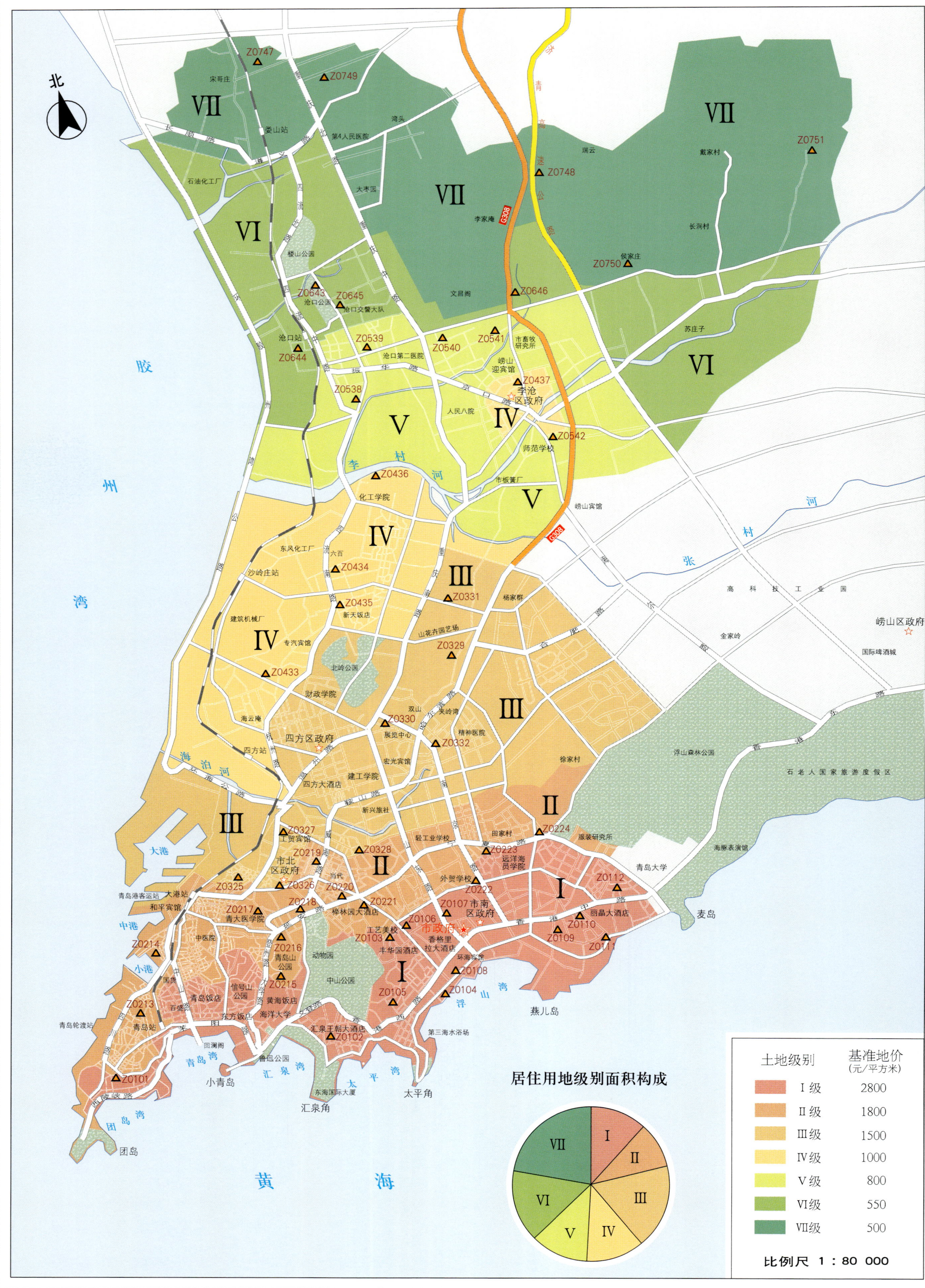

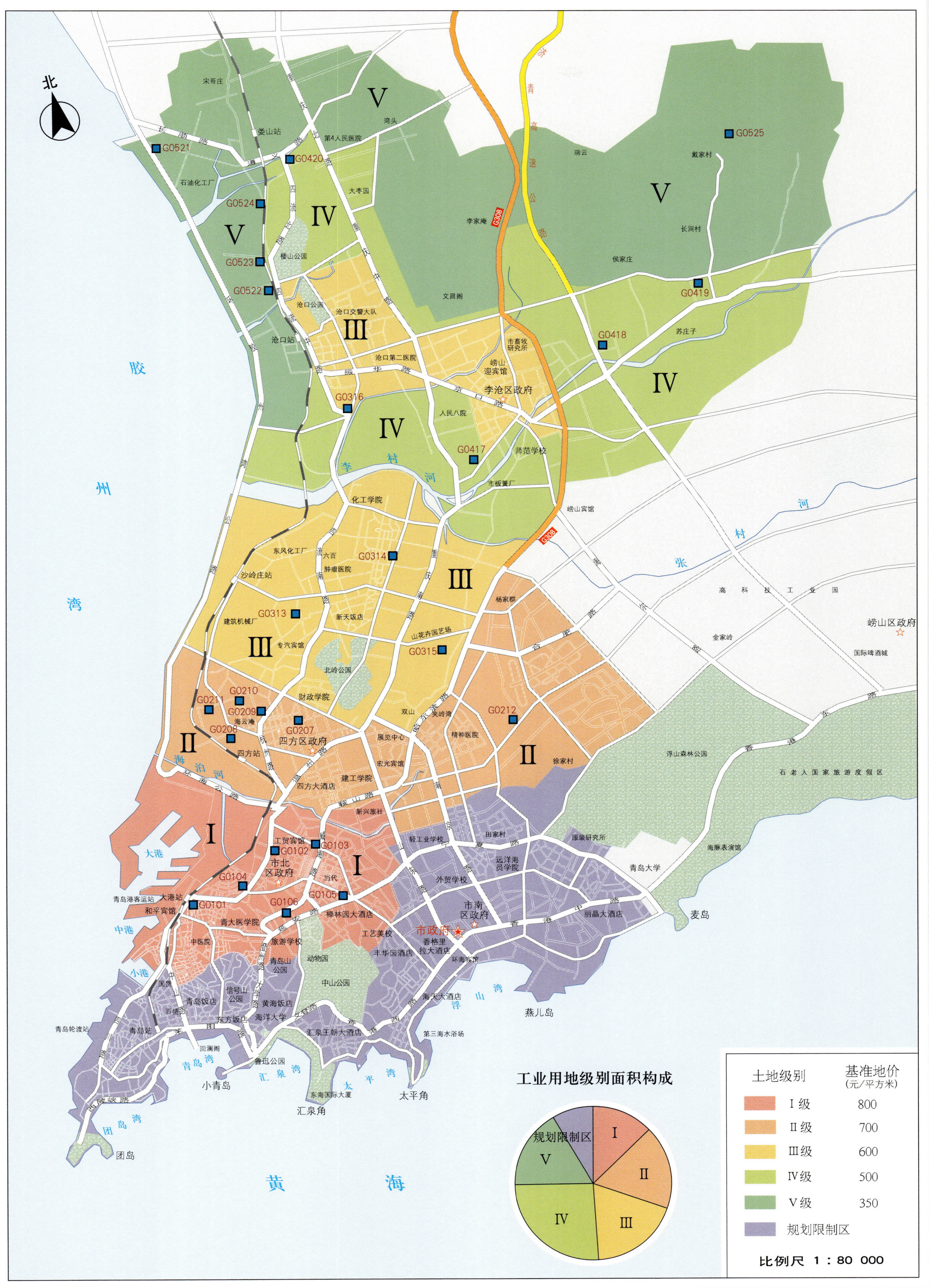
北
工业用地级别面积构成
Ⅰ
Ⅱ
Ⅲ
Ⅳ
Ⅴ
规划限制区
土地级别
基准地价
（元/平方米）
Ⅰ级 800
Ⅱ级 700
Ⅲ级 600
Ⅳ级 500
Ⅴ级 350
规划限制区
比例尺 1：80 000
G0521
G0420
G0524
G0523
G0522
G0525
G0419
G0418
G0316
G0417
G0314
G0313
G0315
G0210
G0211
G0209
G0208
G0207
G0212
G0102
G0103
G0104
G0105
G0106
G0101
胶
州
湾
黄
海
李沧区政府
四方区政府
市北区政府
市南区政府
市政府
崂山区政府
李
村
河
张
村
河
海
泊
河
大港
小港
中港
麦岛
燕儿岛
小青岛
汇泉角
太平角
团岛
青岛大学
浮山森林公园
石老人国家旅游度假区
高科技工业园
中山公园
北岭公园
楼山公园
沧口公园
鲁迅公园
海洋大学
青岛站
大港站
沧口站
四方站
娄山站
沙岭庄站
青岛港客运站
青岛轮渡站
G308
济青高速公路

用途	土地级别	监测点编号	监测点地价（元/平方米）	土地级别	监测点编号	监测点地价（元/平方米）	土地级别	监测点编号	监测点地价（元/平方米）
商业	Ⅰ	S0101	3 792	Ⅱ	S0218	2 392	Ⅳ	S0435	1 554
		S0102	4 037		S0219	2 810		S0436	1 085
		S0103	4 122		S0220	2 881	Ⅴ	S0537	1 252
		S0104	4 139	Ⅲ	S0321	1 930		S0538	1 283
		S0105	4 620		S0322	1 119		S0539	1 294
		S0106	4 375		S0323	1 998		S0540	1 316
		S0107	4 708		S0324	1 700		S0541	1 245
		S0108	4 619		S0325	1 774		S0542	1 374
		S0109	3 531		S0326	2 202	Ⅵ	S0643	1 246
		S0110	4 135		S0327	2 097		S0644	907
	Ⅱ	S0211	2 560		S0328	1 965		S0645	1 047
		S0212	3 221	Ⅳ	S0429	1 110		S0646	971
		S0213	2 986		S0430	1 541	Ⅶ	S0747	659
		S0214	3 012		S0431	1 639		S0748	641
		S0215	2 828		S0432	1 560		S0749	569
		S0216	4 026		S0433	1 500		S0750	614
		S0217	3 150		S0434	1 281		S0751	609
居住	Ⅰ	Z0101	2 790	Ⅱ	Z0218	1 720	Ⅳ	Z0435	921
		Z0102	8 703		Z0219	4 396		Z0436	404
		Z0103	2 956		Z0220	1 366		Z0437	903
		Z0104	2 275		Z0221	1 670	Ⅴ	Z0538	481
		Z0105	2 648		Z0222	1 657		Z0539	730
		Z0106	1 736		Z0223	3 414		Z0540	462
		Z0107	1 365		Z0224	1 631		Z0541	550
		Z0108	2 492	Ⅲ	Z0325	1 317		Z0542	774
		Z0109	2 553		Z0326	1 190	Ⅵ	Z0643	532
		Z0110	2 828		Z0327	1 454		Z0644	491
		Z0111	2 892		Z0328	1 553		Z0645	556
		Z0112	2 639		Z0329	1 471		Z0646	564
	Ⅱ	Z0213	1 649		Z0330	1 339	Ⅶ	Z0747	478
		Z0214	1 688		Z0331	1 433		Z0748	537
		Z0215	1 816		Z0332	1 348		Z0749	464
		Z0216	1 664	Ⅳ	Z0433	763		Z0750	467
		Z0217	1 203		Z0434	966		Z0751	476
工业	Ⅰ	G0101	745	Ⅱ	G0210	602	Ⅳ	G0419	193
		G0102	862		G0211	543		G0420	356
		G0103	953		G0212	611	Ⅴ	G0521	423
		G0104	731	Ⅲ	G0313	787		G0522	476
		G0105	488		G0314	483		G0523	560
		G0106	702		G0315	439		G0524	312
	Ⅱ	G0207	802		G0316	733		G0525	298
		G0208	527	Ⅳ	G0417	413			
		G0209	784		G0418	471			

◦商业用地监测点地价内涵：在正常土地市场条件下，基准日为2002年1月1日，设定土地开发程度为“七通一平”（宗地红线外通路、通电、供水、排水、通讯、通气、通暖及宗地红线内场地平整），容积率为1.3，商业用地法定最高出让年限40年的完整土地使用权价格。

◦居住用地监测点地价内涵：在正常土地市场条件下，基准日为2002年1月1日，设定土地开发程度为“七通一平”（宗地红线外通路、通电、供水、排水、通讯、通气、通暖及宗地红线内场地平整），容积率为1.2，居住用地法定最高出让年限70年的完整土地使用权价格。

◦工业用地监测点地价内涵：在正常土地市场条件下，基准日为2002年1月1日，设定土地开发程度为“七通一平”（宗地红线外通路、通电、供水、排水、通讯、通气、通暖及宗地红线内场地平整），容积率为0.7，工业用地法定最高出让年限50年的完整土地使用权价格。

郑州市

郑州市是河南省省会，全省政治、经济、文化中心，全国重要的交通、通讯枢纽，是新亚欧大陆桥上的重要城市，也是国家开放城市和历史文化名城。位于中原腹地，黄河中下游，北临黄河，西依嵩山，东南为广阔的黄淮平原。辖6区、5市、1县，面积7 507平方千米，其中市区面积1010.3平方千米，建成区面积133.2平方千米，全市总人口639万。

郑州市根据《城镇土地分等定级规程》、《城镇土地估价规程》、《城市地价动态监测体系技术规范》及《2000—2001年度城市土地价格调查实施方案》，明确基准地价内涵，在郑州市区（金水区、二七区、中原区、管城回族区和邙山区）202.143平方千米的土地范围内，全面开展自然、社会、经济及土地市场状况等调查，利用计算机系统技术，辅助完成了城市土地综合定级，商业、居住、工业用地定级与基准地价更新，设立122个地价监测点，建立了城市土地基准地价更新和地价查询、发布信息系统，为我国城市地价动态监测体系建设奠定了基础。也为郑州市强化城市土地管理，规范土地市场，制定各类规划和提高土地利用的经济、社会和环境效益提供科学依据。

- 商业用地基准地价内涵：在正常土地市场条件下，基准日为2001年1月1日，设定土地开发程度为“六通一平”（宗地红线外通路、通电、供水、排水、通讯、通气及宗地红线内场地平整），平均容积率为2.2，商业用地法定最高出让年限40年的完整土地使用权平均价格。

- 居住用地基准地价内涵：在正常土地市场条件下，基准日为2001年1月1日，设定土地开发程度为“六通一平”（宗地红线外通路、通电、供水、排水、通讯、通气及宗地红线内场地平整），平均容积率为2.0，居住用地法定最高出让年限70年的完整土地使用权平均价格。

- 工业用地基准地价内涵：在正常土地市场条件下，基准日为2001年1月1日，设定土地开发程度为“六通一平”（宗地红线外通路、通电、供水、排水、通讯、通气及宗地红线内场地平整），平均容积率为0.5，工业用地法定最高出让年限50年的完整土地使用权平均价格。

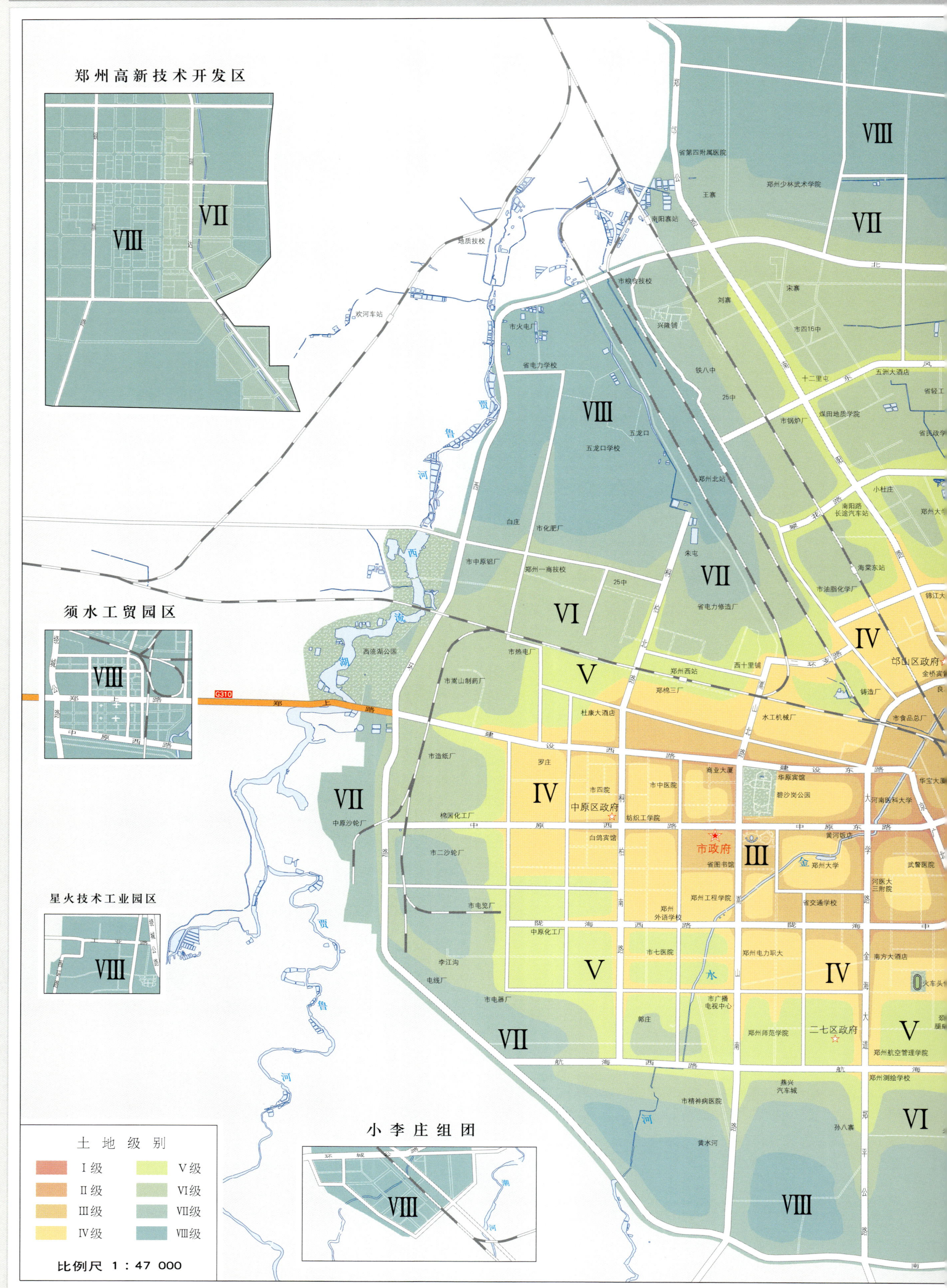

郑州高新技术开发区
须水工贸园区
星火技术工业园区
小李庄组团
土地级别
Ⅰ级
Ⅱ级
Ⅲ级
Ⅳ级
Ⅴ级
Ⅵ级
Ⅶ级
Ⅷ级
比例尺 1：47 000
市政府
中原区政府
二七区政府
邙山区政府
郑州西站
郑州北站
西流湖公园
碧沙岗公园
郑州大学
建设西路
中原西路
陇海西路
航海西路
郑上路
G310
贾鲁河
金水河

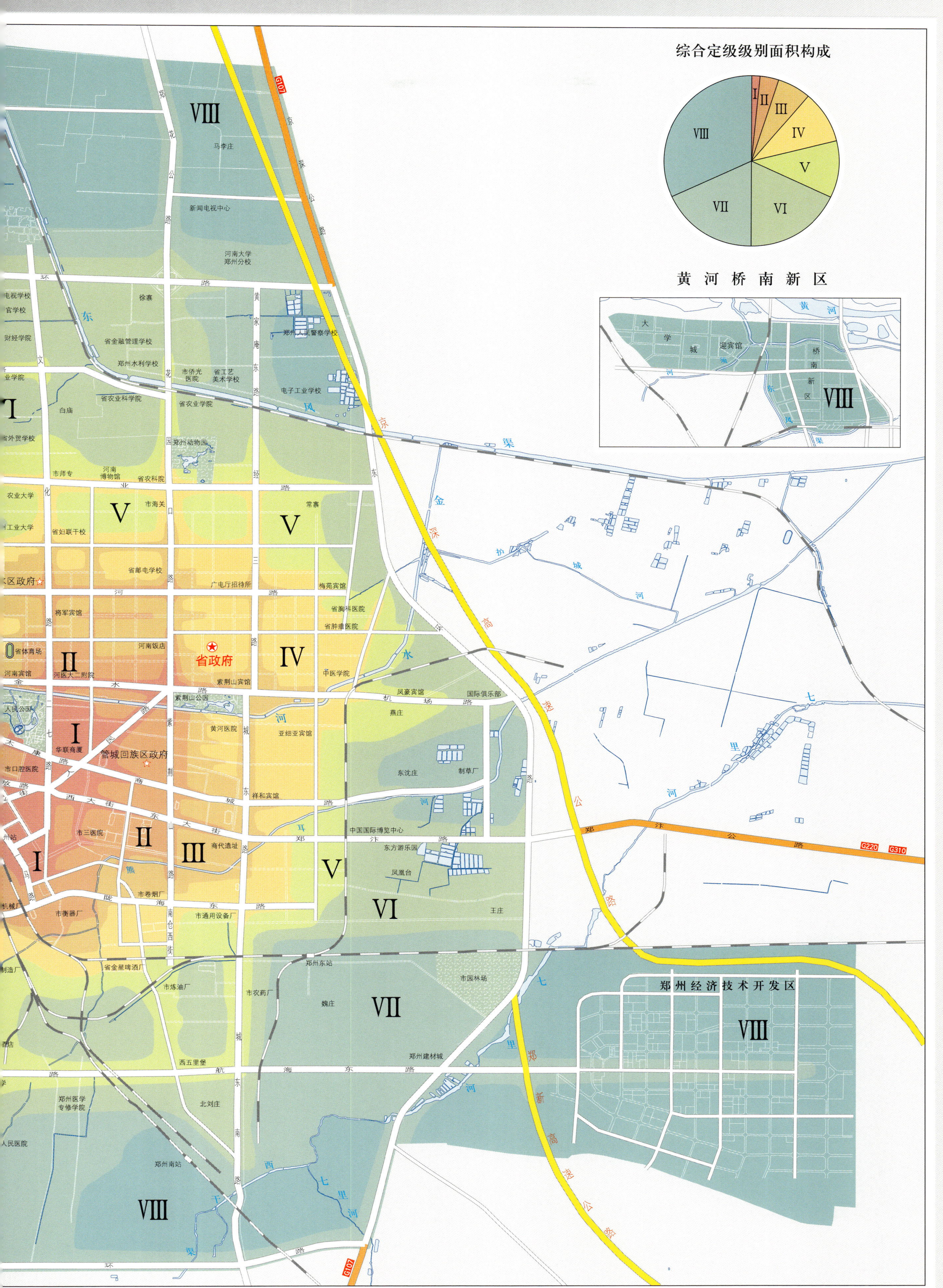

综合定级级别面积构成
黄河桥南新区
郑州经济技术开发区
省政府
管城回族区政府

郑州市商业用地基准地价及监测点

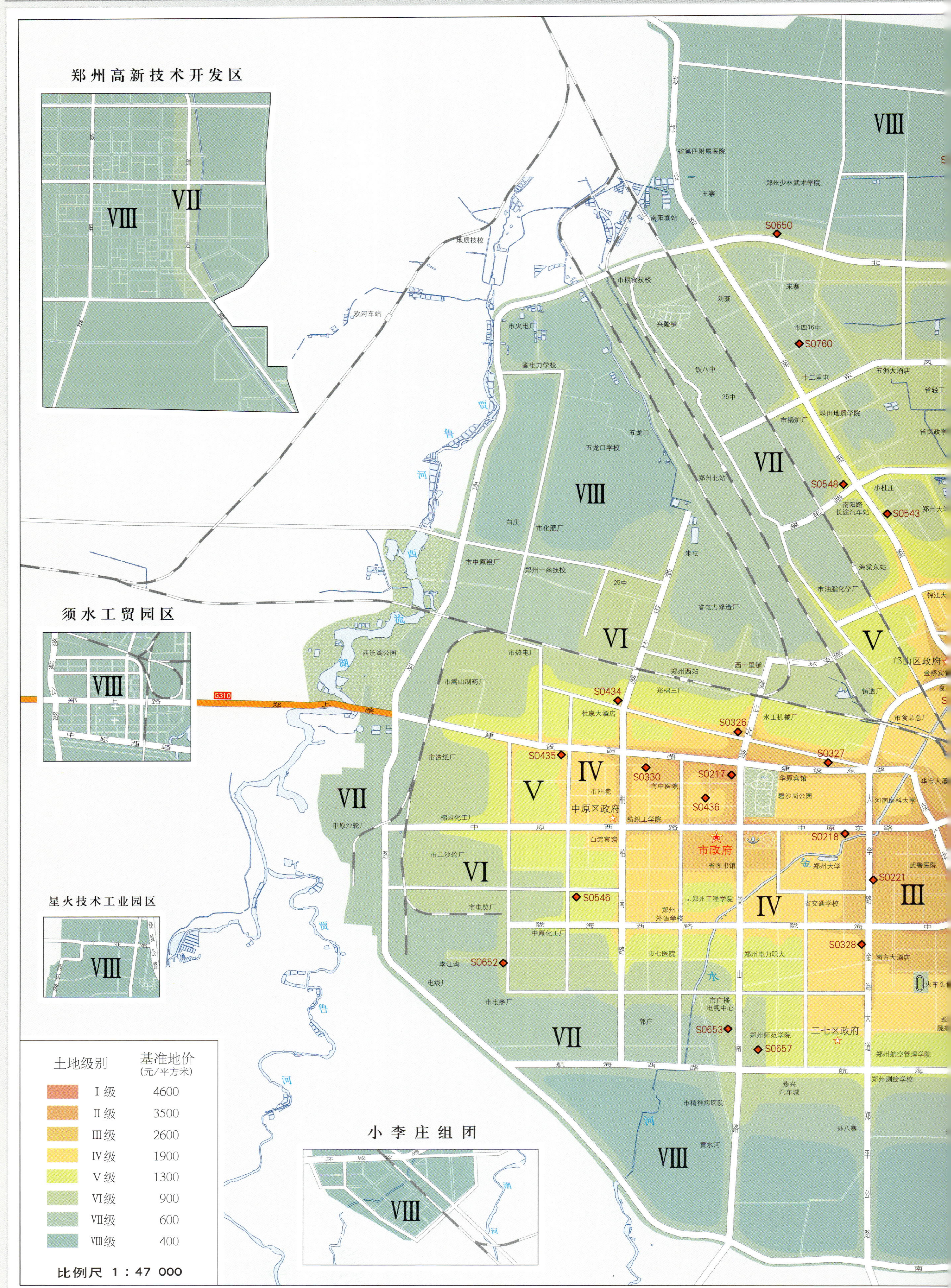

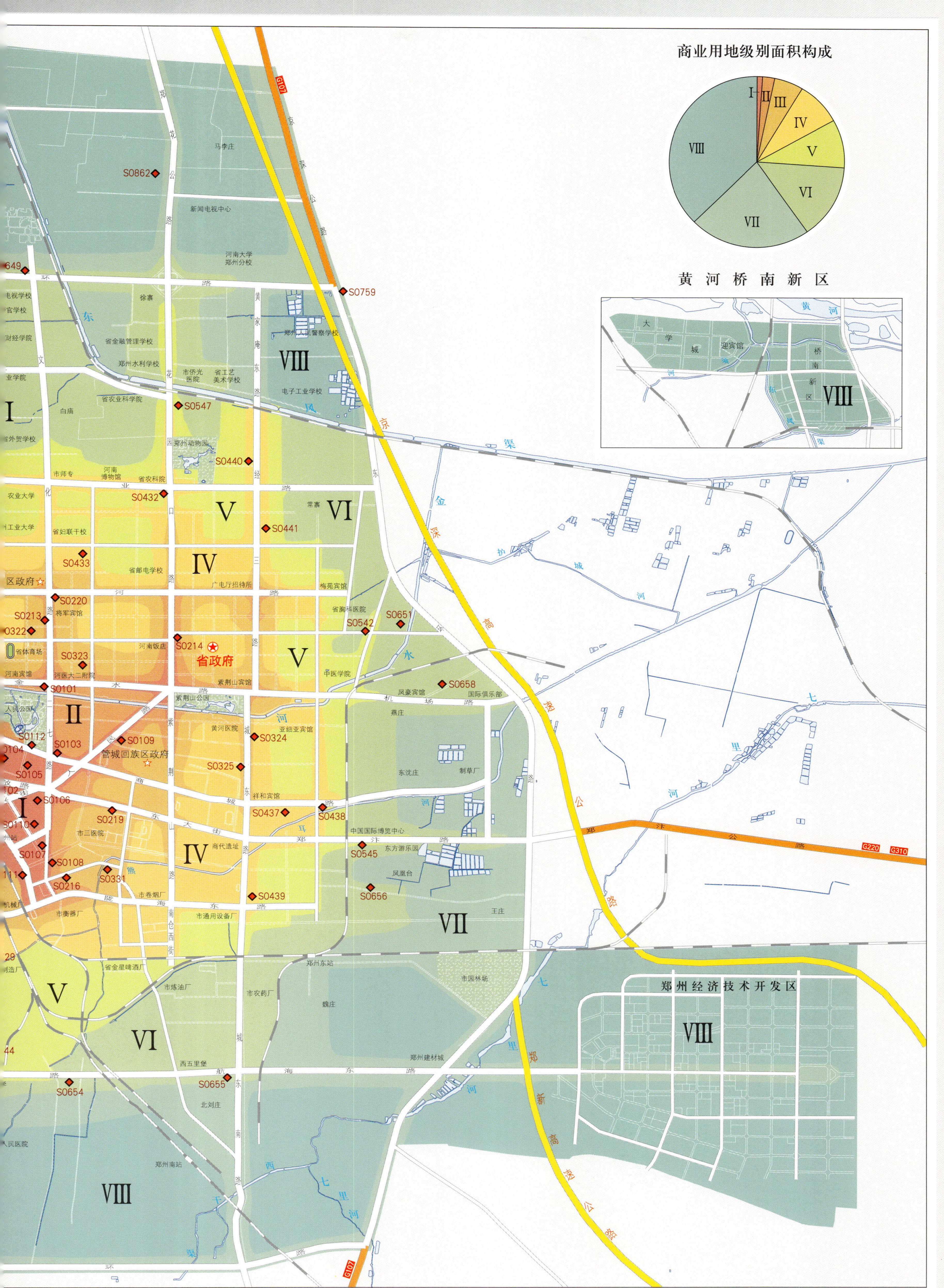
商业用地级别面积构成
黄河桥南新区
郑州经济技术开发区
省政府
管城回族区政府

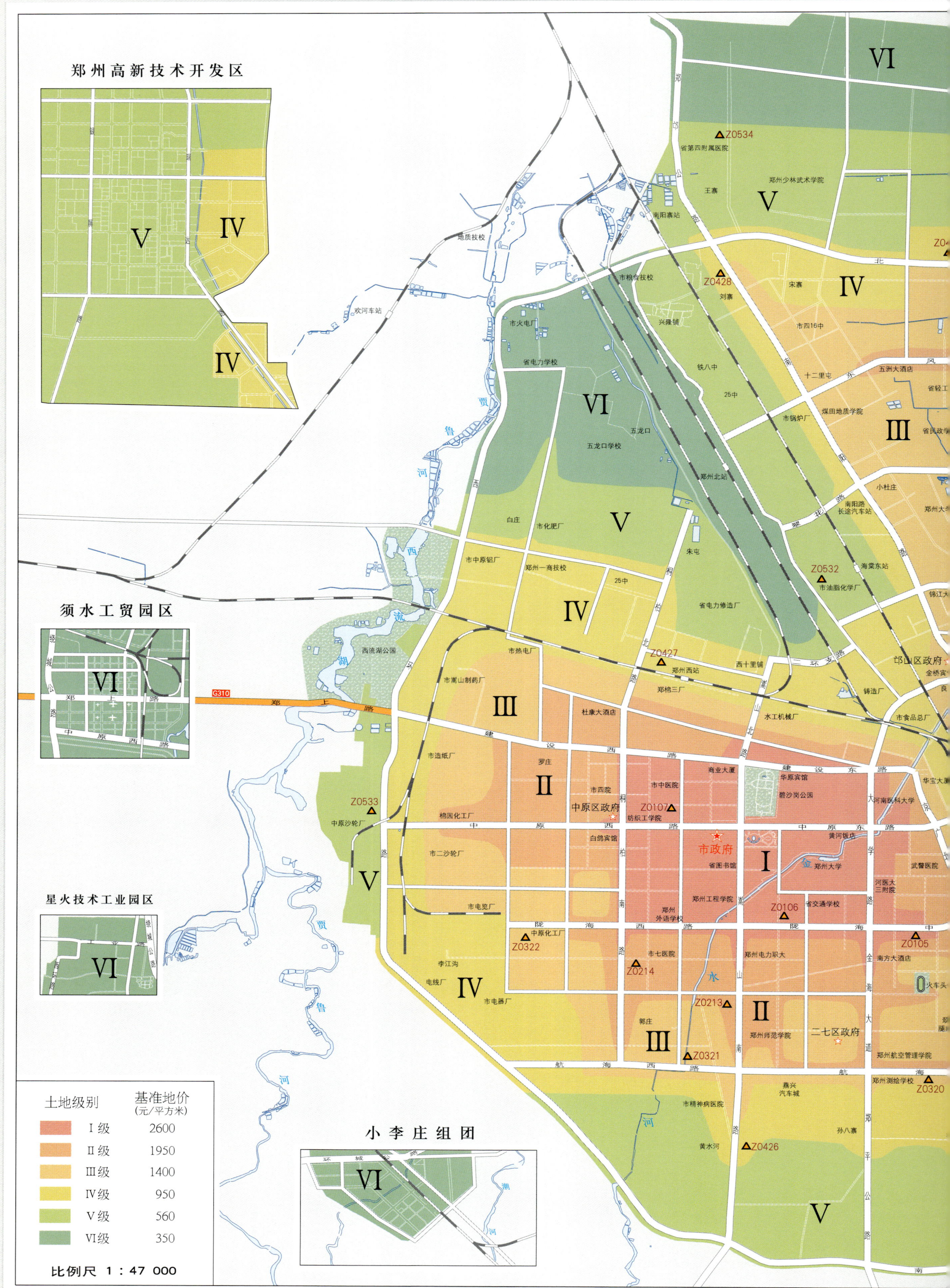

郑州高新技术开发区
须水工贸园区
星火技术工业园区
小李庄组团
土地级别
基准地价
(元/平方米)
Ⅰ级 2600
Ⅱ级 1950
Ⅲ级 1400
Ⅳ级 950
Ⅴ级 560
Ⅵ级 350
比例尺 1 : 47 000
G310
市政府
中原区政府
二七区政府
邙山区政府
Z0534
Z0428
Z0532
Z0427
Z0533
Z0107
Z0106
Z0105
Z0322
Z0214
Z0213
Z0321
Z0320
Z0426
省第四附属医院
郑州少林武术学院
王寨
南阳寨站
地质技校
欢河车站
市粮食技校
宋寨
刘寨
兴隆铺
市西16中
市火电厂
省电力学校
铁八中
25中
十二里屯
五洲大酒店
省轻工
煤田地质学院
市锅炉厂
五龙口
五龙口学校
郑州北站
小杜庄
南阳路长途汽车站
郑州大学
白庄
市化肥厂
朱屯
市中原铝厂
郑州一商技校
海棠东站
市油脂化学厂
省电力修造厂
西流湖公园
市热电厂
市嵩山制药厂
郑州西站
西十里铺
郑棉三厂
杜康大酒店
铸造厂
水工机械厂
市食品总厂
市造纸厂
罗庄
商业大厦
华原宾馆
碧沙岗公园
市西院
市中医院
纺织工学院
棉园化工厂
中原沙轮厂
白鸽宾馆
黄河饭店
市二沙轮厂
省图书馆
郑州大学
武警医院
郑州工程学院
郑州外语学校
省交通学校
市电览厂
中原化工厂
市七医院
郑州电力职大
南方大酒店
李江沟
电线厂
市电器厂
郭庄
郑州师范学院
郑州航空管理学院
郑州测绘学校
燕兴汽车城
市精神病医院
黄水河
孙八寨
建设西路
建设东路
中原西路
中原东路
陇海西路
航海西路
郑上路
中原西路

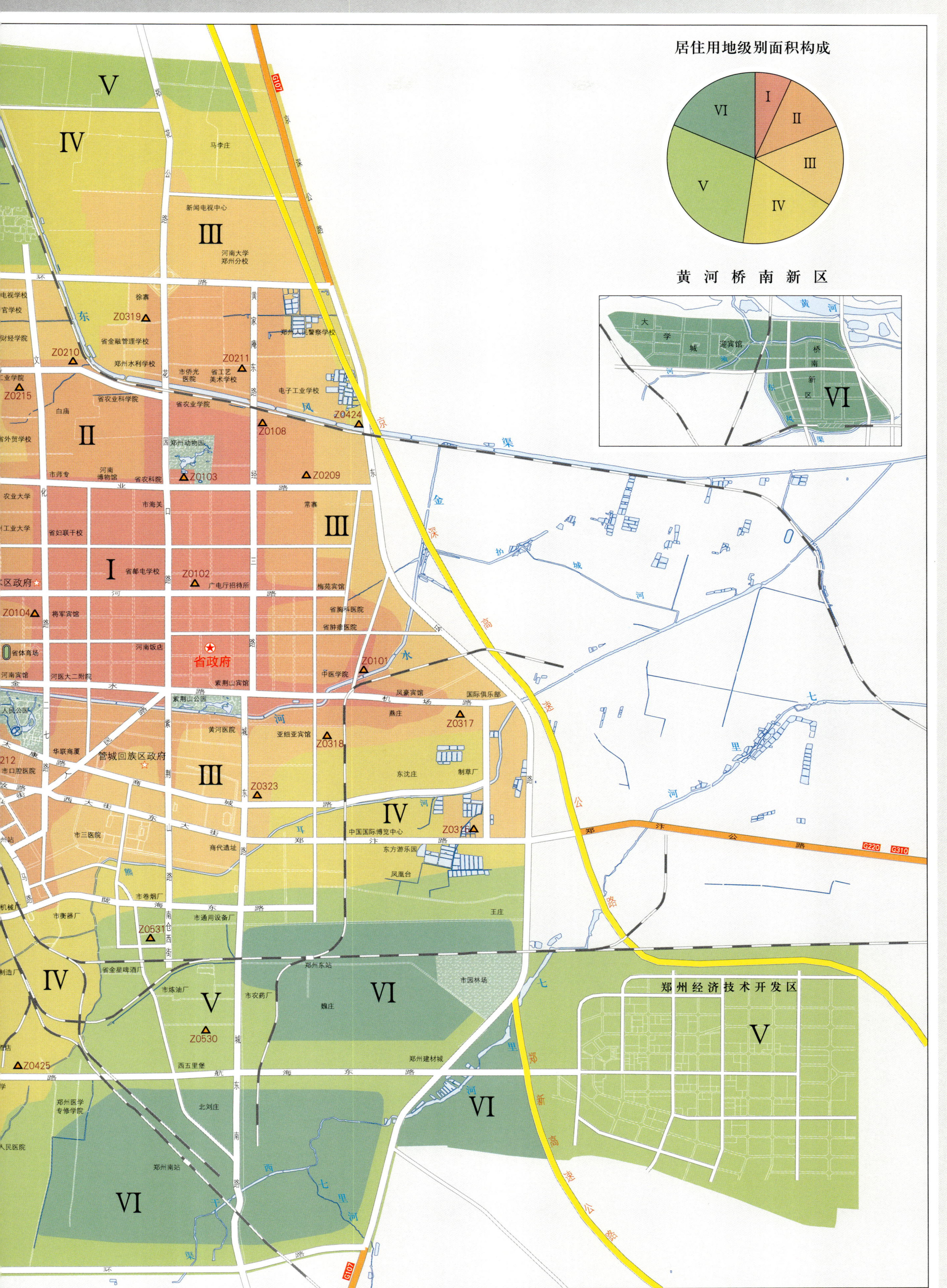
居住用地级别面积构成
Ⅰ
Ⅱ
Ⅲ
Ⅳ
Ⅴ
Ⅵ
黄 河 桥 南 新 区
省政府
管城回族区政府
郑州经济技术开发区
郑州东站
郑州南站
京深高速公路
郑汴公路
G107
G220
G310

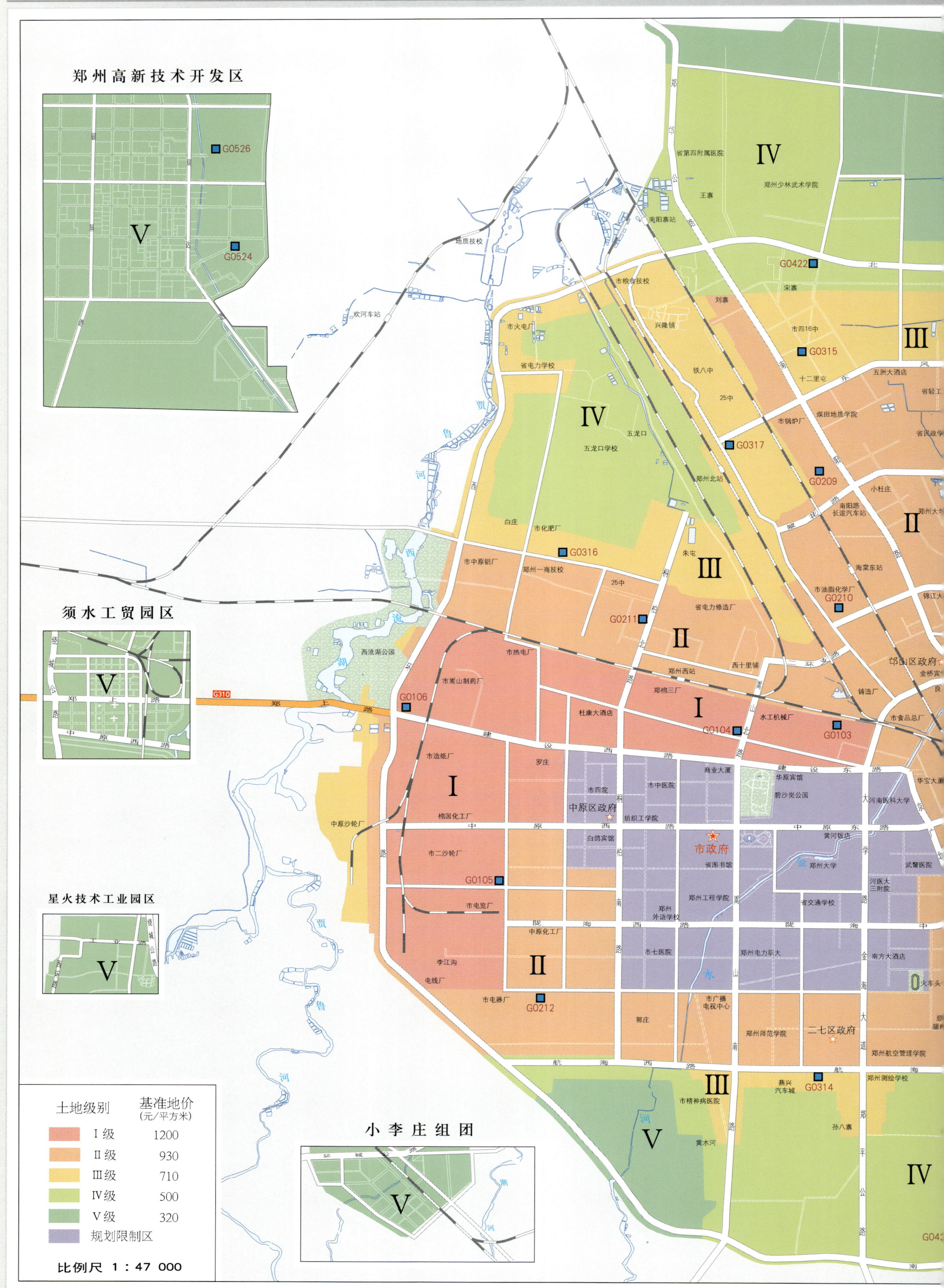
郑州高新技术开发区
须水工贸园区
星火技术工业园区
小李庄组团
土地级别
基准地价 (元/平方米)
Ⅰ级 1200
Ⅱ级 930
Ⅲ级 710
Ⅳ级 500
Ⅴ级 320
规划限制区
比例尺 1：47 000
中原区政府
市政府
二七区政府
邙山区政府
G0526
G0524
G0422
G0315
G0317
G0209
G0316
G0210
G0211
G0106
G0104
G0103
G0105
G0212
G0314
郑州北站
西流湖公园
碧沙岗公园
郑州大学
郑州西站

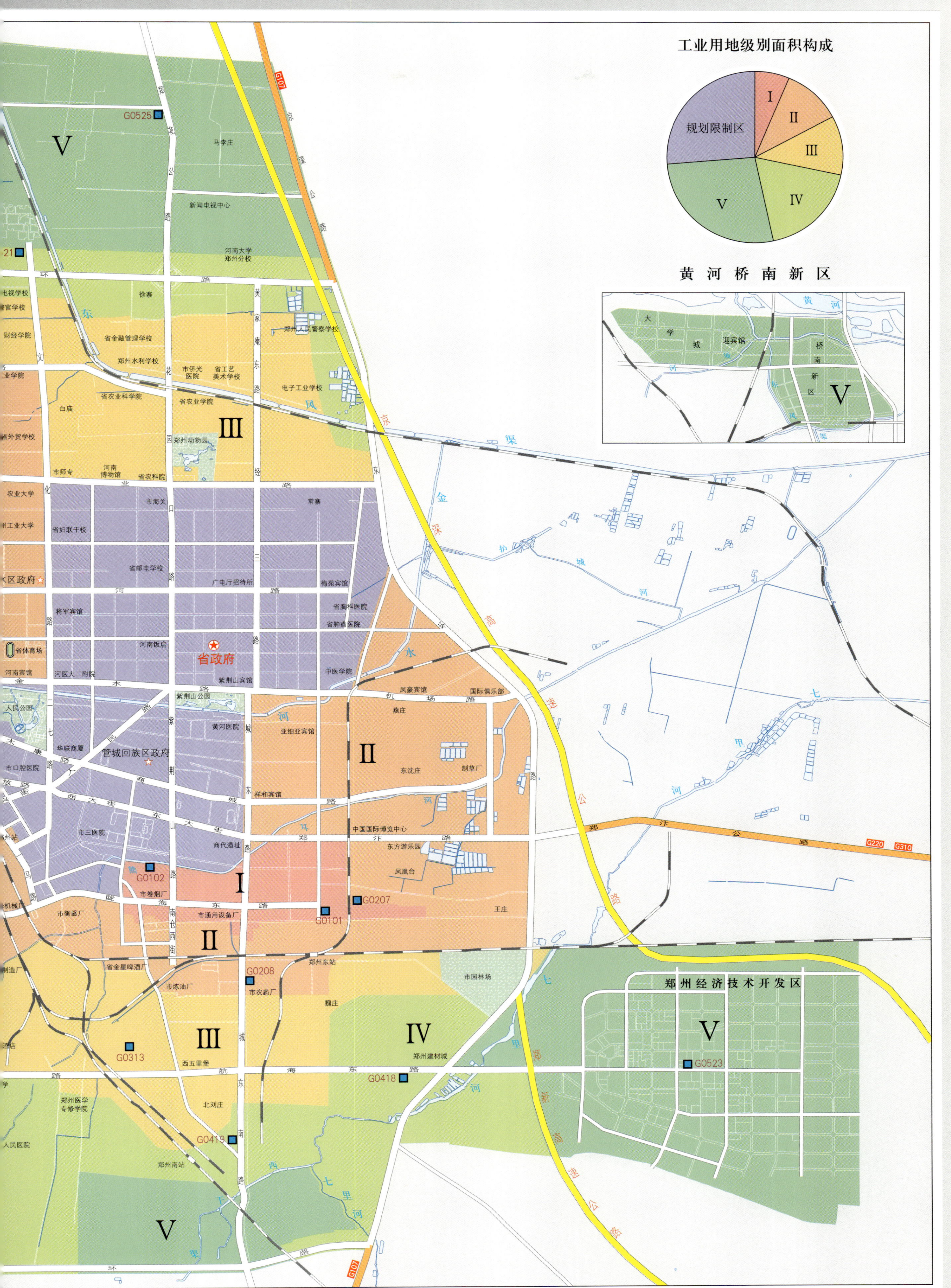
工业用地级别面积构成
规划限制区
I
II
III
IV
V
黄 河 桥 南 新 区
郑州经济技术开发区
省政府
管城回族区政府
郑汴公路
京深公路
郑新高速公路
G0525
G0102
G0101
G0207
G0208
G0313
G0418
G0419
G0523
郑州东站
郑州南站
郑州建材城
中国国际博览中心
东方游乐园
紫荆山公园
人民公园
河南饭店
河南大学郑州分校
新闻电视中心
郑州动物园
郑州人民警察学校
电子工业学校
省农业科学院
省金融管理学校
郑州水利学校
市侨光医院
省工艺美术学校
省农业学院
河南博物馆
省邮电学校
省妇联干校
广电厅招待所
梅苑宾馆
省胸科医院
省肿瘤医院
中医学院
紫荆山宾馆
将军宾馆
凤豪宾馆
国际俱乐部
亚细亚宾馆
黄河医院
华联商厦
祥和宾馆
商代遗址
市三医院
市卷烟厂
市通用设备厂
市衡器厂
省金星啤酒厂
市炼油厂
市农药厂
市国林场
凤凰台
制草厂
燕庄
东沈庄
王庄
魏庄
西五里堡
北刘庄
马李庄
徐寨
白庙
常寨
郑州医学专修学院
金水河
熊耳河
七里河
东风渠
护城河
大学城
迎宾馆
桥南新区
G107
G220
G310

用途	土地级别	监测点编号	监测点地价（元/平方米）	土地级别	监测点编号	监测点地价（元/平方米）	土地级别	监测点编号	监测点地价（元/平方米）
商业	Ⅰ	S0101	3 689	Ⅲ	S0322	2 683	Ⅴ	S0543	1 289
		S0102	3 217		S0323	2 312		S0544	1 107
		S0103	4 504		S0324	2 407		S0545	1 225
		S0104	4 300		S0325	2 321		S0546	1 105
		S0105	4 498		S0326	2 151		S0547	1 297
		S0106	4 659		S0327	2 108		S0548	1 348
		S0107	4 027		S0328	2 105	Ⅵ	S0649	937
		S0108	3 835		S0329	2 051		S0650	695
		S0109	3 902		S0330	2 050		S0651	862
		S0110	4 109		S0331	2 253		S0652	746
		S0111	3 797	Ⅳ	S0432	2 209		S0653	876
		S0112	4 403		S0433	1 811		S0654	621
	Ⅱ	S0213	2 980		S0434	1 616		S0655	795
		S0214	3 224		S0435	1 904		S0656	666
		S0215	3 100		S0436	1 902		S0657	821
		S0216	2 703		S0437	1 905		S0658	860
		S0217	2 791		S0438	1 902	Ⅶ	S0759	624
		S0218	2 852		S0439	1 632		S0760	656
		S0219	3 153		S0440	1 502	Ⅷ	S0861	340
		S0220	2 982		S0441	1 310		S0862	405
		S0221	2 801	Ⅴ	S0542	1 405			
居住	Ⅰ	Z0101	2 010	Ⅱ	Z0213	1 526	Ⅳ	Z0425	693
		Z0102	2 220		Z0214	1 312		Z0426	609
		Z0103	2 110		Z0215	1 480		Z0427	855
		Z0104	2 318	Ⅲ	Z0316	1 455		Z0428	663
		Z0105	2 110		Z0317	1 505		Z0429	659
		Z0106	2 352		Z0318	1 321	Ⅴ	Z0530	512
		Z0107	2 081		Z0319	1 301		Z0531	625
		Z0108	1 912		Z0320	1 103		Z0532	625
	Ⅱ	Z0209	1 709		Z0321	921		Z0533	530
		Z0210	1 590		Z0322	902		Z0534	505
		Z0211	1 536		Z0323	1 355			
		Z0212	1 948	Ⅳ	Z0424	896			
工业	Ⅰ	G0101	809	Ⅱ	G0210	901	Ⅳ	G0419	412
		G0102	811		G0211	671		G0420	411
		G0103	1 083		G0212	670		G0421	458
		G0104	1 014	Ⅲ	G0313	511		G0422	485
		G0105	921		G0314	582	Ⅴ	G0523	292
		G0106	908		G0315	621		G0524	312
	Ⅱ	G0207	780		G0316	501		G0525	237
		G0208	671		G0317	504		G0526	311
		G0209	891	Ⅳ	G0418	380			

- 商业用地监测点地价内涵：在正常土地市场条件下，基准日为2001年1月1日，设定土地开发程度为“六通一平”（宗地红线外通路、通电、供水、排水、通讯、通气及宗地红线内场地平整），容积率为2.2，商业用地法定最高出让年限40年的完整土地使用权价格。

- 居住用地监测点地价内涵：在正常土地市场条件下，基准日为2001年1月1日，设定土地开发程度为“六通一平”（宗地红线外通路、通电、供水、排水、通讯、通气及宗地红线内场地平整），容积率为2.0，居住用地法定最高出让年限70年的完整土地使用权价格。

- 工业用地监测点地价内涵：在正常土地市场条件下，基准日为2001年1月1日，设定土地开发程度为“六通一平”（宗地红线外通路、通电、供水、排水、通讯、通气及宗地红线内场地平整），容积率为0.5，工业用地法定最高出让年限50年的完整土地使用权价格。

武汉市

武汉市是湖北省省会，全省政治、经济、科技和文化中心。是华中地区最大的商贸中心和水陆交通、通信枢纽，也是一座滨江滨湖、商贸发达的国家历史文化名城。辖13区，面积8 406平方千米，全市总人口758万。

武汉市根据《城镇土地分等定级规程》、《城镇土地估价规程》、《城市地价动态监测体系技术规范》及《1999年度城市土地价格调查实施方案》，明确基准地价内涵，在武汉七个城区（江岸区、江汉区、硚口区、汉阳区、武昌区、青山区和洪山区）和二个开发区（东湖新技术开发区和武汉经济技术开发区）1 015.68平方千米的土地范围内，全面开展自然、社会、经济及土地市场状况等调查，利用计算机系统技术，辅助完成了城市土地综合定级，商业、居住、工业用地定级与基准地价更新，设立50个地价监测点，建立了城市土地基准地价更新和地价查询、发布信息系统，为我国城市地价动态监测体系建设奠定了基础。也为武汉市强化城市土地资产管理，规范土地市场，制定各类规划和提高土地利用的经济、社会和环境效益提供科学依据。

- 商业用地基准地价内涵：在正常土地市场条件下，基准日为2001年1月1日，设定土地开发程度为“五通一平”（宗地红线外通路、通电、供水、排水、通讯及宗地红线内场地平整），平均容积率为2.6，商业用地法定最高出让年限40年的完整土地使用权平均价格。

- 居住用地基准地价内涵：在正常土地市场条件下，基准日为2001年1月1日，设定土地开发程度为“五通一平”（宗地红线外通路、通电、供水、排水、通讯及宗地红线内场地平整），平均容积率为1.8，居住用地法定最高出让年限70年的完整土地使用权平均价格。

- 工业用地基准地价内涵：在正常土地市场条件下，基准日为2001年1月1日，设定土地开发程度为“五通一平”（宗地红线外通路、通电、供水、排水、通讯及宗地红线内场地平整），平均容积率为0.5，工业用地法定最高出让年限50年的完整土地使用权平均价格。

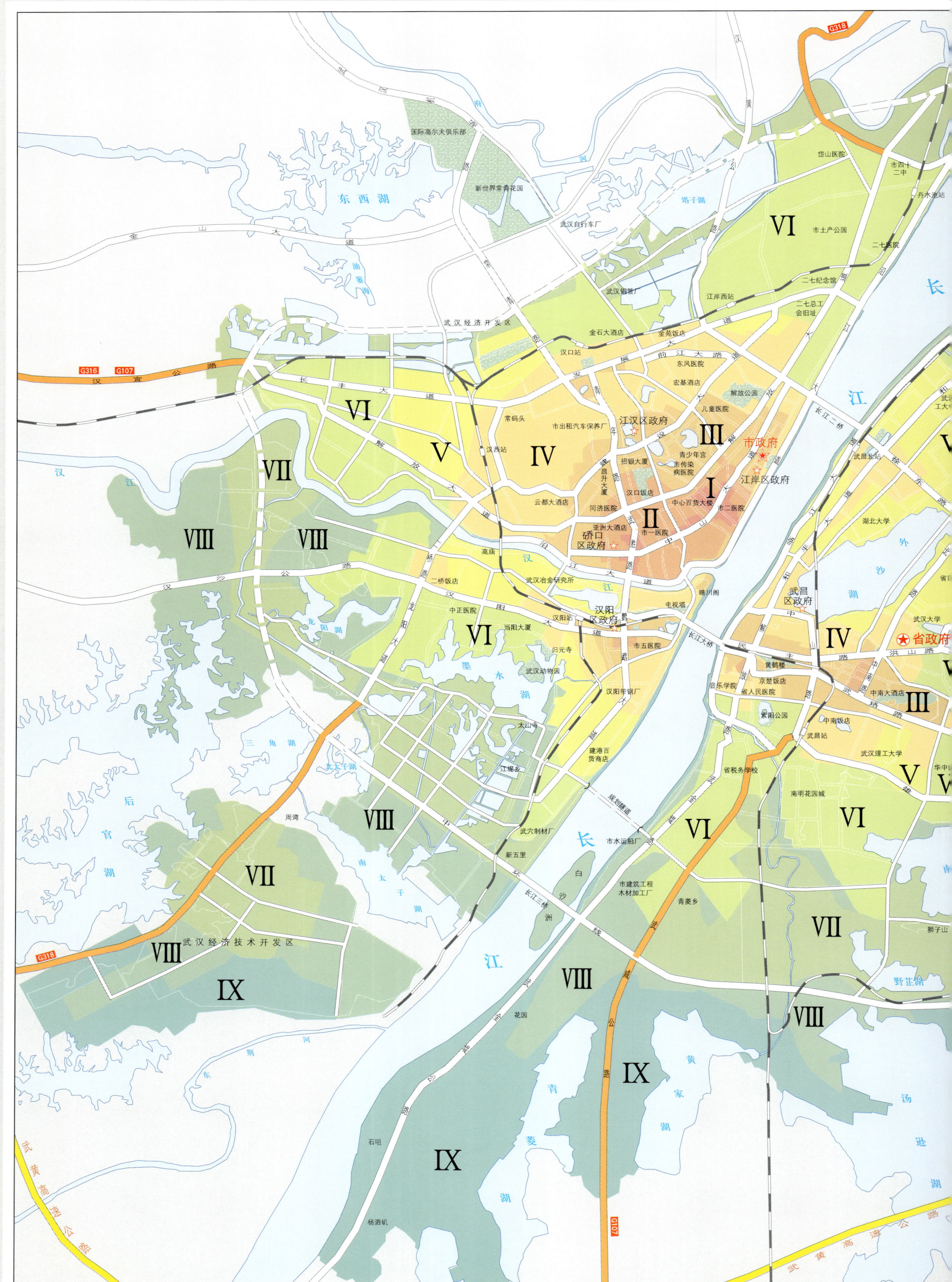
东西湖
国际高尔夫俱乐部
新世界常青花园
塔子湖
武汉自行车厂
岱山医院
市四十二中
丹水池站
市土产公园
二七医院
二七纪念馆
江岸西站
二七总工会旧址
武汉钢管厂
金石大酒店
金苑饭店
汉口站
东风医院
宏基酒店
解放公园
儿童医院
武汉经济开发区
G316
G107
汉宜公路
常码头
市出租汽车保养厂
江汉区政府
汉西站
市政府
江岸区政府
青少年宫
招银大厦
市传染病医院
汉口饭店
云都大酒店
同济医院
中心百货大楼
市二医院
亚洲大酒店
硚口区政府
市一医院
高庙
二桥饭店
武汉冶金研究所
晴川阁
电视塔
中正医院
汉阳站
汉阳区政府
当阳大厦
市五医院
归元寺
武汉动物园
汉阳钢厂
太山寺
建港百货商店
江堤乡
武穴制材厂
新五里
市水运船厂
市建筑工程木材加工厂
青菱乡
周湾
武汉经济技术开发区
G318
武昌北站
湖北大学
武昌区政府
武汉大学
省政府
黄鹤楼
京楚饭店
音乐学院
省人民医院
中南大酒店
紫阳公园
中南饭店
武昌站
武汉理工大学
省税务学校
南明花园城
狮子山
野芷湖
花园
石咀
杨泗矶
G107
武黄高速公路
东西湖
三角湖
后官湖
南太子湖
墨水湖
龙阳湖
青菱湖
黄家湖
汤逊湖
白沙洲
长江
汉江
长江二桥
长江大桥
长江三桥
Ⅰ
Ⅱ
Ⅲ
Ⅳ
Ⅴ
Ⅵ
Ⅶ
Ⅷ
Ⅸ

综合定级级别面积构成
土地级别
I级
II级
III级
IV级
V级
VI级
VII级
VIII级
IX级
比例尺 1：110 000
长江
天兴洲
天兴洲大桥
青山区政府
武钢五中
青山公园
武汉石油化工总厂
建设乡
魏家墩
上八吉府
新村
火官庙
武汉钢铁公司
北湖
邹家墩
胡家墩
严西湖
严东湖
东湖
东湖风景区
花山
花山镇
新坡村
九骨山
叶家湾
白济山
徐家庄
陈家庄
黄梅山
庙湾山
九峰乡
周庄
快活岭
武昌东站
新武东站
张王村
上下陈村
马鞍山森林公园
中国地质大学
华中科技大学
关东工业园
武汉缝纫机总厂
关山医院
化工学院
省邮电学校
东湖新技术开发区
保温瓶厂
武黄高速公路
G316

武汉市商业用地基准地价及监测点

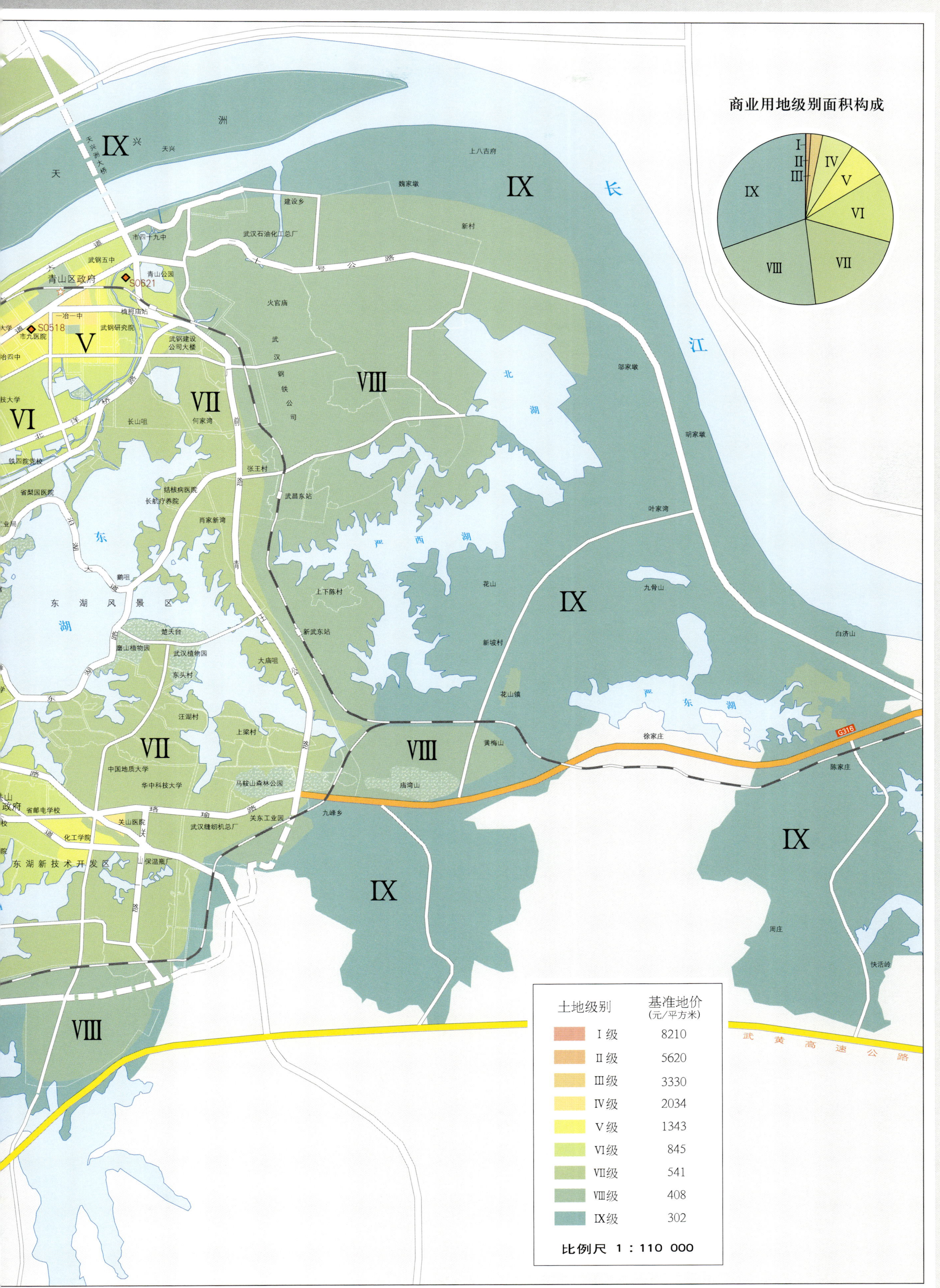
商业用地级别面积构成
土地级别
基准地价
(元/平方米)
Ⅰ级 8210
Ⅱ级 5620
Ⅲ级 3330
Ⅳ级 2034
Ⅴ级 1343
Ⅵ级 845
Ⅶ级 541
Ⅷ级 408
Ⅸ级 302
比例尺 1：110 000
青山区政府
长江
北湖
严西湖
严东湖
东湖风景区
武汉钢铁公司
武汉石油化工总厂
东湖新技术开发区
武黄高速公路
G316

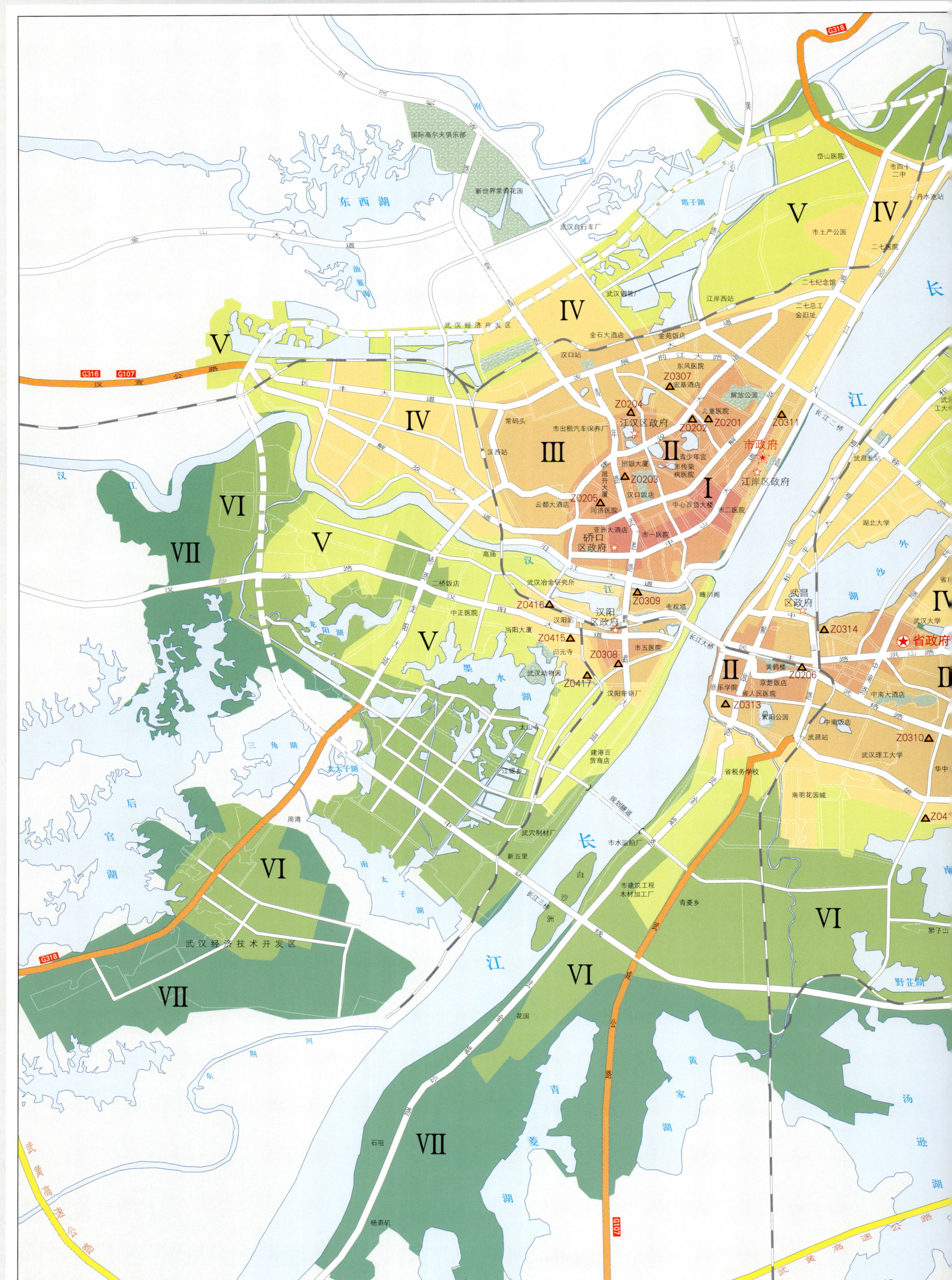
东西湖
金山大道
汉宜公路
G316
G107
G318
武汉经济开发区
武汉经济技术开发区
国际高尔夫俱乐部
新世界常青花园
塔子湖
汉口站
江汉区政府
硚口区政府
汉阳区政府
市政府
江岸区政府
武昌区政府
省政府
解放大道
长江二桥
长江大桥
长江三桥
龙阳湖
墨水湖
三角湖
后官湖
南太子湖
北太子湖
沙湖
野芷湖
黄家湖
青菱湖
汤逊湖
白沙洲
青菱乡
武黄高速公路
长江
汉江
Z0307
Z0204
Z0202
Z0201
Z0311
Z0203
Z0205
Z0309
Z0416
Z0415
Z0308
Z0417
Z0206
Z0313
Z0314
Z0310
I
II
III
IV
V
VI
VII

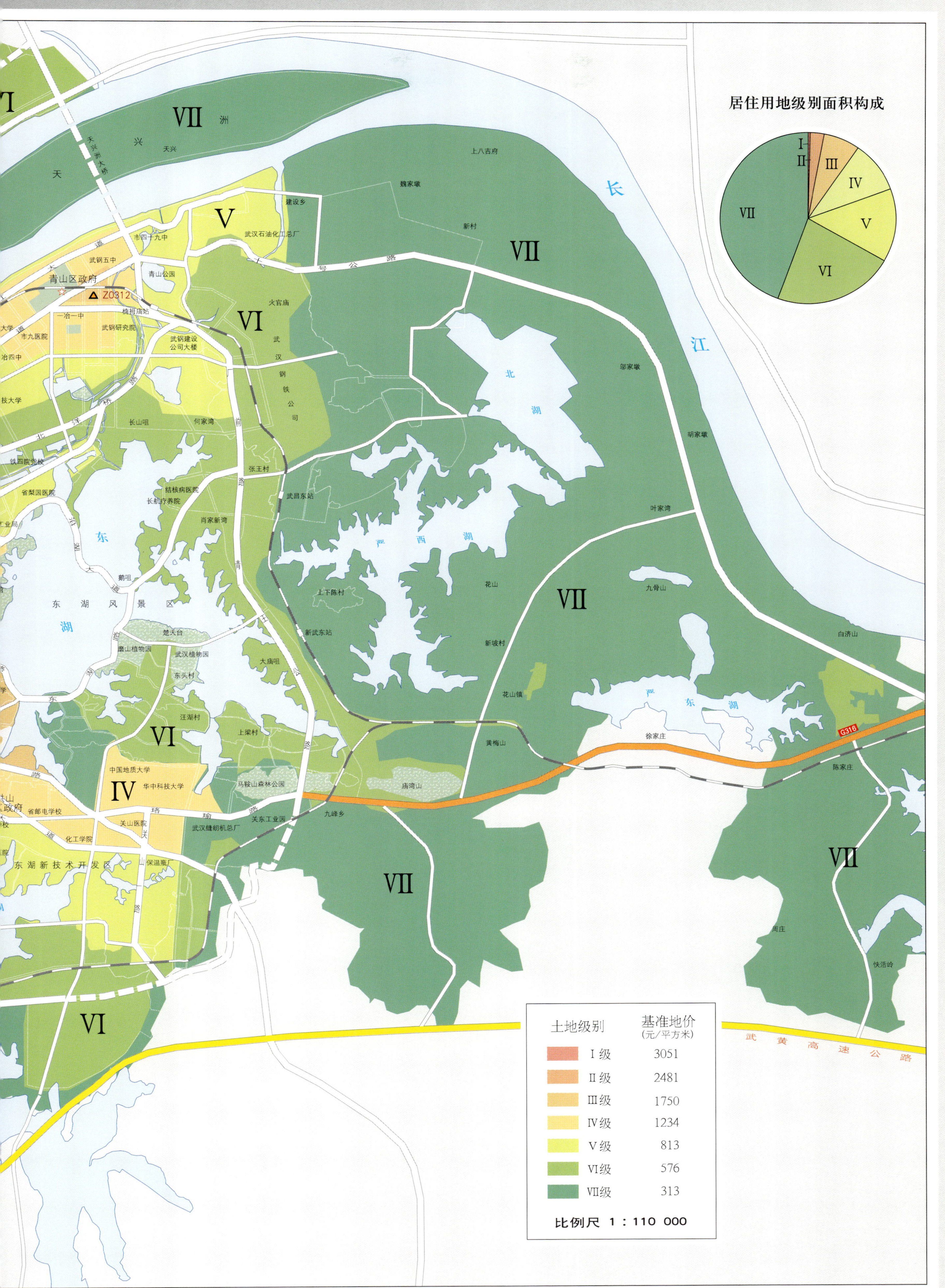

居住用地级别面积构成
土地级别
基准地价（元/平方米）
Ⅰ级 3051
Ⅱ级 2481
Ⅲ级 1750
Ⅳ级 1234
Ⅴ级 813
Ⅵ级 576
Ⅶ级 313
比例尺 1：110 000
长江
北湖
严西湖
严东湖
东湖风景区
青山区政府
天兴洲
武黄高速公路

武汉市工业用地基准地价及监测点

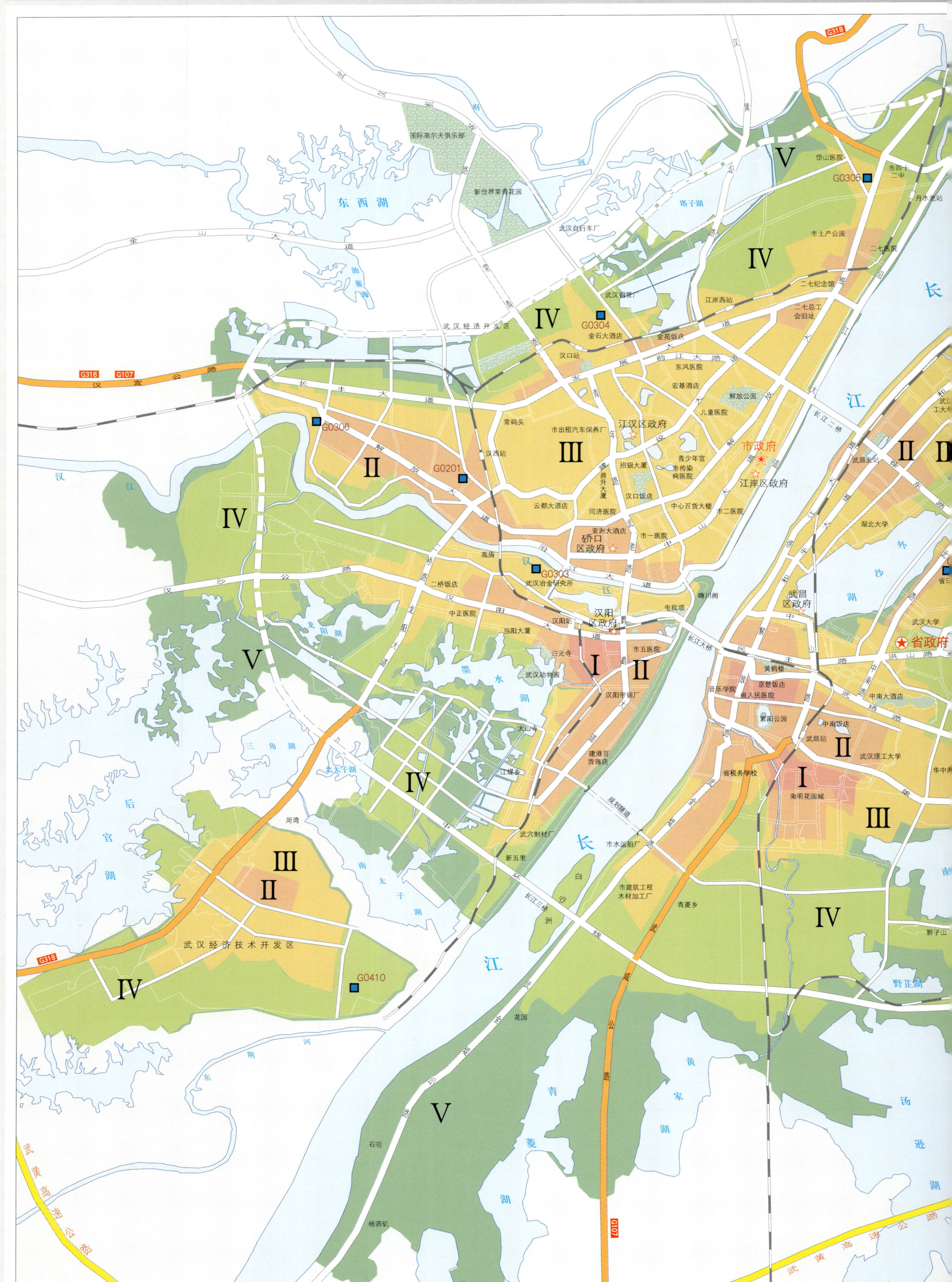

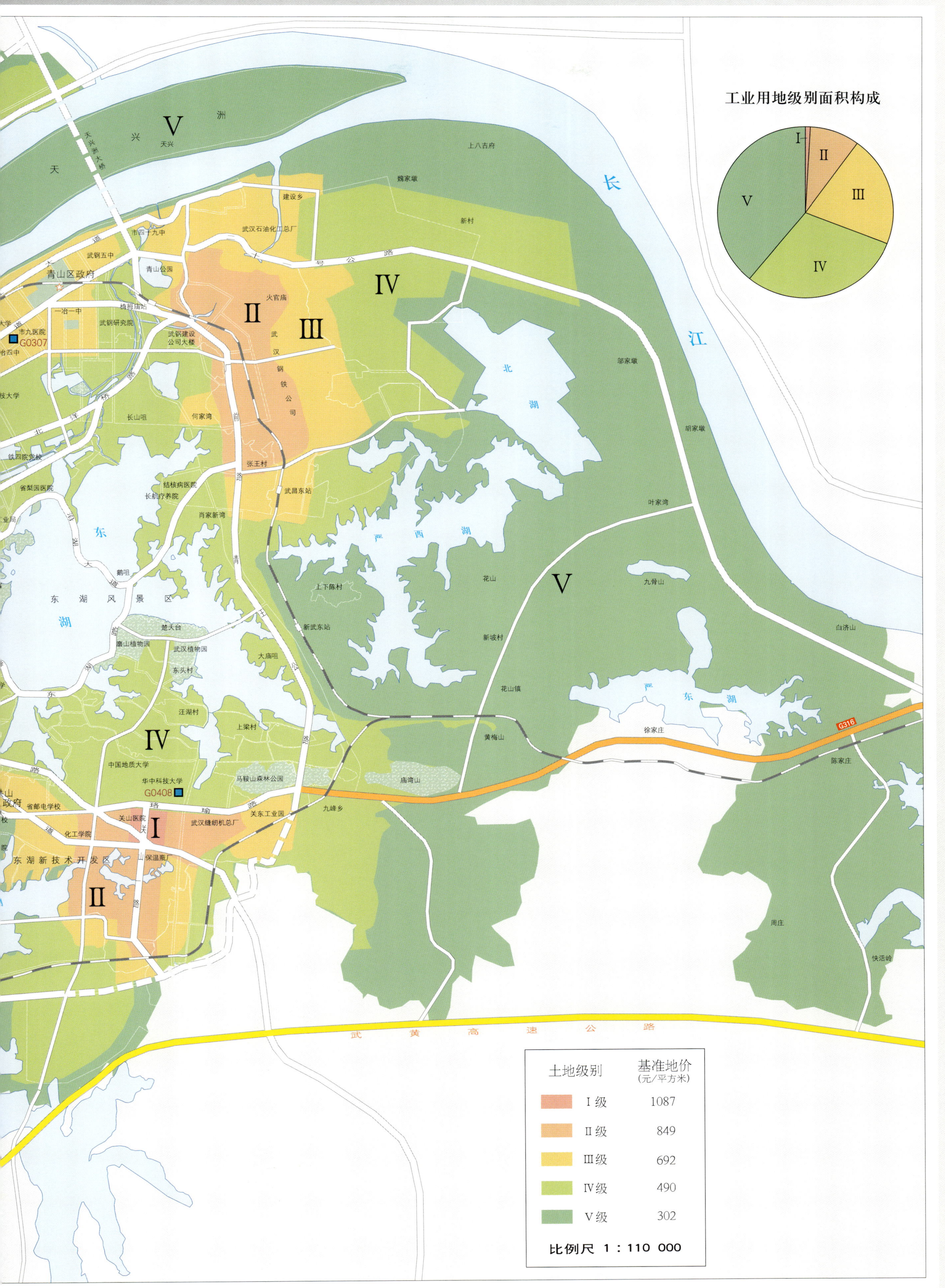
工业用地级别面积构成
I
II
III
IV
V
土地级别
基准地价
(元/平方米)
I级 1087
II级 849
III级 692
IV级 490
V级 302
比例尺 1：110 000
长江
天兴洲
北湖
严西湖
严东湖
东湖
东湖风景区
青山区政府
武汉钢铁公司
东湖新技术开发区
武黄高速公路
G316
G0307
G0408
武汉石油化工总厂
火官庙
张王村
武昌东站
新武东站
花山
花山镇
九峰乡
中国地质大学
华中科技大学
关山医院
武汉缝纫机总厂
关东工业园
马鞍山森林公园
磨山植物园
武汉植物园
徐家庄
陈家庄
周庄
白浒山
九骨山
黄梅山
叶家湾
建设乡
新村
上八吉府

用　　途	土地级别	监测点编号	监测点地价（元/平方米）	土地级别	监测点编号	监测点地价（元/平方米）
商业	Ⅰ	S0101	6 861	Ⅳ	S0412	1 738
		S0102	11 911		S0413	1 963
		S0103	7 815	Ⅴ	S0514	1 542
	Ⅱ	S0204	4 683		S0515	1 476
		S0205	3 848		S0516	1 374
	Ⅲ	S0306	2 028		S0517	1 690
		S0307	4 505		S0518	1 746
		S0308	4 902		S0519	2 086
		S0309	2 800	Ⅵ	S0620	1 228
		S0310	2 237		S0621	1 379
		S0311	2 646			
居住	Ⅱ	Z0201	1 221	Ⅲ	Z0311	2 200
		Z0202	2 649		Z0312	1 315
		Z0203	2 422		Z0313	862
		Z0204	2 247		Z0314	1 277
		Z0205	2 837	Ⅳ	Z0415	1 215
		Z0206	1 025		Z0416	1 470
	Ⅲ	Z0307	2 144		Z0417	1 027
		Z0308	1 715		Z0418	1 582
		Z0309	1 095	Ⅴ	Z0519	1 154
		Z0310	1 246			
工业	Ⅱ	G0201	610	Ⅲ	G0306	441
		G0202	712		G0307	567
	Ⅲ	G0303	590	Ⅳ	G0408	571
		G0304	695		G0409	478
		G0305	665		G0410	302

- 商业用地监测点地价内涵：在正常土地市场条件下，基准日为2001年9月30日，设定土地开发程度为“五通一平”（宗地红线外通路、通电、供水、排水、通讯及宗地红线内场地平整），容积率为2.6，商业用地法定最高出让年限40年的完整土地使用权价格。

- 居住用地监测点地价内涵：在正常土地市场条件下，基准日为2001年9月30日，设定土地开发程度为“五通一平”（宗地红线外通路、通电、供水、排水、通讯及宗地红线内场地平整），容积率为1.8，居住用地法定最高出让年限70年的完整土地使用权价格。

- 工业用地监测点地价内涵：在正常土地市场条件下，基准日为2001年9月30日，设定土地开发程度为“五通一平”（宗地红线外通路、通电、供水、排水、通讯及宗地红线内场地平整），工业用地法定最高出让年限50年的完整土地使用权价格。

长沙市

长沙市

长沙市是湖南省省会，全省政治、经济、文教和信息中心，国家历史文化名城。位于湖南省东北部湘江之滨，麓山之侧，东与江西省萍乡市接壤，北与岳阳市交界，西与益阳市相接，南与湘潭市、株洲市相联。辖5区、1市、3县，面积11 828平方千米，其中市区556.33平方千米，全市总人口587万。

长沙市根据《城镇土地分等定级规程》、《城镇土地估价规程》、《城市地价动态监测体系技术规范》及《2000—2001年度城市土地价格调查实施方案》，明确基准地价内涵，在长沙市市区（芙蓉区、岳麓区、雨花区、天心区、开福区）约556平方千米的土地范围内，全面开展自然、社会、经济及土地市场状况等调查，利用计算机系统技术，辅助完成了城市土地综合定级，商业、居住、工业用地定级与基准地价更新，设立141个地价监测点，建立了城市土地基准地价更新和地价查询、发布信息系统，为我国城市地价动态监测体系建设奠定了基础。也为长沙市强化城市土地资产管理，规范土地市场，制定各类规划和提高土地利用的经济、社会和环境效益提供科学依据。

长沙市基准地价于2003年3月31日由市政府公布实施。

- 商业用地基准地价内涵：在正常土地市场条件下，基准日为2001年1月1日，设定土地开发程度为“五通一平”（宗地红线外通路、通电、供水、排水、通讯及宗地红线内场地平整），1～9级地平均容积率为3.3、3.0、2.7、2.4、2.1、1.8、1.5、1.2、1.0，商业用地法定最高出让年限40年的完整土地使用权平均价格。

- 居住用地基准地价内涵：在正常土地市场条件下，基准日为2001年1月1日，设定土地开发程度为“五通一平”（宗地红线外通路、通电、供水、排水、通讯及宗地红线内场地平整），1～7级地平均容积率为3.0、2.7、2.4、2.1、1.8、1.4、1.0，住宅用地法定最高出让年限70年的完整土地使用权平均价格。

- 工业用地基准地价内涵：在正常土地市场条件下，基准日为2001年1月1日，设定土地开发程度为“五通一平”（宗地红线外通路、通电、供水、排水、通讯及宗地红线内场地平整），工业用地法定最高出让年限50年的完整土地使用权平均价格。

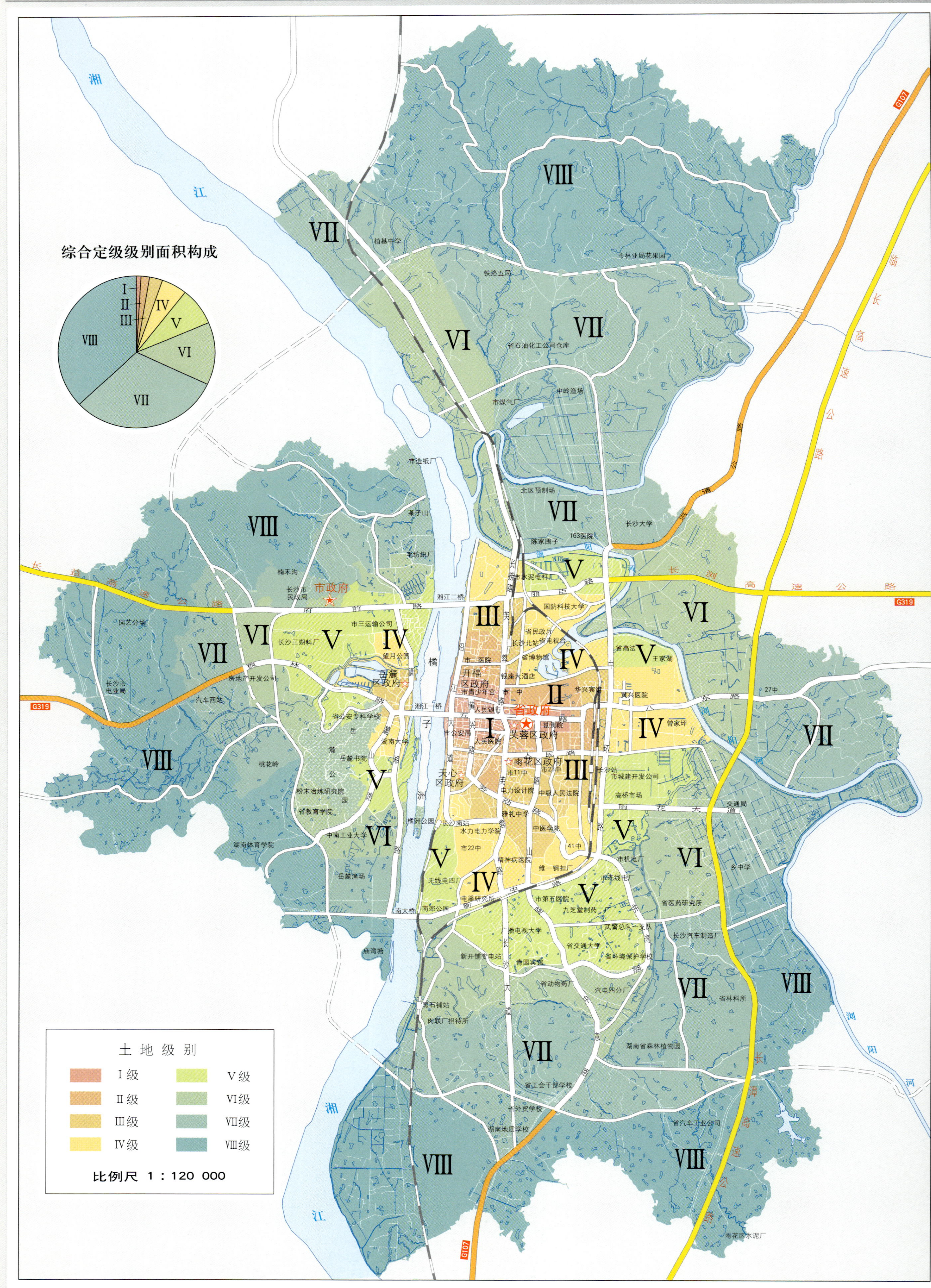
综合定级级别面积构成
土 地 级 别
Ⅰ级
Ⅱ级
Ⅲ级
Ⅳ级
Ⅴ级
Ⅵ级
Ⅶ级
Ⅷ级
比例尺 1：120 000
湘江
市政府
省政府
开福区政府
岳麓区政府
芙蓉区政府
雨花区政府
天心区政府
长沙大学
长沙站
G319
G107

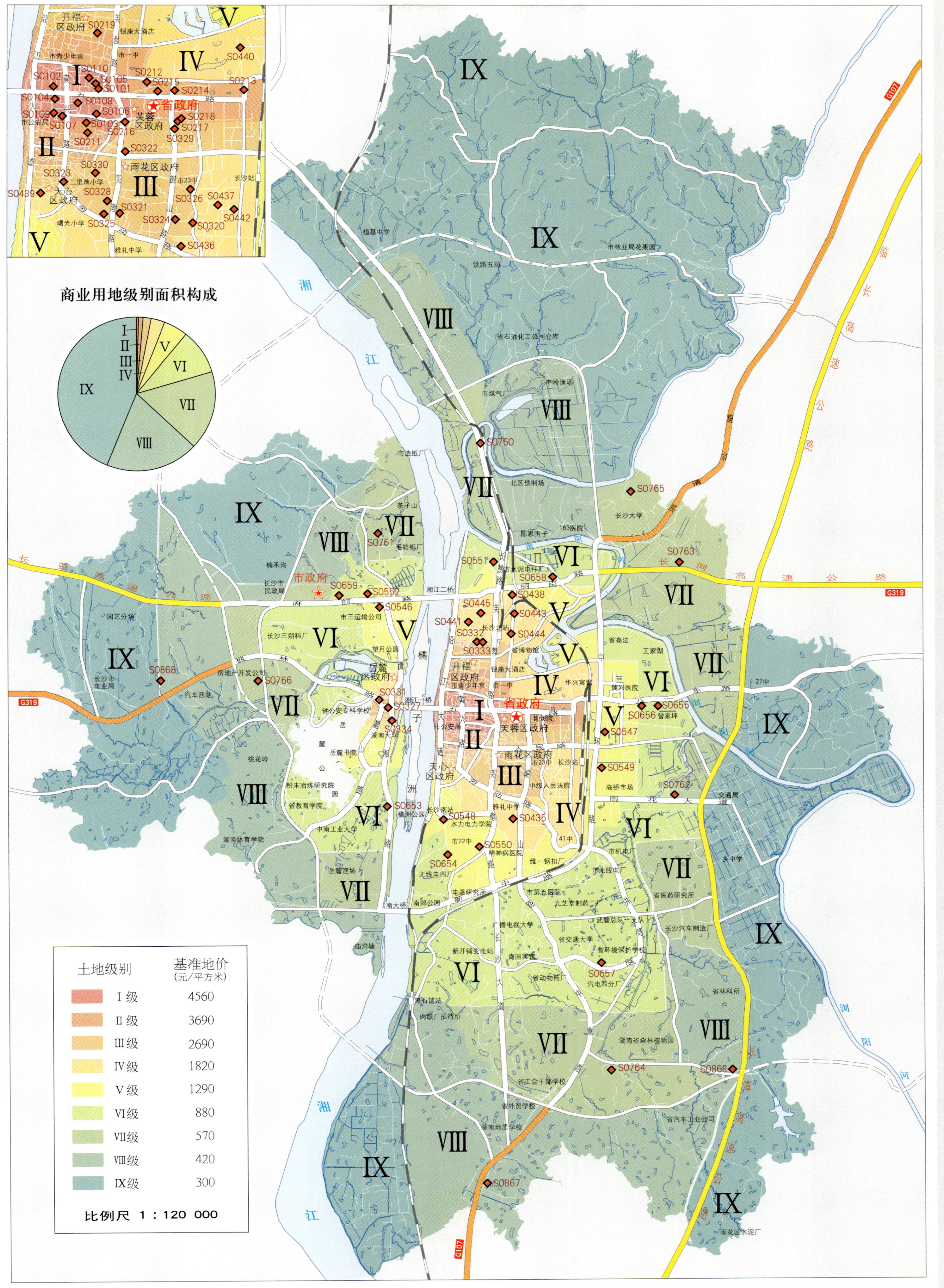
商业用地级别面积构成
土地级别 基准地价(元/平方米)
Ⅰ级 4560
Ⅱ级 3690
Ⅲ级 2690
Ⅳ级 1820
Ⅴ级 1290
Ⅵ级 880
Ⅶ级 570
Ⅷ级 420
Ⅸ级 300
比例尺 1：120 000
市政府
省政府
开福区政府
芙蓉区政府
天心区政府
雨花区政府
岳麓区政府
湘江
浏阳河
G107
G319
长沙大学
长沙站

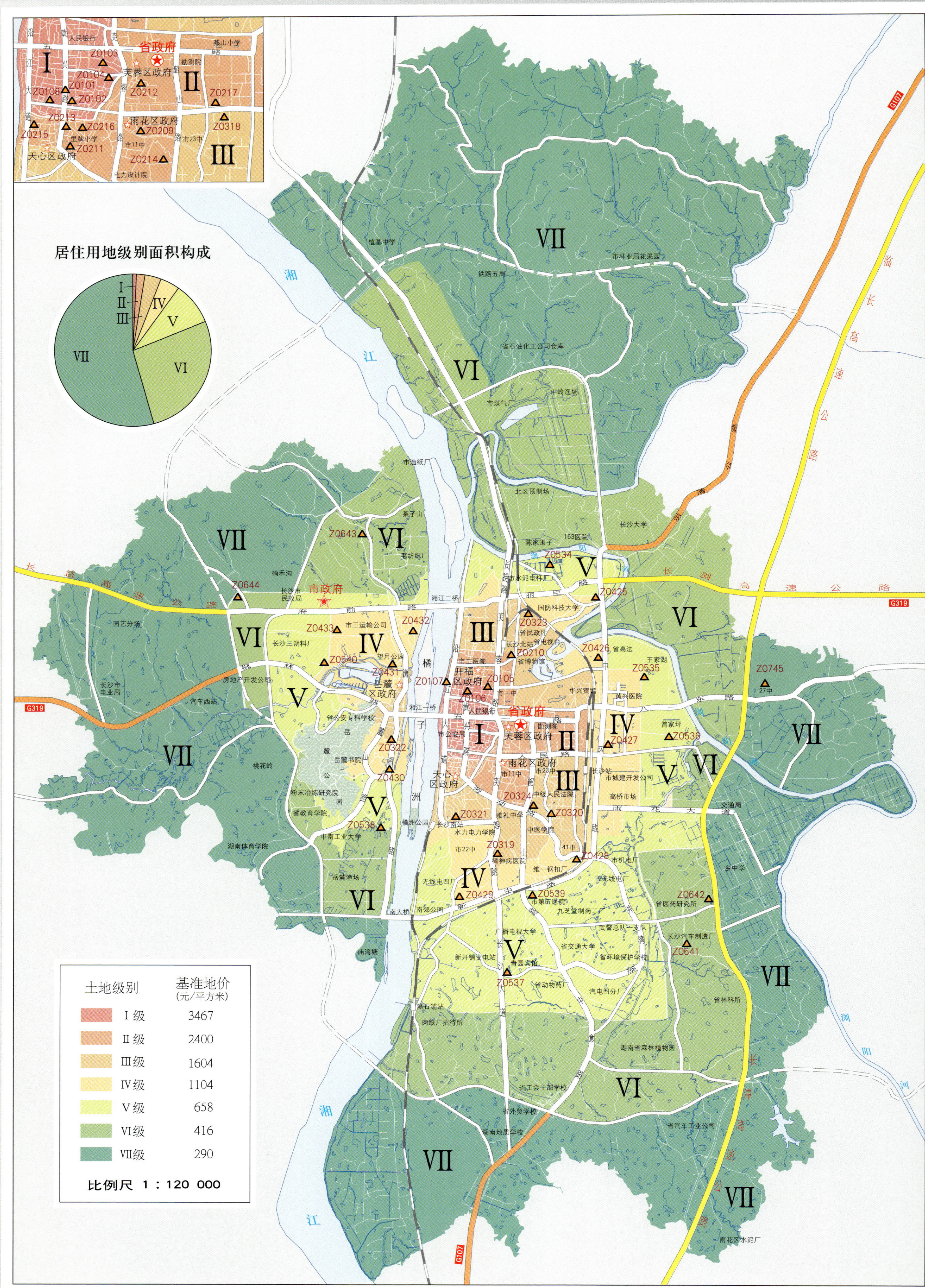
居住用地级别面积构成
土地级别 基准地价 (元/平方米)
Ⅰ级 3467
Ⅱ级 2400
Ⅲ级 1604
Ⅳ级 1104
Ⅴ级 658
Ⅵ级 416
Ⅶ级 290
比例尺 1∶120 000
省政府
市政府
芙蓉区政府
雨花区政府
天心区政府
岳麓区政府
开福区政府
湘江
浏阳河
长沙大学
湖南体育学院
中南工业大学
岳麓书院
长湘高速公路
G319
G107

综合定级级别面积构成
土地级别
Ⅰ级
Ⅱ级
Ⅲ级
Ⅳ级
Ⅴ级
Ⅵ级
Ⅶ级
Ⅷ级
比例尺 1：80 000
荷南学校
南岗车站
下元站
石化医院
黄埔区医院
文船中学
红十字医院
六医院
南湾学校
航天奇观
世界大观
市氮肥厂
氮肥厂医院
市18中
市86中
黄埔公园
省第二工人医院
水西卫生站
萝岗医院
葫芦岭
省电力专科学校
广州汽车驾驶员培训中心
岑村
沐陂

广州市商业用地基准地价及监测点

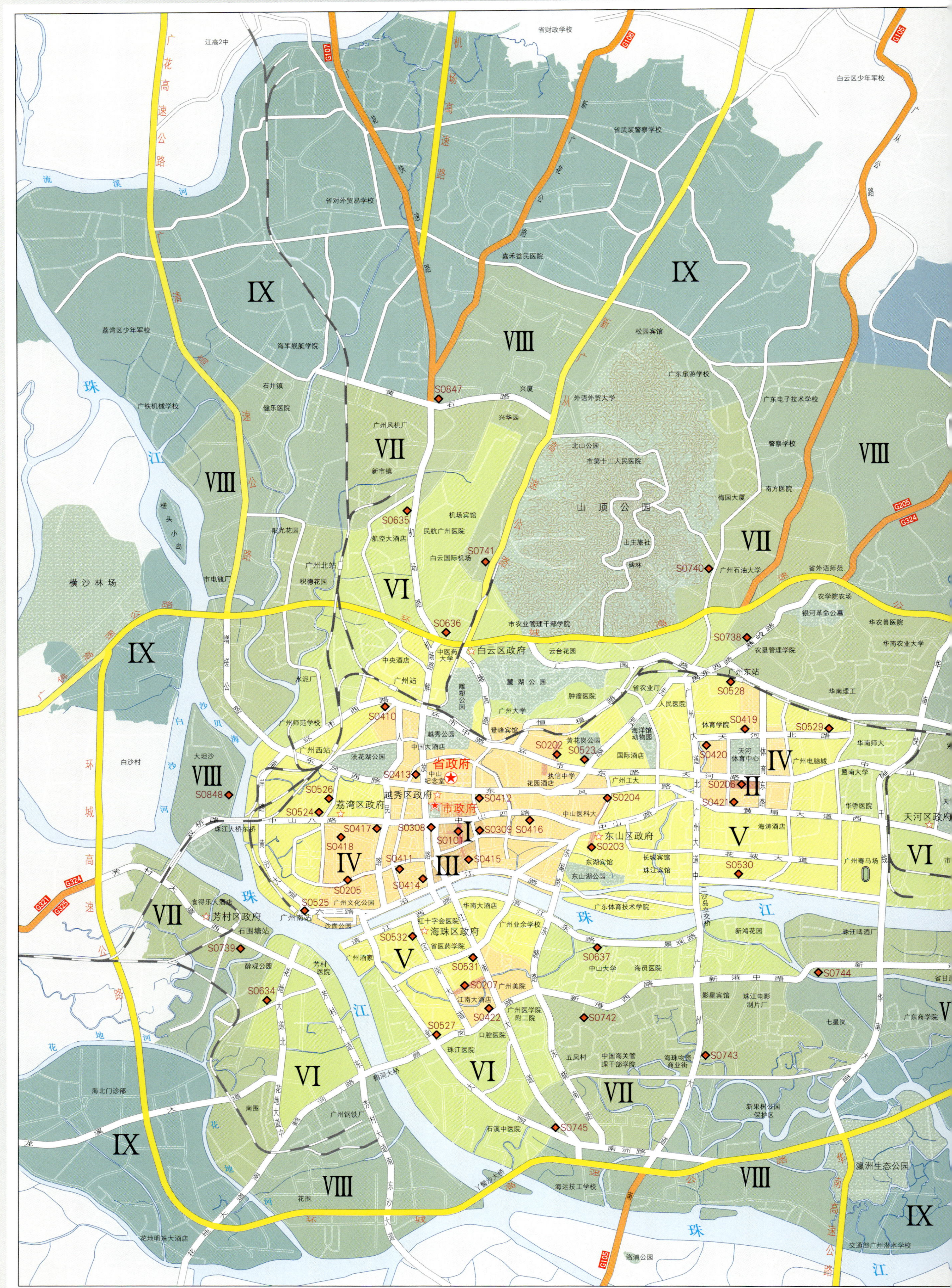

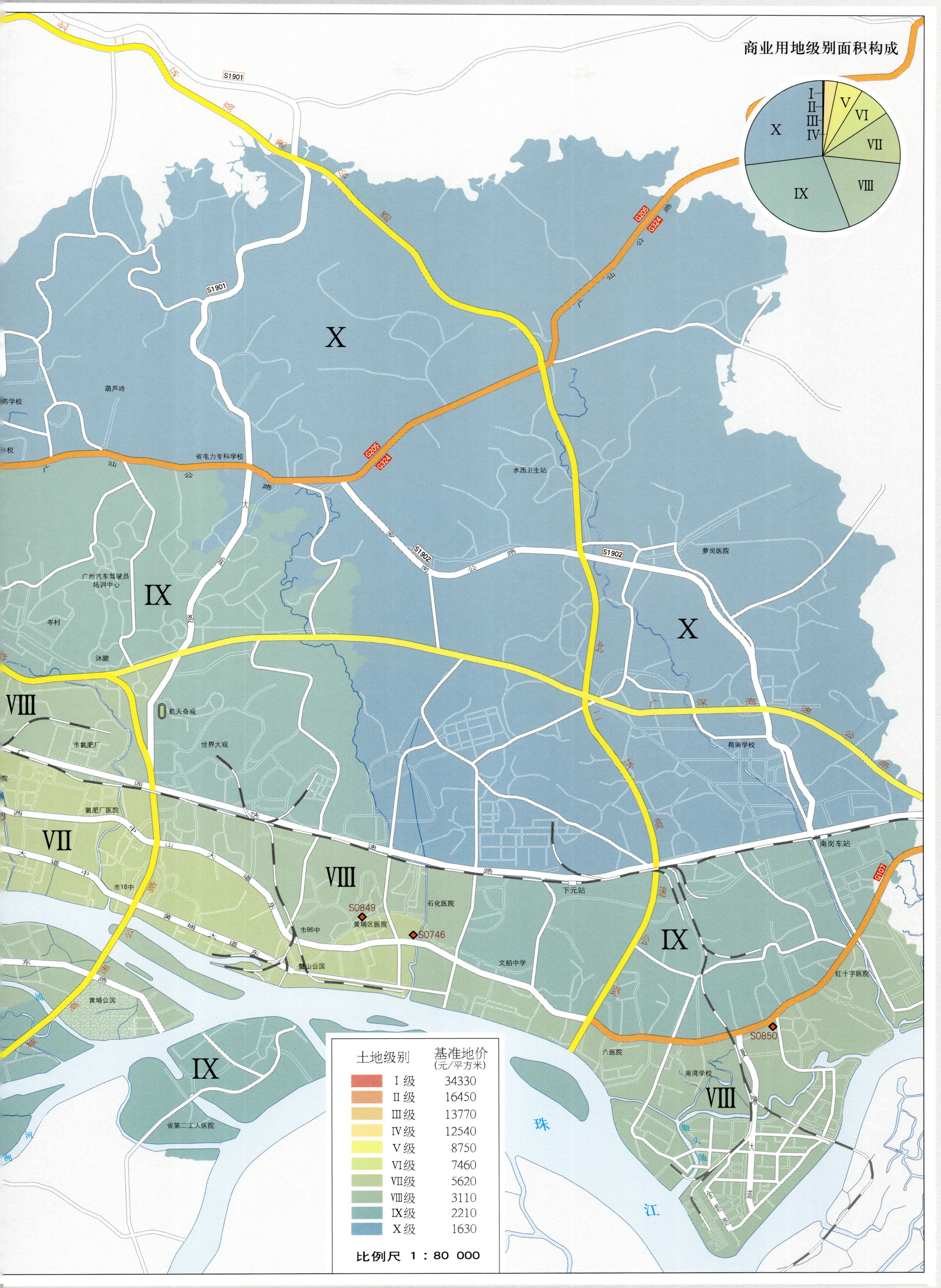

商业用地级别面积构成
土地级别
基准地价（元/平方米）
I 级 34330
II 级 16450
III 级 13770
IV 级 12540
V 级 8750
VI 级 7460
VII 级 5620
VIII 级 3110
IX 级 2210
X 级 1630
比例尺 1：80 000

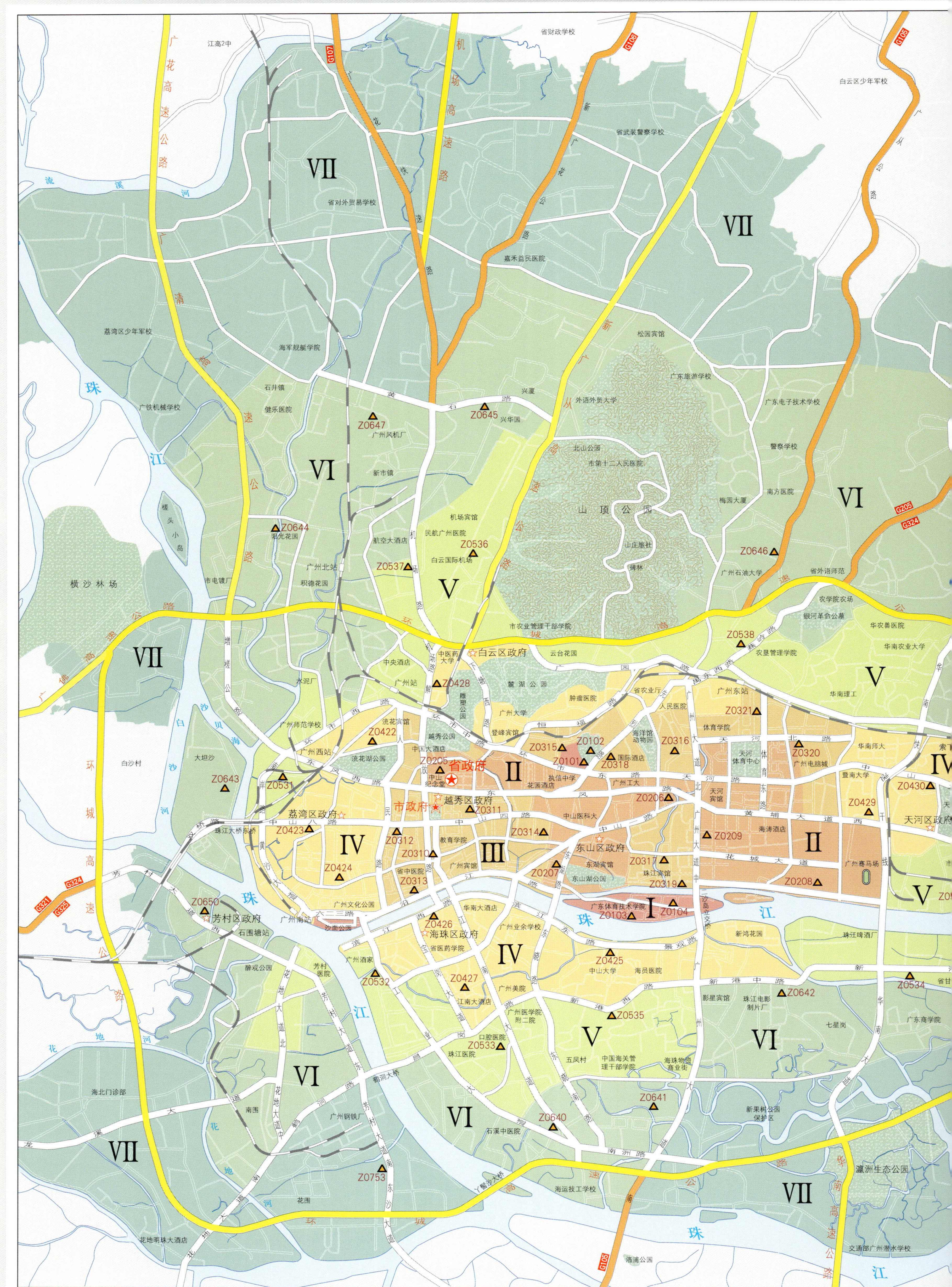

VII
VI
V
IV
III
II
I
省政府
市政府
白云区政府
越秀区政府
荔湾区政府
东山区政府
海珠区政府
芳村区政府
天河区政府
省财政学校
江高2中
白云区少年军校
省武装警察学校
省对外贸易学校
荔湾区少年军校
海军舰艇学院
松园宾馆
广东旅游学校
广东电子技术学校
石井镇
健乐医院
广铁机械学校
外语外贸大学
兴华园
北山公园
警察学校
南方医院
梅园大厦
山顶公园
山庄旅社
机场宾馆
民航广州医院
航空大酒店
白云国际机场
广州北站
积德花园
横沙林场
新市镇
广州风机厂
广州石油大学
省外语师范
农学院农场
华南农业大学
市农业管理干部学院
云台花园
中央酒店
广州站
麓湖公园
广州大学
省农业厅
人民医院
广州东站
体育学院
华南理工
华南师大
暨南大学
广州电脑城
广州西站
流花宾馆
流花湖公园
越秀公园
中国大酒店
广州师范学校
白沙村
大坦沙
水泥厂
珠江大桥东桥
执信中学
花园酒店
国际酒店
广州工大
天河体育中心
天河宾馆
海涛酒店
广州赛马场
中山医科大
教育学院
广州宾馆
省中医院
广州文化公园
东湖宾馆
东山湖公园
广东体育技术学院
华南大酒店
省医药学院
广州酒家
芳村医院
石围塘站
广州南站
沙面公园
江南大酒店
广州美院
口腔医院
珠江医院
中山大学
海员医院
新鸿花园
珠江啤酒厂
影星宾馆
珠江电影制片厂
七星岗
广东商学院
五凤村
中国海关管理干部学院
石溪中医院
广州钢铁厂
南围
海北门诊部
花地南珠大酒店
花围
海运技工学校
洛溪公园
瀛洲生态公园
珠江
Z0647
Z0645
Z0644
Z0536
Z0537
Z0646
Z0538
Z0428
Z0321
Z0422
Z0315
Z0102
Z0101
Z0318
Z0316
Z0320
Z0430
Z0205
Z0643
Z0531
Z0423
Z0311
Z0206
Z0429
Z0314
Z0209
Z0312
Z0310
Z0424
Z0313
Z0207
Z0317
Z0319
Z0208
Z0650
Z0103
Z0104
Z0426
Z0425
Z0532
Z0427
Z0535
Z0534
Z0642
Z0533
Z0641
Z0640
Z0753

居住用地级别面积构成
I
II
III
IV
V
VI
VII
VIII
土地级别 基准地价 (元/平方米)
I 级 8370
II 级 7270
III 级 6340
IV 级 5070
V 级 4120
VI级 2830
VII级 1980
VIII级 1310
比例尺 1：80 000
S1901
S1902
G205
G324
G107
葫芦岭
省电力专科学校
Z0752
广州汽车驾驶员培训中心
岑村
沐陂
航天奇观
世界大观
市氮肥厂
Z0649
氮肥厂医院
Z0648
市18中
市86中
黄埔区医院
石化医院
麓山公园
Z0651
Z0754
文船中学
下元站
水西卫生站
萝岗医院
荷南学校
南岗车站
红十字医院
Z0855
八医院
南湾学校
黄埔公园
省第二工人医院
珠
江

广州市工业用地基准地价及监测点

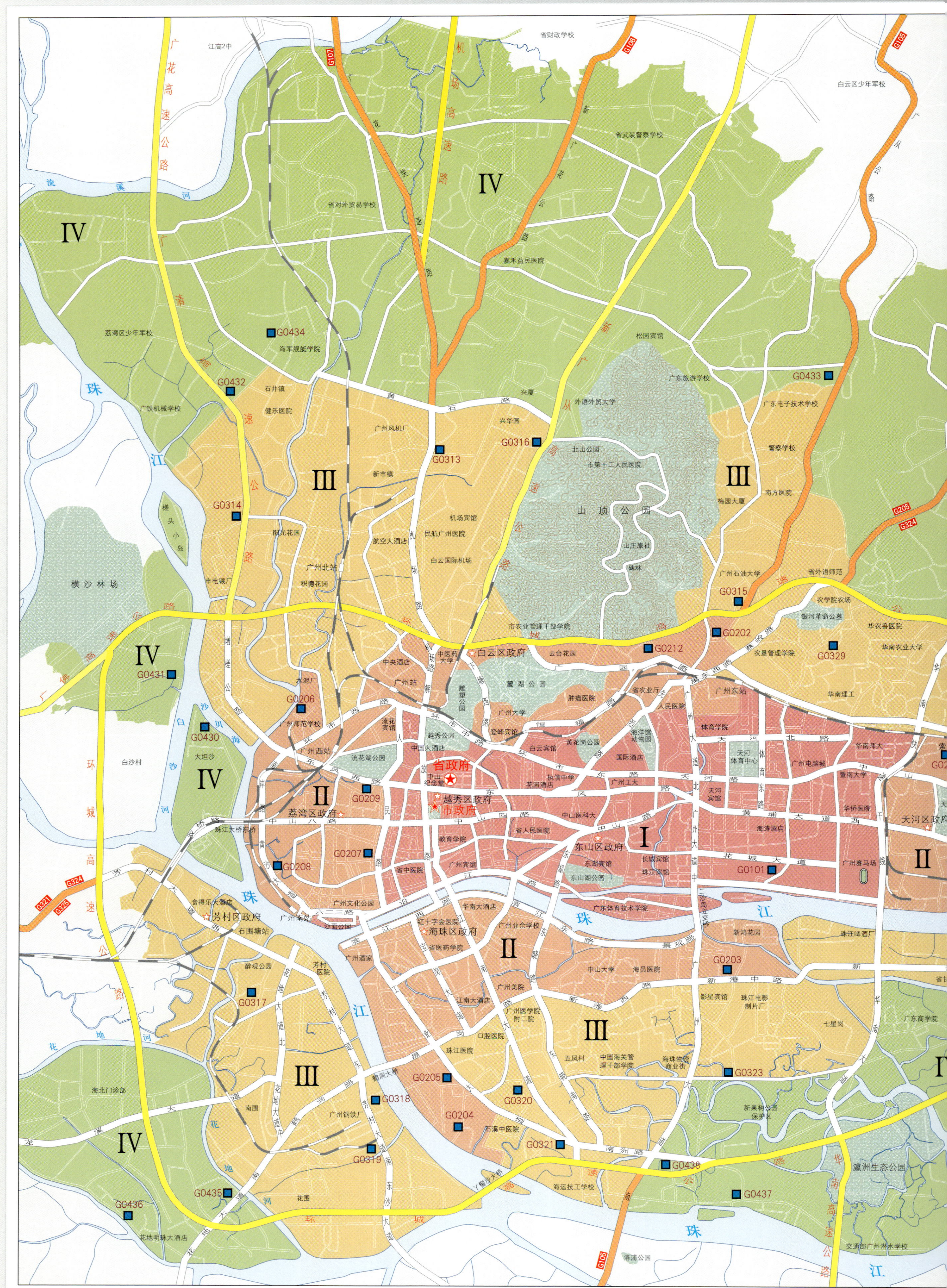

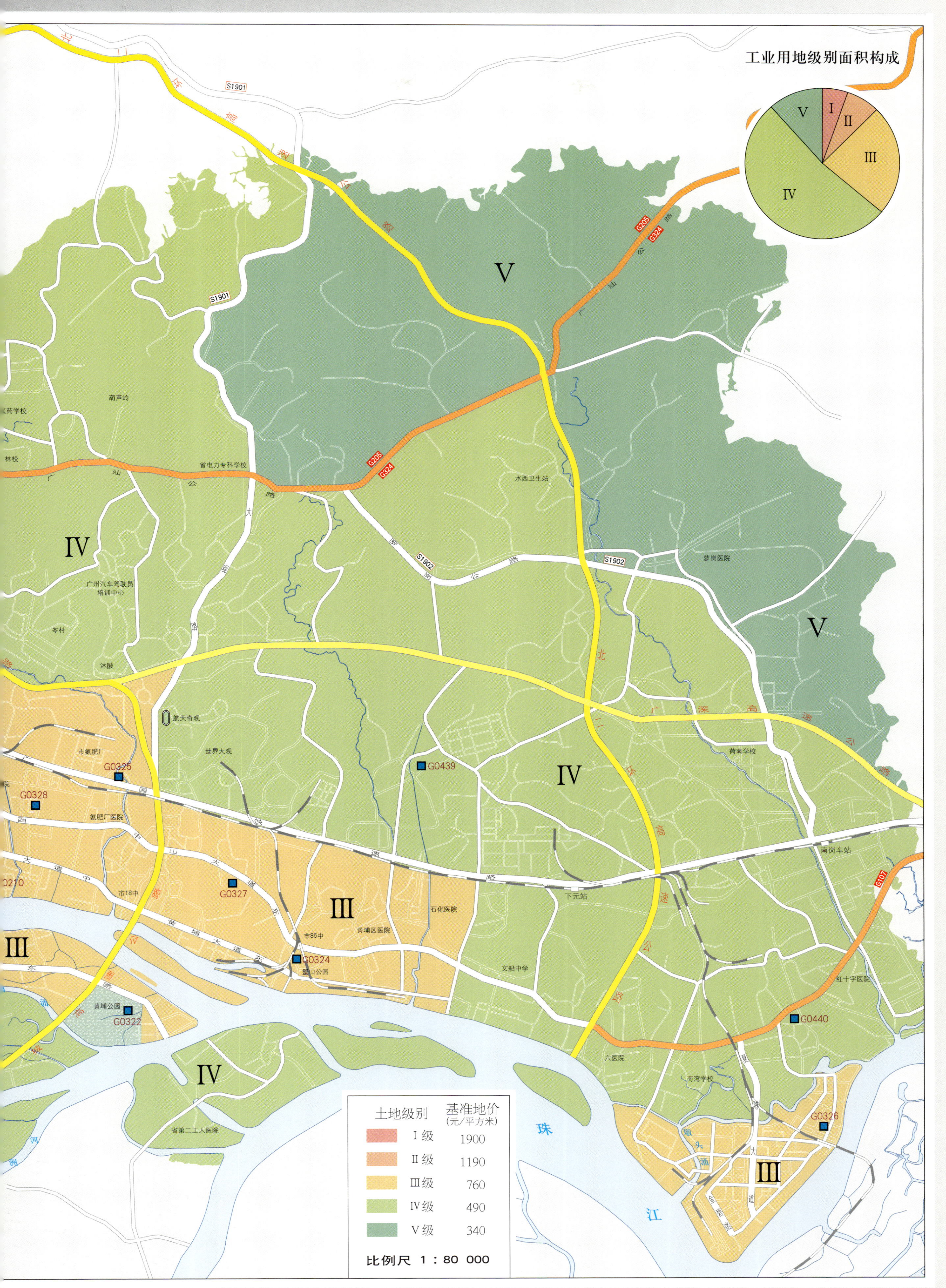
工业用地级别面积构成
I
II
III
IV
V
土地级别
基准地价（元/平方米）
I 级 1900
II 级 1190
III 级 760
IV 级 490
V 级 340
比例尺 1：80 000
G0325
G0328
G0327
G0324
G0322
G0439
G0440
G0326
葫芦岭
省电力专科学校
水西卫生站
萝岗医院
广州汽车驾驶员培训中心
岑村
沐陂
航天奇观
世界大观
市氮肥厂
氮肥厂医院
市18中
市86中
黄埔区医院
石化医院
下元站
文船中学
荷南学校
南岗车站
红十字医院
六医院
南湾学校
黄埔公园
省第二工人医院
珠
江
S1901
S1902
G205
G324
G107

用途	土地级别	监测点编号	监测点地价（元/平方米）	土地级别	监测点编号	监测点地价（元/平方米）	土地级别	监测点编号	监测点地价（元/平方米）
商业	Ⅰ	S0101	37 597	Ⅳ	S0418	13 119	Ⅵ	S0635	6 035
	Ⅱ	S0202	17 566		S0419	14 632		S0636	6 198
		S0203	15 919		S0420	11 536		S0637	7 066
		S0204	17 135		S0421	14 436	Ⅶ	S0738	5 851
		S0205	17 626		S0422	12 281		S0739	4 111
		S0206	17 698	Ⅴ	S0523	10 216		S0740	6 045
		S0207	16 051		S0524	9 899		S0741	5 472
	Ⅲ	S0308	16 303		S0525	8 841		S0742	5 628
		S0309	14 836		S0526	10 646		S0743	5 650
	Ⅳ	S0410	15 192		S0527	9 047		S0744	4 100
		S0411	14 165		S0528	10 332		S0745	5 284
		S0412	15 243		S0529	9 118		S0746	5 628
		S0413	14 567		S0530	10 477	Ⅷ	S0847	3 527
		S0414	14 809		S0531	8 905		S0848	3 930
		S0415	15 065		S0532	8 255		S0849	3 254
		S0416	15 163	Ⅵ	S0633	8 567		S0850	3 139
		S0417	11 646		S0634	7 306			
居住	Ⅰ	Z0101	8 970	Ⅲ	Z0320	5 753	Ⅴ	Z0539	3 843
		Z0102	9 040		Z0321	6 811	Ⅵ	Z0640	2 446
		Z0103	9 078	Ⅳ	Z0422	5 413		Z0641	2 706
		Z0104	8 998		Z0423	4 612		Z0642	2 808
	Ⅱ	Z0205	7 274		Z0424	4 689		Z0643	3 184
		Z0206	7 989		Z0425	5 342		Z0644	2 738
		Z0207	7 674		Z0426	4 345		Z0645	2 674
		Z0208	6 977		Z0427	4 631		Z0646	3 209
		Z0209	7 454		Z0428	4 760		Z0647	2 902
	Ⅲ	Z0310	6 590		Z0429	5 139		Z0648	2 628
		Z0311	6 084		Z0430	5 424		Z0649	2 798
		Z0312	6 400	Ⅴ	Z0531	3 421		Z0650	2 762
		Z0313	5 467		Z0532	3 750		Z0651	2 694
		Z0314	6 060		Z0533	4 138	Ⅶ	Z0752	2 257
		Z0315	7 154		Z0534	3 037		Z0753	2 038
		Z0316	6 233		Z0535	3 759		Z0754	2 336
		Z0317	6 443		Z0536	4 262	Ⅷ	Z0855	1 624
		Z0318	6 362		Z0537	4 251			
		Z0319	6 835		Z0538	3 449			
工业	Ⅰ	G0101	2 274	Ⅲ	G0315	835	Ⅲ	G0329	715
	Ⅱ	G0202	1 203		G0316	714	Ⅳ	G0430	585
		G0203	1 224		G0317	763		G0431	570
		G0204	987		G0318	751		G0432	513
		G0205	1 335		G0319	661		G0433	585
		G0206	1 294		G0320	940		G0434	567
		G0207	1 455		G0321	864		G0435	436
		G0208	1 426		G0322	631		G0436	391
		G0209	1 309		G0323	898		G0437	607
		G0210	1 002		G0324	693		G0438	571
		G0211	1 392		G0325	752		G0439	427
		G0212	1 260		G0326	832		G0440	472
	Ⅲ	G0313	915		G0327	648			
		G0314	802		G0328	612			

- 商业用地监测点地价内涵：在正常土地市场条件下，基准日为2001年1月1日，设定土地开发程度为“五通一平”（宗地红线外通路、通电、供水、排水、通讯及宗地红线内场地平整），容积率为2.7（建筑密度45%，楼层6层），商业用地法定最高出让年限40年的完整土地使用权价格。

- 居住用地监测点地价内涵：在正常土地市场条件下，基准日为2001年1月1日，设定土地开发程度为“五通一平”（宗地红线外通路、通电、供水、排水、通讯及宗地红线内场地平整），容积率为2.7（建筑密度30%，楼层9层），居住用地法定最高出让年限70年的完整土地使用权价格。

- 工业用地监测点地价内涵：在正常土地市场条件下，基准日为2001年1月1日，设定土地开发程度为“五通一平”（宗地红线外通路、通电、供水、排水、通讯及宗地红线内场地平整），容积率为1.0，工业用地法定最高出让年限50年的完整土地使用权价格。

惠州市

惠州市是东江流域政治、经济、文化、交通中心和商品集散地。位于广东省东南部，珠江三角洲东北边，南临南海大亚湾，是一个以轻工业为主、发展外向型经济和风景旅游事业的现代化城市。辖1区、1市、3县。面积10 655平方千米，全市总人口281万。

惠州市根据《城镇土地分等定级规程》、《城镇土地估价规程》、《城市地价动态监测体系技术规范》及《2000－2001年度城市土地价格调查实施方案》，明确基准地价内涵，在城市规划区范围及其外围部分（东起东江、白石岗、文头岭、惠澳大道，南至演达三路、楼角、陈江新村，西至珠田岭、大瑞坑，北至汤泉酒店、上新田、角洞水库）269.1平方千米的土地范围内，全面开展自然、社会、经济及土地市场状况等调查，利用计算机系统技术，辅助完成了城市土地综合定级，商业、居住、工业用地定级与基准地价更新，设立62个地价监测点，建立了城市土地基准地价更新系统，为我国城市地价动态监测体系建设奠定了基础。也为惠州市强化城市土地资产管理，规范土地市场，制定各类规划和提高土地利用的经济、社会和环境效益提供科学依据。

惠州市城区基准地价业经惠州市人民政府批准，于2003年2月25日由市物价局、国土资源局联合公布，2003年4月1日起实施。

- 商业用地基准地价内涵：在正常土地市场条件下，基准日为2001年1月1日，设定土地开发程度为“五通一平”（宗地红线外通路、通电、供水、排水、通讯及宗地红线内场地平整），平均容积率为2.0，商业用地法定最高出让年限40年的完整土地使用权平均价格。

- 居住用地基准地价内涵：在正常土地市场条件下，基准日为2001年1月1日，设定土地开发程度为“五通一平”（宗地红线外通路、通电、供水、排水、通讯及宗地红线内场地平整），平均容积率为2.0，居住用地法定最高出让年限70年的完整土地使用权平均价格。

- 工业用地基准地价内涵：在正常土地市场条件下，基准日为2001年1月1日，设定土地开发程度为“五通一平”（宗地红线外通路、通电、供水、排水、通讯及宗地红线内场地平整），平均容积率为2.0，工业用地法定最高出让年限50年的完整土地使用权平均价格。

惠州市土地综合定级级别

商业用地级别面积构成
土地级别 基准地价(元/平方米)
Ⅰ级 4700
Ⅱ级 3300
Ⅲ级 2540
Ⅳ级 1740
Ⅴ级 1100
Ⅵ级 700
比例尺 1：64 000
市政府
惠城区政府
东江
西湖
红花湖
金山湖
角洞水库
仲恺高新技术开发区
松山工业园
惠台工业园
S0101
S0202
S0303
S0304
S0305
S0406
S0407
S0408
S0409
S0510

惠州市居住用地基准地价及监测点

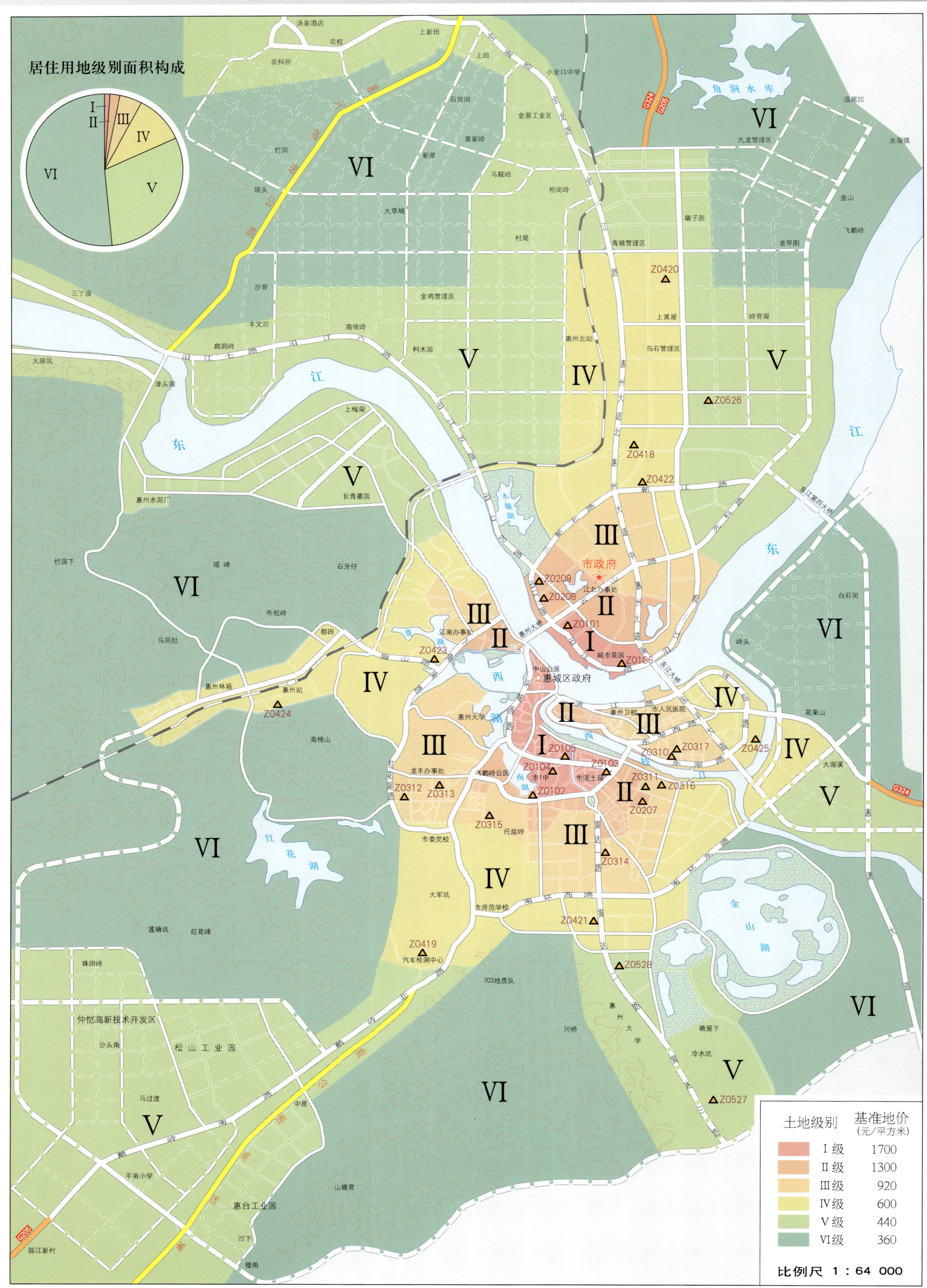

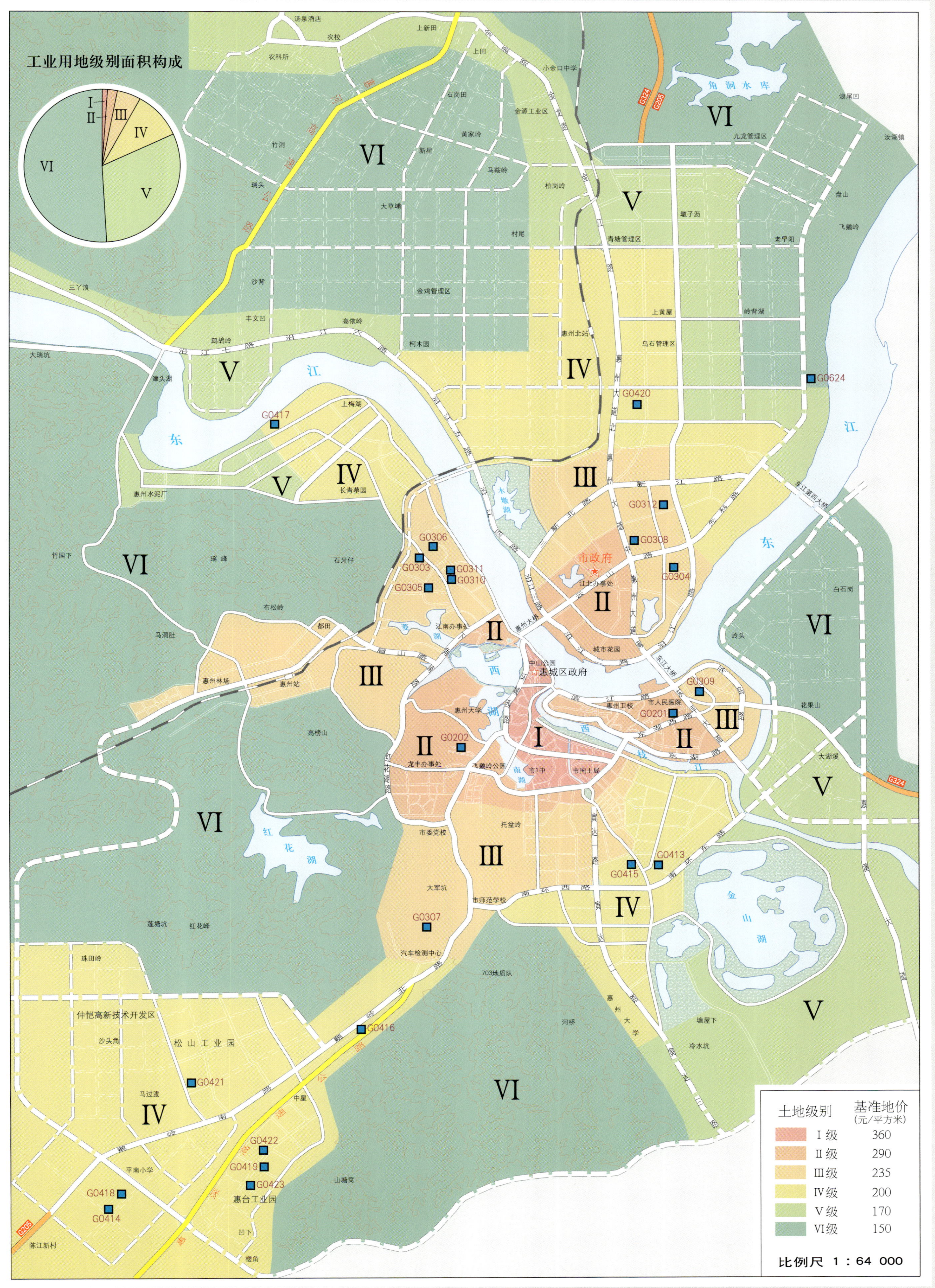
工业用地级别面积构成
I
II
III
IV
V
VI
土地级别 基准地价（元/平方米）
I级 360
II级 290
III级 235
IV级 200
V级 170
VI级 150
比例尺 1：64 000
市政府
惠城区政府
东江
西湖
南湖
红花湖
金山湖
角洞水库
仲恺高新技术开发区
松山工业园
惠台工业园
G0201
G0202
G0303
G0304
G0305
G0306
G0307
G0308
G0309
G0310
G0311
G0312
G0413
G0414
G0415
G0416
G0417
G0418
G0419
G0420
G0421
G0422
G0423
G0624
G324
G205

用　途	土地级别	监测点编号	监测点地价（元/平方米）	土地级别	监测点编号	监测点地价（元/平方米）
商业	Ⅰ	S0101	3 876	Ⅳ	S0406	2 231
	Ⅱ	S0202	3 754		S0407	1 967
	Ⅲ	S0303	2 637		S0408	1 235
		S0304	2 900		S0409	2 368
		S0305	2 160	Ⅴ	S0510	1 001
居住	Ⅰ	Z0101	1 546	Ⅲ	Z0315	1 197
		Z0102	2 097		Z0316	863
		Z0103	1 722		Z0317	972
		Z0104	2 349	Ⅳ	Z0418	889
		Z0105	1 722		Z0419	592
		Z0106	2 054		Z0420	559
	Ⅱ	Z0207	1 129		Z0421	1 958
		Z0208	1 250		Z0422	870
		Z0209	1 555		Z0423	567
	Ⅲ	Z0310	1 287		Z0424	535
		Z0311	1 273		Z0425	808
		Z0312	913	Ⅴ	Z0526	519
		Z0313	946		Z0527	537
		Z0314	944		Z0528	930
工业	Ⅱ	G0201	300	Ⅳ	G0413	209
		G0202	278		G0414	188
	Ⅲ	G0303	217		G0415	232
		G0304	230		G0416	172
		G0305	229		G0417	190
		G0306	176		G0418	167
		G0307	200		G0419	188
		G0308	231		G0420	212
		G0309	228		G0421	168
		G0310	233		G0422	167
		G0311	243		G0423	167
		G0312	228	Ⅵ	G0624	181

◦商业用地监测点地价内涵：在正常土地市场条件下，基准日为2001年1月1日，设定土地开发程度为“五通一平”（宗地红线外通路、通电、供水、排水、通讯及宗地红线内场地平整），容积率为2.0，商业用地法定最高出让年限40年的完整土地使用权价格。

◦居住用地监测点地价内涵：在正常土地市场条件下，基准日为2001年1月1日，设定土地开发程度为“五通一平”（宗地红线外通路、通电、供水、排水、通讯及宗地红线内场地平整），容积率为2.0，居住用地法定最高出让年限70年的完整土地使用权价格。

◦工业用地监测点地价内涵：在正常土地市场条件下，基准日为2001年1月1日，设定土地开发程度为“五通一平”（宗地红线外通路、通电、供水、排水、通讯及宗地红线内场地平整），容积率为2.0，工业用地法定最高出让年限50年的完整土地使用权价格。

南宁市

南宁市简称“邕”，是广西壮族自治区的首府，是全区政治、经济、文化和信息中心。位于广西南部偏西，临近北部湾，背靠大西南，连接粤、港、澳，是东南沿海和西南腹地经济区域的结合部，是我国西南出海通道的枢纽，是一座具有民族特色、亚热带风光的现代化园林城市。辖5区、7县，面积22 188平方千米，全市总人口629万。

南宁市根据《城镇土地分等定级规程》、《城镇土地估价规程》、《城市地价动态监测体系技术规范》及《2000—2001年度城市土地价格调查实施方案》，明确基准地价内涵，在南宁市1995—2010年城市规划划定的市区185.622平方千米的土地范围内，进行自然、社会、经济及土地市场状况等调查，全面利用计算机系统技术，辅助完成了城市土地综合定级，商业、居住、工业用地定级与基准地价更新，设立121个地价监测点，建立了城市土地基准地价更新系统，为我国城市地价动态监测体系建设奠定了基础。也为南宁市强化城市土地资产管理，规范土地市场，制定各类规划和提高土地利用的经济、社会和环境效益提供科学依据。

2002年8月15日，南宁市人民政府下发《南宁市人民政府关于公布实施南宁市市区基准地价更新成果的通知》（南府发［2002］85号文），对本次基准地价更新成果予以公布实施。

- 商业用地基准地价内涵：在正常土地市场条件下，基准日为2001年1月1日，设定土地开发程度为“五通一平”（宗地红线外通路、通电、供水、排水、通讯及宗地红线内场地平整），平均容积率为1.8，商业用地法定最高出让年限40年的完整土地使用权平均价格。

- 居住用地基准地价内涵：在正常土地市场条件下，基准日为2001年1月1日，设定土地开发程度为“五通一平”（宗地红线外通路、通电、供水、排水、通讯及宗地红线内场地平整），平均容积率为2.2，居住用地法定最高出让年限70年的完整土地使用权平均价格。

- 工业用地基准地价内涵：在正常土地市场条件下，基准日为2001年1月1日，设定土地开发程度为“五通一平”（宗地红线外通路、通电、供水、排水、通讯及宗地红线内场地平整），工业用地法定最高出让年限50年的完整土地使用权平均价格。

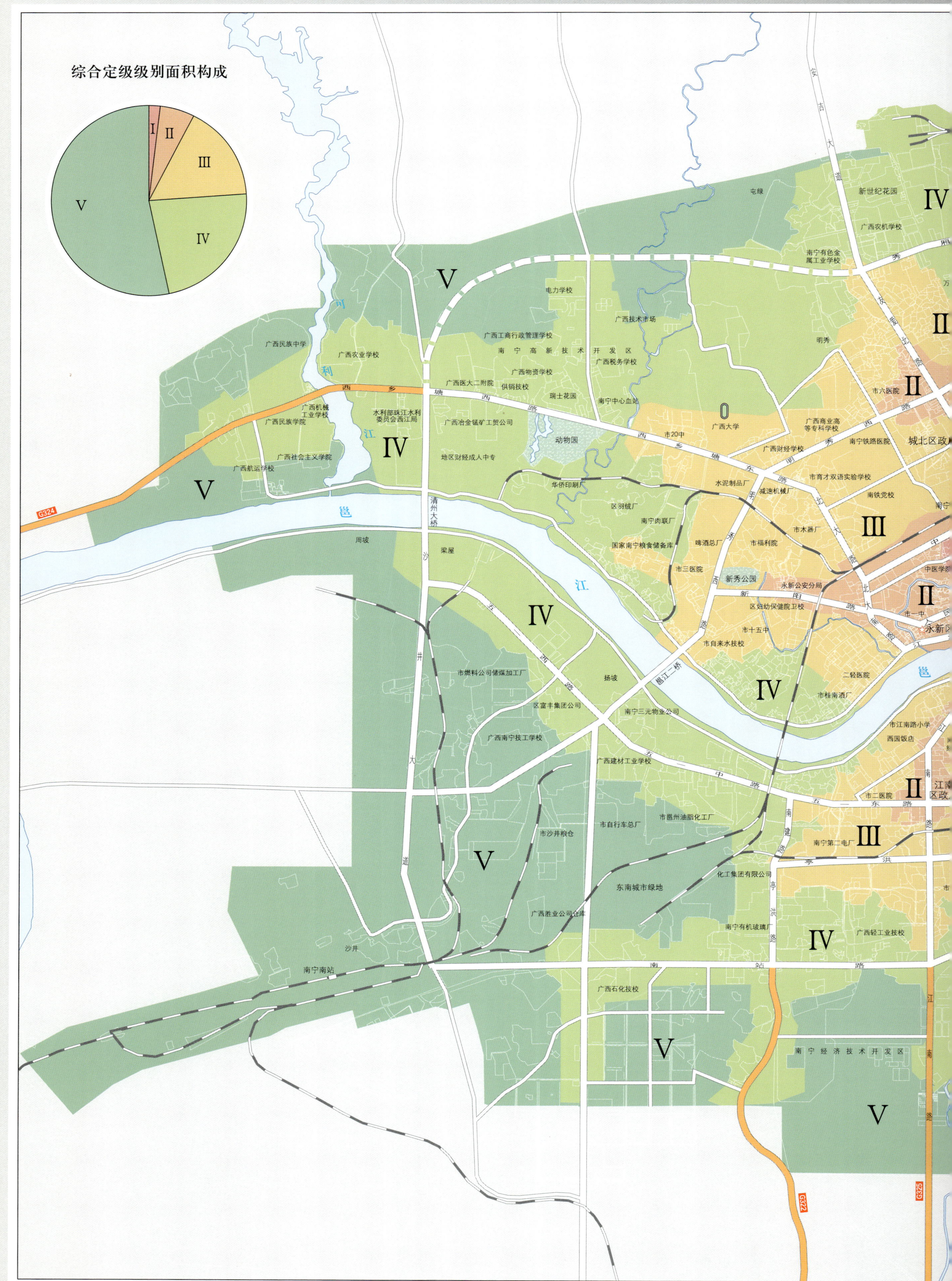
综合定级级别面积构成
Ⅰ
Ⅱ
Ⅲ
Ⅳ
Ⅴ
广西大学
广西民族学院
广西农业学校
南宁高新技术开发区
动物园
邕江
清州大桥
邕江二桥
新秀公园
城北区政
南宁南站
南宁经济技术开发区
东南城市绿地
广西建材工业学校
广西南宁技工学校
广西石化技校
广西轻工业技校
新世纪花园
广西农机学校
市六医院
南宁铁路医院
市二医院
G324
G322
G325

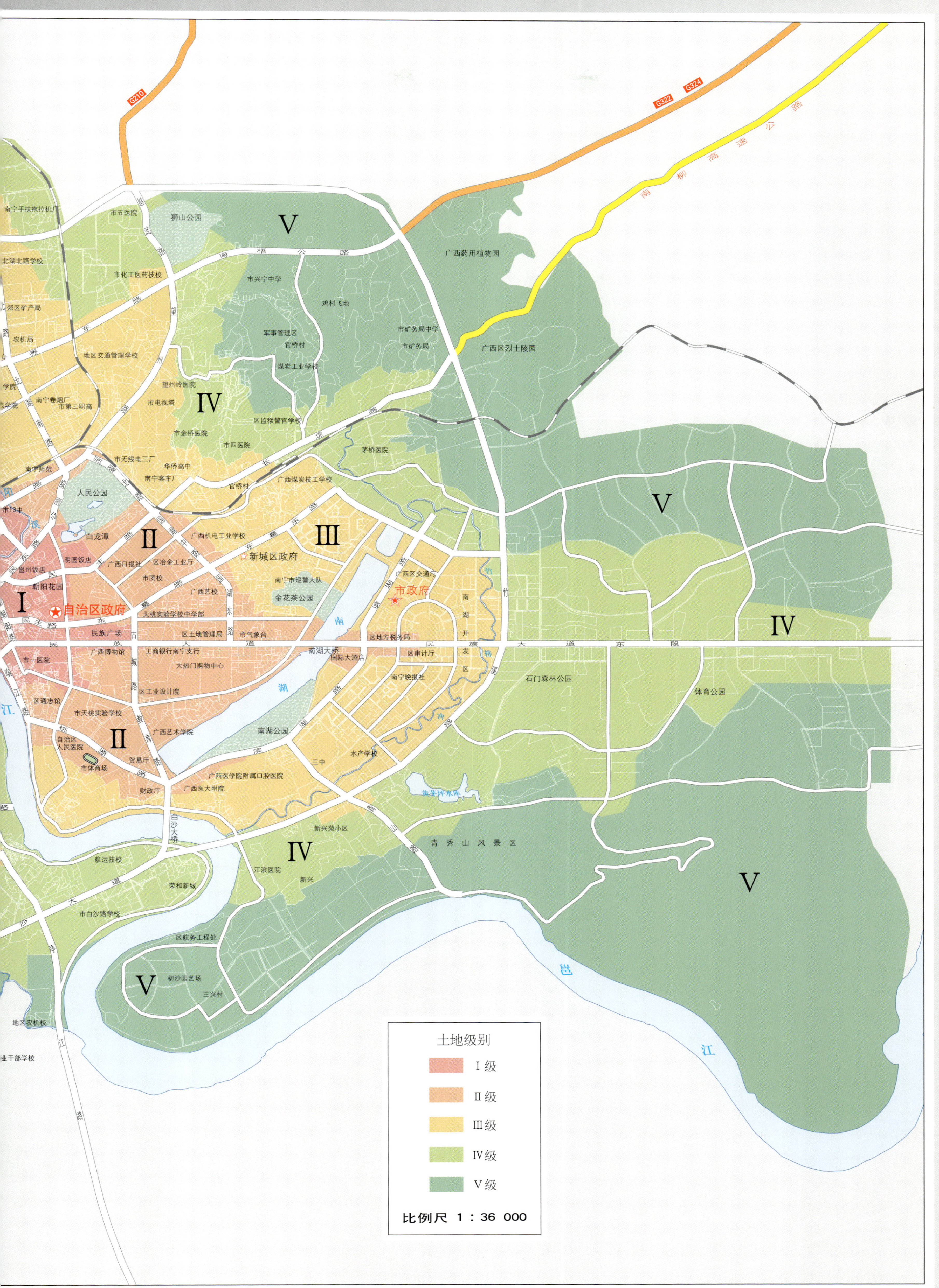
土地级别
Ⅰ级
Ⅱ级
Ⅲ级
Ⅳ级
Ⅴ级
比例尺 1：36 000
自治区政府
新城区政府
市政府
民族大道东段
南湖
南湖公园
人民公园
广西药用植物园
广西区烈士陵园
青秀山风景区
石门森林公园
体育公园
邕江
南柳高速公路
南梧公路
白沙大桥
南湖大桥
民族广场
麒山公园
金花茶公园

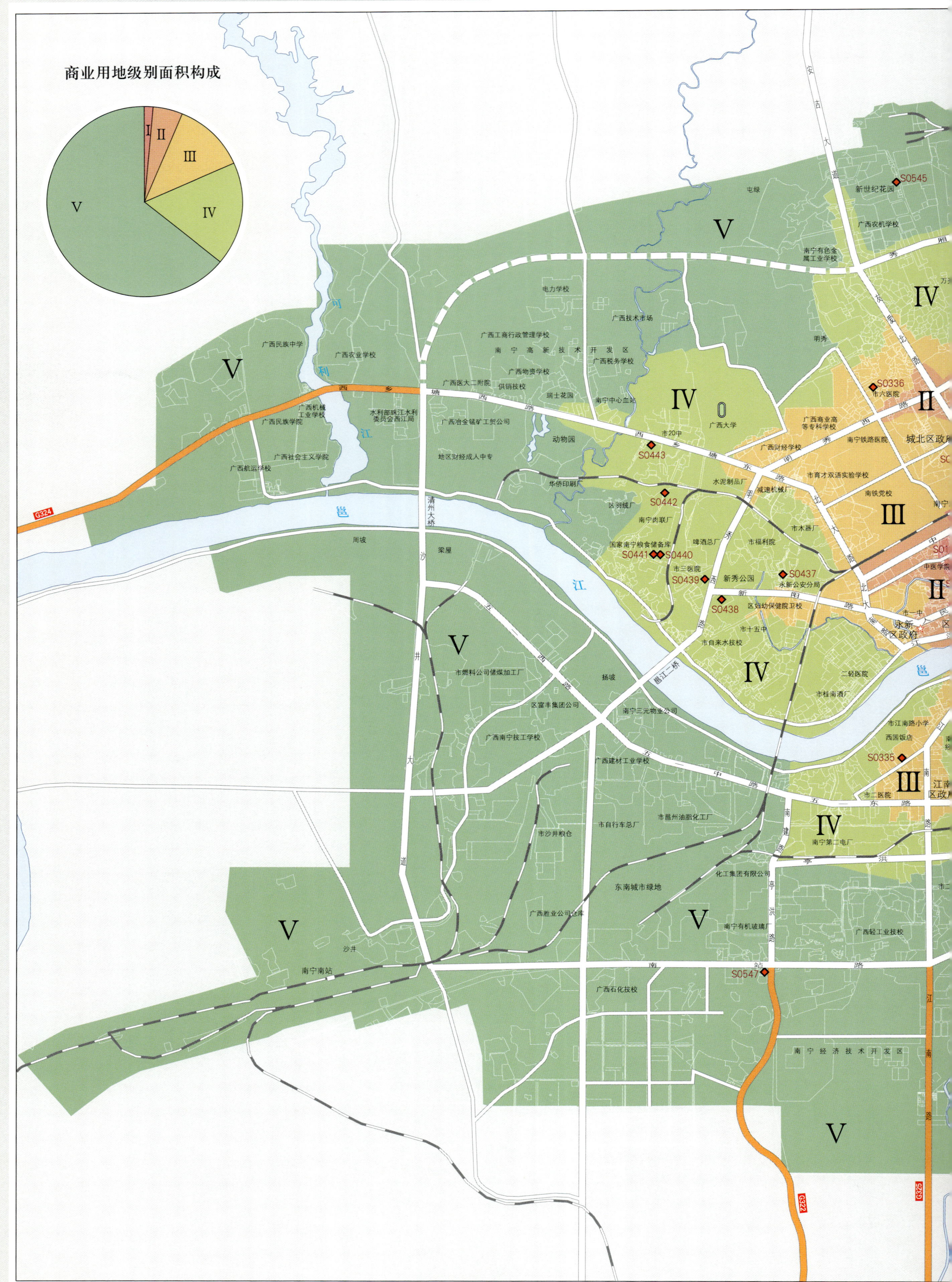

商业用地级别面积构成
I
II
III
IV
V
S0545
新世纪花园
广西农机学校
南宁有色金属工业学校
屯绿
电力学校
广西技术市场
广西工商行政管理学校
南宁高新技术开发区
广西税务学校
广西物资学校
广西医大二附院
供销技校
瑞士花园
南宁中心血站
广西大学
市20中
广西民族中学
广西农业学校
广西机械工业学校
广西民族学院
水利部珠江水利委员会西江局
广西冶金储矿工贸公司
动物园
地区财经成人中专
广西社会主义学院
广西航运学校
华侨印刷厂
S0443
S0442
区羽绒厂
南宁肉联厂
国家南宁粮食储备库
S0441
S0440
啤酒总厂
市三医院
S0439
新秀公园
S0437
永新公安分局
S0438
区妇幼保健院卫校
市十五中
市自来水技校
水泥制品厂
减速机械厂
市福利院
市木器厂
明秀
S0336
市六医院
广西商业高等专科学校
南宁铁路医院
城北区政府
广西财经学校
市育才双语实验学校
南铁党校
市一中
永新区政府
二轻医院
市桂南酒厂
市江南路小学
西园饭店
S0335
市二医院
江南区政府
周坡
梁屋
清州大桥
市燃料公司储煤加工厂
扬坡
区富丰集团公司
南宁三元物业公司
广西南宁技工学校
广西建材工业学校
市自行车总厂
市邕州油脂化工厂
市沙井粮仓
南宁第二电厂
化工集团有限公司
东南城市绿地
广西胜业公司仓库
南宁有机玻璃厂
广西轻工业技校
沙井
南宁南站
S0547
广西石化技校
南宁经济技术开发区
邕江
邕江二桥
可利江
西乡塘路
安吉大道
沙井大道
五一西路
五一中路
星光大道
亭洪路
南建路
江南路
G324
G322
G325

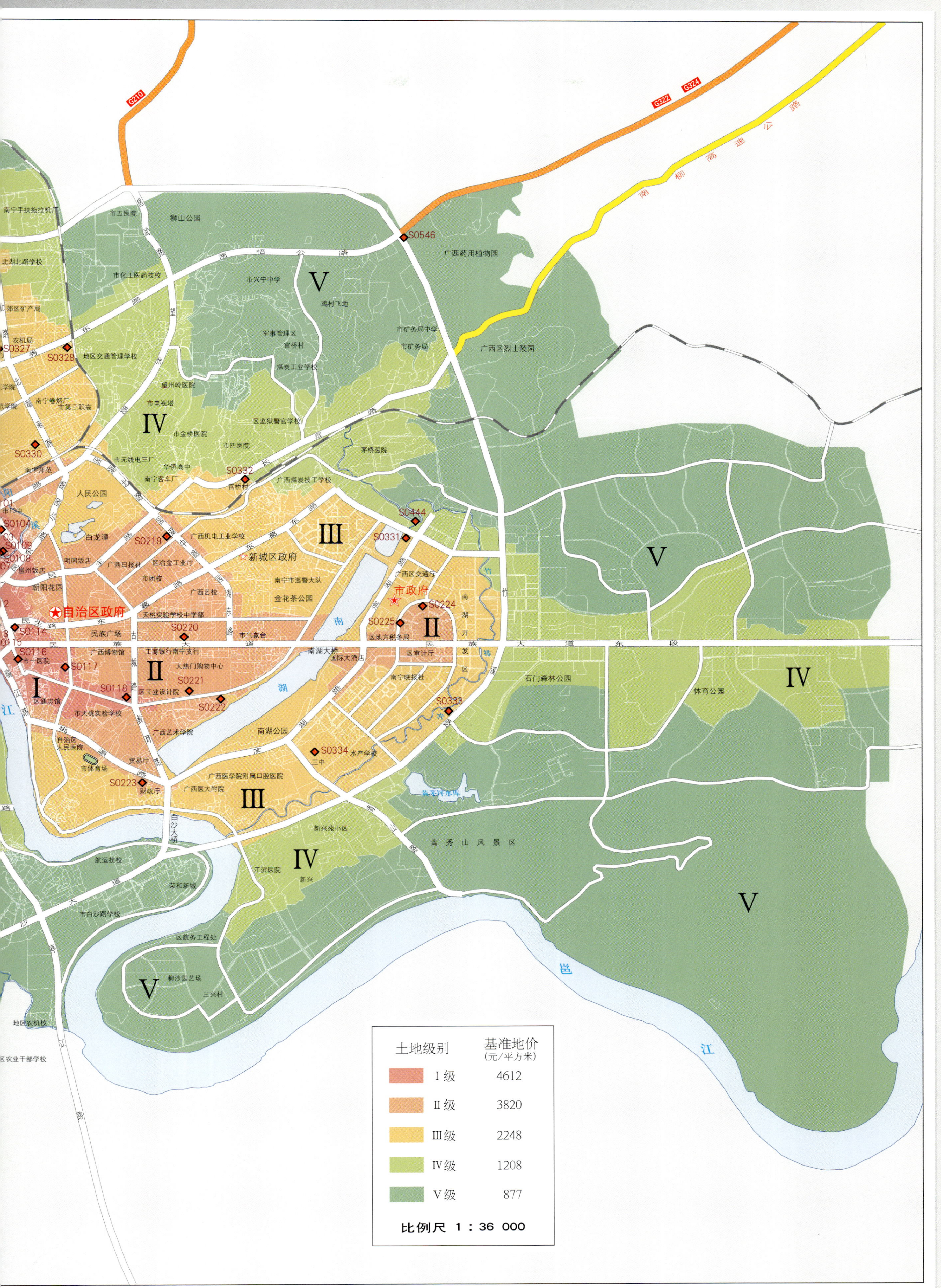
土地级别
基准地价
(元/平方米)
Ⅰ级 4612
Ⅱ级 3820
Ⅲ级 2248
Ⅳ级 1208
Ⅴ级 877
比例尺 1 : 36 000
自治区政府
新城区政府
市政府
南柳高速公路
狮山公园
广西药用植物园
广西区烈士陵园
人民公园
白龙潭
南湖公园
石门森林公园
体育公园
青秀山风景区
南湖
邕江
S0546
S0328
S0327
S0330
S0332
S0444
S0331
S0219
S0224
S0225
S0220
S0114
S0116
S0117
S0118
S0221
S0222
S0333
S0334
S0223

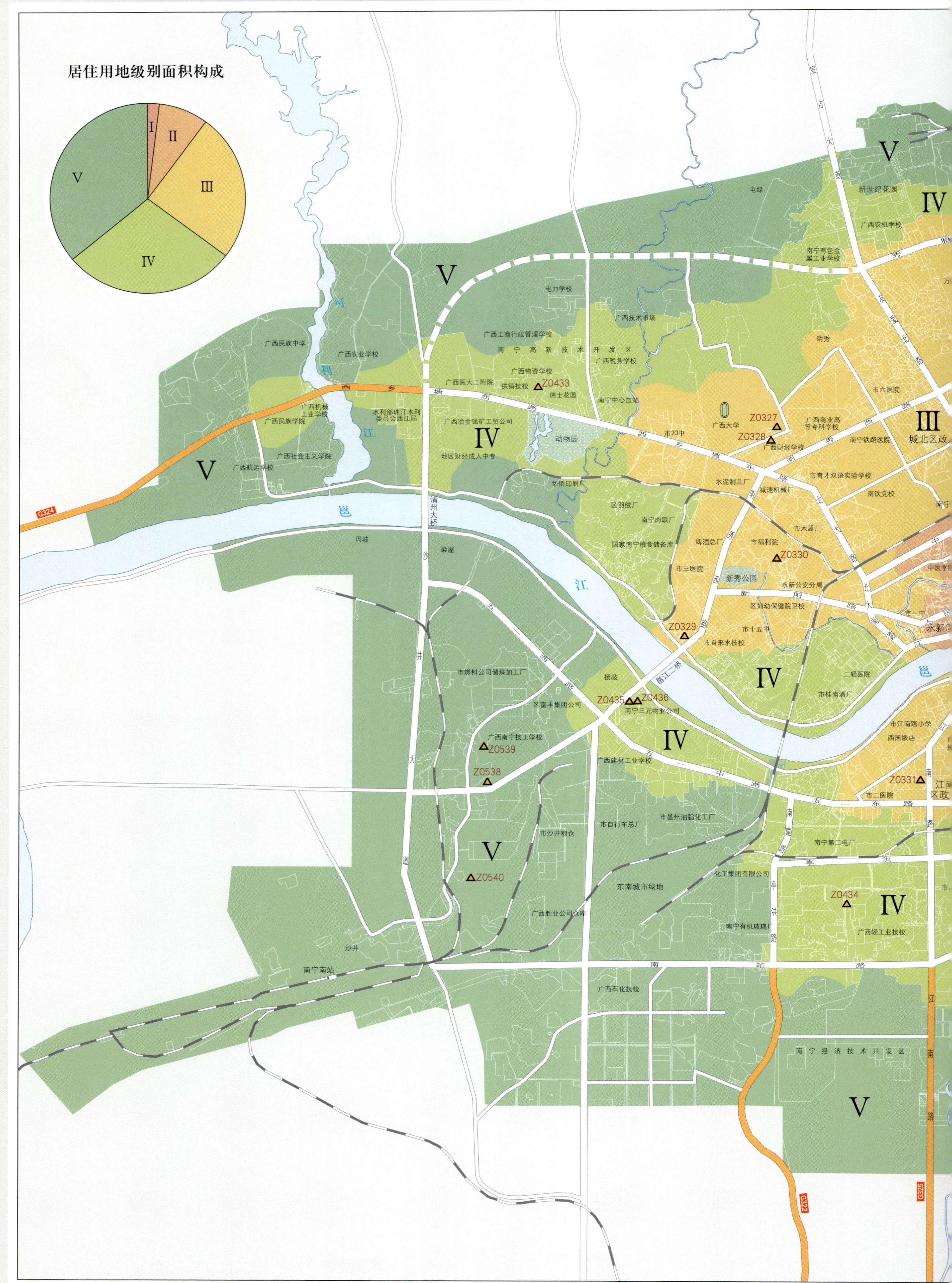
居住用地级别面积构成
I
II
III
IV
V
广西民族中学
广西农业学校
广西民族学院
广西机械工业学校
水利部珠江水利委员会西江局
广西社会主义学院
广西航运学校
电力学校
广西工商行政管理学校
南宁高新技术开发区
广西技术市场
广西税务学校
广西物资学校
广西医大二附院
供销技校
Z0433
瑞士花园
南宁中心血站
广西冶金锰矿工贸公司
动物园
地区财经成人中专
华侨印刷厂
广西大学
Z0327
Z0328
广西财经学校
市20中
水泥制品厂
南宁有色金属工业学校
新世纪花园
广西农机学校
明秀
市六医院
广西商业高等专科学校
南宁铁路医院
城北区政
市育才双语实验学校
南铁党校
减速机械厂
区羽绒厂
南宁肉联厂
国家南宁粮食储备库
啤酒总厂
市福利院
Z0330
市木器厂
市三医院
新秀公园
永新公安分局
区妇幼保健院卫校
市十五中
Z0329
市自来水技校
二轻医院
市桂南酒厂
市江南路小学
西园饭店
Z0331
市二医院
周坡
梁屋
清州大桥
市燃料公司储煤加工厂
区富丰集团公司
扬坡
Z0435
Z0436
南宁三元物业公司
广西南宁技工学校
Z0539
Z0538
广西建材工业学校
市自行车总厂
市邕州油脂化工厂
市沙井粮仓
南宁第二电厂
Z0540
化工集团有限公司
东南城市绿地
广西胜业公司仓库
南宁有机玻璃厂
Z0434
广西轻工业技校
沙井
南宁南站
广西石化技校
南宁经济技术开发区
G324
G322
G325
邕江
可利江
西乡塘路
屯绿
永新区

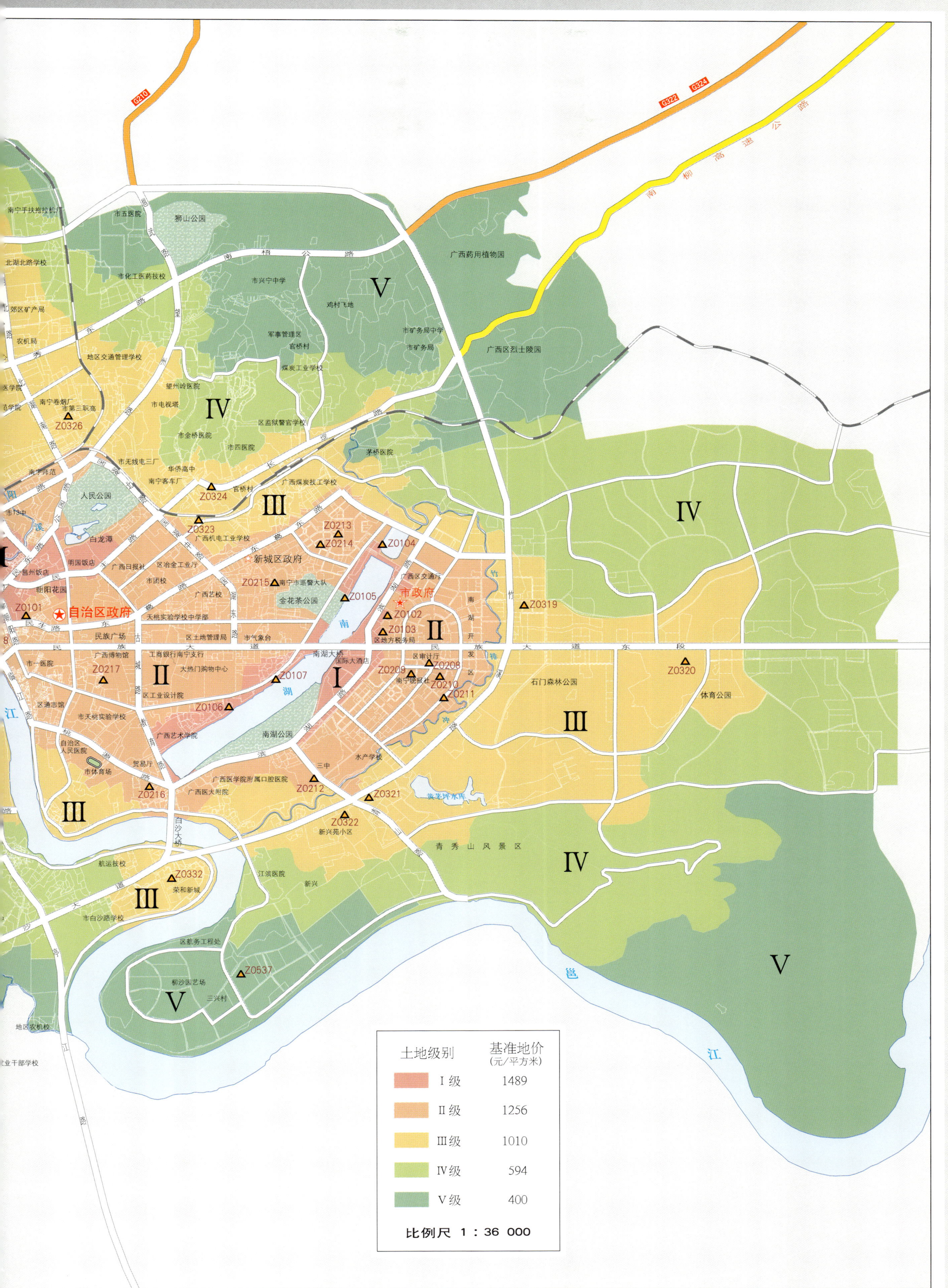
G210
G322
G324
南柳高速公路
狮山公园
市五医院
广西药用植物园
V
市兴宁中学
鸡村飞地
市矿务局中学
市矿务局
广西区烈士陵园
军事管理区
官桥村
煤炭工业学校
IV
望州岭医院
市电视塔
区监狱警官学校
市金桥医院
市四医院
茅桥医院
市化工医药技校
地区交通管理学校
南宁卷烟厂
市第三职高
Z0326
市无线电三厂
华侨高中
南宁客车厂
Z0324
官桥村
广西煤炭技工学校
III
人民公园
白龙潭
Z0323
广西机电工业学校
Z0213
Z0214
Z0104
新城区政府
明园饭店
广西日报社
区冶金工业厅
邕州饭店
市团校
Z0215
南宁市巡警大队
广西区交通厅
朝阳花园
广西艺校
金花茶公园
Z0105
市政府
Z0101
自治区政府
天桃实验学校中学部
Z0102
II
Z0319
民族广场
区土地管理局
市气象台
Z0103
区地方税务局
市一医院
广西博物馆
工商银行南宁支行
南湖大桥
国际大酒店
区审计厅
Z0320
Z0217
大热门购物中心
II
Z0107
I
Z0209
Z0208
Z0210
南宁晚报社
Z0211
石门森林公园
体育公园
区工业设计院
区通志馆
Z0106
III
市天桃实验学校
广西艺术学院
南湖公园
水产学校
自治区人民医院
市体育场
贸易厅
三中
III
Z0216
广西医学院附属口腔医院
广西医大附院
Z0212
Z0321
Z0322
新兴苑小区
青秀山风景区
IV
航运技校
Z0332
荣和新城
III
江滨医院
新兴
市白沙路学校
区教务工程处
Z0537
柳沙园艺场
三兴村
V
V
地区农机校
南宁手扶拖拉机厂
北湖北路学校
郊区矿产局
农机局
土地级别
基准地价
(元/平方米)
I 级 1489
II 级 1256
III 级 1010
IV 级 594
V 级 400
比例尺 1：36 000

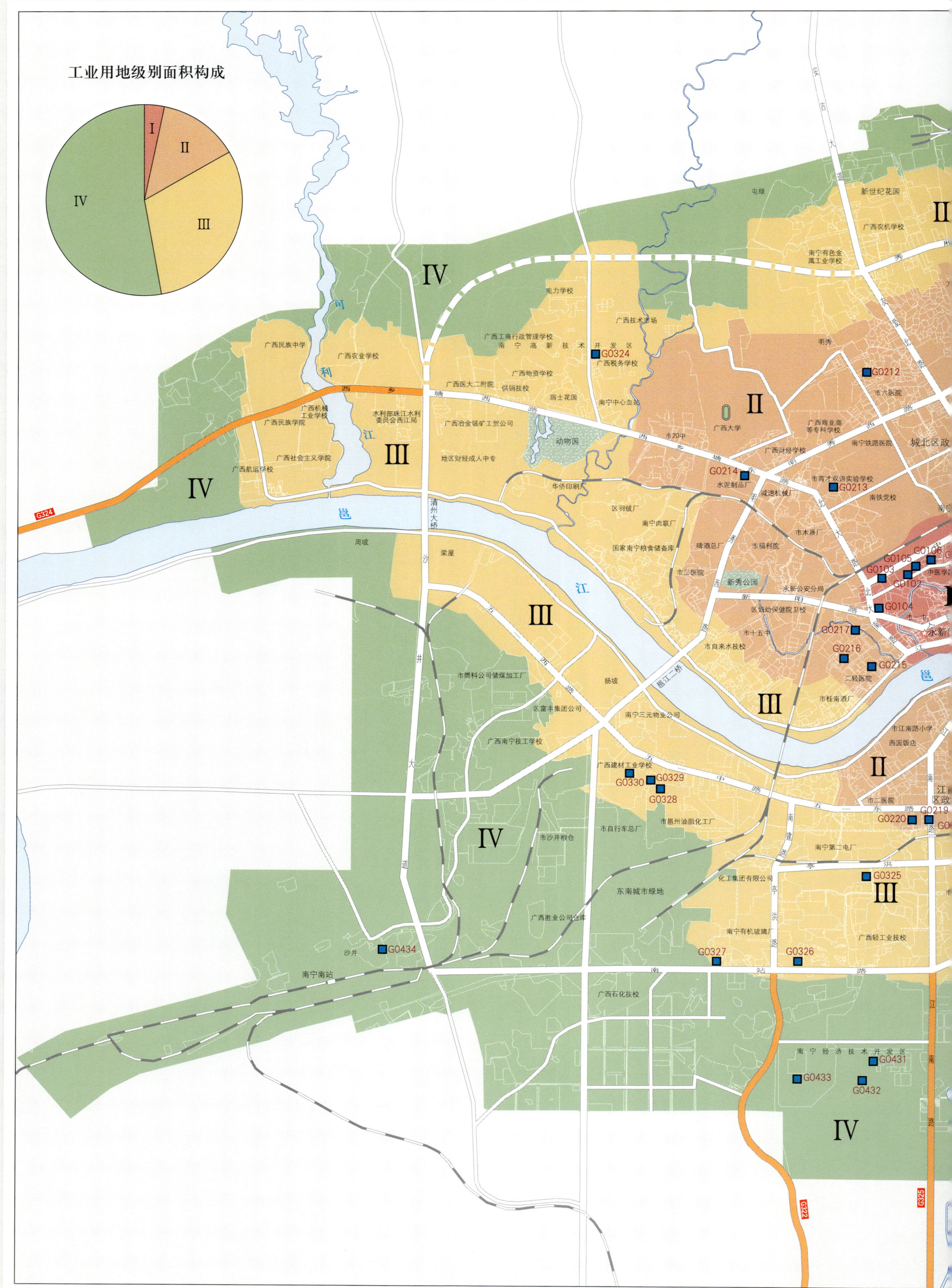
工业用地级别面积构成
I
II
III
IV
南宁高新技术开发区
广西大学
城北区政
动物园
新秀公园
邕江二桥
清州大桥
南宁南站
南宁经济技术开发区
东南城市绿地
G0324
G0212
G0214
G0213
G0105
G0106
G0103
G0102
G0104
G0217
G0216
G0215
G0330
G0329
G0328
G0220
G0219
G0325
G0327
G0326
G0434
G0431
G0433
G0432
G324
G322
G325

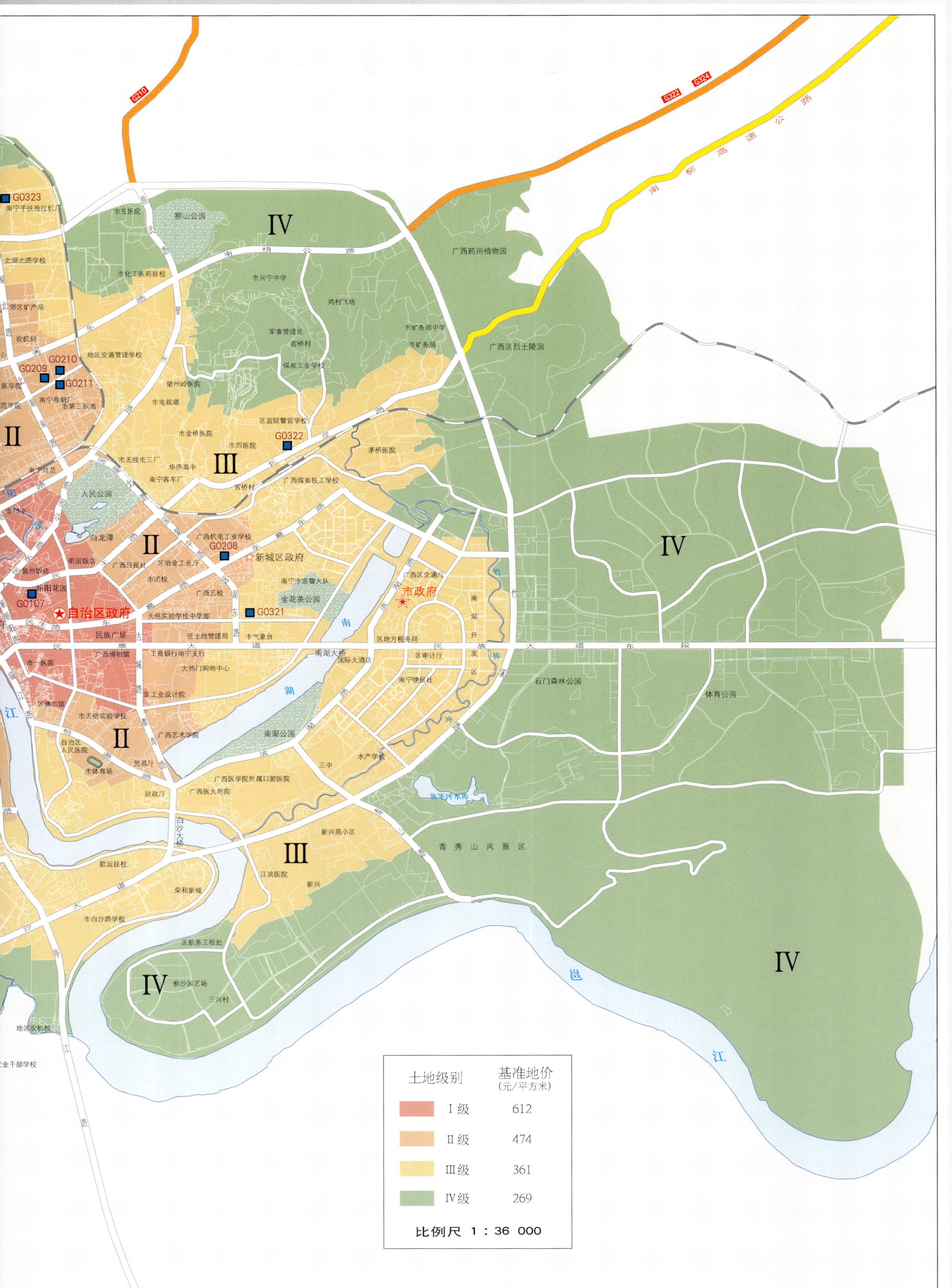
土地级别
基准地价 (元/平方米)
I级 612
II级 474
III级 361
IV级 269
比例尺 1：36 000
自治区政府
新城区政府
市政府
民族大道东段
南湖
邕江
青秀山风景区
石门森林公园
广西药用植物园
广西区烈士陵园
人民公园
南湖公园
金花茶公园
狮山公园
南梧公路
南柳高速公路
G210
G322
G324
G0323
G0210
G0209
G0211
G0322
G0208
G0321
G0107
广西博物馆
民族广场
体育公园
白沙大桥
南湖大桥

用　途	土地级别	监测点编　号	监测点地价（元/平方米）	土地级别	监测点编　号	监测点地价（元/平方米）	土地级别	监测点编　号	监测点地价（元/平方米）
商业	Ⅰ	S0101	3 696	Ⅰ	S0117	5 829	Ⅲ	S0333	2 712
		S0102	2 346		S0118	4 595		S0334	2 036
		S0103	2 678	Ⅱ	S0219	4 781		S0335	2 568
		S0104	4 100		S0220	4 196		S0336	2 320
		S0105	3 897		S0221	3 350	Ⅳ	S0437	1 259
		S0106	4 661		S0222	4 951		S0438	1 054
		S0107	6 368		S0223	4 595		S0439	1 037
		S0108	6 195		S0224	3 071		S0440	1 378
		S0109	2 573		S0225	3 813		S0441	1 460
		S0110	4 425	Ⅲ	S0326	3 003		S0442	1 360
		S0111	2 330		S0327	2 979		S0443	1 040
		S0112	4 025		S0328	2 510		S0444	1 073
		S0113	2 452		S0329	2 683	Ⅴ	S0545	835
		S0114	2 594		S0330	2 766		S0546	716
		S0115	2 452		S0331	3 311		S0547	782
		S0116	3 221		S0332	3 319			
居住	Ⅰ	Z0101	1 334	Ⅱ	Z0215	1 249	Ⅲ	Z0329	681
		Z0102	1 935		Z0216	1 168		Z0330	737
		Z0103	1 956		Z0217	1 353		Z0331	1 191
		Z0104	1 766		Z0218	1 277		Z0332	1 074
		Z0105	1 740	Ⅲ	Z0319	955	Ⅳ	Z0433	733
		Z0106	1 567		Z0320	1 190		Z0434	656
		Z0107	1 339		Z0321	1 300		Z0435	526
	Ⅱ	Z0208	1 558		Z0322	1 387		Z0436	582
		Z0209	1 530		Z0323	994	Ⅴ	Z0537	357
		Z0210	1 530		Z0324	847		Z0538	591
		Z0211	1 466		Z0325	793		Z0539	342
		Z0212	1 410		Z0326	1 002		Z0540	358
		Z0213	1 252		Z0327	1 001			
		Z0214	1 266		Z0328	1 012			
工业	Ⅰ	G0101	608	Ⅱ	G0213	445	Ⅲ	G0325	374
		G0102	587		G0214	429		G0326	343
		G0103	442		G0215	416		G0327	369
		G0104	667		G0216	473		G0328	577
		G0105	665		G0217	424		G0329	276
		G0106	672		G0218	558		G0330	322
		G0107	707		G0219	444	Ⅳ	G0431	337
	Ⅱ	G0208	622		G0220	368		G0432	336
		G0209	352	Ⅲ	G0321	647		G0433	322
		G0210	345		G0322	411		G0434	276
		G0211	324		G0323	377			
		G0212	400		G0324	343			

° 商业用地监测点地价内涵：在正常土地市场条件下，基准日为2001年1月1日，设定土地开发程度为“五通一平”（宗地红线外通路、通电、供水、排水、通讯及宗地红线内场地平整），容积率为1.8，商业用地法定最高出让权年限40年的完整土地使用权价格。

° 居住用地监测点地价内涵：在正常土地市场条件下，基准日为2001年1月1日，设定土地开发程度为“五通一平”（宗地红线外通路、通电、供水、排水、通讯及宗地红线内场地平整），容积率为2.2，居住用地法定最高出让年限70年的完整土地使用权价格。

° 工业用地监测点地价内涵：在正常土地市场条件下，基准日为2001年1月1日，设定土地开发程度为“五通一平”（宗地红线外通路、通电、供水、排水、通讯及宗地红线内场地平整），工业用地法定最高出让年限50年的完整土地使用权价格。

海口市

海口市是海南省省会，全省政治、文化、经济、交通中心。全市到处可见高大挺拔、婆娑多姿的椰树，因而享有“椰城”的美称。地处海南岛东北端，南渡江出海口。现辖4区，面积2 305平方千米，全市总人口160万。

海口市根据《城镇土地分等定级规程》、《城镇土地估价规程》、《城市地价动态监测体系技术规范》及《2000－2001年度城市土地价格调查实施方案》，明确基准地价内涵，在城市规划区（包括振东区、新华区、秀英区）约235平方千米的土地范围内，全面开展自然、社会、经济及土地市场状况等调查，利用计算机系统技术，辅助完成了城市土地综合定级，商业、居住、工业用地定级与基准地价更新，设立103个地价监测点，建立了城市土地基准地价更新系统，为我国城市地价动态监测体系建设奠定了基础。也为海口市强化城市土地资产管理，规范土地市场，制定各类规划和提高土地利用的经济，社会和环境效益提供科学依据。

- 商业用地基准地价内涵：在正常土地市场条件下，基准日为2001年1月1日，设定土地开发程度为“六通一平”（宗地红线外通路、通电、供水、排水、通讯、通气及宗地红线内场地平整），平均容积率为2.0，商业用地法定最高出让年限40年的完整土地使用权平均价格。

- 居住用地基准地价内涵：在正常土地市场条件下，基准日为2001年1月1日，设定土地开发程度为“六通一平”（宗地红线外通路、通电、供水、排水、通讯、通气及宗地红线内场地平整），平均容积率为1.2，居住用地法定最高出让年限70年的完整土地使用权平均价格。

- 工业用地基准地价内涵：在正常土地市场条件下，基准日为2001年1月1日，设定土地开发程度为“三通一平”（宗地红线外通路、通电、供水及宗地红线内土地平整），工业用地法定最高出让年限50年的完整土地使用权平均价格。

琼州海峡
海口湾
海口新港
南渡江
省政府
市政府
美兰区政府
龙华区政府
秀英区政府
琼山区政府
金融贸易开发区
海甸开发区
新埠岛开发区
综合用地级别面积构成
土地级别
I级
II级
III级
IV级
V级
比例尺 1：80 000

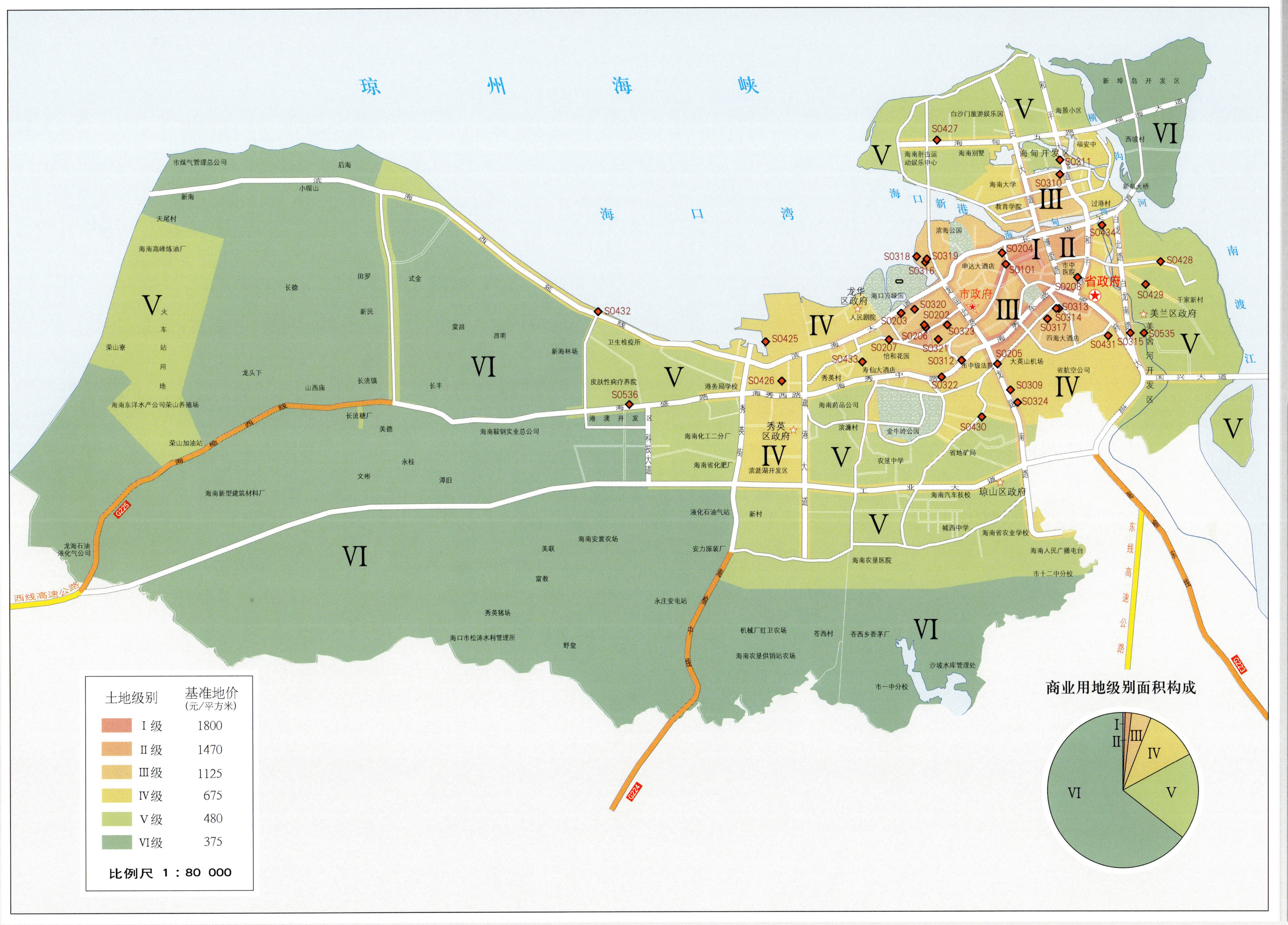
琼州海峡
海口湾
海口新港
省政府
市政府
美兰区政府
琼山区政府
龙华区政府
秀英区政府
商业用地级别面积构成
土地级别
基准地价（元/平方米）
Ⅰ级 1800
Ⅱ级 1470
Ⅲ级 1125
Ⅳ级 675
Ⅴ级 480
Ⅵ级 375
比例尺 1：80 000

海口市居住用地基准地价及监测点

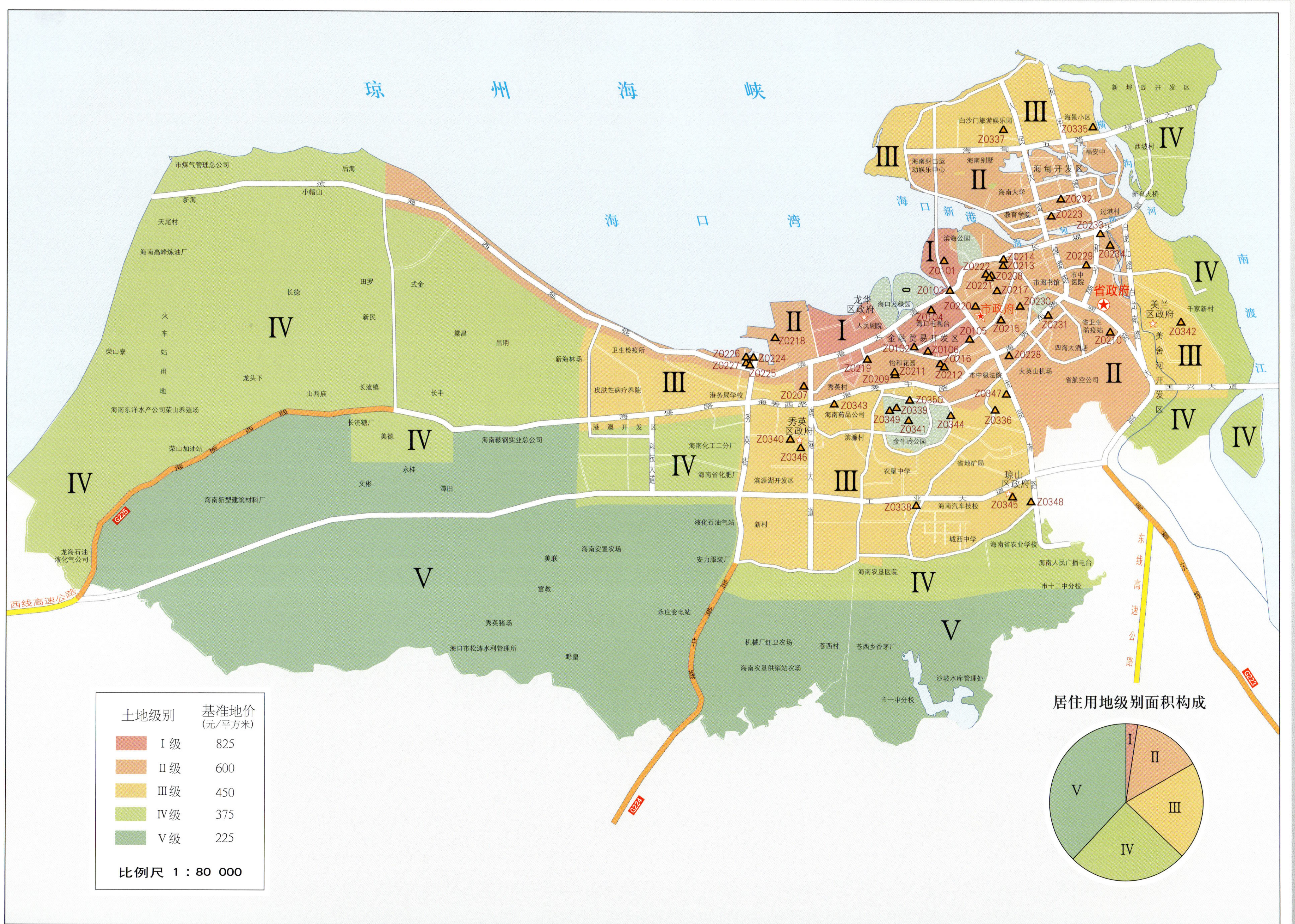

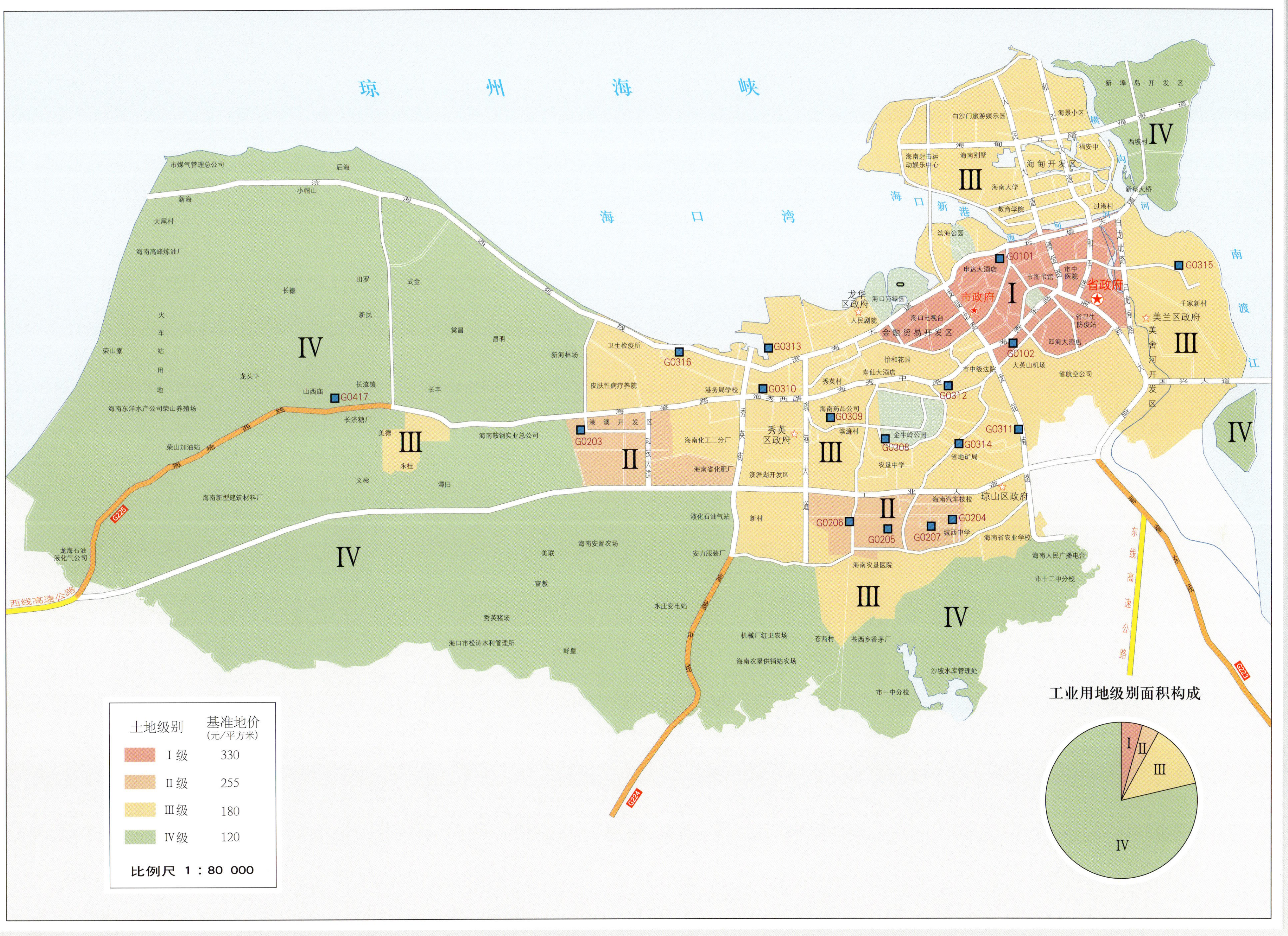

琼州海峡
海口湾
海口新港
南渡江
省政府
市政府
美兰区政府
琼山区政府
秀英区政府
龙华区政府
海甸开发区
新埠岛开发区
金融贸易开发区
港澳开发区
滨涯湖开发区
美舍河开发区
G0101
G0102
G0203
G0204
G0205
G0206
G0207
G0308
G0309
G0310
G0311
G0312
G0313
G0314
G0315
G0316
G0417
G223
G224
G225
西线高速公路
东线高速公路
工业用地级别面积构成
土地级别
基准地价（元/平方米）
I级 330
II级 255
III级 180
IV级 120
比例尺 1：80 000

用途	土地级别	监测点编号	监测点地价（元/平方米）	土地级别	监测点编号	监测点地价（元/平方米）	土地级别	监测点编号	监测点地价（元/平方米）
商业	Ⅰ	S0101	981	Ⅲ	S0313	565	Ⅳ	S0425	825
	Ⅱ	S0202	791		S0314	565		S0426	834
		S0203	900		S0315	638		S0427	809
		S0204	1 161		S0316	1 020		S0428	766
		S0205	635		S0317	570		S0429	840
		S0206	842		S0318	806		S0430	400
		S0207	782		S0319	645		S00431	570
		S0208	618		S0320	886		S0432	300
	Ⅲ	S0309	821		S0321	564		S0433	447
		S0310	976		S0322	527		S0434	419
		S0311	920		S0323	614	Ⅴ	S0535	848
		S0312	530		S0324	432		S0536	656
居住	Ⅰ	Z0101	650	Ⅱ	Z0218	155	Ⅲ	Z0335	480
		Z0102	644		Z0219	496		Z0336	450
		Z0103	497		Z0220	928		Z0337	450
		Z0104	997		Z0221	777		Z0338	630
		Z0105	627		Z0222	423		Z0339	421
		Z0106	853		Z0223	617		Z0340	450
	Ⅱ	Z0207	600		Z0224	315		Z0341	525
		Z0208	658		Z0225	315		Z0342	357
		Z0209	525		Z0226	315		Z0343	437
		Z0210	610		Z0227	315		Z0344	623
		Z0211	524		Z0228	451		Z0345	452
		Z0212	525		Z0229	667		Z0346	526
		Z0213	330		Z0230	638		Z0347	756
		Z0214	330		Z0231	943		Z0348	621
		Z0215	330		Z0232	573		Z0349	570
		Z0216	797		Z0233	604		Z0350	588
		Z0217	583		Z0234	583			
工业	Ⅰ	G0101	255	Ⅱ	G0207	275	Ⅲ	G0313	277
		G0102	267	Ⅲ	G0308	155		G0314	285
	Ⅱ	G0203	150		G0309	280		G0315	240
		G0204	268		G0310	280		G0316	247
		G0205	270		G0311	277	Ⅳ	G0417	223
		G0206	263		G0312	215			

◦商业用地监测点地价内涵：在正常土地市场条件下，基准日为2001年1月1日，设定土地开发程度为“六通一平”（宗地红线外通路、通电、供水、排水、通讯、通气及宗地红线内场地平整），容积率为2.0，商业用地法定最高出让年限40年的完整土地使用权价格。

◦居住用地监测点地价内涵：在正常土地市场条件下，基准日为2001年1月1日，设定土地开发程度为“六通一平”（宗地红线外通路、通电、供水、排水、通讯、通气及宗地红线内场地平整），容积率为1.2，居住用地法定最高出让年限70年的完整土地使用权价格。

◦工业用地监测点地价内涵：在正常土地市场条件下，基准日为2001年1月1日，设定土地开发程度为“三通一平”（宗地红线外通路、通电、供水及宗地红线内场地平整），工业用地法定最高出让年限50年的完整土地使用权价格。

重庆市

重庆市简称“渝”，中央直辖市，国家历史文化名城。是长江上游最大的经济中心、我国西南地区最大的工业城市、通商口岸以及水陆交通枢纽。东邻湖北、湖南，南靠贵州，西接四川，北连陕西，辖15区、4市、17县、4自治县，面积8.23万平方千米，全市总人口3 098万。

重庆市根据《城镇土地分等定级规程》、《城镇土地估价规程》、《城市地价动态监测体系技术规范》及《2000—2001年度城市土地价格调查实施方案》，明确基准地价内涵，在重庆市主城区（东起铜锣山，西至中梁山，北起井口、人和、唐家沱，南至小南海、钓鱼咀、道角）约612平方千米的土地范围内，全面开展自然、社会、经济及土地市场状况等调查，利用计算机系统技术，辅助完成了城市土地综合定级，商业、居住、工业用地定级与基准地价更新，设立214个地价监测点，建立了城市土地基准地价更新和地价查询、发布信息系统，为我国城市地价动态监测体系建设奠定了基础。也为重庆市强化城市土地管理，规范土地市场，制定各类规划和提高土地利用的经济、社会和环境效益提供科学依据。

重庆市基准地价已于2002年6月19日由市政府公布实施。

- 商业用地基准地价内涵：在正常土地市场条件下，基准日为2001年1月1日，设定土地开发程度为“六通一平”（宗地红线外通路、通电、供水、排水、通迅、通气及宗地红线内场地平整），平均容积率为2.0，商业用地法定最高出让年限40年的完整土地使用权平均价格。

- 居住用地基准地价内涵：在正常土地市场条件下，基准日为2001年1月1日，设定土地开发程度为“六通一平”（宗地红线外通路、通电、供水、排水、通迅、通气及宗地红线内场地平整），平均容积率为3.0，居住用地法定最高出让年限70年的完整土地使用权平均价格。

- 工业用地基准地价内涵：在正常土地市场条件下，基准日为2001年1月1日，设定土地开发程度为“六通一平”（宗地红线外通路、通电、供水、排水、通迅、通气及宗地红线内场地平整），平均容积率为1.0，工业用地法定最高出让年限50年的完整土地使用权平均价格。

市政府
渝中区政府
江北区政府
沙坪坝区政府
G210
长
江
嘉
陵
渝合高速公路
渝长高速公路
渝黔高速公路
大佛寺大桥
黄花园大桥
长江大桥
石门大桥
大竹林大桥
童家院子立交桥
嘉陵公园
江北公园
人民公园
沙坪公园
鹅岭公园
佛图关公园
平顶山公园
石门公园
南山公园
南山风景区
人民大礼堂
文化宫
少年宫
七星岗
重庆港
重庆站
重庆北站
珊瑚坝
观音桥
黄泥滂
加州花园
汽车北站
松树桥
花卉园
石马河
玉带山
天外楼宾馆
洪恩寺公园
猫儿石
化工厂
渝州大学
73中
72中
18中
重庆大学
重庆7中
四川外语学院
西南政法大学
红岩革命纪念馆
第一棉纺厂
兰天大酒店
西南医院
电信传输工程有限公司
五九宾馆
体育中心
长城医院
紫薇宾馆
高新技术产业开发区
家乐电器厂
黄桷渡
假日饭店
长江宾馆
重庆市青少年科普文化中心
向家坡
涂山
弹子石
南国大酒店
东方红试制厂
四棵树
桂花园
后湾
罗家大院
大坡岭
罗家院子
盛竹林
柏树湾
农药厂
陈家湾
回龙湾
堰口
小石坡
寨子坡
高家山
天灯堡
梨树湾站
中国嘉陵工业集团
特钢集团公司
滨子
蚕丝厂
白沙沱
吴家院子
溉澜溪
大佛段
王家沱大桥
热水器总厂
长安二院
燕港酒店
长安汽车集团公司
长华建筑公司
市船厂
卷烟厂
康复中心
方圆实业
重钢三厂
川东钻探深井所
长安一厂区
I
II
III
IV
V
VI
VII
VIII
IX
X
XI

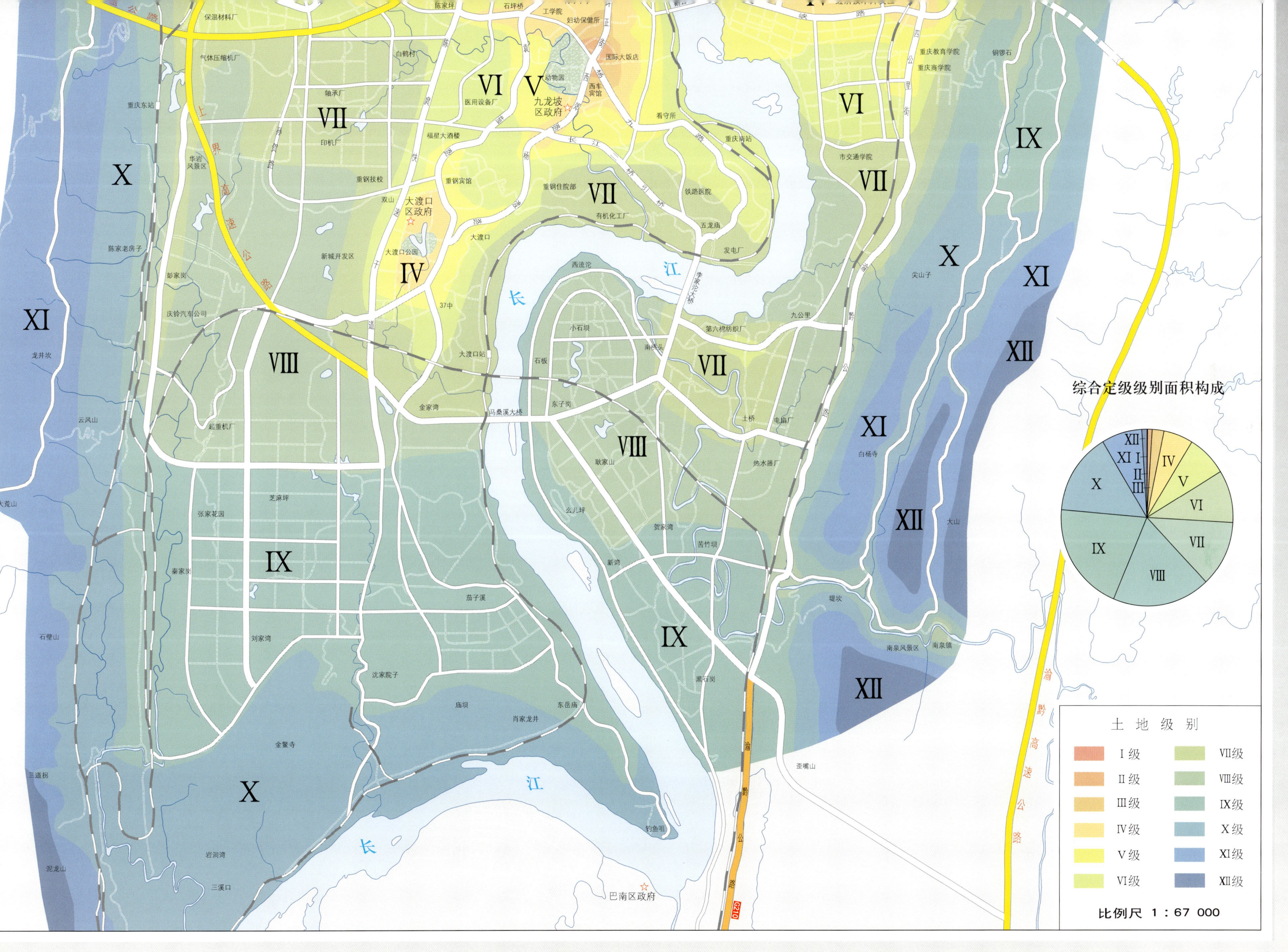

综合定级级别面积构成
土地级别
Ⅰ级
Ⅱ级
Ⅲ级
Ⅳ级
Ⅴ级
Ⅵ级
Ⅶ级
Ⅷ级
Ⅸ级
Ⅹ级
Ⅺ级
Ⅻ级
比例尺 1：67 000
渝黔高速公路
九龙坡区政府
大渡口区政府
巴南区政府
长江

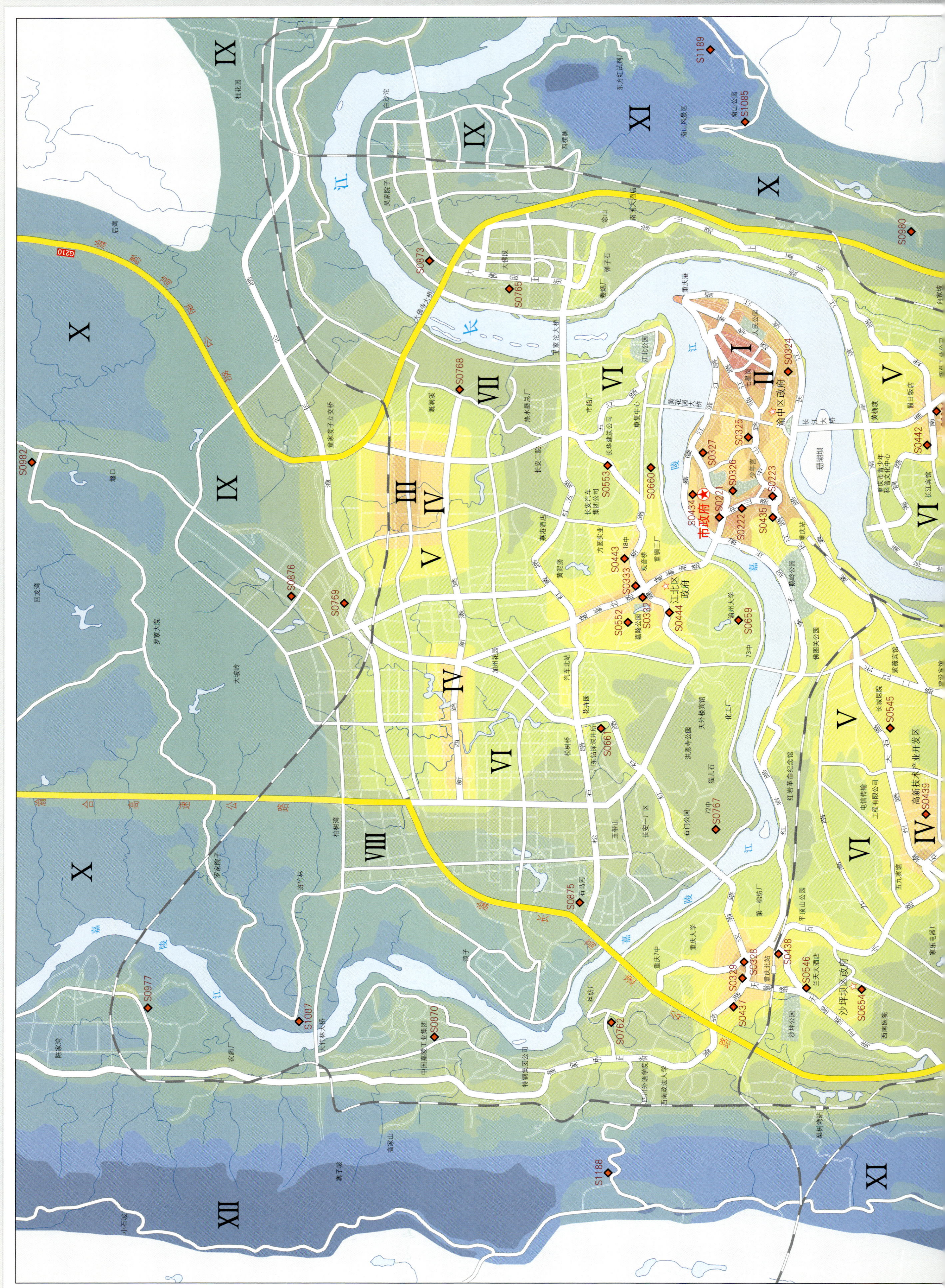

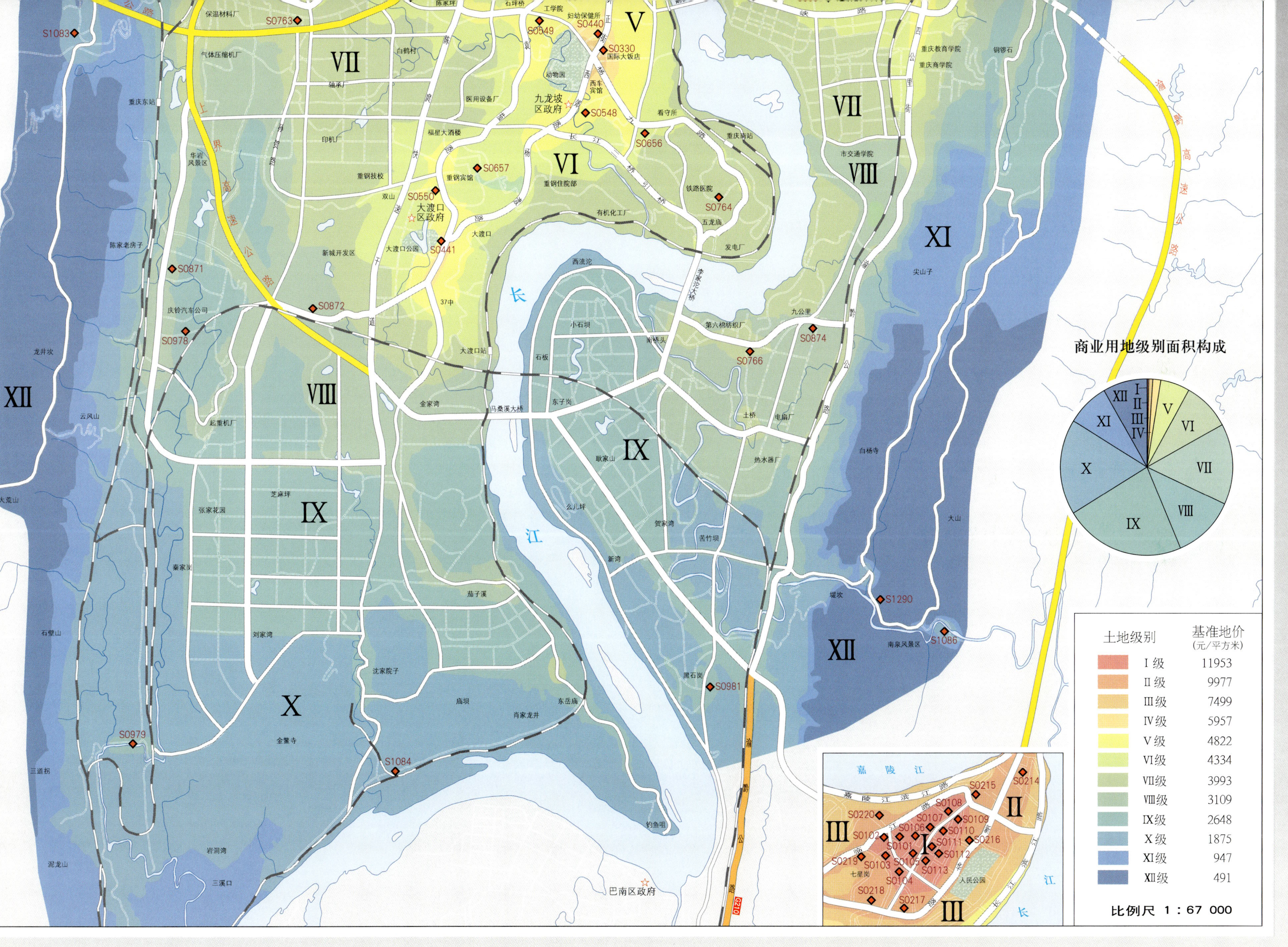
商业用地级别面积构成
土地级别
基准地价（元/平方米）
I 级 11953
II 级 9977
III 级 7499
IV 级 5957
V 级 4822
VI 级 4334
VII 级 3993
VIII 级 3109
IX 级 2648
X 级 1875
XI 级 947
XII 级 491
比例尺 1：67 000
长江
嘉陵江
九龙坡区政府
大渡口区政府
巴南区政府
G210

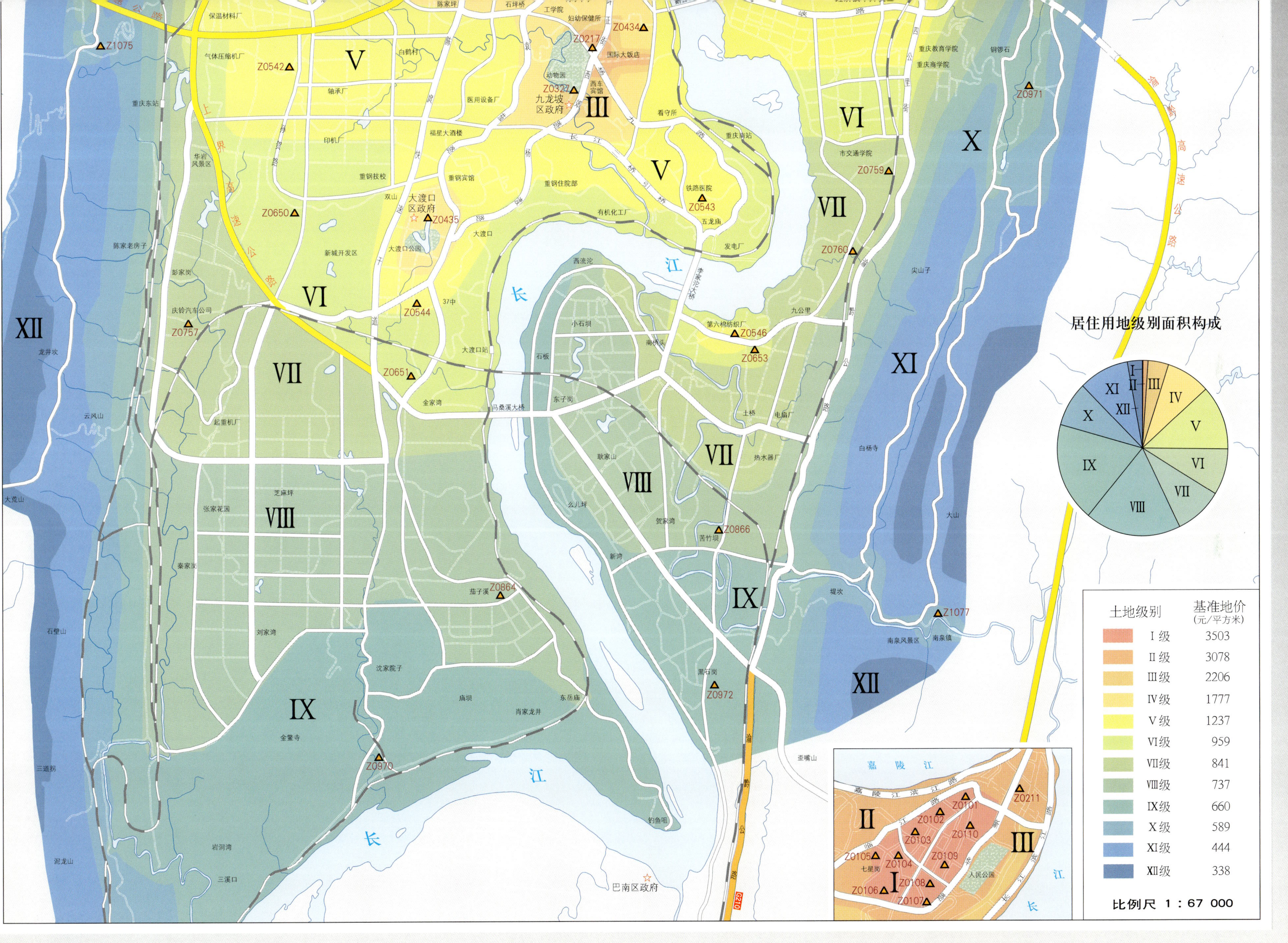

居住用地级别面积构成
土地级别
基准地价
(元/平方米)
Ⅰ级 3503
Ⅱ级 3078
Ⅲ级 2206
Ⅳ级 1777
Ⅴ级 1237
Ⅵ级 959
Ⅶ级 841
Ⅷ级 737
Ⅸ级 660
Ⅹ级 589
Ⅺ级 444
Ⅻ级 338
比例尺 1 : 67 000
大渡口区政府
九龙坡区政府
巴南区政府
嘉陵江
长江

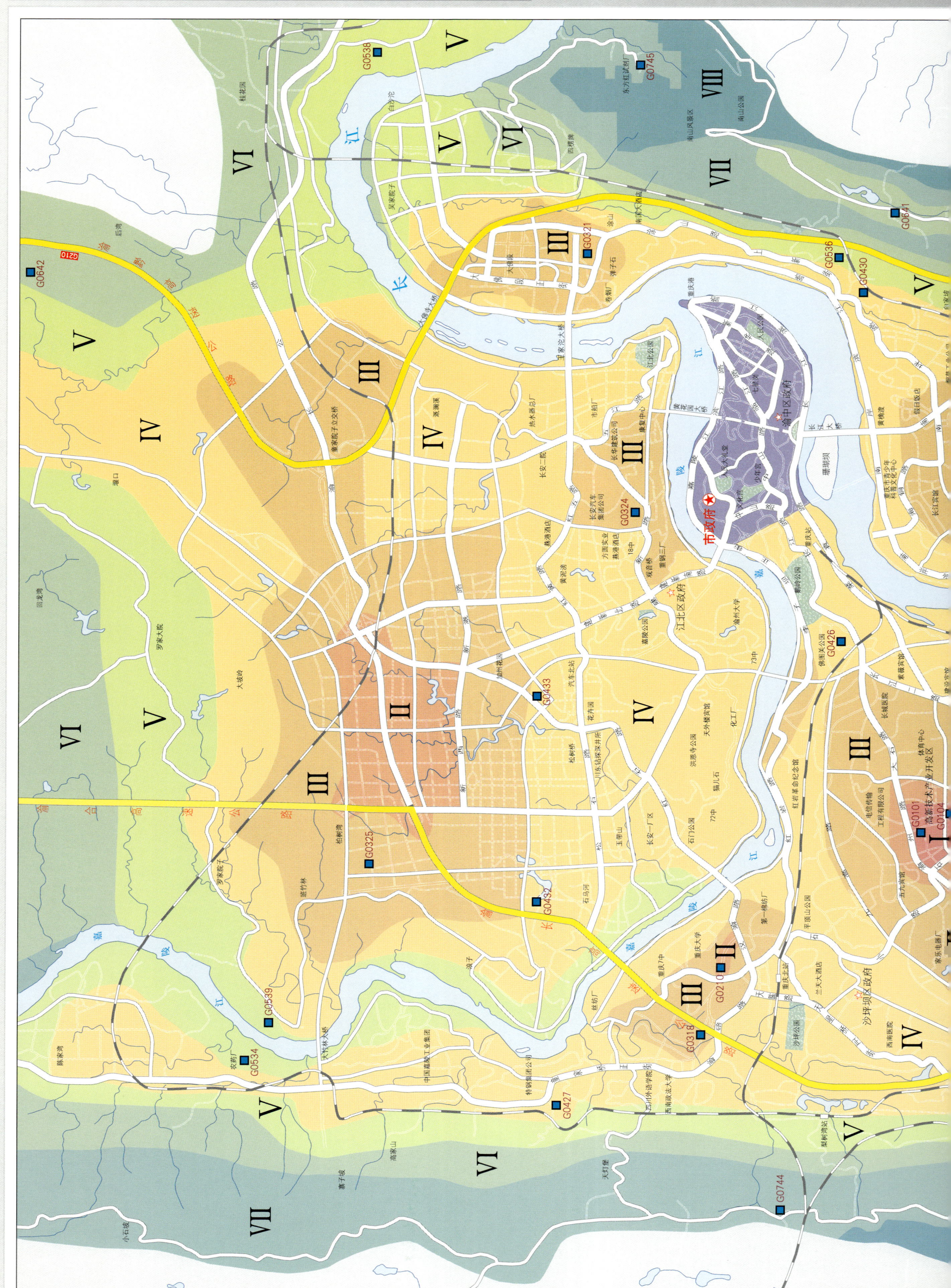
市政府
江北区政府
渝中区政府
沙坪坝区政府
高新技术产业开发区
G0538
G0745
G0641
G0642
G0321
G0536
G0430
G0324
G0426
G0433
G0101
G0104
G0325
G0432
G0210
G0539
G0534
G0318
G0427
G0744

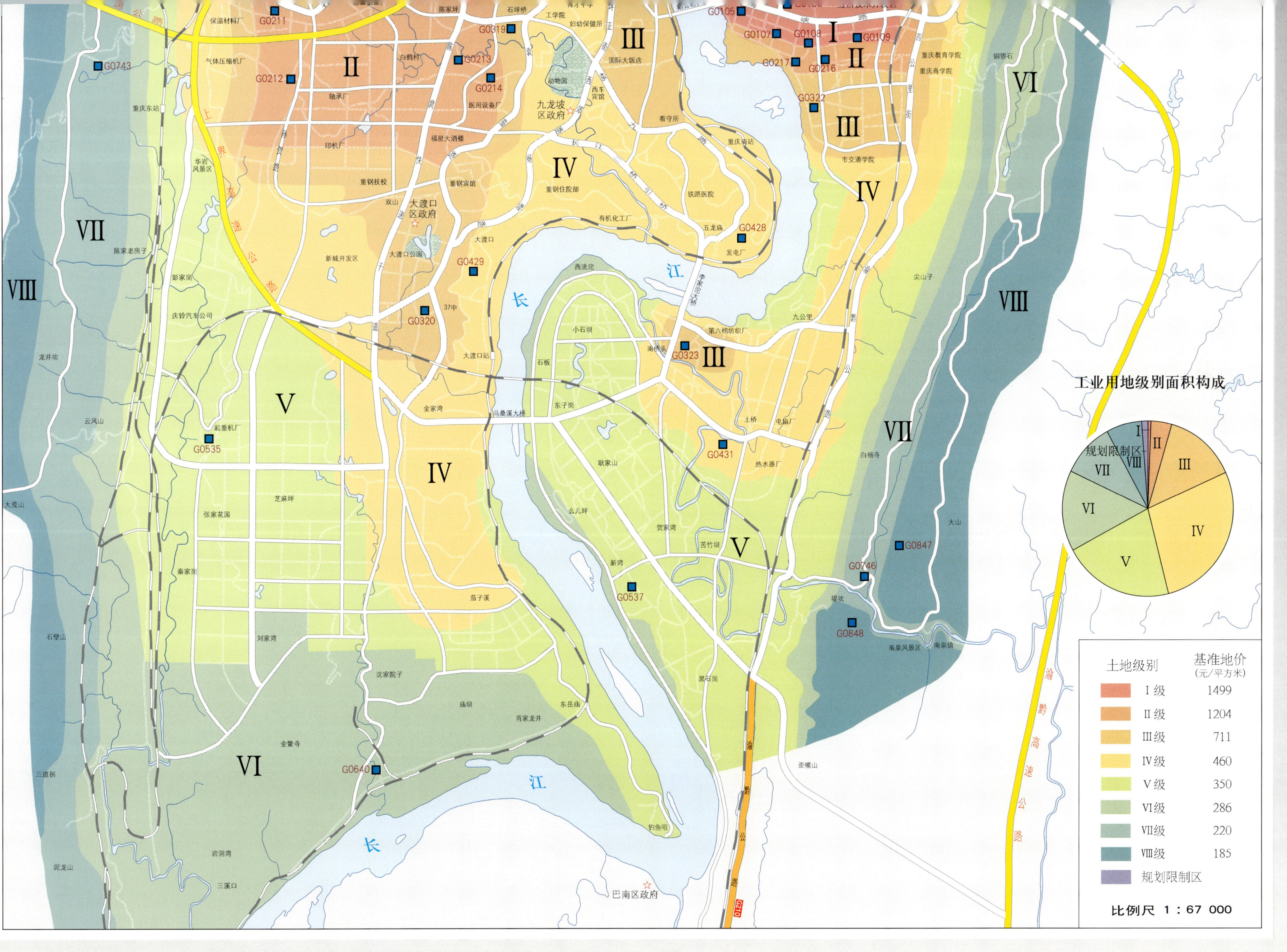
工业用地级别面积构成
土地级别
基准地价（元/平方米）
Ⅰ级 1499
Ⅱ级 1204
Ⅲ级 711
Ⅳ级 460
Ⅴ级 350
Ⅵ级 286
Ⅶ级 220
Ⅷ级 185
规划限制区
比例尺 1：67 000
九龙坡区政府
大渡口区政府
巴南区政府
长江
渝黔高速公路
上界高速公路

用途	土地级别	监测点编号	监测点地价（元/平方米）	土地级别	监测点编号	监测点地价（元/平方米）	土地级别	监测点编号	监测点地价（元/平方米）	土地级别	监测点编号	监测点地价（元/平方米）
商业	Ⅰ	S0101	17 479	Ⅲ	S0324	10 435	Ⅴ	S0547	3 567	Ⅷ	S0870	1 683
		S0102	20 183		S0325	11 071		S0548	3 717		S0871	1 756
		S0103	18 924		S0326	11 002		S0549	3 991		S0872	1 231
		S0104	15 522		S0327	11 773		S0550	3 777		S0873	1 617
		S0105	20 763		S0328	16 544		S0551	3 063		S0874	1 502
		S0106	16 764		S0329	12 070		S0552	3 372		S0875	1 949
		S0107	21 142		S0330	11 527		S0553	3 340		S0876	1 703
		S0108	17 750		S0331	10 098	Ⅵ	S0654	2 381	Ⅸ	S0977	1 417
		S0109	17 770		S0332	12 860		S0655	2 531		S0978	1 404
		S0110	21 981		S0333	12 459		S0656	2 145		S0979	1 043
		S0111	21 403	Ⅳ	S0434	6 116		S0657	1 964		S0980	1 468
		S0112	21 851		S0435	5 862		S0658	2 240		S0981	1 549
		S0113	18 424		S0437	5 500		S0659	2 599		S0982	1 458
	Ⅱ	S0214	15 564		S0438	5 261		S0660	2 577	Ⅹ	S1083	983
		S0215	13 867		S0439	5 122		S0661	2 580		S1084	1 037
		S0216	13 370		S0440	4 554	Ⅶ	S0762	1 949		S1085	1 121
		S0217	13 906		S0441	3 374		S0763	1 881		S1086	934
		S0218	13 665		S0442	5 154		S0764	1 937		S1087	761
		S0219	16 021		S0443	5 585		S0765	2 131	Ⅺ	S1188	556
		S0220	17 044		S0444	5 194		S0766	2 399		S1189	620
		S0221	15 872					S0767	2 078	Ⅻ	S1290	504
		S0222	14 233	Ⅴ	S0545	3 670		S0768	2 071			
		S0223	13 124		S0546	3 706		S0769	2 671			
居住	Ⅰ	Z0101	4 593	Ⅱ	Z0220	3 806	Ⅳ	Z0439	1 889	Ⅶ	Z0758	639
		Z0102	4 587		Z0221	2 699	Ⅴ	Z0540	1 396		Z0759	622
		Z0103	4 359	Ⅲ	Z0322	2 529		Z0541	1 373		Z0760	605
		Z0104	4 836		Z0323	2 225		Z0542	1 380		Z0761	637
		Z0105	4 944		Z0324	2 418		Z0543	1 373		Z0762	627
		Z0106	4 402		Z0325	3 220		Z0544	1 379	Ⅷ	Z0863	545
		Z0107	4 614		Z0326	2 293		Z0545	1 359		Z0864	557
		Z0108	4 472		Z0327	2 198		Z0546	1 309		Z0865	532
		Z0109	4 333		Z0328	2 153		Z0547	1 421		Z0866	530
		Z0110	4 795		Z0329	2 287		Z0548	1 328		Z0867	537
	Ⅱ	Z0211	3 993		Z0330	2 104	Ⅵ	Z0649	703	Ⅸ	Z0969	499
		Z0212	3 792	Ⅳ	Z0431	1 891		Z0650	677		Z0970	453
		Z0213	3 769		Z0432	1 750		Z0651	712		Z0971	493
		Z0214	3 710		Z0433	1 725		Z0652	711		Z0972	471
		Z0215	3 766		Z0434	1 886		Z0653	650		Z0973	499
		Z0216	3 772		Z0435	1 846		Z0654	651		Z0974	295
		Z0217	3 746		Z0436	1 796		Z0655	695	Ⅹ	Z1075	312
		Z0218	3 673		Z0437	1 842	Ⅶ	Z0756	609		Z1076	346
		Z0219	3 785		Z0438	1 873		Z0757	647		Z1077	299
工业	Ⅰ	G0101	1 383	Ⅱ	G0213	1 059	Ⅲ	G0325	596	Ⅴ	G0537	300
		G0102	1 689		G0214	1 041	Ⅳ	G0426	490		G0538	316
		G0103	1 357		G0215	947		G0427	427		G0539	321
		G0104	1 437		G0216	1 000		G0428	424	Ⅵ	G0640	316
		G0105	1 390		G0217	1 005		G0429	473		G0641	277
		G0106	1 438	Ⅲ	G0318	558		G0430	469		G0642	270
		G0107	1 377		G0319	550		G0431	462	Ⅶ	G0743	203
		G0108	1 353		G0320	527		G0432	478		G0744	185
		G0109	1 482		G0321	590		G0433	471		G0745	209
	Ⅱ	G0210	1 133		G0322	578	Ⅴ	G0534	278		G0746	174
		G0211	1 185		G0323	544		G0535	296	Ⅷ	G0847	161
		G0212	1 279		G0324	571		G0536	359		G0848	161

商业用地监测点地价内涵：在正常土地市场条件下，基准日为2001年1月1日，设定土地开发程度为“六通一平”（宗地红线外通路、通电、供水、排水、通迅、通气及宗地红线内场地平整），容积率为所在级别的平均容积率（1级商业用地平均容积率为3.0，2～3级商业用地平均容积率为2.5，4～5级商业用地平均容积率为1.5，6～12级商业用地平均容积率为1.0),商业用地法定最高出让年限40年的完整土地使用权价格。

居住用地监测点地价内涵：在正常土地市场条件下，基准日为2001年1月1日，设定土地开发程度为“六通一平”（宗地红线外通路、通电、供水、排水、通迅、通气及宗地红线内场地平整），容积率为所在级别的的平均容积率（1级居住用地平均容积率为4.0，2级居住用地平均容积率为3.5，3级居住用地为3.0，4级居住用地平均容积率为2.5，5级居住用地平均容积率为为2.5，6～9级居住用地平均容积率为1.5，10～12级居住用地平均容积率为1.0），居住用地法定最高出让年限70年的完整土地使用权价格。

工业用地监测点地价内涵：在正常土地市场条件下，基准日为2001年1月1日，设定土地开发程度为“六通一平”（宗地红线外通路、通电、供水、排水、通迅、通气及宗地红线内场地平整），容积率为1.0，工业用地法定最高出让年限50年的完整土地使用权价格。

成都市

成都市简称“蓉”，是四川省省会，我国西南地区重要的商贸、金融、科技中心、交通和通信枢纽，是一座综合性、多功能的内陆特大开放城市，也是国家批准的对外开放城市和全国综合配套改革试点城市、国家历史文化名城和国家级卫生城市。成都市位于四川盆地西部平原，辖9区、4市、6县，面积11 939平方千米，全市总人口1 019万。

成都市根据《城镇土地分等定级规程》、《城镇土地估价规程》、《城市地价动态监测体系技术规范》及《1999年度城市土地价格调查实施方案》，明确基准地价内涵，在城市总体规划确定的规划建设用地的范围内，全面开展自然、社会、经济及土地市场状况等调查，利用计算机系统技术，辅助完成了城市土地综合定级，商业、居住、工业用地定级与基准地价更新，设立50个地价监测点，建立了城市土地基准地价更新和地价查询、发布信息系统，为我国城市地价动态监测体系建设奠定了基础。也为成都市强化城市土地资产管理，规范土地市场，制定各类规划和提高土地利用的经济、社会和环境效益提供科学依据。

成都市基准地价已于2002年8月7日由市政府公布。

- 商业用地基准地价内涵：在正常土地市场条件下，基准日为2000年1月1日，设定土地开发程度为宗地外“六通”（通路、通电、供水、排水、通讯、通气），宗地内“五通一平”（通路、通电、供水、排水、通讯及场地平整），平均容积率为5～7，商业用地法定最高出让年限40年的完整土地使用权平均价格。

- 居住用地基准地价内涵：在正常土地市场条件下，基准日为2000年1月1日，设定土地开发程度为宗地内外“六通”（通路、通电、供水、排水、通讯、通气）及宗地内场地平整，平均容积率为2.2～2.6，居住用地法定最高出让年限70年的完整土地使用权平均价格。

- 工业用地基准地价内涵：在正常土地市场条件下，基准日为2000年1月1日，设定土地开发程度1～4级地为“三通一平”（宗地外通路、通电、供水及宗地内场地平整），5级地为生地，平均容积率为0.4～0.8，工业用地法定最高出让年限50年的完整土地使用权平均价格。

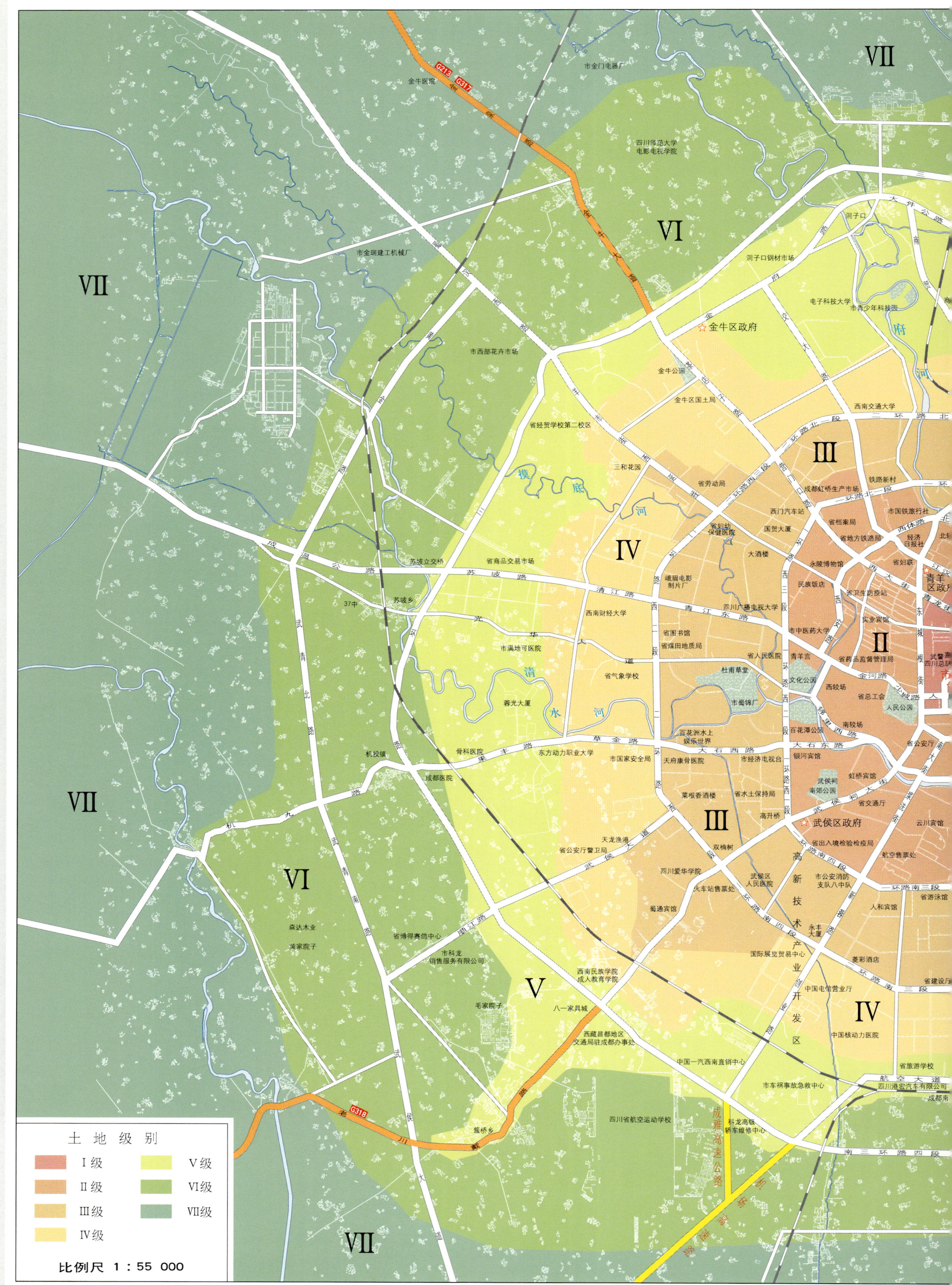

Ⅶ
Ⅵ
Ⅴ
Ⅳ
Ⅲ
Ⅱ
金牛区政府
武侯区政府
青羊区政府
金牛公园
金牛区国土局
西南交通大学
电子科技大学
洞子口
洞子口钢材市场
四川师范大学电影电视学院
市金刚建工机械厂
市西部花卉市场
省经贸学校第二校区
三和花园
省劳动局
成都虹桥生产市场
铁路新村
西门汽车站
省档案局
省地方铁路局
省妇幼保健医院
国贸大厦
大酒楼
永陵博物馆
民族饭店
省卫生防疫站
成都中医药大学
四川广播电视大学
峨眉电影制片厂
省商品交易市场
苏坡立交桥
苏坡乡
37中
西南财经大学
省图书馆
省煤田地质局
省人民医院
青羊宫
文化公园
杜甫草堂
省气象学校
市满地可医院
蓉光大厦
市蜀锦厂
百花潭公园
百花洲水上娱乐世界
南较场
省总工会
人民公园
省公安厅
骨科医院
东方动力职业大学
市国家安全局
天府康骨医院
市经济电视台
银河宾馆
武侯祠南郊公园
虹桥宾馆
省交通厅
菜根香酒楼
省水土保持局
高升桥
机投镇
成都医院
天龙渔港
省公安厅警卫局
双楠树
四川爱华学院
火车站售票处
武侯区人民医院
市公安消防支队八中队
航空售票处
云川宾馆
蜀通宾馆
省游泳馆
人和宾馆
高新技术产业开发区
永丰大厦
国际展览贸易中心
菱彩酒店
中国电信营业厅
中国核动力医院
省建设厅
森达木业
黄家院子
省博得赛鸽中心
市科龙销售服务有限公司
毛家院子
西南民族学院成人教育学院
八一家具城
西藏昌都地区交通局驻成都办事处
中国一汽西南直销中心
市车祸事故急救中心
四川省航空运动学校
科龙高级轿车维修中心
四川港宏汽车有限公司
省旅游学校
簇桥乡
成雅高速公路
机场高速路
府河
清水河
摸底河
金河路
苏坡路
光华大道
清江东路
草金路
大石西路
大石东路
武侯大道
航空大道
一环路北一段
二环路北一段
一环路南三段
二环路南三段
南三环路四段
G213
G317
G318
土地级别
Ⅰ级
Ⅱ级
Ⅲ级
Ⅳ级
Ⅴ级
Ⅵ级
Ⅶ级
比例尺 1：55 000

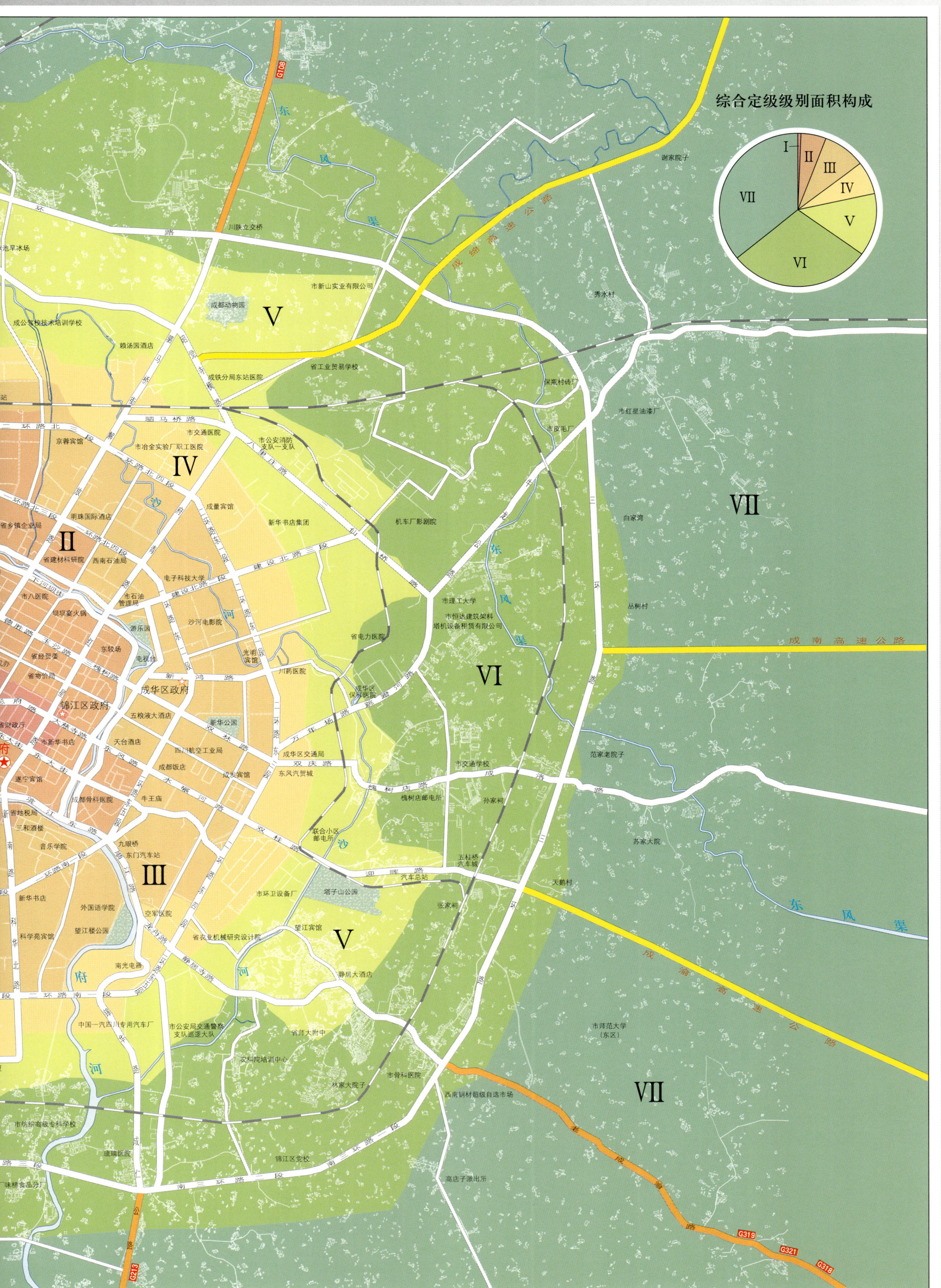
综合定级级别面积构成
I
II
III
IV
V
VI
VII
V
IV
II
III
V
VI
VII
VII
成华区政府
锦江区政府
成南高速公路
成渝高速公路
东风渠
沙河
府河
成绵高速公路
新华公园
塔子山公园
成都动物园
市理工大学
电子科技大学
四川航空工业局
成都军区总医院
市交通学校
音乐学院
外国语学院
望江楼公园
科学苑宾馆
新华书店

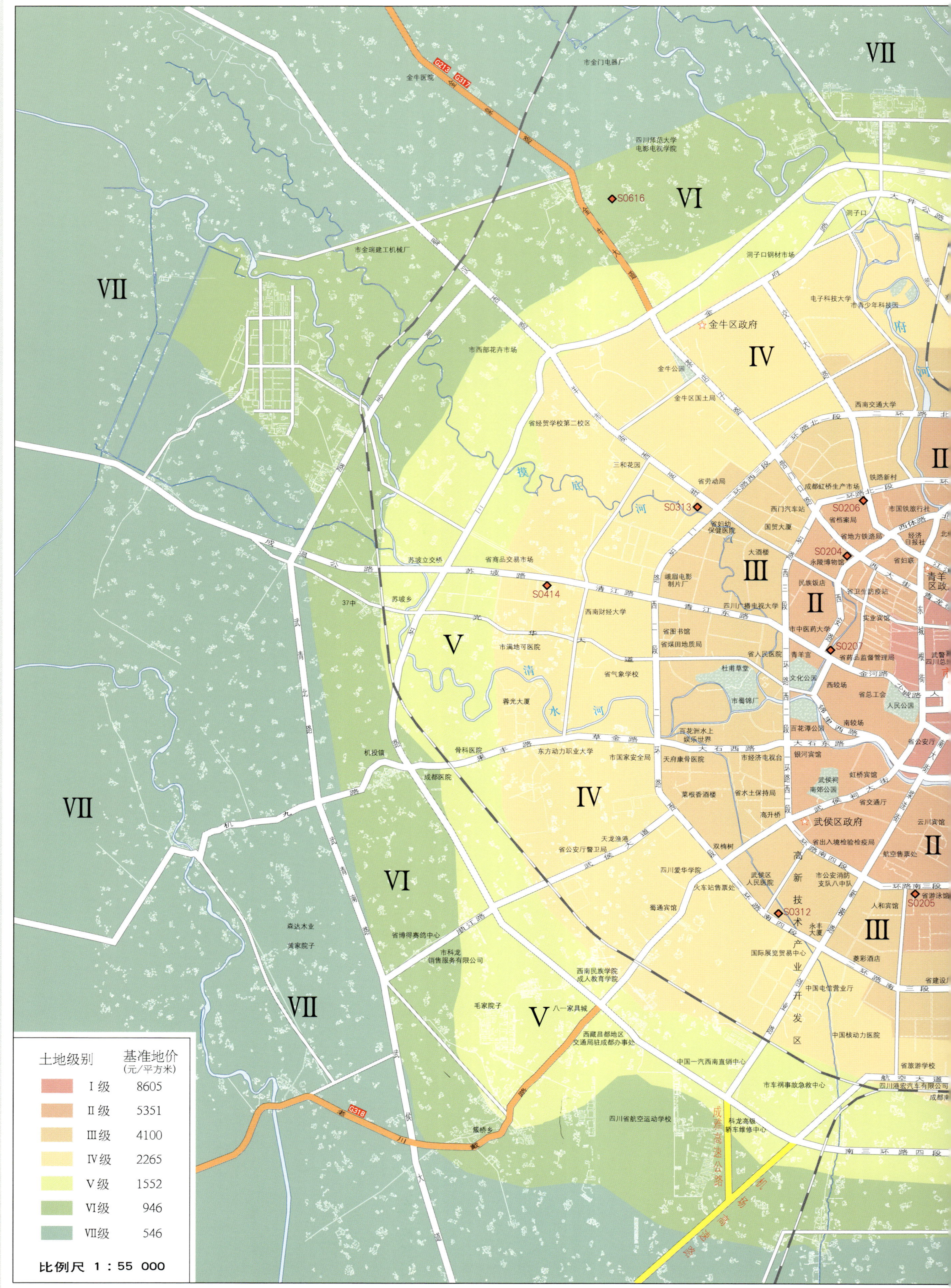

土地级别
基准地价（元/平方米）
Ⅰ级 8605
Ⅱ级 5351
Ⅲ级 4100
Ⅳ级 2265
Ⅴ级 1552
Ⅵ级 946
Ⅶ级 546
比例尺 1：55 000
金牛区政府
武侯区政府
S0616
S0313
S0414
S0206
S0204
S0207
S0312
S0205
G213
G317
G318
西南交通大学
电子科技大学
西南财经大学
四川大学
金牛公园
人民公园
摸底河
清水河
府河
成温公路
成雅高速公路
机场高速路
高新技术产业开发区

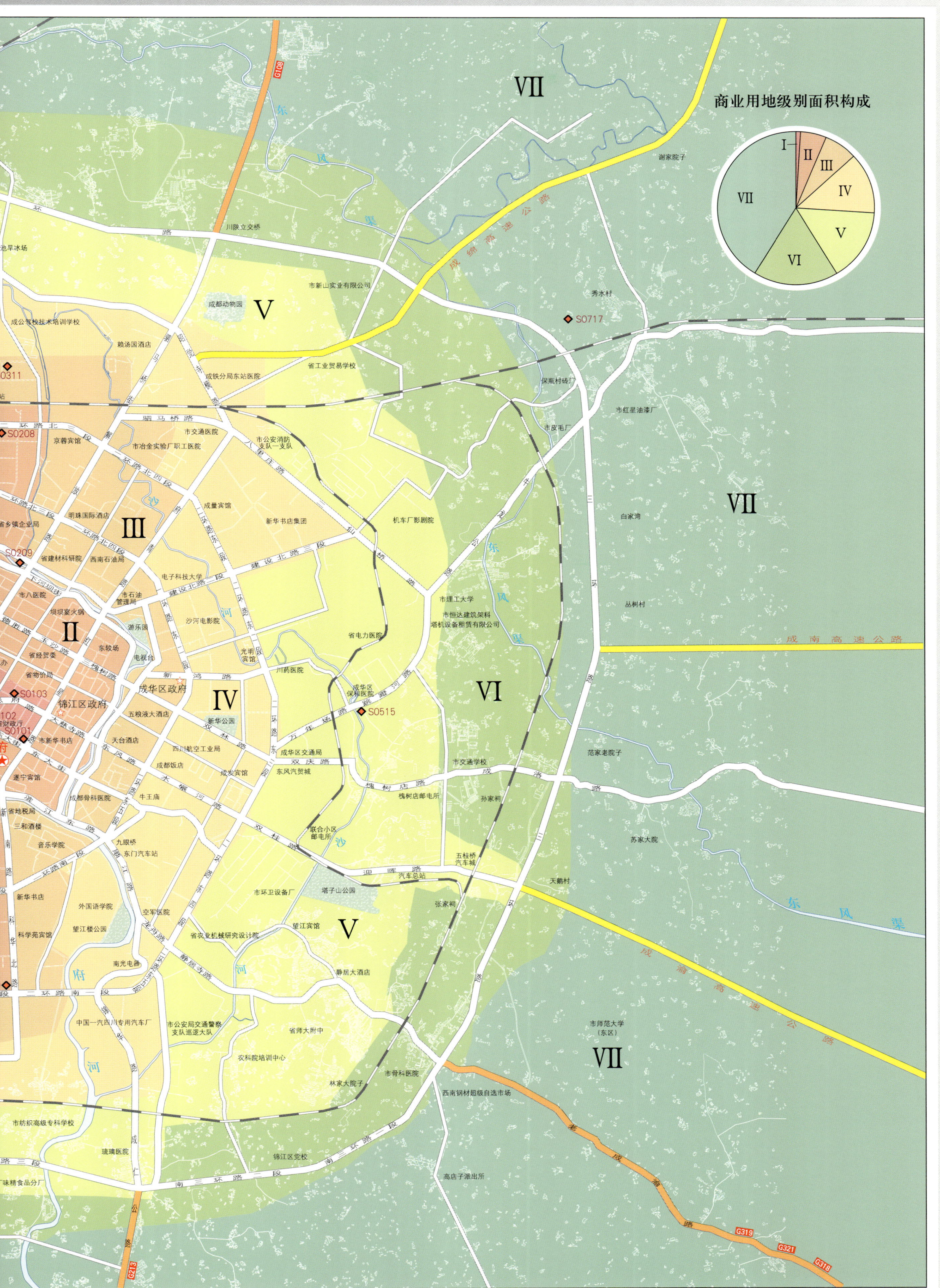
商业用地级别面积构成
Ⅰ
Ⅱ
Ⅲ
Ⅳ
Ⅴ
Ⅵ
Ⅶ
G108
东
风
渠
川陕立交桥
成绵高速公路
谢家院子
秀水村
S0717
成都动物园
市新山实业有限公司
成公警校技术培训学校
赖汤园酒店
S0311
成铁分局东站医院
省工业贸易学校
保和村砖厂
市红星油漆厂
市皮毛厂
驷马桥
S0208
市交通医院
京蓉宾馆
市冶金实验厂职工医院
市公安消防支队一支队
成量宾馆
新华书店集团
明珠国际酒店
机车厂影剧院
白家湾
省乡镇企业局
S0209
省建材科研院
西南石油局
电子科技大学
市八医院
市石油管理局
市理工大学
丛树村
沙河电影院
市恒达建筑架料塔机设备租赁有限公司
游乐园
省电力医院
成南高速公路
东较场
光明宾馆
电视台
省经贸委
省物价局
川药医院
成华区保和医院
成华区政府
锦江区政府
S0103
S0515
五粮液大酒店
新华公园
S0101
市新华书店
天台酒店
四川航空工业局
成华区交通局
范家老院子
市交通学校
成都饭店
成发宾馆
东风汽贸城
槐树店邮电所
孙家村
遂宁宾馆
成都骨科医院
牛王庙
省地税局
三和酒楼
音乐学院
九眼桥
东门汽车站
联合小区邮电所
苏家大院
五桂桥汽车城
汽车总站
天鹅村
新华书店
外国语学院
市环卫设备厂
塔子山公园
张家村
科学苑宾馆
望江楼公园
空军医院
望江宾馆
省农业机械研究设计院
南光电器
静居大酒店
成渝高速公路
中国一汽四川专用汽车厂
市公安局交通警察支队巡逻大队
省师大附中
市师范大学（东区）
农科院培训中心
市骨科医院
林家大院子
西南钢材超级自选市场
市纺织高级专科学校
琉璃医院
锦江区党校
高店子派出所
厂味精食品分厂
G213
G319
G321
G318

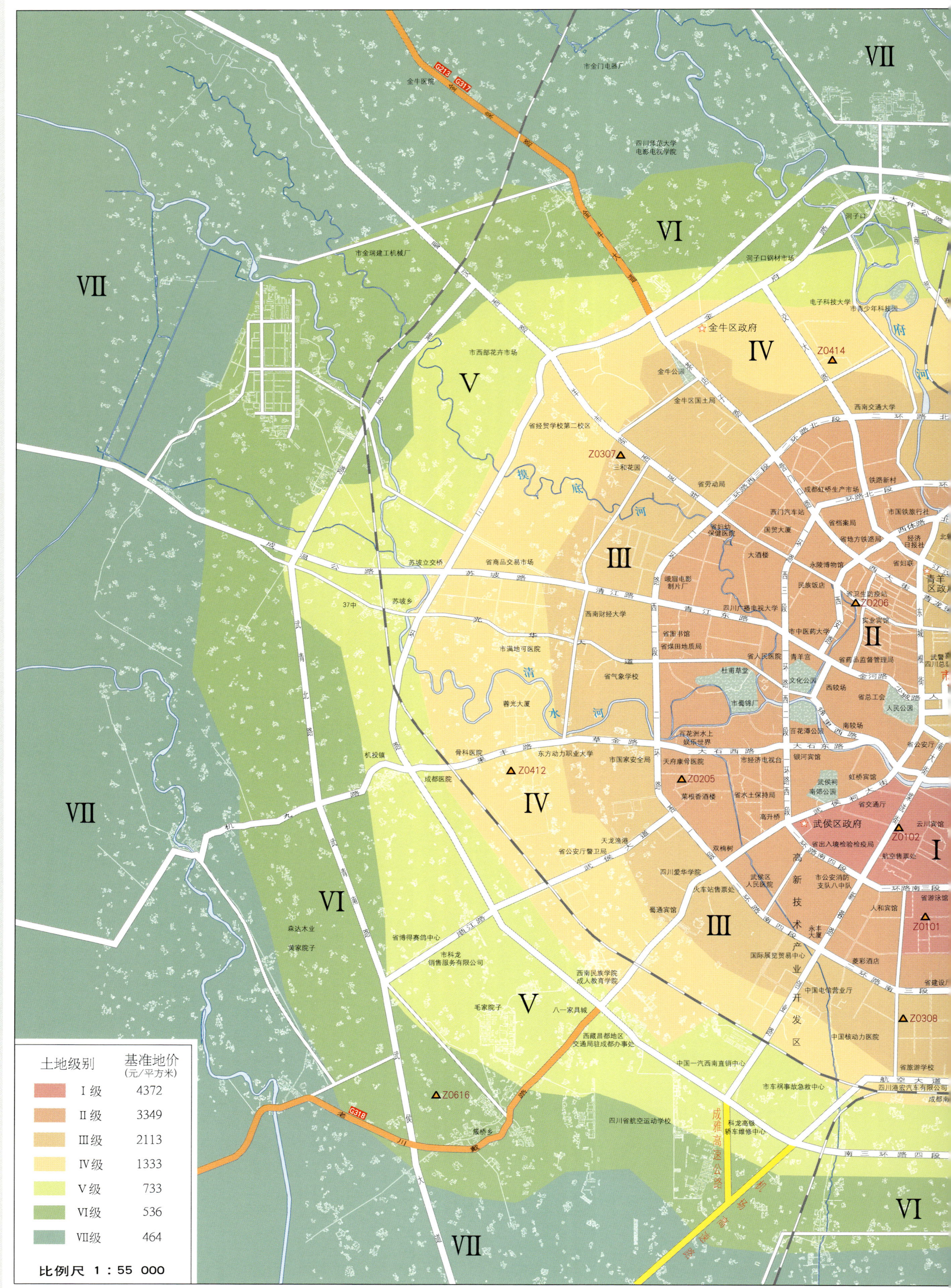

土地级别
基准地价（元/平方米）
Ⅰ级 4372
Ⅱ级 3349
Ⅲ级 2113
Ⅳ级 1333
Ⅴ级 733
Ⅵ级 536
Ⅶ级 464
比例尺 1：55 000
金牛区政府
武侯区政府
Z0414
Z0307
Z0206
Z0205
Z0412
Z0102
Z0101
Z0308
Z0616
府河
清水河
摸底河
苏坡立交桥
西南财经大学
西南交通大学
杜甫草堂
百花潭公园
成都医院
机投镇
金牛公园
高新技术产业开发区
成雅高速公路

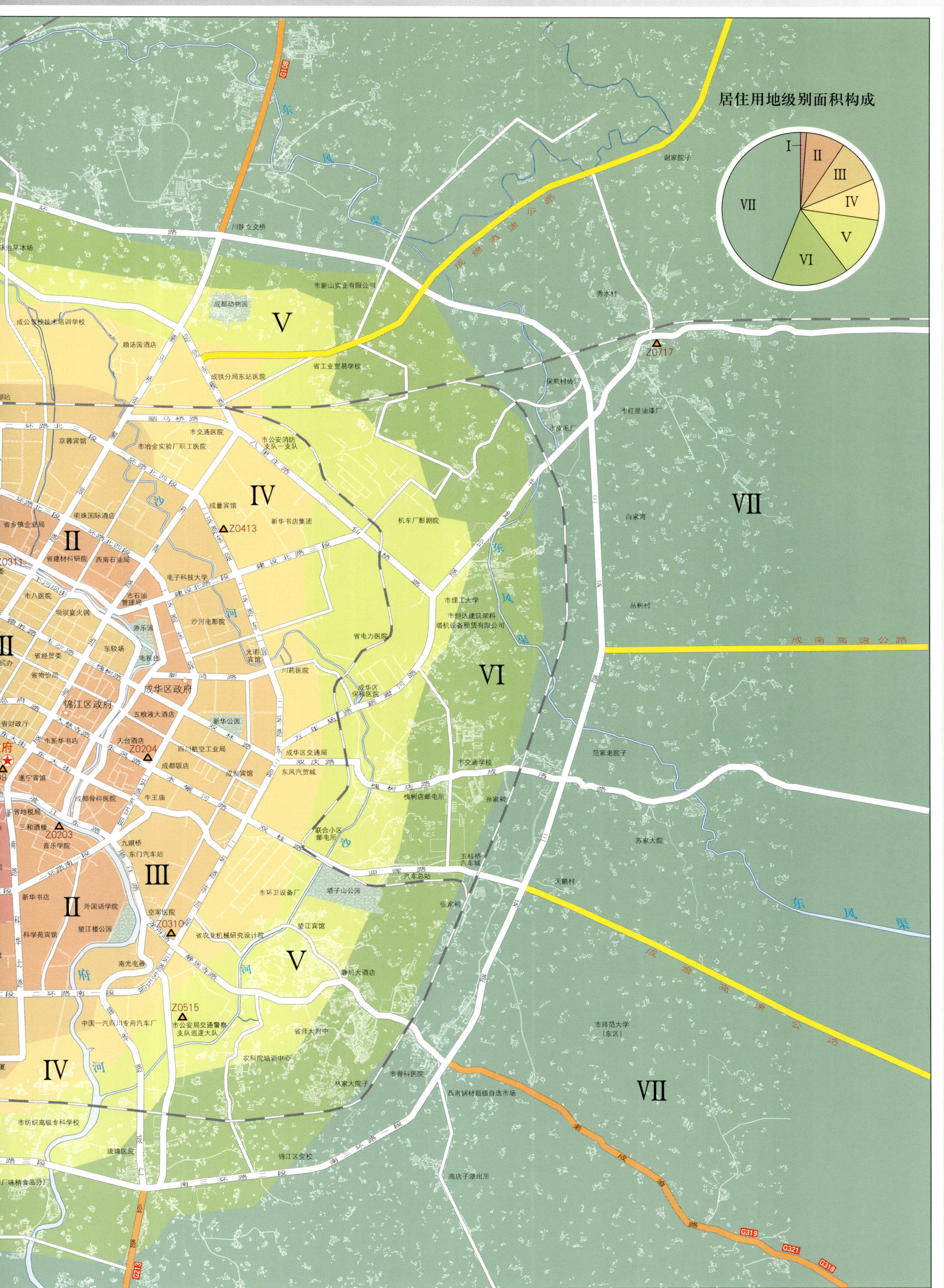

居住用地级别面积构成
I
II
III
IV
V
VI
VII
成华区政府
锦江区政府
成绵高速公路
成南高速公路
成渝高速公路
东风渠
沙河
府河

成都市工业用地基准地价及监测点

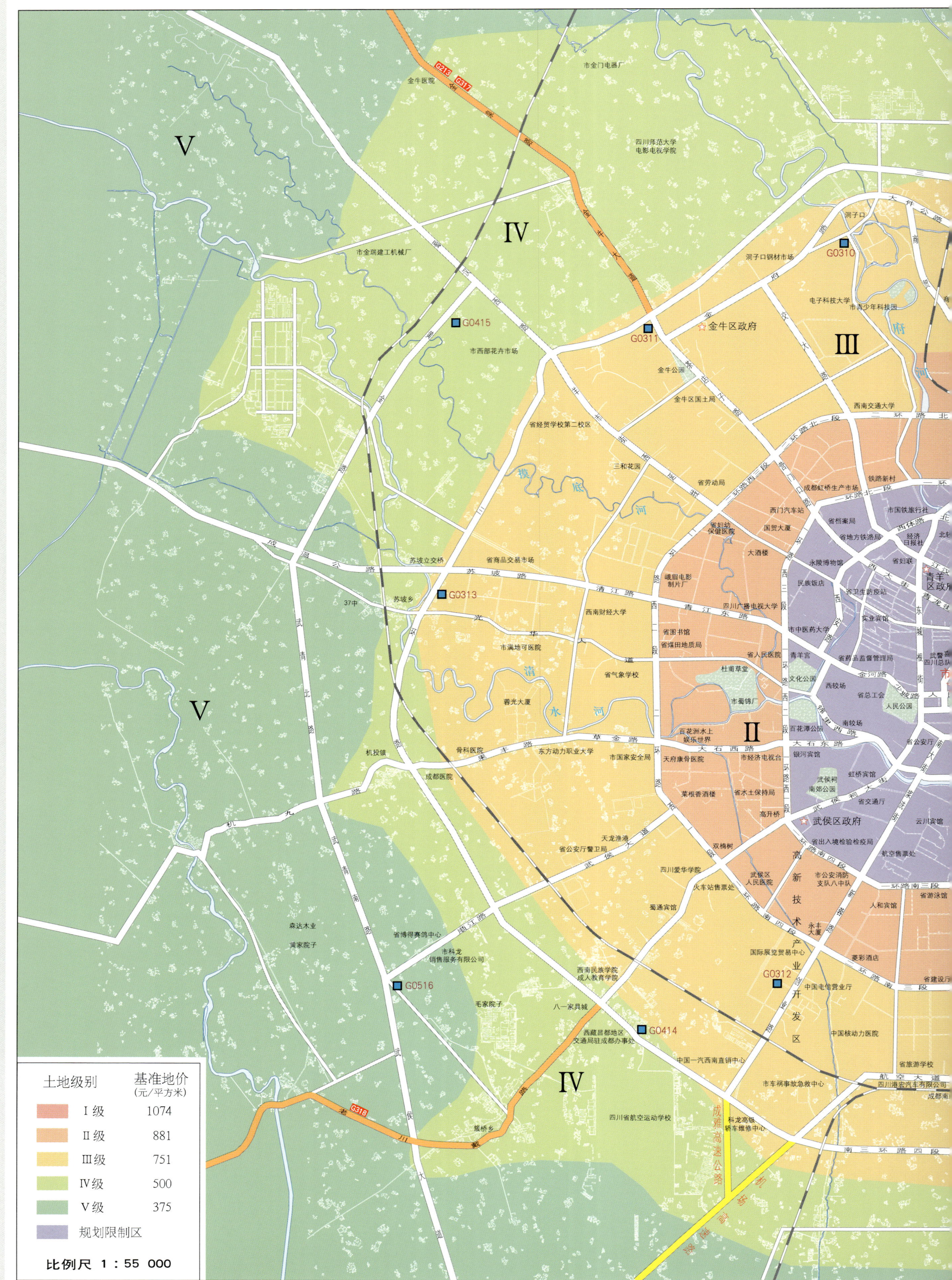

工业用地级别面积构成
I
II
III
IV
规划限制区
V
川陕立交桥
市新山实业有限公司
成都动物园
赖场园酒店
省工业贸易学校
成铁分局东站医院
G0204
驷马桥路
市交通医院
市冶金实验厂职工医院
市公安消防支队一支队
京蓉宾馆
成量宾馆
新华书店集团
G0206
机车厂影剧院
明珠国际酒店
省乡镇企业局
G0203
省建材科研院
西南石油局
电子科技大学
G0101
市八医院
沙河电影院
省电力医院
光明宾馆
G0202
川药医院
成华区政府
锦江区政府
五粮液大酒店
新华公园
天台酒店
成都饭店
成华区交通局
东风汽贸城
G0308
市交通学校
槐树店邮电所
孙家村
牛王庙
九眼桥
东门汽车站
G0207
联合小区邮电所
五桂桥汽车城
汽车总站
塔子山公园
市环卫设备厂
新华书店
外国语学院
空军医院
望江宾馆
科学苑宾馆
望江楼公园
省农业机械研究设计院
G0205
南光电器
静居大酒店
中国一汽四川专用汽车厂
市公安局交通警察支队巡逻大队
省师大附中
G0309
农科院培训中心
市骨科医院
林家大院子
西南钢材超级自选市场
市纺织高级专科学校
琉璃医院
锦江区党校
高店子派出所
市理工大学
市恒达建筑架料塔机设备租赁有限公司
谢家院子
秀水村
市皮毛厂
市红星油漆厂
白家湾
丛树村
范家老院子
苏家大院
天鹅村
张家村
市师范大学（东区）
成绵高速公路
成南高速公路
成渝高速公路
东风渠
沙河
府河
G108
G213
G319
G321
G318

用　　途	土地级别	监测点编号	监测点地价（元/平方米）	土地级别	监测点编号	监测点地价（元/平方米）
商业	Ⅰ	S0101	10 250	Ⅱ	S0210	1 796
		S0102	12 078	Ⅲ	S0311	2 542
		S0103	8 692		S0312	1 862
	Ⅱ	S0204	5 167		S0313	1 027
		S0205	2 728	Ⅳ	S0414	943
		S0206	2 900	Ⅴ	S0515	950
		S0207	4 400	Ⅵ	S0616	660
		S0208	7 119	Ⅶ	S0717	375
		S0209	5 286			
居住	Ⅰ	Z0101	2 268	Ⅲ	Z0310	1 332
		Z0102	4 000		Z0311	4 377
	Ⅱ	Z0203	3 666	Ⅳ	Z0412	787
		Z0204	3 254		Z0413	1 272
		Z0205	1 596		Z0414	1 534
		Z0206	4 423	Ⅴ	Z0515	1 000
	Ⅲ	Z0307	1 210	Ⅵ	Z0616	600
		Z0308	1 579	Ⅶ	Z0717	255
		Z0309	6 254			
工业	Ⅰ	G0101	990	Ⅲ	G0309	587
	Ⅱ	G0202	880		G0310	660
		G0203	969		G0311	676
		G0204	753		G0312	888
		G0205	810		G0313	650
		G0206	760	Ⅳ	G0414	560
		G0207	1 141		G0415	494
	Ⅲ	G0308	710	Ⅴ	G0516	420

商业用地监测点地价内涵：在正常土地市场条件下，基准日为2000年1月1日，设定土地开发程度宗地红线外为“六通一平”（通路、通电、供水、排水、通讯、通气），宗地红线内“五通一平”（通路、通电、供水、排水、通讯及场地平整），容积率为5～7，商业用地法定最高出让年限40年的完整土地使用权价格。

居住用地监测点地价内涵：在正常土地市场条件下，基准日为2000年1月1日，设定土地开发程度为“六通一平”（宗地红线外通路、通电、供水、排水、通讯、通气及宗地红线内场地平整），所在区段平均容积率下，居住用地法定最高出让年限70年的完整土地使用权价格。

工业用地监测点地价内涵：在正常土地市场条件下，基准日为2000年1月1日，设定土地开发程度宗地红线外“六通一平”（通上水、通下水、通电、通讯、通气、通路及场地平整），宗地红线内“五通一平”（通上水、通下水、通电、通讯、通路、场平），所在区段平均容积率下，工业用地法定最高出让年限50年的完整土地使用权价格。

贵阳市

贵阳市，以贵山之阳得名，简称“筑”，是贵州省省会，全省政治、经济、文化、科教中心，我国西南地区重要交通枢纽、工业基地和商业、旅游城市，西南地区重要的中心城市之一。位于贵州省中部，东、南邻黔南布依族苗族自治州，西靠安顺市、毕节地区，北与遵义市接壤，乌江支流南明河穿过城区。辖6区、1市、3县，面积8 034平方千米，全市总人口335万。

贵阳市根据《城镇土地分等定级规程》、《城镇土地估价规程》、《城市地价动态监测体系技术规范》及《2000－2001年度城市土地价格调查实施方案》，明确基准地价内涵，在城市规划区75.432平方千米的土地范围内，全面开展自然、社会、经济及土地市场状况等调查，利用计算机系统技术，辅助完成了城市土地综合定级，商业、居住、工业用地定级与基准地价更新，设立64个地价监测点，建立了城市土地基准地价更新系统，为我国城市地价动态监测体系建设奠定了基础。也为贵阳市强化城市土地资产管理，规范土地市场，制定各类规划和提高土地利用的经济、社会和环境效益提供科学依据。

商业用地基准地价内涵：在正常土地市场条件下，基准日为2001年1月1日，设定土地开发程度为“六通一平”(宗地红线外通路、通电、供水、排水、通讯、通气及宗地红线内场地平整)，平均容积率为1.0，商业用地法定最高出让年限40年的完整土地使用权平均价格。

居住用地基准地价内涵：在正常土地市场条件下，基准日为2001年1月1日，设定土地开发程度为“六通一平”(宗地红线外通路、通电、供水、排水、通讯、通气及宗地红线内场地平整)，平均容积率为1.5，居住用地法定最高出让年限70年的完整土地使用权平均价格。

工业用地基准地价内涵：在正常土地市场条件下，基准日为2001年1月1日，设定土地开发程度为“三通一平”(宗地红线外通路、通电、供水及宗地红线内场地平整)，平均容积率为1.0，工业用地法定最高出让年限50年的完整土地使用权平均价格。

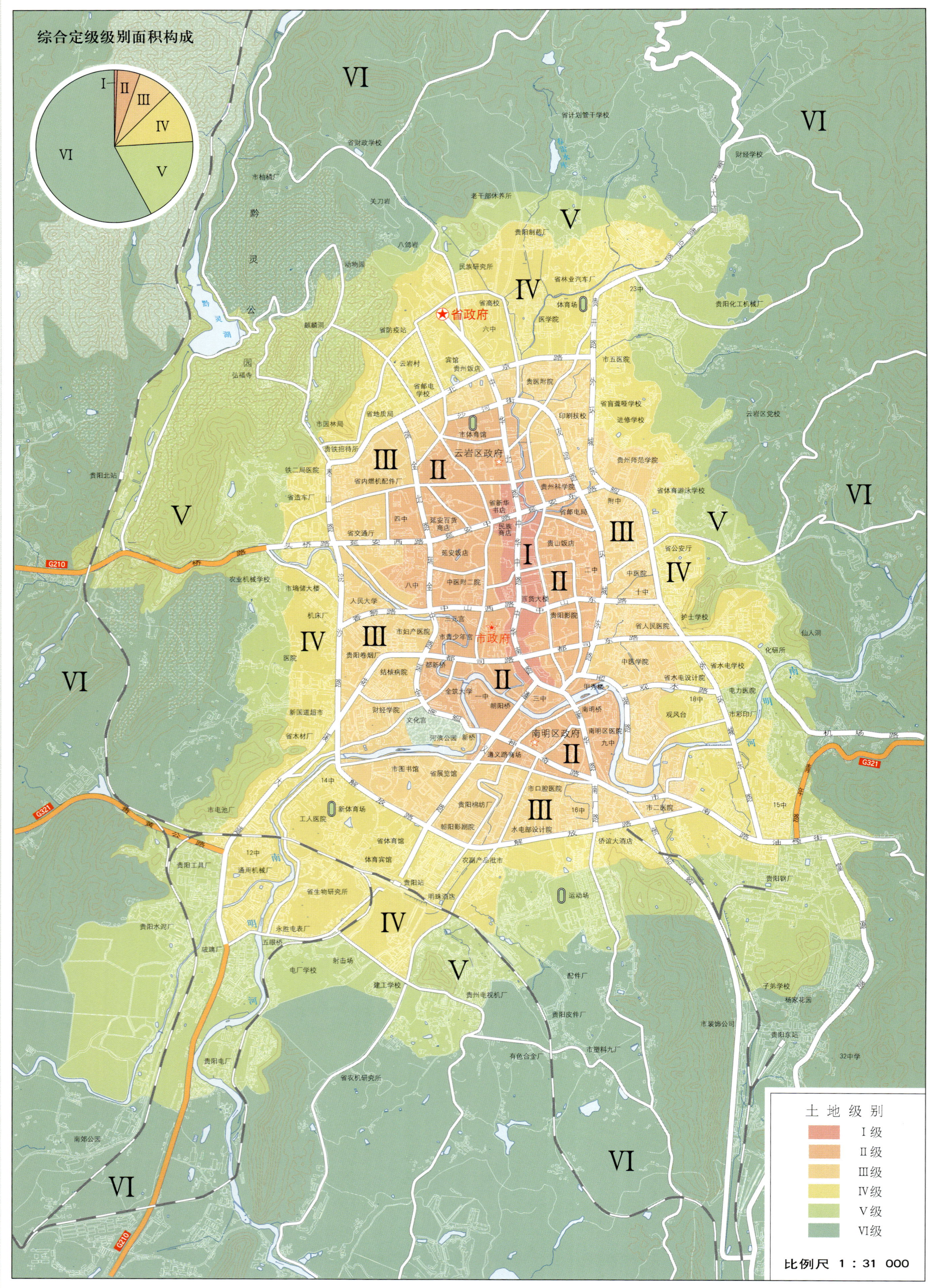
综合定级级别面积构成
土地级别
Ⅰ级
Ⅱ级
Ⅲ级
Ⅳ级
Ⅴ级
Ⅵ级
比例尺 1 : 31 000
省政府
市政府
云岩区政府
南明区政府

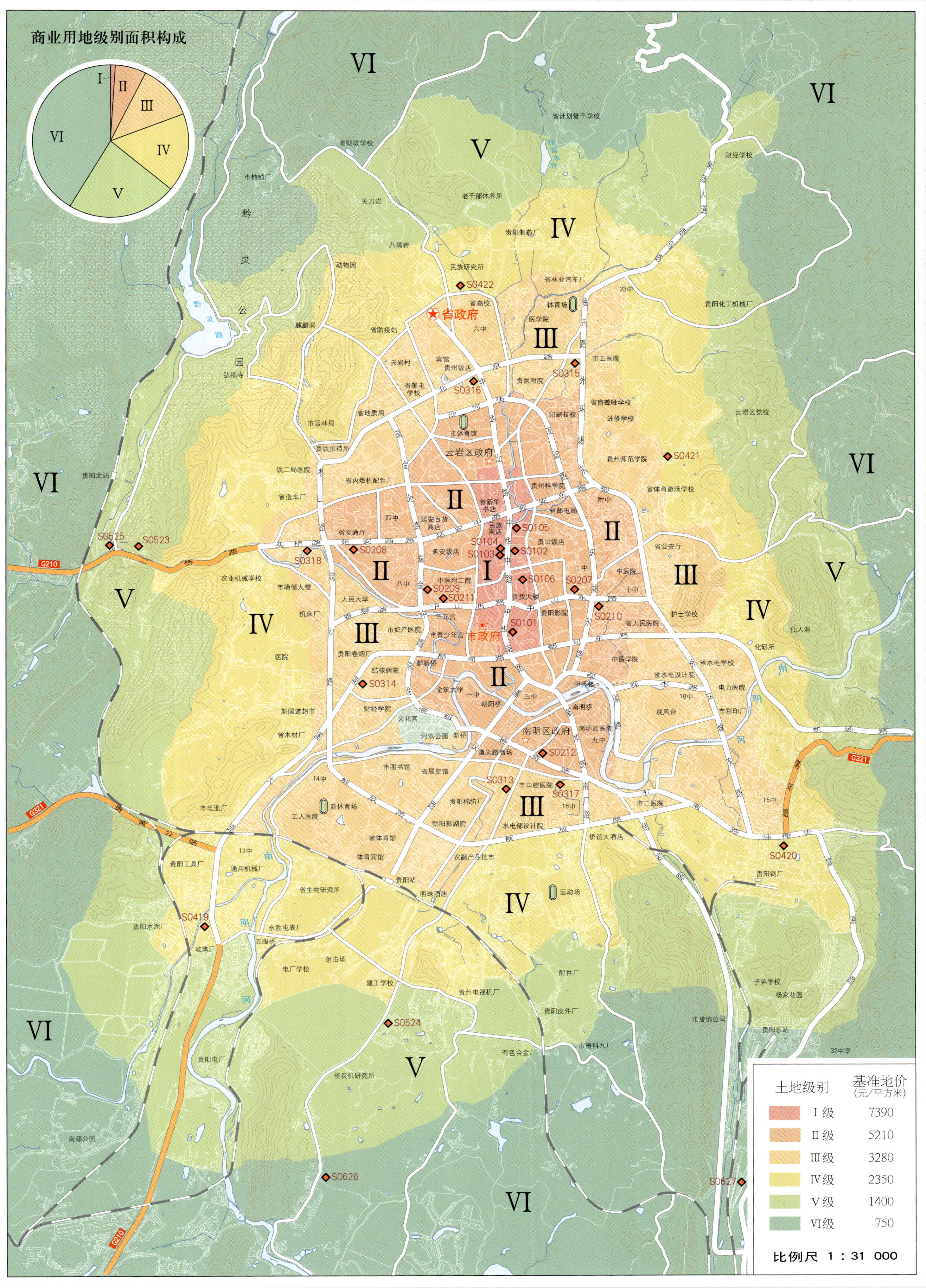
商业用地级别面积构成
土地级别 基准地价(元/平方米)
Ⅰ级 7390
Ⅱ级 5210
Ⅲ级 3280
Ⅳ级 2350
Ⅴ级 1400
Ⅵ级 750
比例尺 1：31 000
省政府
市政府
云岩区政府
南明区政府

贵阳市居住用地基准地价及监测点

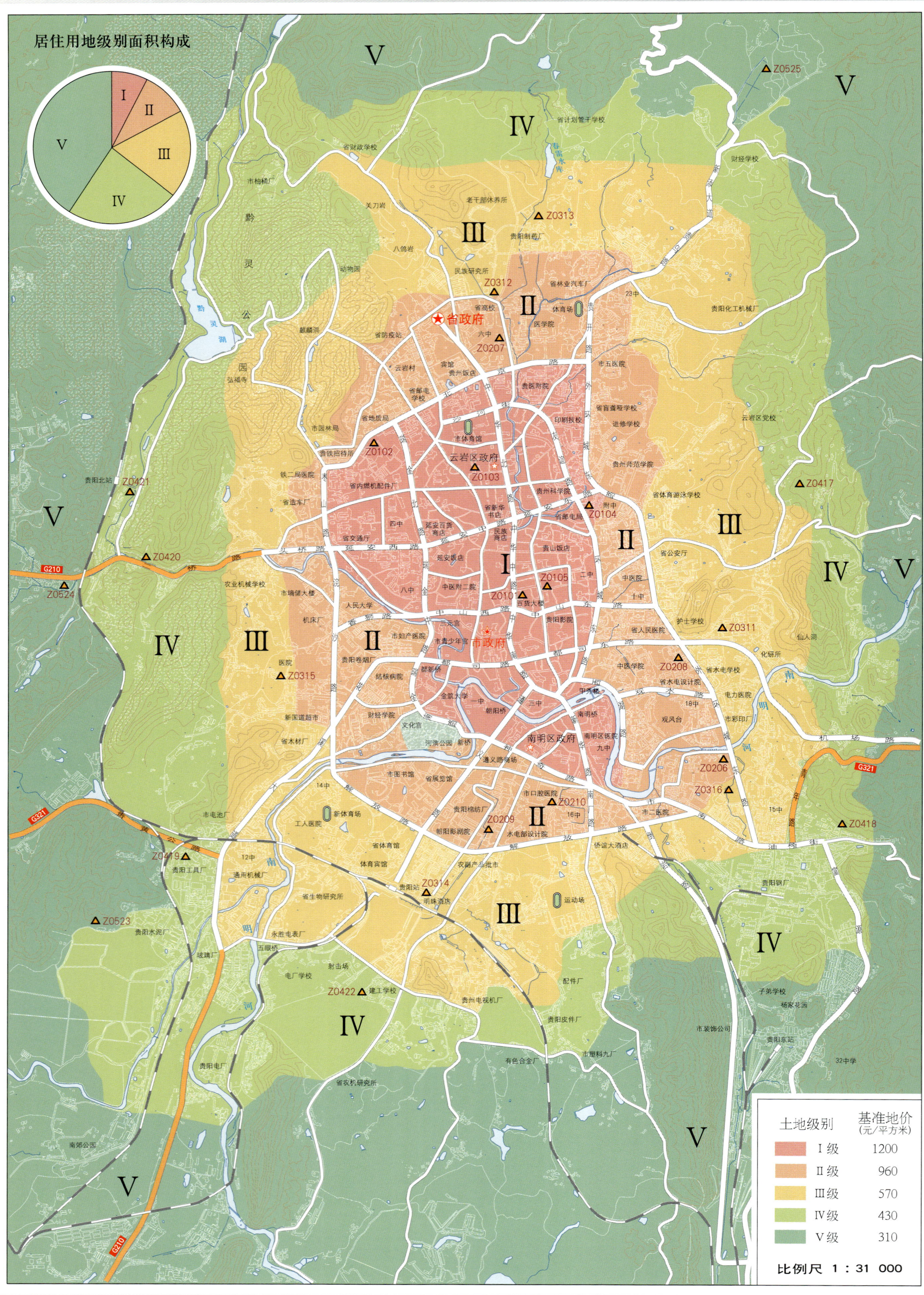

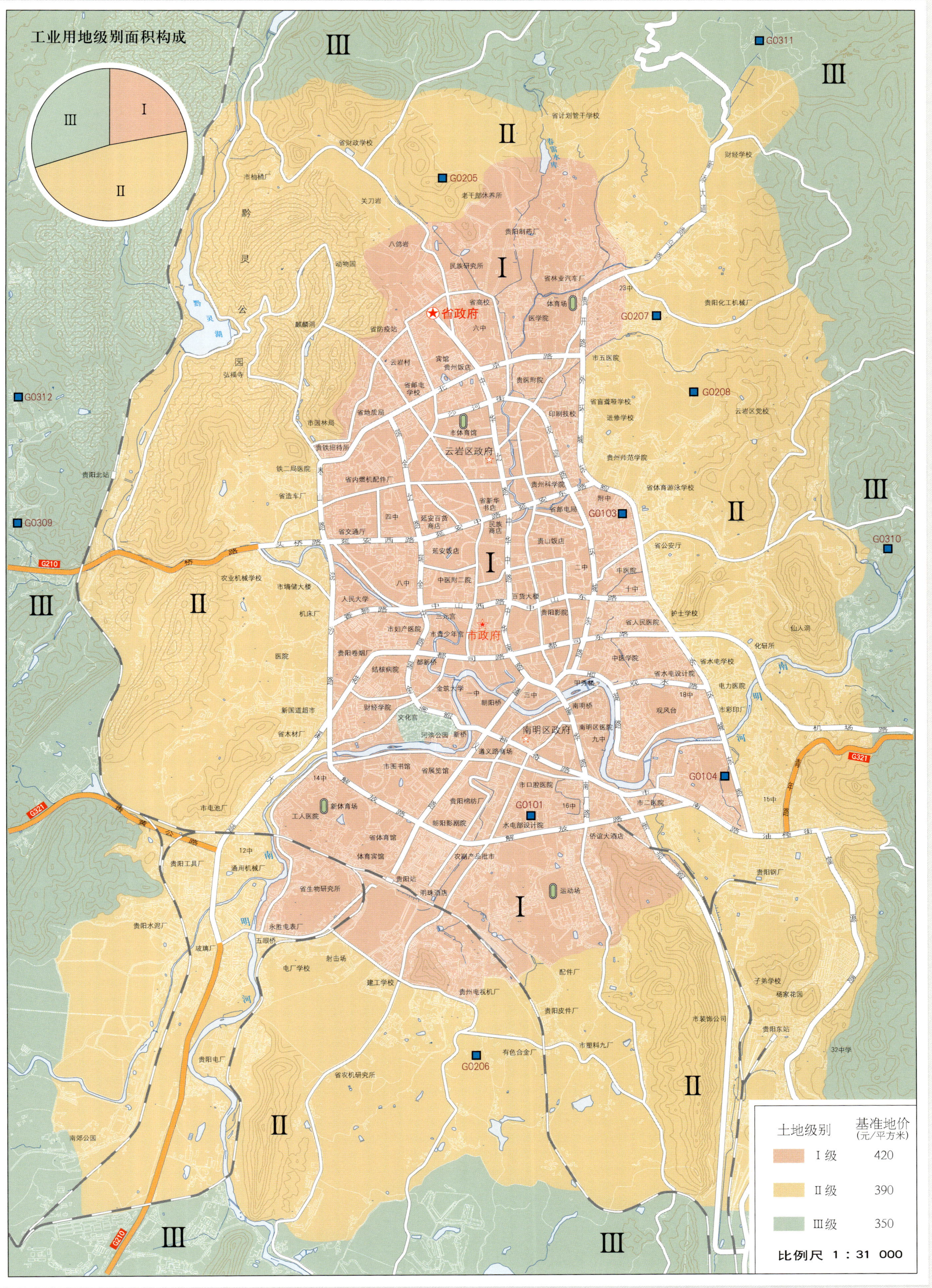
工业用地级别面积构成
I
II
III
土地级别
基准地价
(元/平方米)
I 级
420
II 级
390
III级
350
比例尺 1：31 000
省政府
市政府
云岩区政府
南明区政府
G0101
G0103
G0104
G0205
G0206
G0207
G0208
G0309
G0310
G0311
G0312
G210
G321
黔灵公园
黔灵湖
贵阳北站
贵阳站
贵阳东站
河滨公园
南郊公园
新体育场
运动场
省体育馆
市体育馆
贵阳钢厂
贵阳电厂
贵阳水泥厂
贵阳化工机械厂
有色合金厂
贵阳皮件厂
贵州电视机厂
市塑料九厂
市装饰公司
仙人洞
观风台
省计划管干学校
财经学校
省财政学校
农业机械学校
省交通厅
省公安厅
省人民医院
中医学院
医学院
南明区医院
市五医院
省农机研究所
省生物研究所
水电部设计院
黔灵大酒店

用　途	土地级别	监测点编号	监测点地价（元/平方米）	土地级别	监测点编号	监测点地价（元/平方米）
商业	Ⅰ	S0101	7 792	Ⅲ	S0315	2 832
		S0102	7 415		S0316	3 531
		S0103	7 471		S0317	3 112
		S0104	7 523		S0318	2 832
		S0105	7 756	Ⅳ	S0419	2 132
		S0106	6 975		S0420	1 992
	Ⅱ	S0207	3 363		S0421	2 552
		S0208	5 071		S0422	2 138
		S0209	5 413	Ⅴ	S0523	1 706
		S0210	5 071		S0524	1 439
		S0211	5 478		S0525	1 710
		S0212	5 395	Ⅵ	S0626	733
	Ⅲ	S0313	3 297		S0627	739
		S0314	3 391			
居住	Ⅰ	Z0101	1 294	Ⅲ	Z0314	801
		Z0102	1 231		Z0315	476
		Z0103	1 399		Z0316	764
		Z0104	1 170	Ⅳ	Z0417	398
		Z0105	1 511		Z0418	517
	Ⅱ	Z0206	938		Z0419	453
		Z0207	769		Z0420	397
		Z0208	839		Z0421	398
		Z0209	1 036		Z0422	419
		Z0210	1 050	Ⅴ	Z0523	662
	Ⅲ	Z0311	794		Z0524	289
		Z0312	662		Z0525	324
		Z0313	476			
工业	Ⅰ	G0101	436	Ⅱ	G0208	339
		G0103	461	Ⅲ	G0309	326
		G0104	434		G0310	314
	Ⅱ	G0205	313		G0311	339
		G0206	339		G0312	322
		G0207	400			

- 商业用地监测点地价内涵：在正常土地市场条件下，基准日为2001年1月1日，设定土地开发程度为“六通一平”（宗地红线外通路、通电、供水、排水、通讯、通气及宗地红线内场地平整），容积率为1.0，商业用地法定最高出让年限40年的完整土地使用权价格。

- 居住用地监测点地价内涵：在正常土地市场条件下，基准日为2001年1月1日，设定土地开发程度为“六通一平”（宗地红线外通路、通电、供水、排水、通讯、通气及宗地红线内场地平整），容积率为1.5，居住用地法定最高出让年限70年的完整土地使用权价格。

- 工业用地监测点地价内涵：在正常土地市场条件下，基准日为2001年1月1日，设定土地开发程度为“三通一平”（宗地红线外通路、通电、供水及宗地红线内场地平整），容积率为1.0，工业用地法定最高出让年限50年的完整土地使用权价格。

昆明市是云南省的省会，全省的政治、经济、文化中心和交通、通信枢纽，西南地区的中心城市之一，国家历史文化名城，我国重要的国际性商贸旅游城市。气候四季如春，有“春城”、“花城”之称。位于云贵高原的滇池盆地内。辖5区、1市、5县、3自治县，面积21 501平方千米,全市总人口488万。

昆明市根据《城镇土地分等定级规程》、《城镇土地估价规程》、《城市地价动态监测体系技术规范》及《1999年度城市土地价格调查实施方案》，明确基准地价内涵，在昆明市城市规划区320.0平方千米的范围内，在全面调查分析影响土地质量及价格的相关因素、土地价格交易形式及相应价格水平以及土地价格与影响因素之间相关关系的基础上，利用计算机系统技术，辅助完成了土地综合定级，商业、居住、工业用地定级与基准地价评估，设立109个地价监测点，建立了城市土地基准地价更新和动态监测系统，实现城市地价发布与查询的社会化服务，为我国城市地价动态监测体系建设奠定了基础。也为昆明市强化城市土地资产管理，规范土地市场，制定各类规划和提高土地利用的经济、社会和环境效益提供科学依据。

昆明市基准地价已由市政府于2002年10月31日公布实施。

- 商业用地基准地价内涵：在正常土地市场条件下，基准日为2001年1月1日，设定土地开发程度为1～5级土地“六通一平”（宗地红线外通路、通电、供水、排水、通讯、通气和及宗地红线内场地平整），最末一级土地“三通一平”（宗地红线外通路、通电、供水和宗地红线内场地平整），平均容积率为2.5,商业用地法定最高出让年限40年的完整土地使用权平均价格。

- 居住用地基准地价内涵：在正常土地市场条件下，基准日为2001年1月1日，设定土地开发程度为1～5级土地“六通一平”（宗地红线外通路、通电、供水、排水、通讯、通气及宗地红线内场地平整），最末一级土地“三通一平”（宗地红线外通路、通电、供水及宗地红线内场地平整），平均容积率为二环路以内2.0、二环路以外1.6，居住用地法定最高出让年限70年的完整土地使用权平均价格。

- 工业用地基准地价内涵：在正常土地市场条件下，基准日为2001年1月1日，设定土地开发程度为1～2级土地“六通一平”（宗地红线外通路、通电、供水、排水、通讯、通气及宗地红线内场地平整），最末一级土地“三通一平”（宗地红线外通路、通电、供水及宗地红线内场地平整），平均容积率为0.6，工业用地法定最高出让年限50年的完整土地使用权平均价格。

综合定级级别面积构成
I
II
III
IV
V
VI
土 地 级 别
I 级
II 级
III 级
IV 级
V 级
VI 级
比例尺 1：110 000
省政府
市政府
五华区政府
盘龙区政府
西山区政府
官渡区政府
G108
G320
G213
G324
昆曲高速公路
滇池
世博园
金殿风景名胜区
省建筑学校
化工技校
市二医院
国际疗养中心
云南大学
省农科院
昆明白水泥厂
省广播电台
官渡区第一职业技校
省建筑技校
中心发报台
国防工业校
省林校
财经学校
银行学校
云南高原赛鸽中心
财贸学院
昆明地质学校
省公安学校
北教场
57医院
海外学校
马家营
天祥中学
昆明理工大学
金属铸造厂
西南林学院
昆明北站
艺术学院
麻园站
昆明动物园
翠湖公园
市警察学校
市农牧学校
昆明理工大学
市委党校
省经济管理学校
昆明大学
技工二分校
上庄村
省中医院
龙池村
仪表厂
市体育学校
西山区医院
西山区党校
昆明西站
大观公园
云岭宾馆
东塔寺
市三医院
省外贸公司仓库
云南天文台
新世纪学校
昆明站
机械厂
阿拉村
昆铁四中
昆明东站
体育场
陆家村
鑫龙小区
清华学校
公家村
鲤鱼塘
西山别墅
云南植物药业
解放寨
楼房村
大庄
昆明机场
红塔木业
阿拉中学
小邓麦
航天医院
滇池大酒店
航天宾馆
蔡陆村
桥梁预制厂
永丰温泉
省烟叶公司
省委党校
养植场
小石家
太平寺
小石坝
边防学校
省地矿职工大学
胡向山集团公司
苏家村
海埂公园
师范专科学校
体育运动学校
六甲中学
泡沫厂
西庄办事处
龙门村
省化工研究院
大水田
王家庄
苏王村
刘家村
小路村
普自村
小河咀下村
龙马乡养鱼场
金牌村
福保
鱼村
李家村
混凝土厂
上沙河
林家院
经济管理学校
骨伤科专业校
精神病医院
度假村
农景干校
昆十四中
宝风塔
昆明二十一中

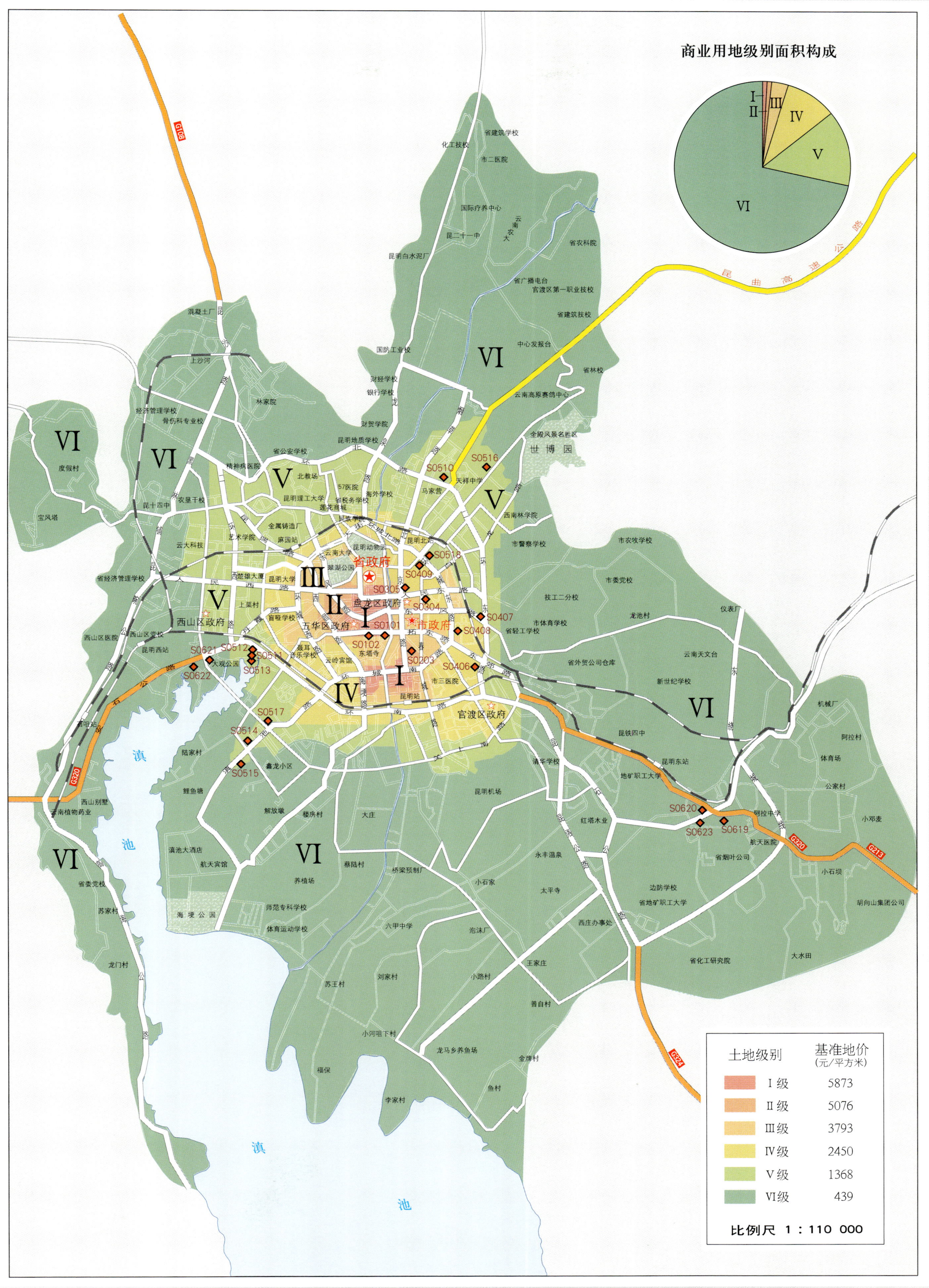
商业用地级别面积构成
I
II
III
IV
V
VI
土地级别
基准地价
(元/平方米)
I 级 5873
II 级 5076
III 级 3793
IV 级 2450
V 级 1368
VI 级 439
比例尺 1：110 000
省政府
市政府
盘龙区政府
五华区政府
西山区政府
官渡区政府
滇
池
世 博 园
S0101
S0102
S0203
S0304
S0305
S0406
S0407
S0408
S0409
S0510
S0511
S0512
S0513
S0514
S0515
S0516
S0517
S0518
S0619
S0620
S0621
S0622
S0623

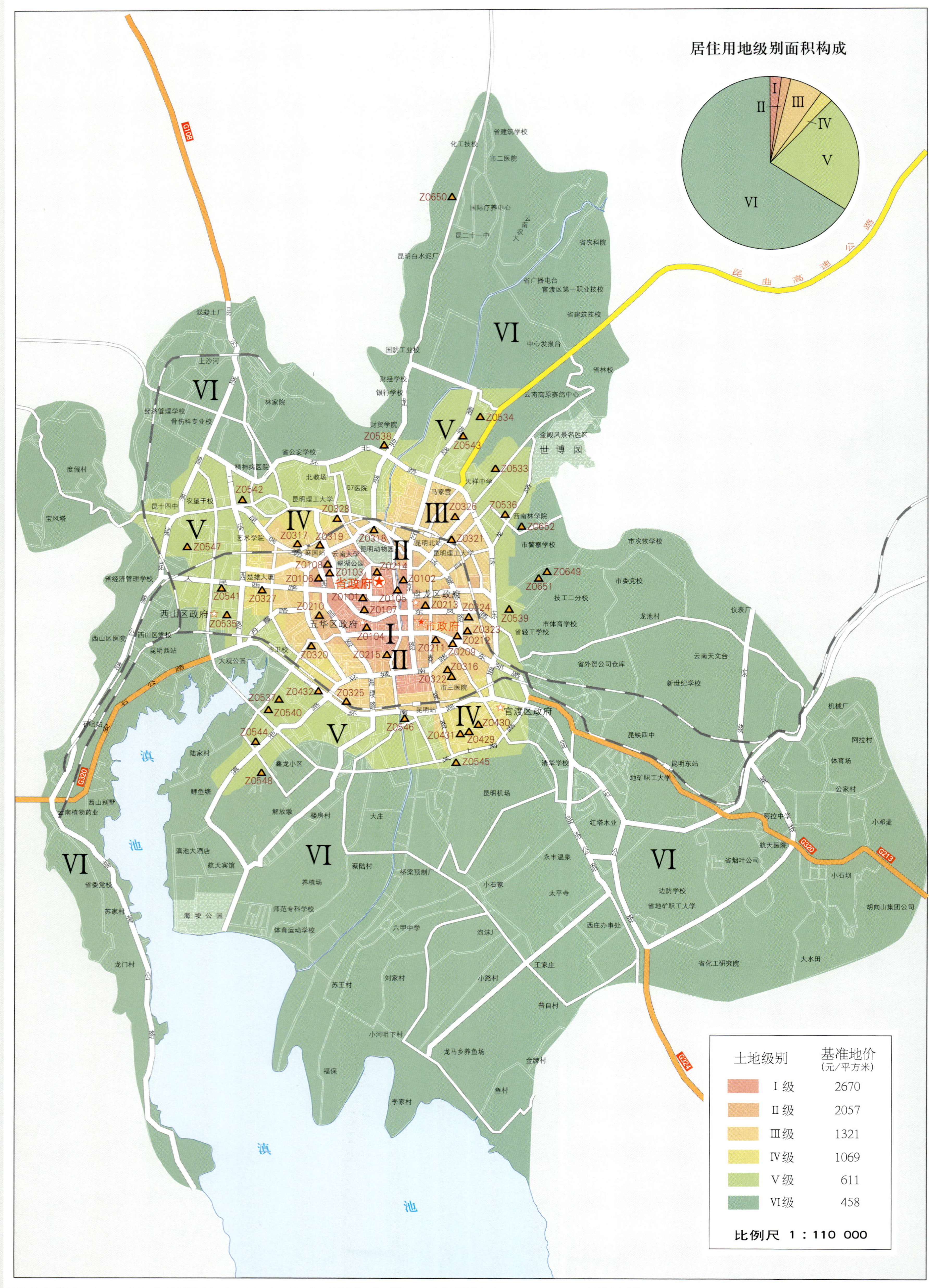
居住用地级别面积构成
I
II
III
IV
V
VI
土地级别
基准地价
(元/平方米)
I级 2670
II级 2057
III级 1321
IV级 1069
V级 611
VI级 458
比例尺 1：110 000
省政府
市政府
五华区政府
盘龙区政府
西山区政府
官渡区政府
世博园
滇池
昆曲高速公路
G108
G320
G213
G324
Z0650
Z0534
Z0538
Z0543
Z0533
Z0542
Z0536
Z0652
Z0547
Z0649
Z0651
Z0541
Z0535
Z0539
Z0537
Z0540
Z0544
Z0548
Z0546
Z0545
Z0430
Z0429
Z0431
Z0432
Z0325
Z0320
Z0327
Z0317
Z0319
Z0328
Z0318
Z0326
Z0321
Z0324
Z0323
Z0316
Z0322
Z0101
Z0102
Z0103
Z0104
Z0105
Z0106
Z0107
Z0108
Z0209
Z0210
Z0211
Z0212
Z0213
Z0214
Z0215
省建筑学校
化工技校
市二医院
国际疗养中心
昆二十一中
昆明白水泥厂
省农科院
省广播电台
官渡区第一职业技校
省建筑技校
中心发报台
国防工业校
财经学校
银行学校
省林校
云南高原赛鸽中心
财贸学院
全殿风景名胜区
省公安学校
天祥中学
马家营
西南林学院
市警察学校
市农牧学校
市委党校
技工二分校
龙池村
仪表厂
市体育学校
省轻工学校
云南天文台
省外贸公司仓库
新世纪学校
机械厂
阿拉村
体育场
公家村
小邓麦
昆铁四中
昆明东站
地矿职工大学
红塔木业
阿拉中学
航天医院
省烟叶公司
小石坝
胡向山集团公司
边防学校
省地矿职工大学
大水田
省化工研究院
西庄办事处
太平寺
永丰温泉
小石家
泡沫厂
王家庄
普自村
金殿村
鱼村
龙马乡养鱼场
小河咀下村
李家村
福保
刘家村
小路村
六甲中学
苏王村
体育运动学校
师范专科学校
养殖场
蔡陆村
桥梁预制厂
大庄
楼房村
解放嘴
鑫龙小区
昆明机场
清华学校
昆明站
市三医院
大观公园
市卫校
昆明西站
西山区医院
西山区党校
省经济管理学校
宝风塔
度假村
昆十四中
农垦干校
精神病医院
北教场
57医院
昆明理工大学
艺术学院
莲花池
云南大学
翠湖公园
昆明动物园
昆明北站
昆明理工大学
西坝大厦
混凝土厂
上沙河
林家院
经济管理学校
骨伤科专业校
陆家村
鲤鱼塘
西山别墅
云南植物药业
滇池大酒店
航天宾馆
海埂公园
省委党校
苏家村
龙门村
石咀站

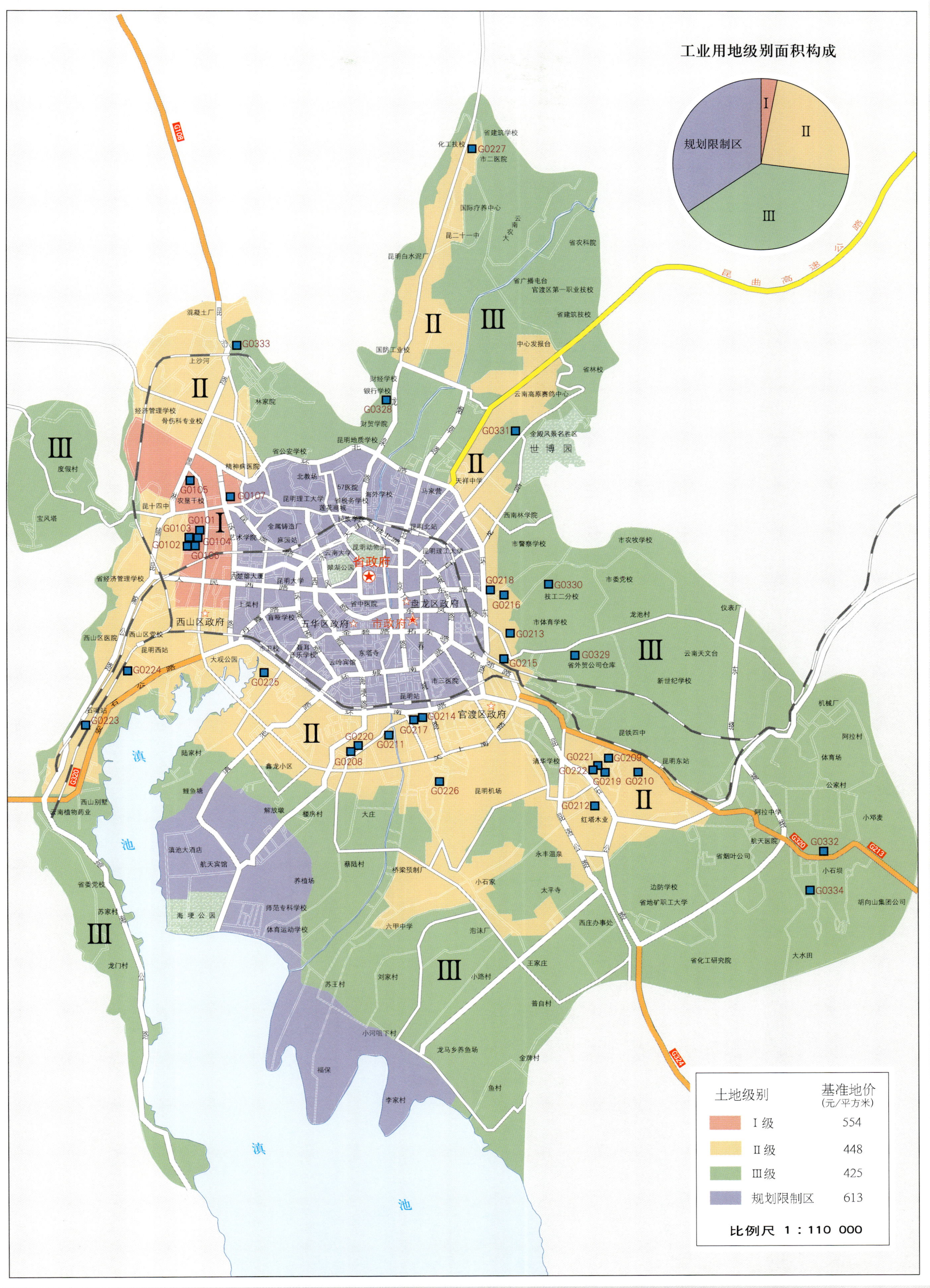
工业用地级别面积构成
I
II
III
规划限制区
土地级别
基准地价
(元/平方米)
I 级 554
II 级 448
III 级 425
规划限制区 613
比例尺 1 : 110 000
省政府
市政府
五华区政府
盘龙区政府
西山区政府
官渡区政府
世博园
滇池
G0101
G0102
G0103
G0104
G0105
G0106
G0107
G0208
G0209
G0210
G0211
G0212
G0213
G0214
G0215
G0216
G0217
G0218
G0219
G0220
G0221
G0222
G0223
G0224
G0225
G0226
G0227
G0328
G0329
G0330
G0331
G0332
G0333
G0334
G108
G320
G213
G324
昆曲高速公路
昆明机场
昆明站
昆明东站
昆明西站
海埂公园
大观公园
翠湖公园

用　途	土地级别	监测点 编　号	监测点地价 (元/平方米)	土地级别	监测点 编　号	监测点地价 (元/平方米)	土地级别	监测点 编　号	监测点地价 (元/平方米)
商业	Ⅰ	S0101	7 044	Ⅳ	S0409	2 555	Ⅴ	S0517	1 302
		S0102	7 321	Ⅴ	S0510	1 315		S0518	1 302
	Ⅱ	S0203	5 137		S0511	1 289	Ⅵ	S0619	454
	Ⅲ	S0304	4 349		S0512	1 289		S0620	471
		S0305	4 495		S0513	1 289		S0621	448
	Ⅳ	S0406	2 565		S0514	1 294		S0622	448
		S0407	2 447		S0515	1 294		S0623	471
		S0408	2 540		S0516	1 310			
居住	Ⅰ	Z0101	2 767	Ⅲ	Z0319	1 303	Ⅴ	Z0537	561
		Z0102	2 656		Z0320	1 395		Z0538	506
		Z0103	2 748		Z0321	1 681		Z0539	626
		Z0104	2 819		Z0322	1 400		Z0540	584
		Z0105	3 222		Z0323	1 407		Z0541	613
		Z0106	2 632		Z0324	1 404		Z0542	587
		Z0107	2 894		Z0325	1 311		Z0543	605
		Z0108	2 861		Z0326	1 632		Z0544	659
	Ⅱ	Z0209	2 031		Z0327	1 478		Z0545	615
		Z0210	1 974		Z0328	1 341		Z0546	608
		Z0211	2 419	Ⅳ	Z0429	1 303		Z0547	604
		Z0212	2 105		Z0430	1 151		Z0548	642
		Z0213	2 420		Z0431	1 190	Ⅵ	Z0649	566
		Z0214	2 047		Z0432	1 279		Z0650	464
		Z0215	2 452	Ⅴ	Z0533	644		Z0651	478
	Ⅲ	Z0316	1 418		Z0534	727		Z0652	489
		Z0317	1 279		Z0535	663			
		Z0318	1 292		Z0536	646			
工业	Ⅰ	G0101	535	Ⅱ	G0213	425	Ⅱ	G0225	464
		G0102	509		G0214	488		G0226	465
		G0103	526		G0215	464		G0227	430
		G0104	579		G0216	471	Ⅲ	G0328	431
		G0105	495		G0217	486		G0329	390
		G0106	510		G0218	476		G0330	436
		G0107	526		G0219	478		G0331	474
	Ⅱ	G0208	460		G0220	501		G0332	438
		G0209	475		G0221	471		G0333	451
		G0210	465		G0222	452		G0334	425
		G0211	437		G0223	456			
		G0212	449		G0224	462			

◦商业用地监测点地价内涵：在正常土地市场条件下，基准日为2001年1月1日，设定土地开发程度1～5级土地为“六通一平”(宗地红线外通路、通电、供水、排水、通讯、通气及宗地红线内场地平整)，最末一级土地“三通一平”(宗地红线外通路、通电、供水及宗地红线内场地平整)，容积率为2.5，商业用地法定最高出让年限40年的完整土地使用权价格。

◦居住用地监测点地价内涵：在正常土地市场条件下，基准日为2001年1月1日，设定土地开发程度1～5级土地为“六通一平”(宗地红线外通路、通电、供水、排水、通讯、通气及宗地红线内场地平整)，最末一级土地“三通一平”(宗地红线外通路、通电、供水及宗地红线内场地平整)，容积率二环路以内为2.0、二环路以外为1.6，居住用地法定最高出让年限70年的完整土地使用权价格。

◦工业用地监测点地价内涵：在正常土地市场条件下，基准日为2001年1月1日，设定土地开发程度1～2级土地为“六通一平”(宗地红线外通路、通电、供水、排水、通讯、通气及宗地红线内场地平整)，最末一级土地“三通一平”(宗地红线外通路、通电、供水及宗地红线内场地平整)，容积率为0.6，工业用地法定最高出让年限50年的完整土地使用权价格。

拉萨市是祖国西南边陲的重镇，西藏自治区的首府，是全区政治、经济、文化中心和交通枢纽，国家历史文化名城，也是藏传佛教圣地。拉萨日照充足，有“日光城”之称。地处喜玛拉雅山北侧，雅鲁藏布江支流拉萨河河谷平原。现辖1区、7县，面积31 662平方千米，全市总人口41万。

拉萨市根据《城镇土地分等定级规程》、《城镇土地估价规程》、《城市地价动态监测体系技术规范》及《2000—2001年度城市土地价格调查实施方案》，明确基准地价内涵，在拉萨市城市规划区（城关和堆龙德庆县城区）约75平方千米的土地范围内，全面开展自然、社会、经济及土地市场状况等调查，利用计算机系统技术，辅助完成了城市土地综合定级，商业、居住、工业用地定级与基准地价更新，设立79个地价监测点，建立了城市土地级基准地价更新系统，为我国城市地价动态监测体系建设奠定了基础。也为拉萨市强化城市土地资产管理，规范土地市场，制定各类规划和提高土地利用的经济、社会和环境效益提供科学依据。

◦商业用地基准地价内涵：在正常土地市场条件下，基准日为2001年1月1日，设定土地开发程度1～2级土地为“五通一平”（宗地红线外通路、通电、供水、排水、通讯及宗地红线内场地平整），3级土地为“四通一平”（宗地红线外通路、通电、供水、通讯及宗地红线内场地平整），4级土地为“三通一平”（宗地红线外通路、通电、供水及宗地红线内场地平整），1级地平均容积率为1.4、2级地平均容积率为0.9、3～4级地平均容积率为0.6，商业用地法定最高出让年限40年的完整土地使用权平均价格。

◦居住用地基准地价内涵：在正常土地市场条件下，基准日为2001年1月1日，设定土地开发程度1～2级土地为“五通一平”（宗地红线外通路、通电、供水、排水、通讯及宗地红线内场地平整），3级土地为“四通一平”（宗地红线外通路、通电、供水、通讯及宗地红线内场地平整），4级土地为“三通一平”（宗地红线外通路、通电、供水及宗地红线内场地平整），1级地平均容积率为1.4、2级地平均容积率为0.9、3～4级地平均容积率为0.6，居住用地法定最高出让年限70年的完整土地使用权平均价格。

◦工业用地基准地价内涵：在正常土地市场条件下，基准日为2001年1月1日，设定土地开发程度1～2级土地为“五通一平”（宗地红线外通路、通电、供水、排水、通讯及宗地红线内场地平整），3级土地为“四通一平”（宗地红线外通路、通电、供水、通讯及宗地红线内场地平整），4级土地为“三通一平”（宗地红线外通路、通电、供水及宗地红线内场地平整），1级地平均容积率为1.4、2级地平均容积率为0.9，工业用地法定最高出让年限50年的完整土地使用权平均价格。

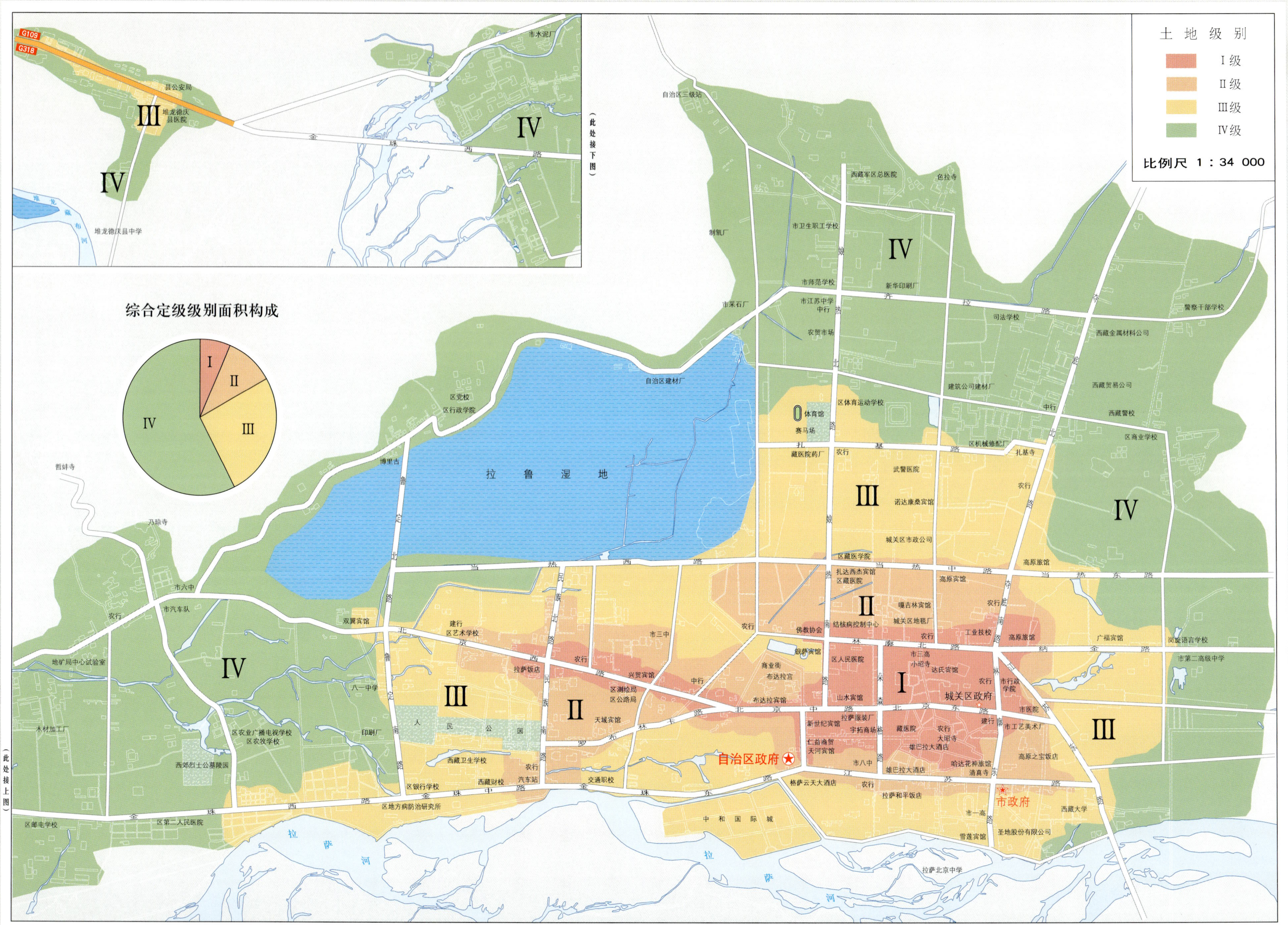
土地级别
I级
II级
III级
IV级
比例尺 1 : 34 000
综合定级级别面积构成
I
II
III
IV
城关区政府
自治区政府
市政府
拉鲁湿地
拉萨河
（此处接下图）
（此处接上图）

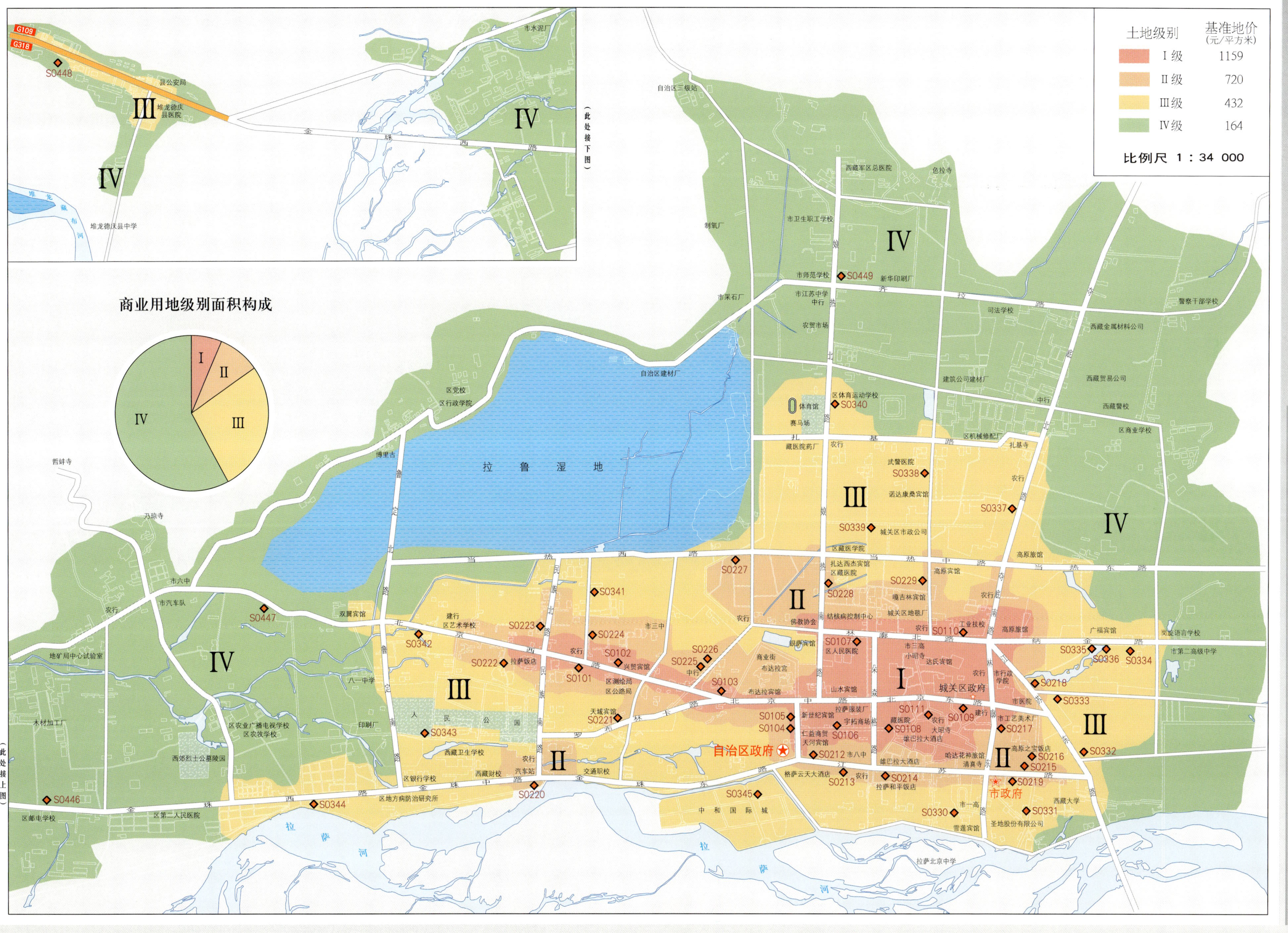

土地级别 基准地价（元/平方米）
I级 1159
II级 720
III级 432
IV级 164
比例尺 1 : 34 000
商业用地级别面积构成
I
II
III
IV
拉鲁湿地
城关区政府
市政府
自治区政府
拉萨河

拉萨市居住用地基准地价及监测点

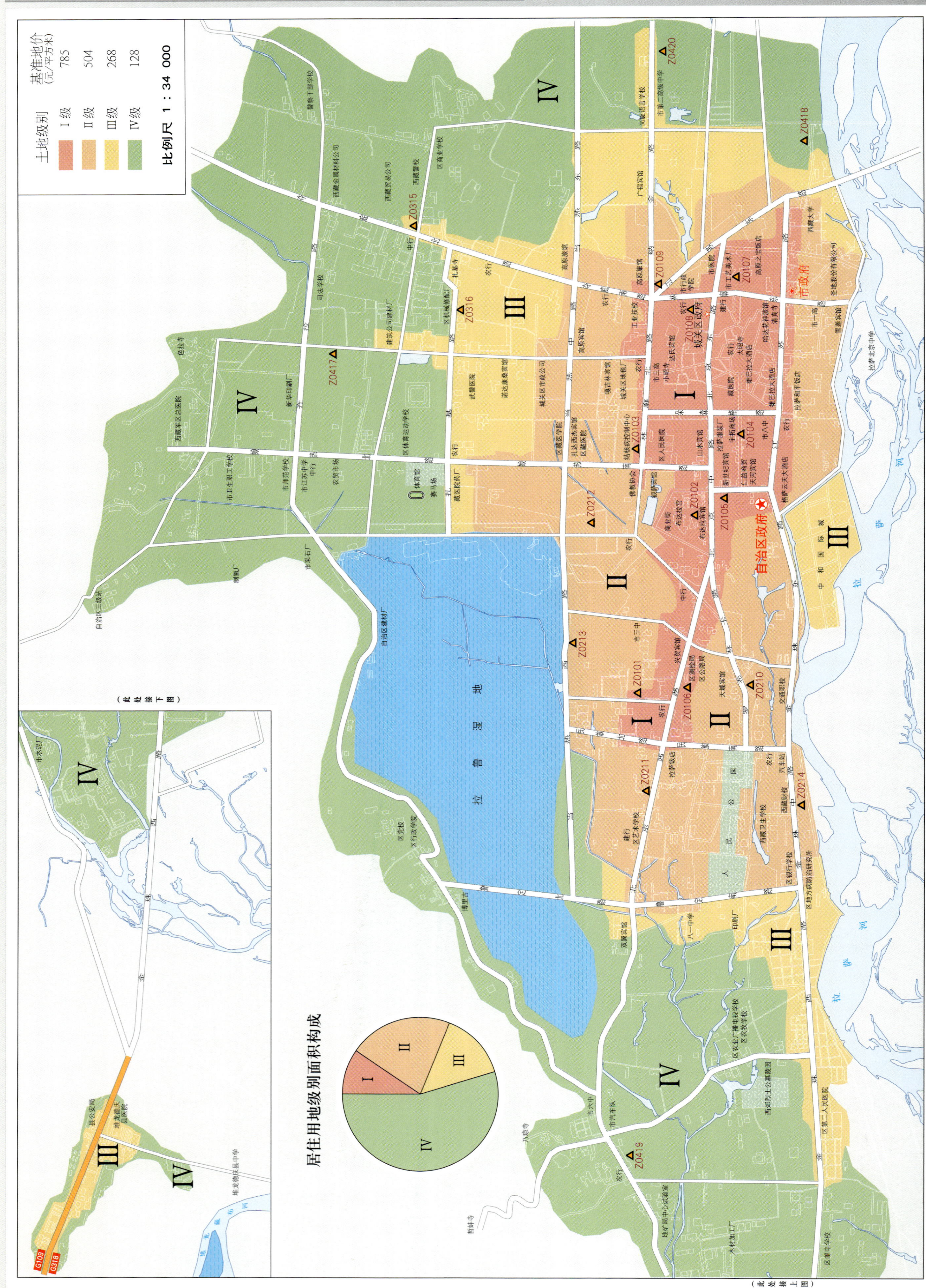

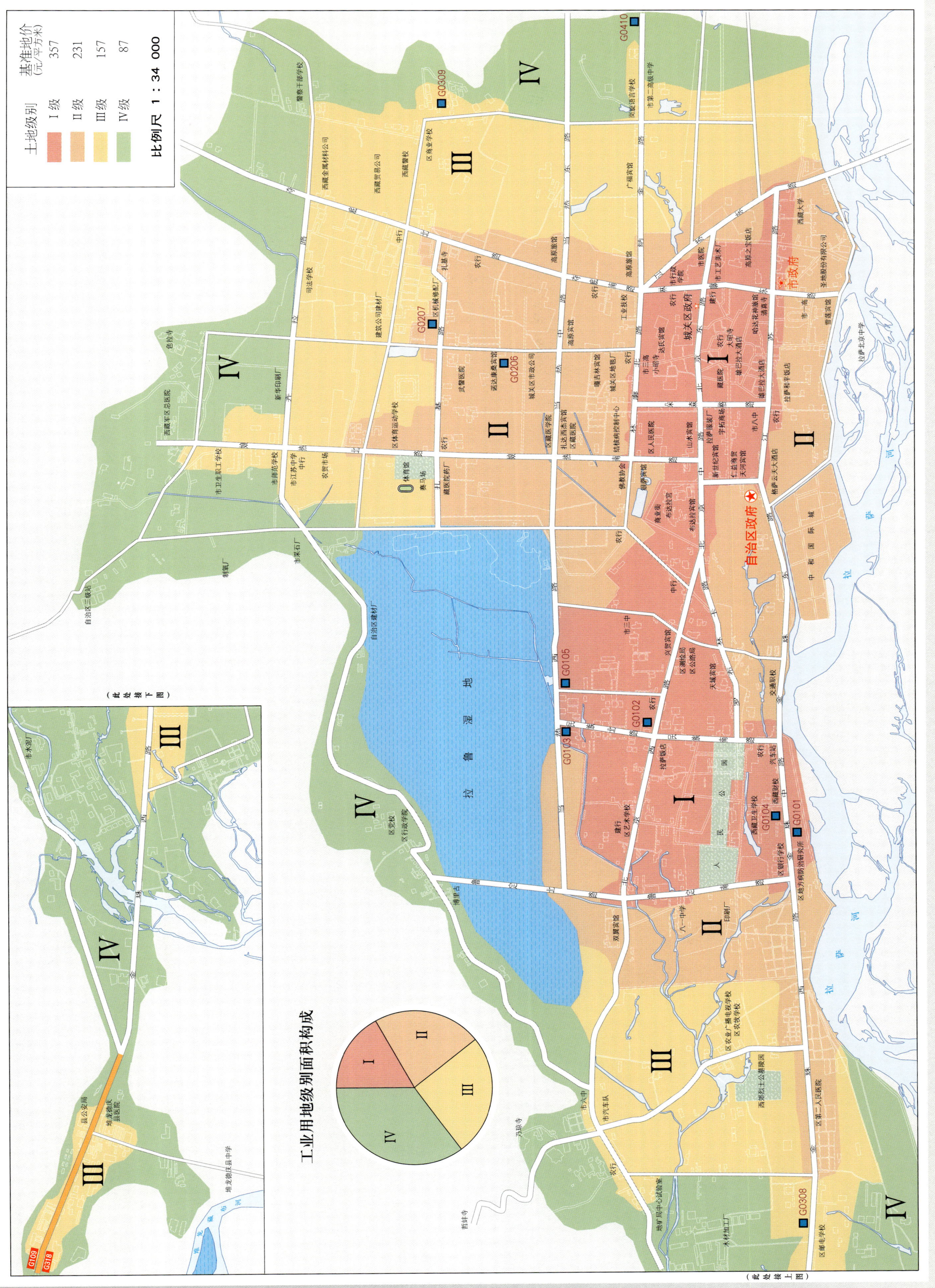
土地级别
基准地价（元/平方米）
I级 357
II级 231
III级 157
IV级 87
比例尺 1：34 000
工业用地级别面积构成
自治区政府
市政府
城关区政府
拉鲁湿地
拉萨河
G0101
G0102
G0103
G0104
G0105
G0206
G0207
G0308
G0309
G0410

用　途	土地级别	监测点编号	监测点地价（元/平方米）	土地级别	监测点编号	监测点地价（元/平方米）
商业	Ⅰ	S0101	988	Ⅱ	S0226	1 081
		S0102	2 087		S0227	1 682
		S0103	957		S0228	1 674
		S0104	1 180		S0229	393
		S0105	1 621	Ⅲ	S0330	149
		S0106	395		S0331	501
		S0107	855		S0332	1 266
		S0108	924		S0333	1 115
		S0109	1 798		S0334	471
		S0110	372		S0335	381
		S0111	1 601		S0336	523
	Ⅱ	S0212	1 739		S0337	116
		S0213	2 076		S0338	494
		S0214	797		S0339	788
		S0215	802		S0340	919
		S0216	453		S0341	231
		S0217	791		S0342	253
		S0218	671		S0343	189
		S0219	531		S0344	179
		S0220	2 041		S0345	470
		S0221	461	Ⅳ	S0446	292
		S0222	396		S0447	180
		S0223	704		S0448	113
		S0224	443		S0449	167
		S0225	909			
居住	Ⅰ	Z0101	524	Ⅱ	Z0211	232
		Z0102	253		Z0212	499
		Z0103	249		Z0213	214
		Z0104	227		Z0214	200
		Z0105	1 529	Ⅲ	Z0315	226
		Z0106	233		Z0316	225
		Z0107	670	Ⅳ	Z0417	189
		Z0108	231		Z0418	386
		Z0109	122		Z0419	435
	Ⅱ	Z0210	241		Z0420	314
工业	Ⅰ	G0101	116	Ⅱ	G0206	302
		G0102	180		G0207	189
		G0103	613	Ⅲ	G0308	250
		G0104	204		G0309	169
		G0105	356	Ⅳ	G0410	140

◦商业用地监测点地价内涵：在正常土地市场条件下，基准日为2001年1月1日，设定1～2级土地开发程度为“五通一平”（宗地红线外通路、通电、供水、排水、通讯及宗地红线内场地平整），3级土地开发程度为“四通一平”（宗地红线外通路、通电、供水、通讯及宗地红线内场地平整）、4级土地开发程度为“三通一平”（宗地红线外通路、供水、通电及宗地红线内场地平整），1级地容积率为1.4、2级地容积率为0.9、3～4级地容积率为0.6，商业用地法定最高出让年限40年的完整土地使用权平均价格。

◦居住用地监测点地价内涵：在正常土地市场条件下，基准日为2001年1月1日，设定1～2级土地开发程度为“五通一平”（宗地红线外通路、通电、供水、排水、通讯及宗地红线内场地平整），3级土地开发程度为“四通一平”（宗地红线外通路、供水、通电、通讯及宗地红线内场地平整）、4级土地开发程度为“三通一平”（宗地红线外通路、供水、通电及宗地红线内场地平整），1级地容积率为1.4、2级地容积率为0.9、3～4级地容积率为0.6，居住用地法定最高出让年限70年的完整土地使用权平均价格。

◦工业用地监测点地价内涵：在正常土地市场条件下，基准日为2001年1月1日，设定1～2级土地开发程度为“五通一平”（宗地红线外通路、通电、供水、排水、通讯及宗地红线内场地平整），3级土地开发程度为“四通一平”（宗地红线外通路、供水、通电、通讯及宗地红线内场地平整）、4级土地开发程度为“三通一平”（宗地红线外通路、供水、通电及宗地红线内场地平整），1级地容积率为1.4、2级地容积率为0.9，工业用地法定最高出让年限50年的完整土地使用权价格。

西安市

西安市是陕西省省会，全国特大综合性城市，我国中西部地区重要的工业、科技、文化、教育、商贸、金融中心，国家历史文化名城，我国七大古都之一，国际驰名的旅游城市。位于渭河平原中部、秦岭北麓，地跨渭河南北两岸，辖9区、4县，面积9 983平方千米，其中市区面积1 964平方千米，城市建成区面积187平方千米,全市总人口694万。

西安市根据《城镇土地分等定级规程》、《城镇土地估价规程》、《城市地价动态监测体系技术规范》及《1999年度城市土地价格调查实施方案》，明确基准地价内涵，在城区（新城、碑林、莲湖、雁塔、未央、灞桥等6个区）674.79平方千米的土地范围内，全面开展自然、社会、经济及土地市场状况等调查，利用计算机系统技术，辅助完成了城市土地综合定级，商业、居住、工业用地定级与基准地价更新，设立50个地价监测点，建立了城市土地基准地价更新和地价查询、发布信息系统，为我国城市地价动态监测体系建设奠定了基础。也为西安市强化城市土地资产管理，规范土地市场，制定各类规划和提高土地利用的经济、社会和环境效益提供科学依据。

- 商业用地基准地价内涵：在正常土地市场条件下，基准日为2000年9月30日，设定土地开发程度为“五通一平”（宗地红线外通路、通电、供水、排水、通讯及宗地红线内场地平整），平均容积率为2.0，商业用地法定最高出让年限40年的完整土地使用权平均价格。

- 居住用地基准地价内涵：在正常土地市场条件下，基准日为2000年9月30日，设定土地开发程度为“五通一平”（宗地红线外通路、通电、供水、排水、通讯及宗地红线内场地平整），平均容积率为2.0，居住用地法定最高出让年限70年的完整土地使用权平均价格。

- 工业用地基准地价内涵：在正常土地市场条件下，基准日为2000年9月30日，设定土地开发程度为“五通一平”（宗地红线外通路、通电、供水、排水、通讯及宗地红线内场地平整），平均容积率为0.7，工业用地法定最高出让年限50年的完整土地使用权平均价格。

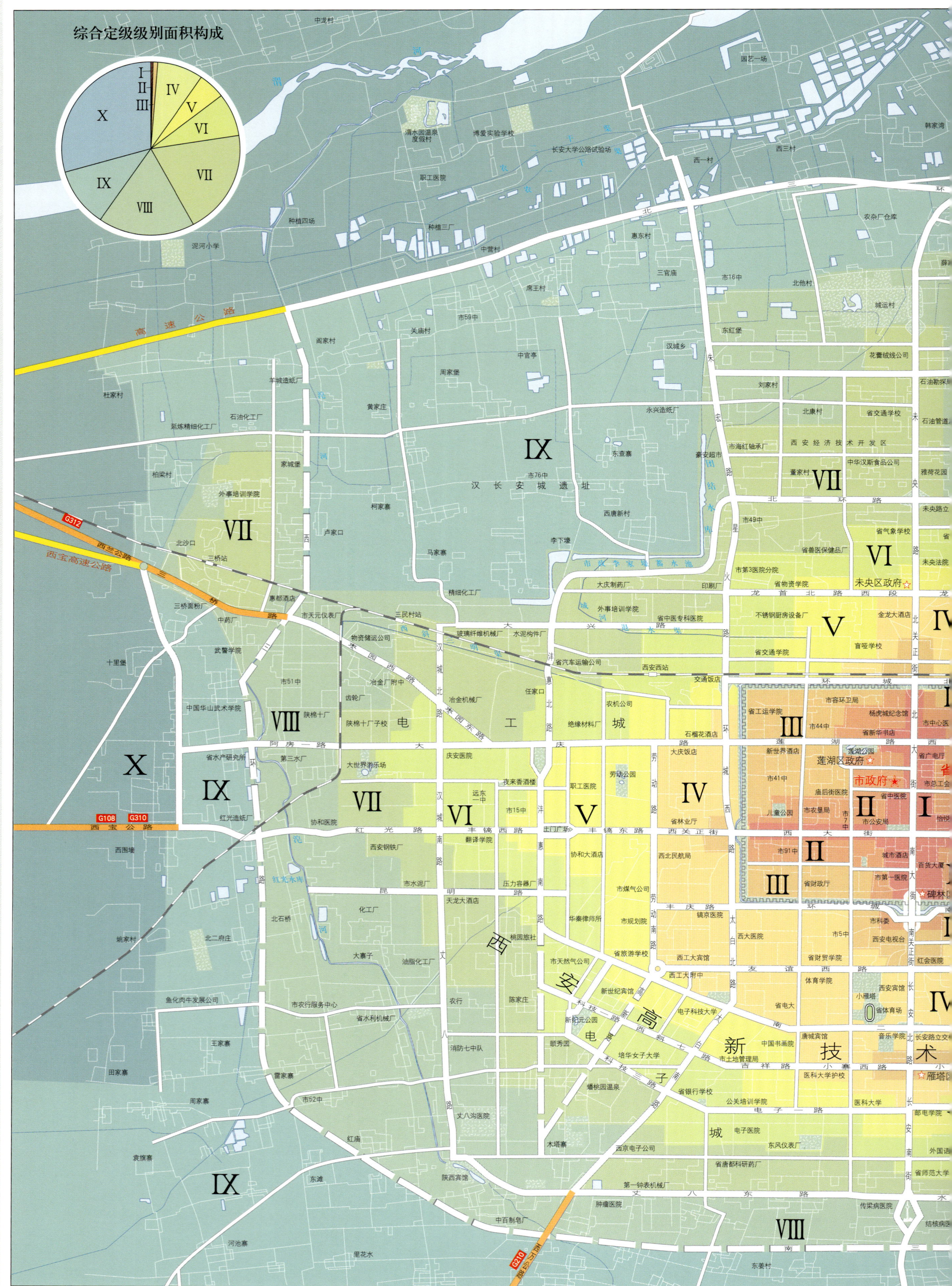
综合定级级别面积构成
Ⅰ
Ⅱ
Ⅲ
Ⅳ
Ⅴ
Ⅵ
Ⅶ
Ⅷ
Ⅸ
Ⅹ
中龙村
渭
河
清水园温泉度假村
博爱实验学校
长安大学公路试验场
国艺一场
韩家湾
西三村
西一村
职工医院
种植四场
种植三厂
中营村
泥河小学
惠东村
三官庙
市16中
北他村
农杂厂仓库
城运村
席王村
市59中
关庙村
阎家村
东红堡
汉城乡
中官亭
周家堡
花蕾绒线公司
石油勘探局
刘家村
石油管道局
杜家村
羊城造纸厂
黄家庄
永兴造纸厂
石油化工厂
延炼精细化工厂
北康村
省交通学校
西安经济技术开发区
家城堡
东查寨
豪安超市
市海红链承厂
中华汉斯食品公司
柏梁村
汉长安城遗址
董家村
雅荷花园
外事培训学院
柯家寨
西唐新村
市49中
北二环路
未央路立交
卢家口
李下壕
省气象学校
北沙口
马家寨
省兽医保健品厂
未央宾馆
三桥站
市第3医院分院
省物资学院
未央区政府
精细化工厂
大庆制药厂
印刷厂
G312
西兰公路
西宝高速公路
高速公路
三桥面粉厂
惠都酒店
三民村站
外事培训学院
省中医专科医院
龙首北路西段
中药厂
市天元仪表厂
玻璃纤维机械厂
水泥构件厂
不锈钢厨房设备厂
金龙大酒店
武警学院
物资储运公司
省汽车运输公司
省交通学院
盲哑学校
十里堡
市51中
冶金厂附中
西安西站
交通饭店
齿轮厂
任家口
农机公司
省工运学院
市容环卫局
杨虎城纪念馆
中国华山武术学院
陕棉十厂
陕棉十厂子校
冶金机械厂
绝缘材料厂
石榴花酒店
市44中
省新华书店
市中心医院
电
工
城
阿房一路
莲湖公园
省广电厅
省水产研究所
第三水厂
庆安医院
大庆饭店
新世界酒店
莲湖区政府
市政府
省总工会
大世界游乐场
夜来香酒楼
职工医院
劳动公园
市41中
庙后街医院
远东一中
市15中
省中医院
儿童公园
市农垦局
市公安局
省林业厅
红光造纸厂
协和医院
红光路
丰镐西路
丰镐东路
西关正街
G108
G310
西宝公路
西围墙
西安钢铁厂
翻译学院
协和大酒店
西北民航局
市91中
城市酒店
百货大厦
市水泥厂
压力容器厂
省财政厅
市第一医院
碑林区
昆明路
天龙大酒店
市煤气公司
丰庆路
北石桥
化工厂
华秦律师所
镐京医院
市科委
北二府庄
桃园旅社
市规划院
西大医院
市5中
西安电视台
姚家村
大寨子
油脂化工厂
市天然气公司
省旅游学校
西工大宾馆
省财贸学院
红会医院
西工大附中
友谊西路
体育学院
西安宾馆
鱼化肉牛发展公司
市农行服务中心
农行
陈家庄
新世纪宾馆
小雁塔
省水利机械厂
新纪元公园
电子科技大学
省电大
省体育场
西安高新技术产业开发区
王家寨
消防七中队
颜秀园
中国书画院
唐城宾馆
音乐学院
长安路立交桥
市土地管理局
吉祥路
小寨西路
田家寨
培华女子大学
医科大学护校
雁塔区
雷家寨
蟠桃园温泉
省银行学校
公关培训学院
医科大学
周家寨
市52中
电子二路
邮电学院
文八沟医院
电子医院
东风仪表厂
外国语学院
红庙
木塔寨
西京电子公司
省唐都科研药厂
省师范大学
袁旗寨
东滩
陕西宾馆
第一钟表机械厂
丈八东路
传染病医院
肿瘤医院
结核病院
中百制皂厂
河池寨
里花水
G210
东姜村

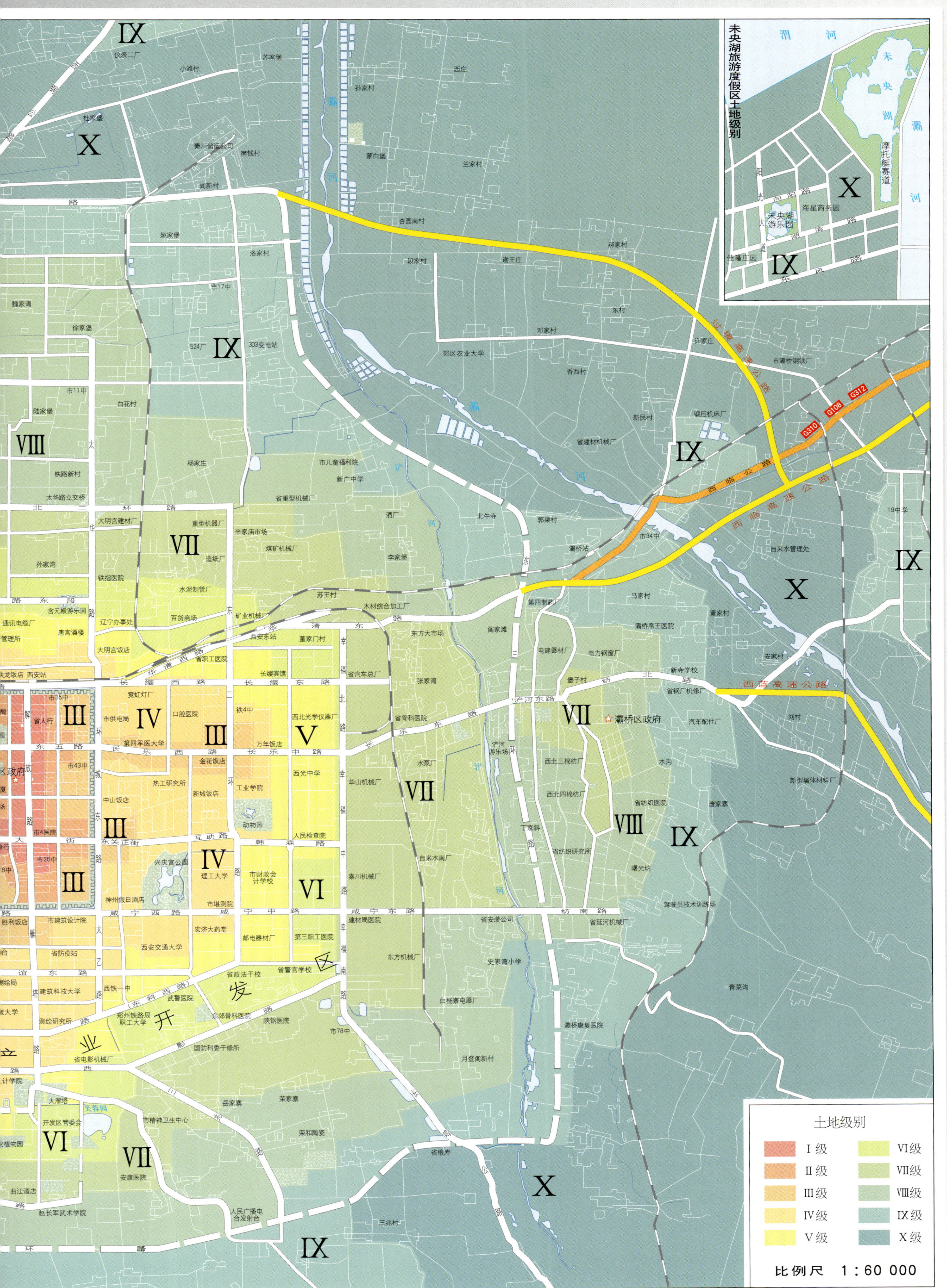
未央湖旅游度假区土地级别
渭河
未央湖
灞河
摩托艇赛道
海星商务园
未央湖游乐园
土地级别
Ⅰ级
Ⅱ级
Ⅲ级
Ⅳ级
Ⅴ级
Ⅵ级
Ⅶ级
Ⅷ级
Ⅸ级
Ⅹ级
比例尺 1∶60 000
灞桥区政府
西临高速公路
绕城高速公路
G310
G108
G312
浐河
灞河
北二环路
长乐东路
长缨东路
纺北路
纺南路
咸宁中路
咸宁东路
东五路
太乙路
雁塔路
长鸣路
经济开发区
大明宫遗址
西安东站
西安站
兴庆宫公园
动物园
西安交通大学
西北光学仪器厂
省人民检察院
第四军医大学
西光中学
华山机械厂
秦川机械厂
建材局医院
东方机械厂
纺织城
省纺织医院
省纺织研究所
西北三棉纺厂
西北四棉纺厂
省钢厂机修厂
汽车配件厂
新型墙体材料厂
青菜沟
省粮库
三兆村
月登阁新村
灞桥康复医院
史家湾小学
自来水厂
浐河游乐场
市34中
马家村
董家村
安家村
刘村
水沟
唐家寨
驾驶员技术训练场
郊区农业大学
新民村
锻压机床厂
省建材机械厂
许家庄
市灞桥钢铁厂
谢王庄
段家村
杏园南村
蒙白堡
兰家村
孙家村
西庄
仪表二厂
小滩村
苏家堡
杜家堡
秦川钢铁公司
南钱村
尚新村
姚家堡
洛家村
市17中
魏家湾
徐家堡
524厂
303变电站
白花村
市11中
陆家堡
杨家庄
铁路新村
太华路立交桥
大明宫建材厂
重型机器厂
辛家庙市场
煤矿机械厂
省重型机械厂
市儿童福利院
新广中学
造纸厂
孙家湾
铁指医院
水泥制管厂
百货商场
辽宁办事处
含元殿游乐园
通讯电缆厂
唐宫酒楼
大明宫饭店
苏王村
木材综合加工厂
东方大市场
阎家滩
第四制药厂
电建器材厂
电力钢窗厂
堡子村
新寺学校
董家门村
长缨宾馆
省汽车总厂
张家湾
省骨科医院
水泵厂
口腔医院
霓虹灯厂
市供电局
铁4中
万年饭店
金花饭店
热工研究所
新城饭店
中山饭店
工业学院
市43中
市4医院
市26中
人民检察院
市财政会计学校
理工大学
市堪测院
神州假日酒店
市建筑设计院
宏济大药堂
邮电器材厂
第三职工医院
省防疫站
西安交通大学
省政法干校
省警官学校
西铁一中
建筑科技大学
武警医院
测绘研究所
郑州铁路局职工大学
东郊骨科医院
陕钢医院
市78中
国防科委干修所
省电影机械厂
大雁塔
芙蓉园
开发区管委会
市精神卫生中心
安康医院
曲江酒店
岳家寨
荣家寨
栗和陶瓷
人民广播电台发射台
赵长军武术学院
省安装公司
省延河机械厂
省电力机械厂
曙光坊
丁家湾
灞桥高王医院
自来水管理处
19中学
郭渠村
灞桥站
北牛寺
李家堡
酒厂
东村
郑家村
香西村
西安饭店
胜利饭店

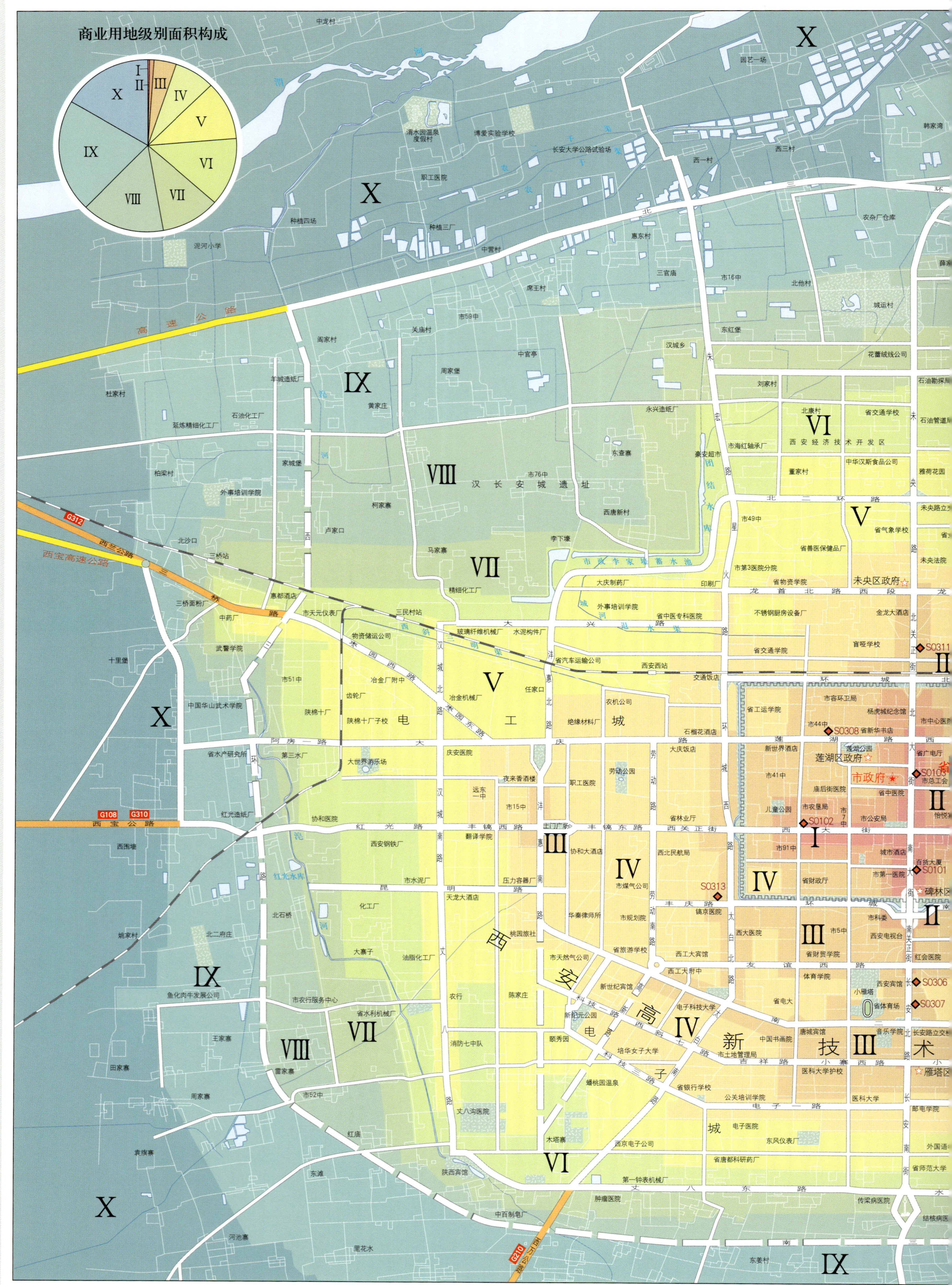
商业用地级别面积构成
I
II
III
IV
V
VI
VII
VIII
IX
X
西安经济技术开发区
汉长安城遗址
西安高新技术产业开发区
未央区政府
莲湖区政府
市政府
碑林区
雁塔区
S0311
S0308
S0102
S0101
S0313
S0306
S0307
西宝高速公路
西兰公路
西宝公路
高速公路
北二环路
北三环
南三环
红光路
丰镐西路
丰镐东路
西关正街
科技路
电子一路
友谊西路
小寨西路
吉祥路
丈八东路
大兴路
劳动南路
昆明路
汉城南路
G312
G108
G310
G210

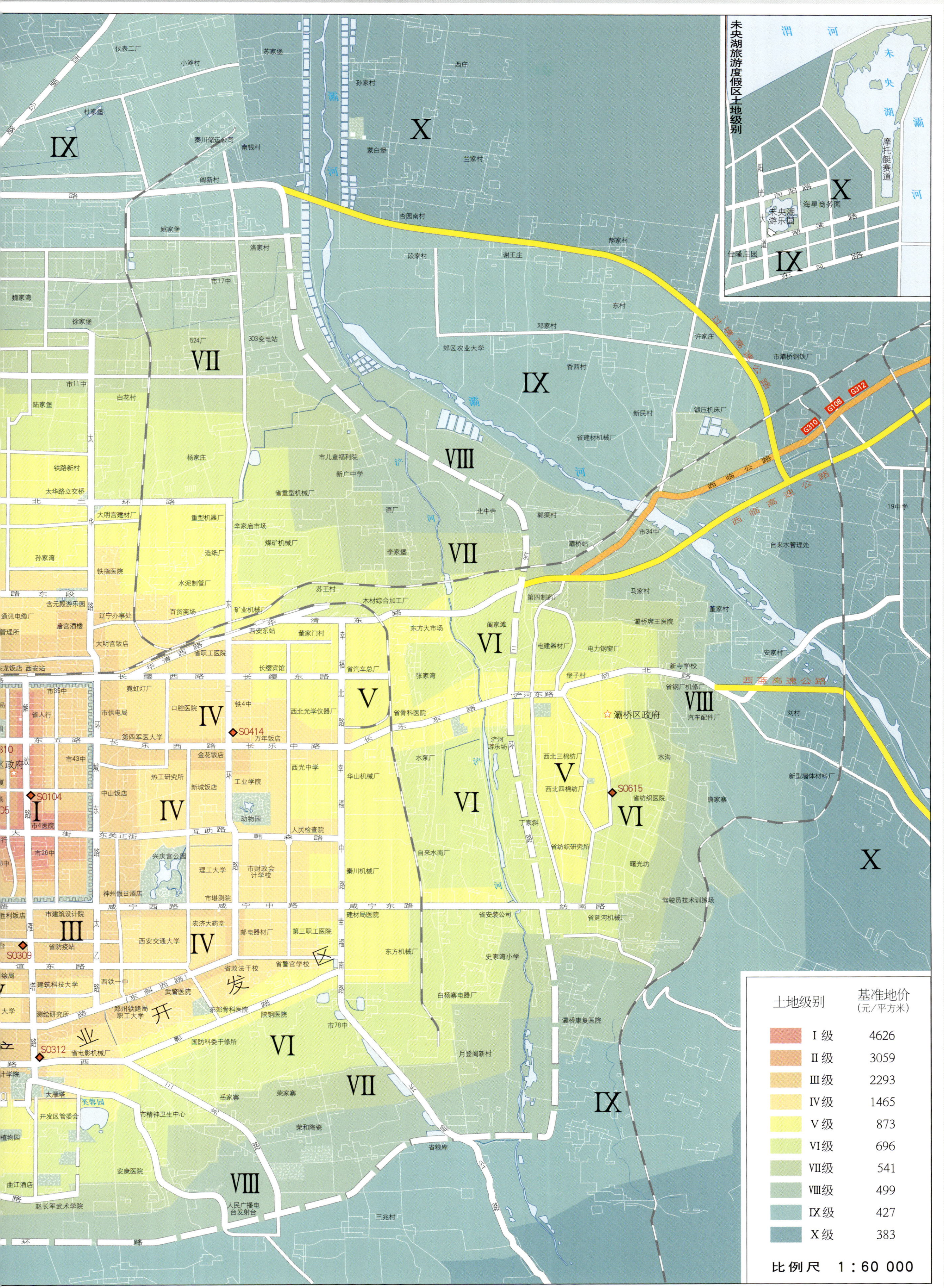

未央湖旅游度假区土地级别
渭　河
未央湖
灞　河
摩托艇赛道
海星寓务园
未央湖大游乐园
佳隆庄园
X
IX
土地级别
基准地价（元/平方米）
I 级 4626
II 级 3059
III 级 2293
IV 级 1465
V 级 873
VI 级 696
VII 级 541
VIII 级 499
IX 级 427
X 级 383
比例尺 1：60 000
灞桥区政府
S0104
S0309
S0312
S0414
S0615
西临高速公路
西临公路
西蓝高速公路
G310
G108
G312
灞　河
浐　河
经济开发区

西安市居住用地基准地价及监测点

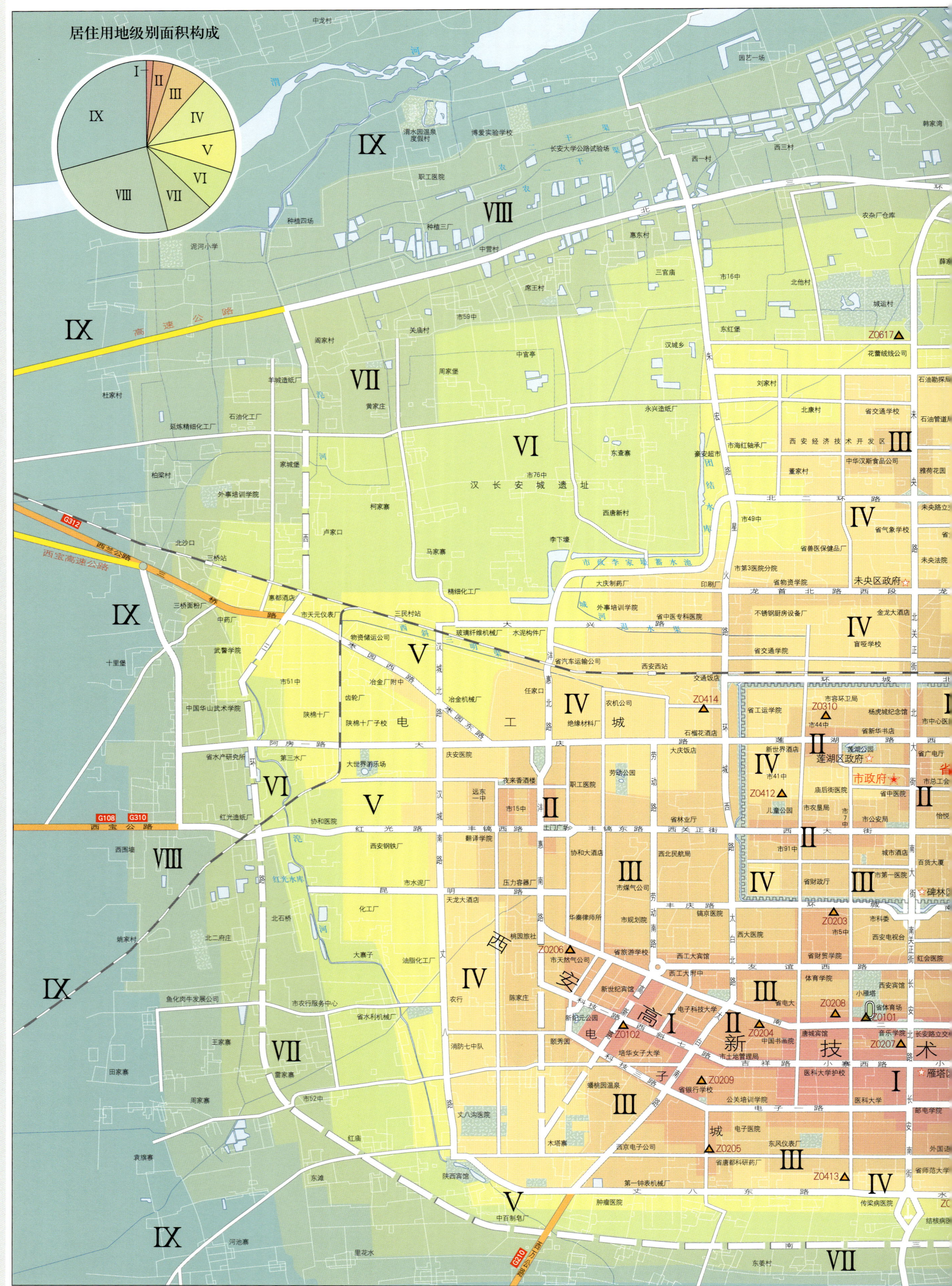

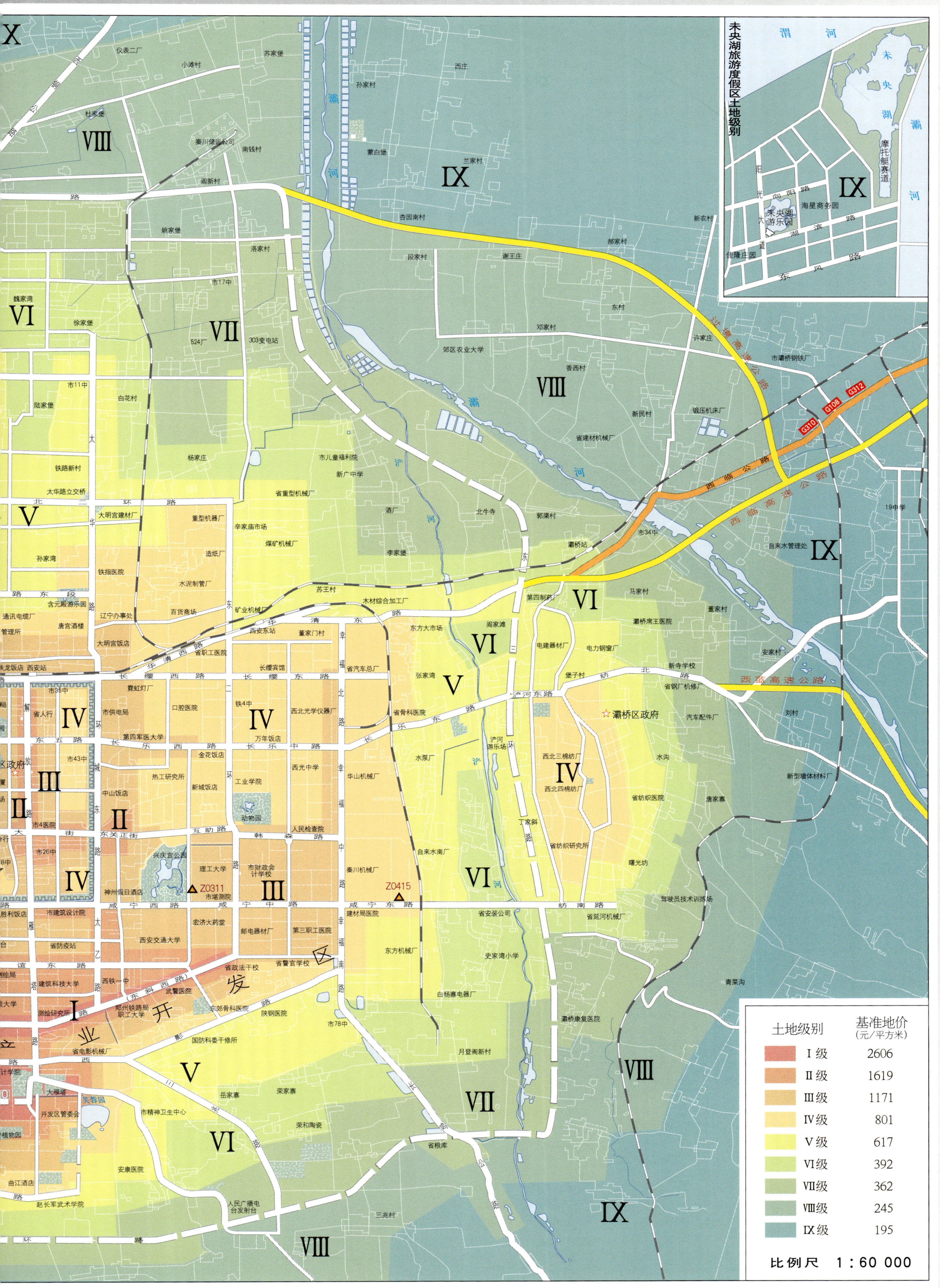
未央湖旅游度假区土地级别
渭 河
未 央 湖
灞 河
摩托艇赛道
海星商务园
未央湖游乐园
佳隆庄园
新农村
东 风 路
IX
X
VIII
VII
VI
V
IV
III
II
I
仪表二厂
小滩村
苏家堡
孙家村
西庄
蒙白堡
兰家村
秦川铸造公司
南钱村
闾新村
纳家堡
洛家村
市17中
香园南村
段家村
谢王庄
郝家村
东村
魏家湾
徐家堡
524厂
303变电站
郊区农业大学
邓家村
许家庄
市灞桥钢铁厂
香西村
新民村
锻压机床厂
省建材机械厂
市11中
陆家堡
白花村
杨家庄
市儿童福利院
新广中学
铁路新村
太华路立交桥
省重型机械厂
北牛寺
郭渠村
大明宫建材厂
重型机器厂
辛家庙市场
酒厂
孙家湾
造纸厂
煤矿机械厂
灞桥站
市34中
铁指医院
水泥制管厂
李家堡
19中学
自来水管理处
苏王村
木材综合加工厂
第四制药厂
马家村
含元殿游乐园
辽宁办事处
百货商场
矿业机械厂
通讯电缆厂
唐宫酒楼
西安东站
董家门村
东方大市场
阎家滩
灞桥康王医院
管理所
大明宫饭店
省职工医院
电建器材厂
电力钢窗厂
董家村
西安站
长缨宾馆
省汽车总厂
张家湾
堡子村
新寺学校
安家村
市88中
敦虹灯厂
铁4中
西北光学仪器厂
省钢厂机修厂
省人行
市供电局
口腔医院
省骨科医院
灞桥区政府
汽车配件厂
刘村
第四军医大学
万年饭店
浐河游乐场
水泵厂
西北三棉纺厂
水沟
市43中
全花饭店
热工研究所
新城饭店
工业学院
西光中学
华山机械厂
西北四棉纺厂
新型墙体材料厂
中山饭店
省纺织医院
唐家寨
动物园
市4医院
人民检查院
丁家斜
兴庆宫公园
市26中
理工大学
市财政会计学校
自来水南厂
省纺织研究所
曙光坊
Z0311
市堤测院
Z0415
秦川机械厂
神州假日酒店
驾驶员技术训练场
市建筑设计院
宏济大药堂
建材局医院
省安装公司
省延河机械厂
胜利饭店
西安交通大学
邮电器材厂
第三职工医院
东方机械厂
省防疫站
史家湾小学
省政法干校
省警官学校
青菜沟
建筑科技大学
西铁一中
武警医院
白杨寨电器厂
郑州铁路局职工大学
东郊骨科医院
陕钢医院
市78中
灞桥康复医院
省电影机械厂
国防科委干修所
月登阁新村
大雁塔
芙蓉园
市精神卫生中心
岳家寨
荣家寨
开发区管委会
植物园
柔和陶瓷
省粮库
曲江酒店
安康医院
赵长军武术学院
人民广播电台发射台
三兆村
西 临 公 路
西 临 高 速 公 路
西 蓝 高 速 公 路
G310
G108
G312
浐 河
灞 河
咸 宁 东 路
纺 南 路
长 乐 东 路
长 缨 西 路
浐 河 东 路
纺 北 路
经 济 开 发 区
土地级别
基准地价（元/平方米）
Ⅰ级 2606
Ⅱ级 1619
Ⅲ级 1171
Ⅳ级 801
Ⅴ级 617
Ⅵ级 392
Ⅶ级 362
Ⅷ级 245
Ⅸ级 195
比例尺 1 : 60 000

西安市工业用地基准地价及监测点

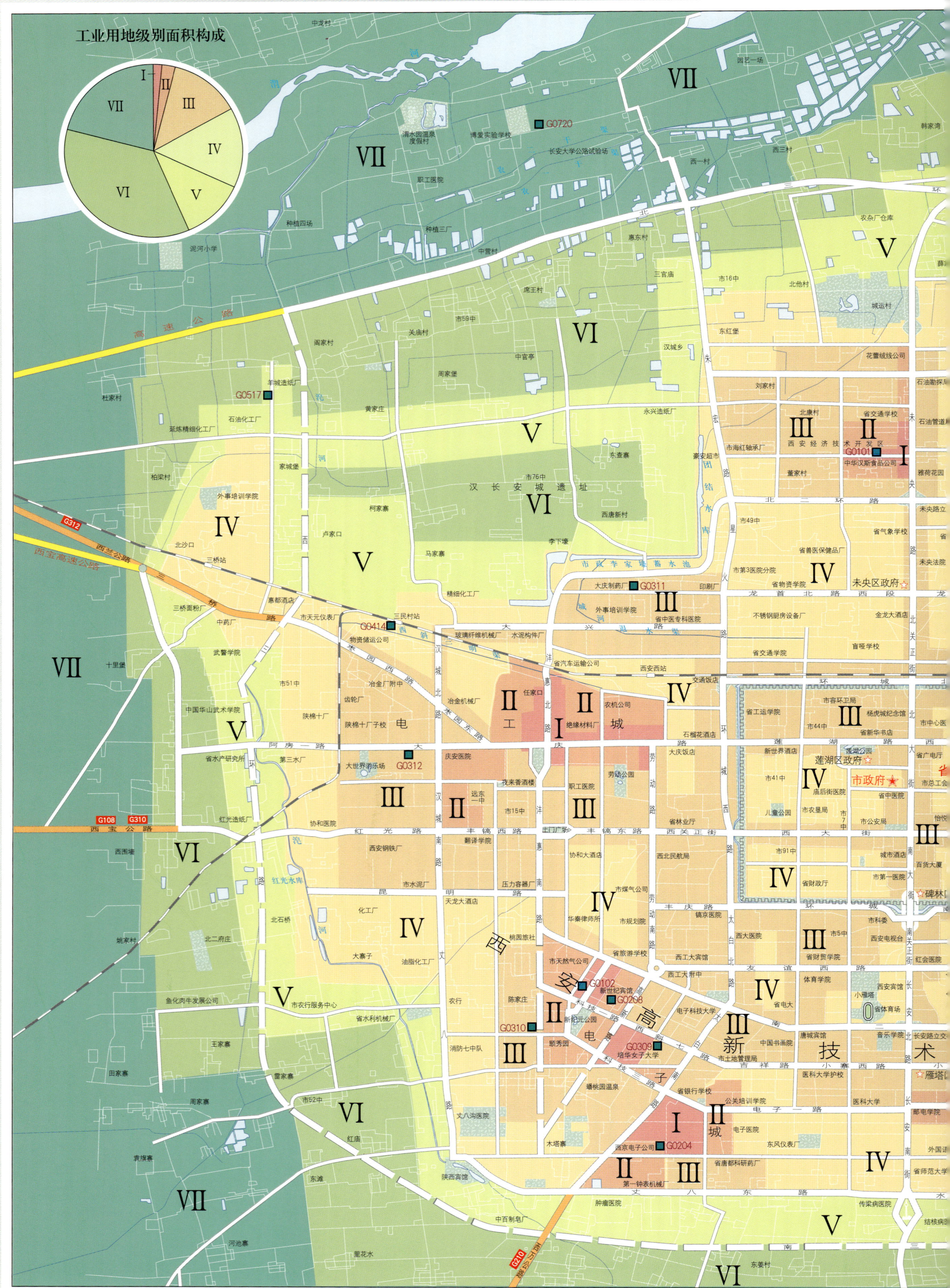

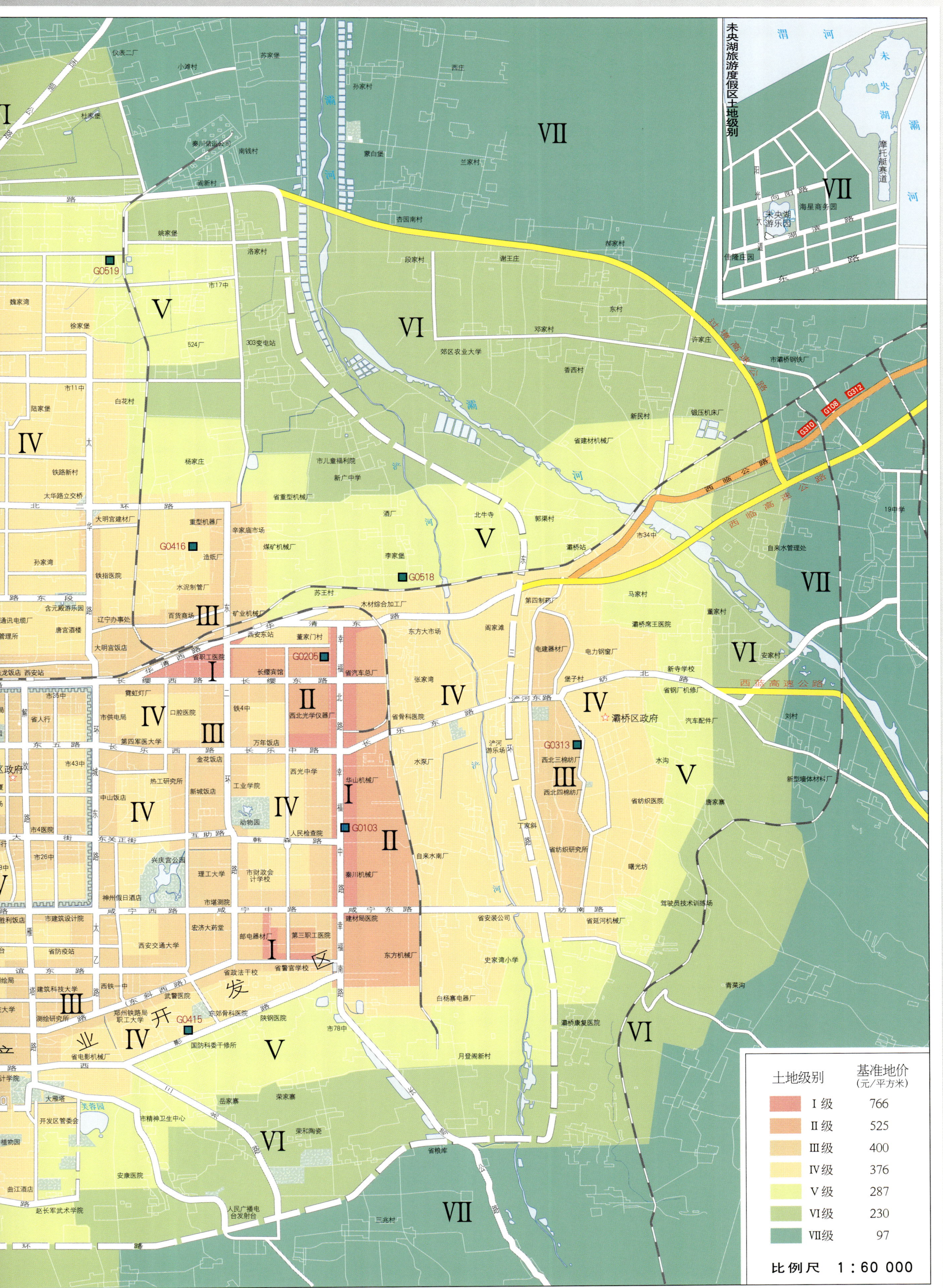

未央湖旅游度假区土地级别
渭河
未央湖
灞河
摩托艇赛道
向阳路
海星商务园
未央湖游乐园
绕城高速公路
西临公路
西临高速公路
西安高速公路
灞桥区政府
西安东站
长缨东路
长乐西路
咸宁东路
经济技术开发区
土地级别
基准地价
(元/平方米)
Ⅰ级 766
Ⅱ级 525
Ⅲ级 400
Ⅳ级 376
Ⅴ级 287
Ⅵ级 230
Ⅶ级 97
比例尺 1：60 000

用途	土地级别	监测点编号	监测点地价（元/平方米）	土地级别	监测点编号	监测点地价（元/平方米）
商业	Ⅰ	S0101	5 533	Ⅲ	S0309	1 829
		S0102	4 646		S0310	3 685
		S0103	4 996		S0311	1 779
		S0104	5 322		S0312	1 348
	Ⅱ	S0205	3 465		S0313	1 103
	Ⅲ	S0306	2 096	Ⅳ	S0414	1 353
		S0307	2 220	Ⅵ	S0615	658
		S0308	3 430			
居住	Ⅰ	Z0101	1 428	Ⅲ	Z0310	2 162
		Z0102	1 192		Z0311	1 339
	Ⅱ	Z0203	1 657	Ⅳ	Z0412	1 913
		Z0204	977		Z0413	528
		Z0205	655		Z0414	1 191
		Z0206	1 068		Z0415	776
		Z0207	1 958	Ⅴ	Z0516	440
		Z0208	1 485	Ⅵ	Z0617	385
		Z0209	724			
工业	Ⅰ	G0101	542	Ⅲ	G0312	454
		G0102	632		G0313	420
		G0103	567	Ⅳ	G0414	369
	Ⅱ	G0204	518		G0415	385
		G0205	604		G0416	304
		G0208	612	Ⅴ	G0517	324
	Ⅲ	G0309	733		G0518	342
		G0310	397		G0519	307
		G0311	347	Ⅶ	G0720	120

◦商业用地监测点地价内涵：在正常土地市场条件下，基准日为2000年9月30日，设定土地开发程度为“五通一平”（宗地红线外通路、通电、供水、排水、通讯及宗地红线内场地平整），容积率为2.0，商业用地法定最高出让年限40年的完整土地使用权价格。

◦居住用地监测点地价内涵：在正常土地市场条件下，基准日为2000年9月30日，设定土地开发程度为“五通一平”（宗地红线外通路、通电、供水、排水、通讯及宗地红线内场地平整），容积率为2.0，居住用地法定最高出让年限70年的完整土地使用权价格。

◦工业用地监测点地价内涵：在正常土地市场条件下，基准日为2000年9月30日，设定土地开发程度为“五通一平”（宗地红线外通路、通电、供水、排水、通讯及宗地红线内场地平整），容积率为0.7，工业用地法定最高出让年限50年的完整土地使用权价格。

兰州市

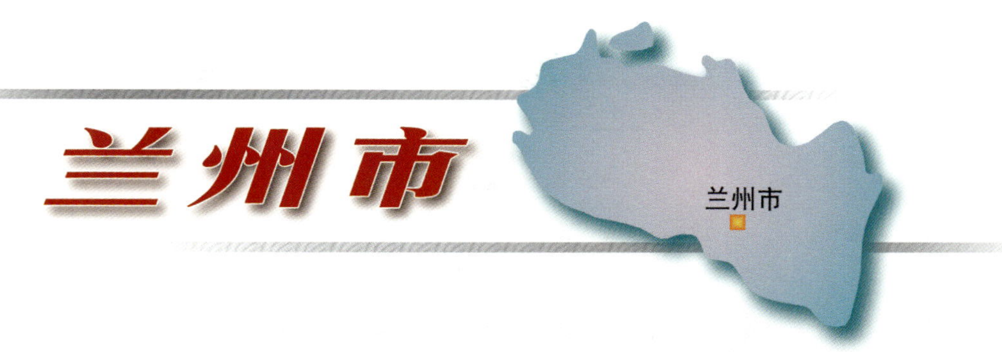

兰州市是甘肃省省会，甘肃省政治、经济、文化和商贸中心，是以石油化工、有色金属冶炼为主的新兴现代化大都市，同时还是联结西北五省的重要交通枢纽。位于甘肃省中部，辖5区、3县，面积13 291平方千米，其中市区面积129.83平方千米，全市总人口296万。

兰州市根据《城镇土地分等定级规程》、《城镇土地估价规程》、《城市地价动态监测体系技术规范》及《2000—2001年度城市土地价格调查实施方案》，明确基准地价内涵，在东到桑园峡包兰铁路桥、西至宣家沟口、南到皋兰山头营村、北至甘肃铝厂，总面积221.22平方千米的区域范围内，在全面调查分析影响土地质量及价格的相关因素、土地价格交易形式及相应价格水平以及土地价格与影响因素之间相关关系的基础上，利用计算机系统技术，辅助完成了城市土地综合定级，商业、居住、工业用地定级与基准地价更新，设立178个地价监测点，建立了城市土地基准地价更新系统，为我国城市地价动态监测体系建设奠定了基础。也为兰州市强化城市土地资产管理，规范土地市场，制定各类规划和提高土地利用的经济、社会和环境效益提供科学依据。

兰州市基准地价于2003年1月14日由市政府公布施行。

- 商业用地基准地价内涵：在正常土地市场条件下，基准日为2001年1月1日，设定土地开发程度为“七通一平”（宗地红线外通路、通电、供水、排水、通讯、通暖、通气及宗地红线内场地平整），平均容积率为4.47，商业用地法定最高出让年限40年的完整土地使用权平均价格。

- 居住用地基准地价内涵：在正常土地市场条件下，基准日为2001年1月1日，设定土地开发程度为“七通一平”（宗地红线外通路、通电、供水、排水、通讯、通暖、通气及宗地红线内场地平整），平均容积率为3.15，居住用地法定最高出让年限70年的完整土地使用权平均价格。

- 工业用地基准地价内涵：在正常土地市场条件下，基准日为2001年1月1日，设定土地开发程度为“七通一平”（宗地红线外通路、通电、供水、排水、通讯、通暖、通气及宗地红线内场地平整），平均容积率为0.5，工业用地法定最高出让年限50年的完整土地使用权平均价格。

兰州市土地综合定级级别

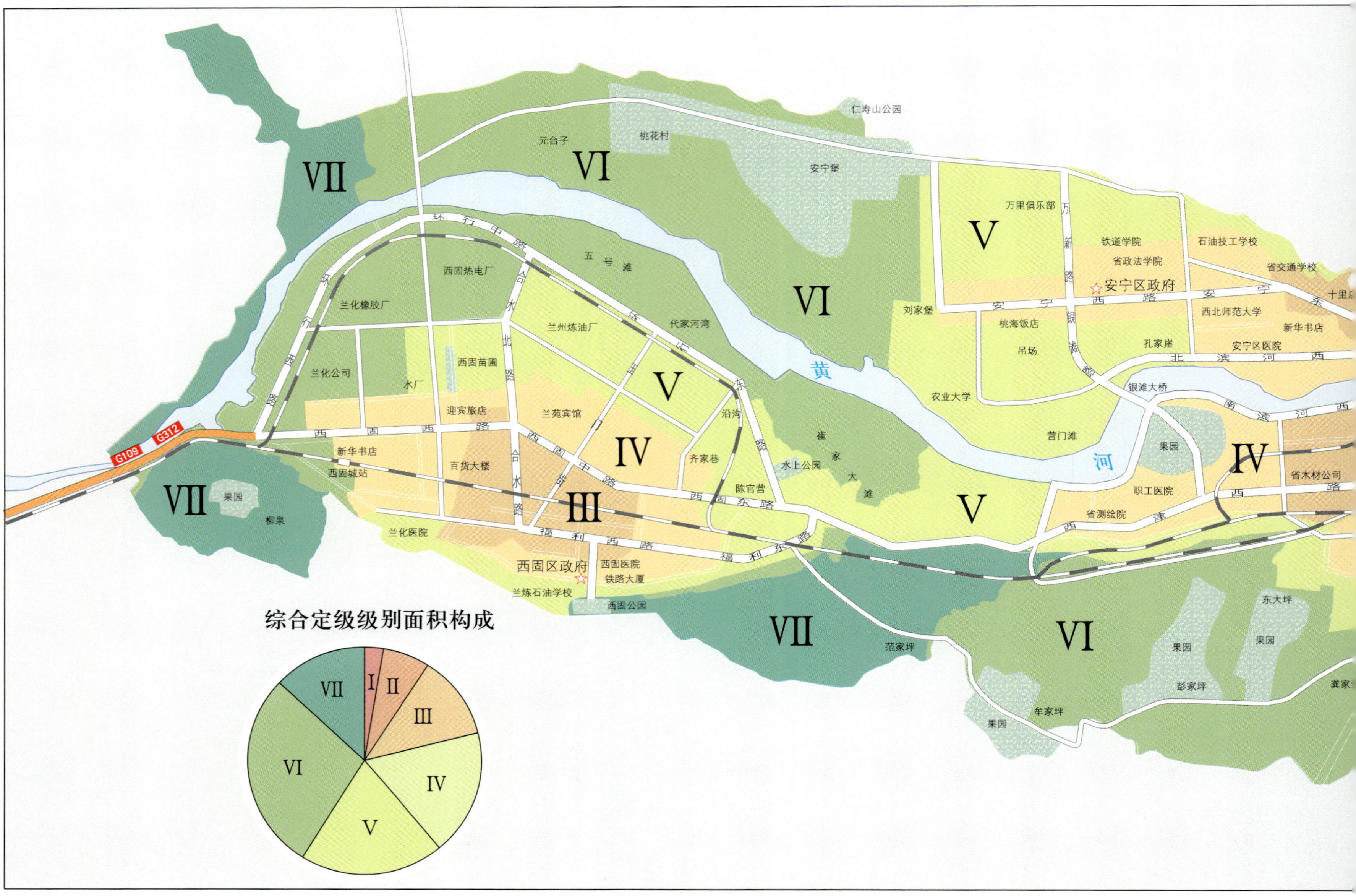

综合定级级别面积构成

兰州市商业用地基准地价及监测点

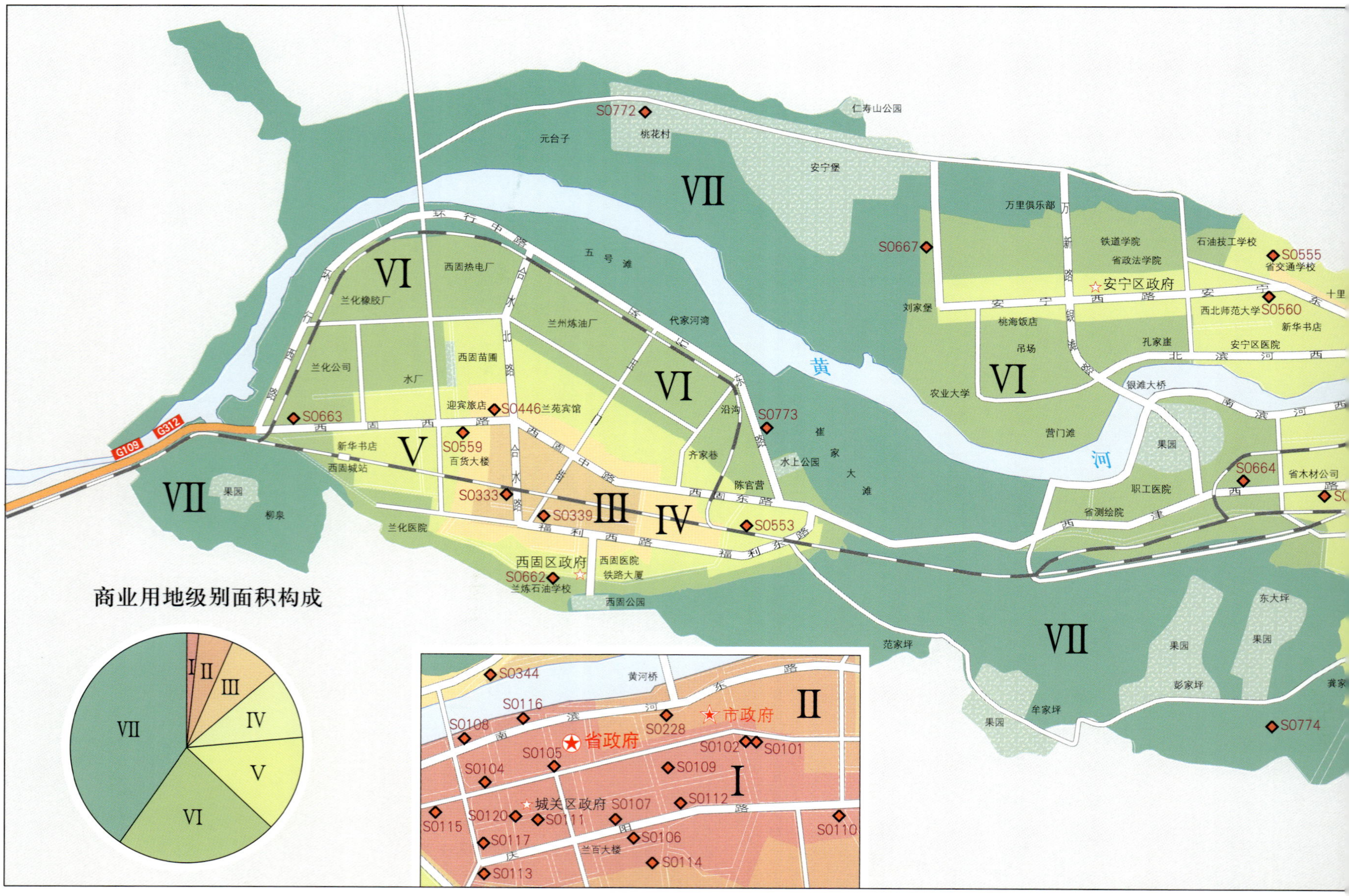

商业用地级别面积构成

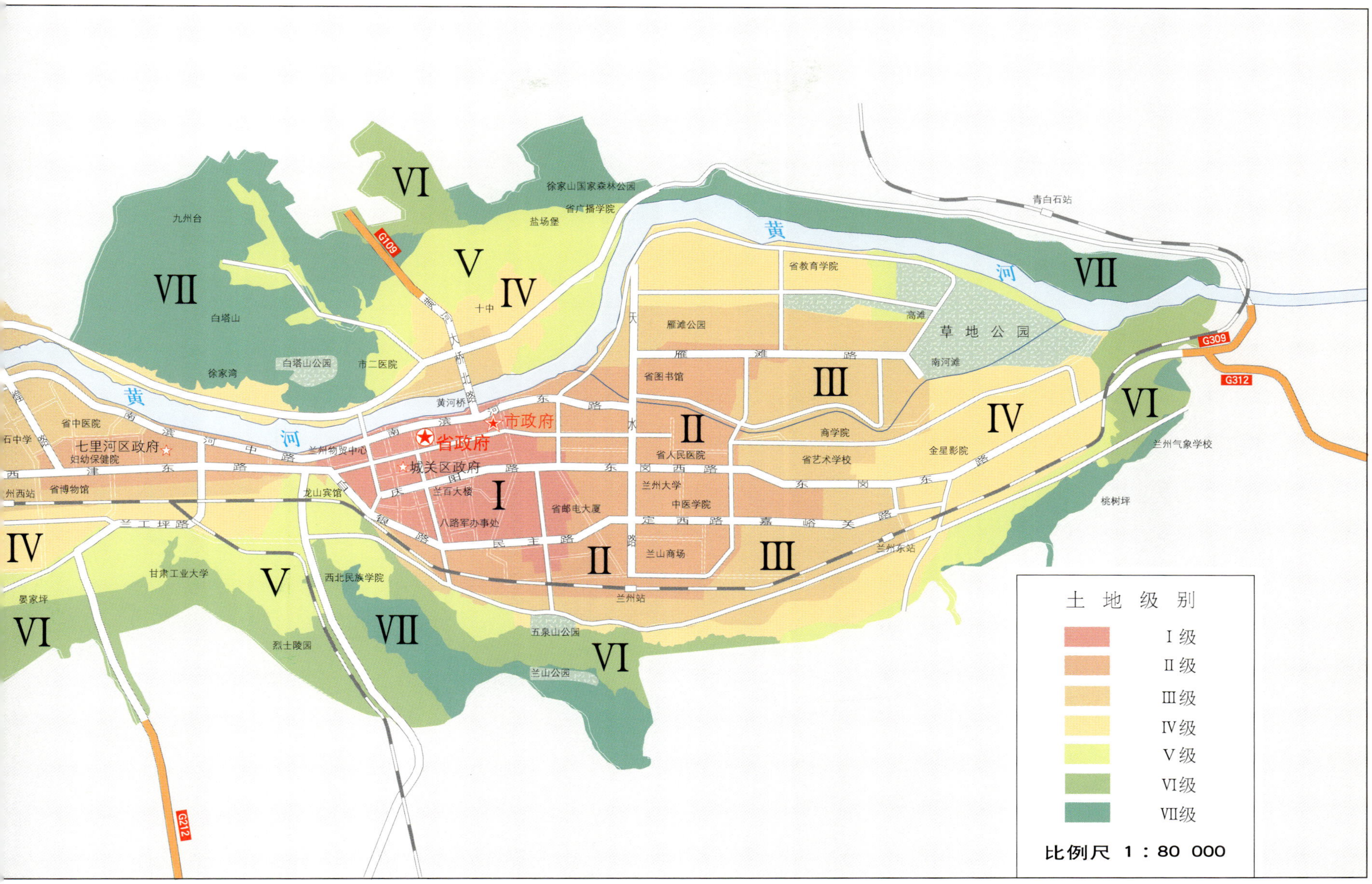
土 地 级 别
Ⅰ级
Ⅱ级
Ⅲ级
Ⅳ级
Ⅴ级
Ⅵ级
Ⅶ级
比例尺 1：80 000
省政府
市政府
城关区政府
七里河区政府
黄
河
草 地 公 园
徐家山国家森林公园
省广播学院
盐场堡
九州台
白塔山
白塔山公园
徐家湾
市二医院
黄河桥
省中医院
妇幼保健院
省博物馆
兰州物贸中心
龙山宾馆
兰百大楼
八路军办事处
省邮电大厦
省图书馆
雁滩公园
省教育学院
高滩
南河滩
省人民医院
兰州大学
中医学院
兰山商场
兰州站
商学院
省艺术学校
金星影院
兰州东站
青白石站
兰州气象学校
桃树坪
甘肃工业大学
西北民族学院
烈士陵园
五泉山公园
兰山公园
晏家坪
G109
G309
G312
G212

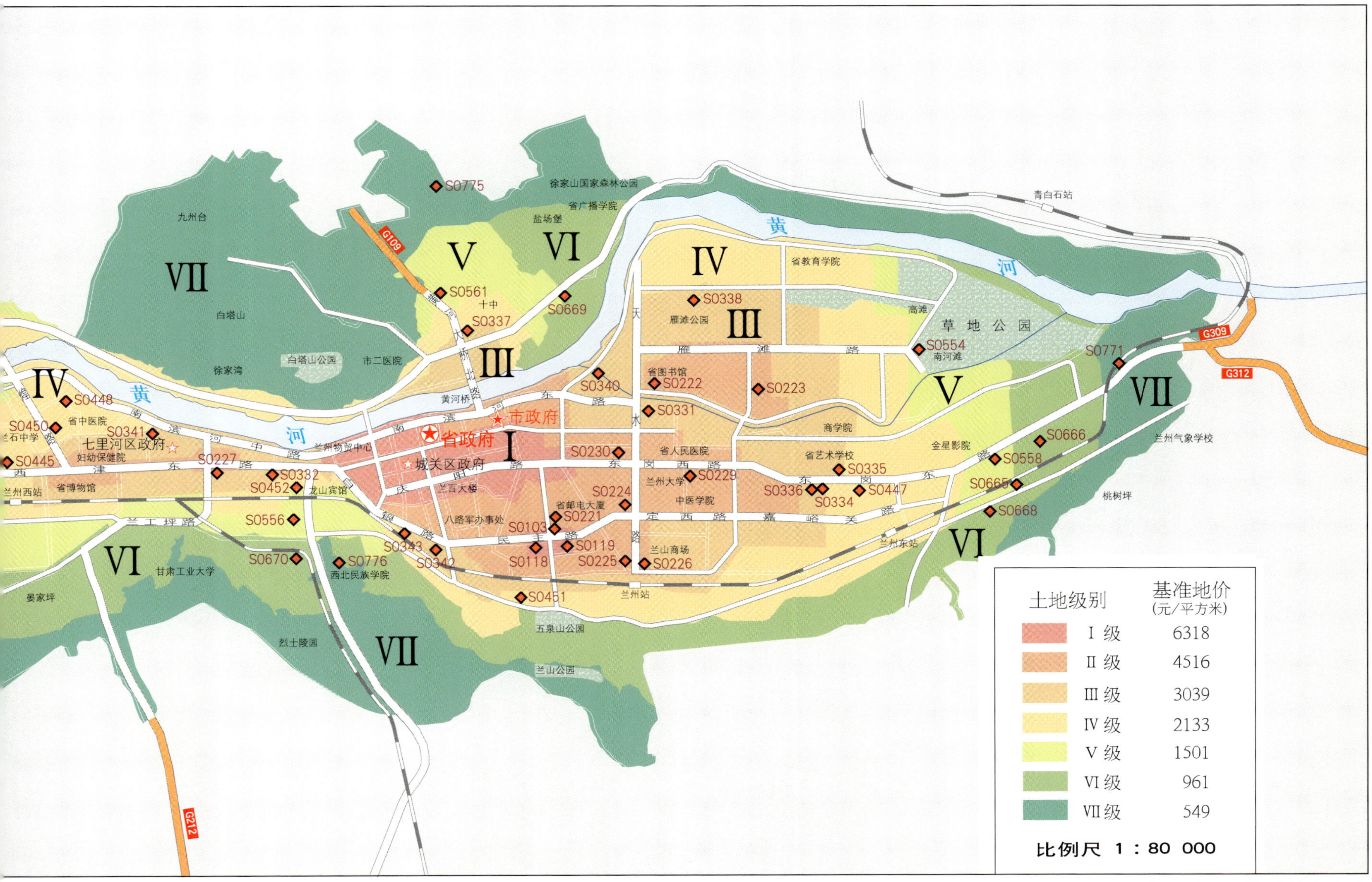
土地级别
基准地价
(元/平方米)
Ⅰ级 6318
Ⅱ级 4516
Ⅲ级 3039
Ⅳ级 2133
Ⅴ级 1501
Ⅵ级 961
Ⅶ级 549
比例尺 1：80 000
S0775
S0561
S0337
S0669
S0338
S0554
S0771
S0448
S0450
S0341
S0445
S0227
S0332
S0452
S0556
S0670
S0776
S0343
S0342
S0118
S0103
S0221
S0119
S0225
S0226
S0224
S0230
S0340
S0222
S0223
S0331
S0229
S0336
S0334
S0335
S0447
S0558
S0665
S0668
S0666
S0451
省政府
市政府
城关区政府
七里河区政府
草 地 公 园
徐家山国家森林公园
兰州站
兰州东站
青白石站

兰州市居住用地基准地价及监测点

VII
V
VI
IV
III
II
VI
V
VI
元台子
桃花村
仁寿山公园
安宁堡
环行中路
五号滩
西固热电厂
兰化橡胶厂
兰化公司
水厂
西固苗圃
迎宾旅店
兰苑宾馆
兰州炼油厂
代家河湾
沿河
崔家大滩
水上公园
齐家巷
陈官营
新华书店
西固城站
百货大楼
兰化医院
西固区政府
西固医院
铁路大厦
兰炼石油学校
西固公园
果园
柳泉
范家坪
牟家坪
彭家坪
东大坪
万里俱乐部
铁道学院
省政法学院
石油技工学校
省交通学校
安宁区政府
十里店
刘家堡
桃海饭店
吊场
孔家崖
西北师范大学
新华书店
安宁区医院
农业大学
营门滩
银滩大桥
职工医院
省测绘院
省木材公司
黄河
G109
G312
Z0436
Z0435
Z0647
Z0539
Z0434
Z0325
Z0324
Z0543
Z0319
Z0433
Z0323
Z0212
Z0327
Z0644
Z0538

居住用地级别面积构成

I
II
III
IV
V
VI
VII

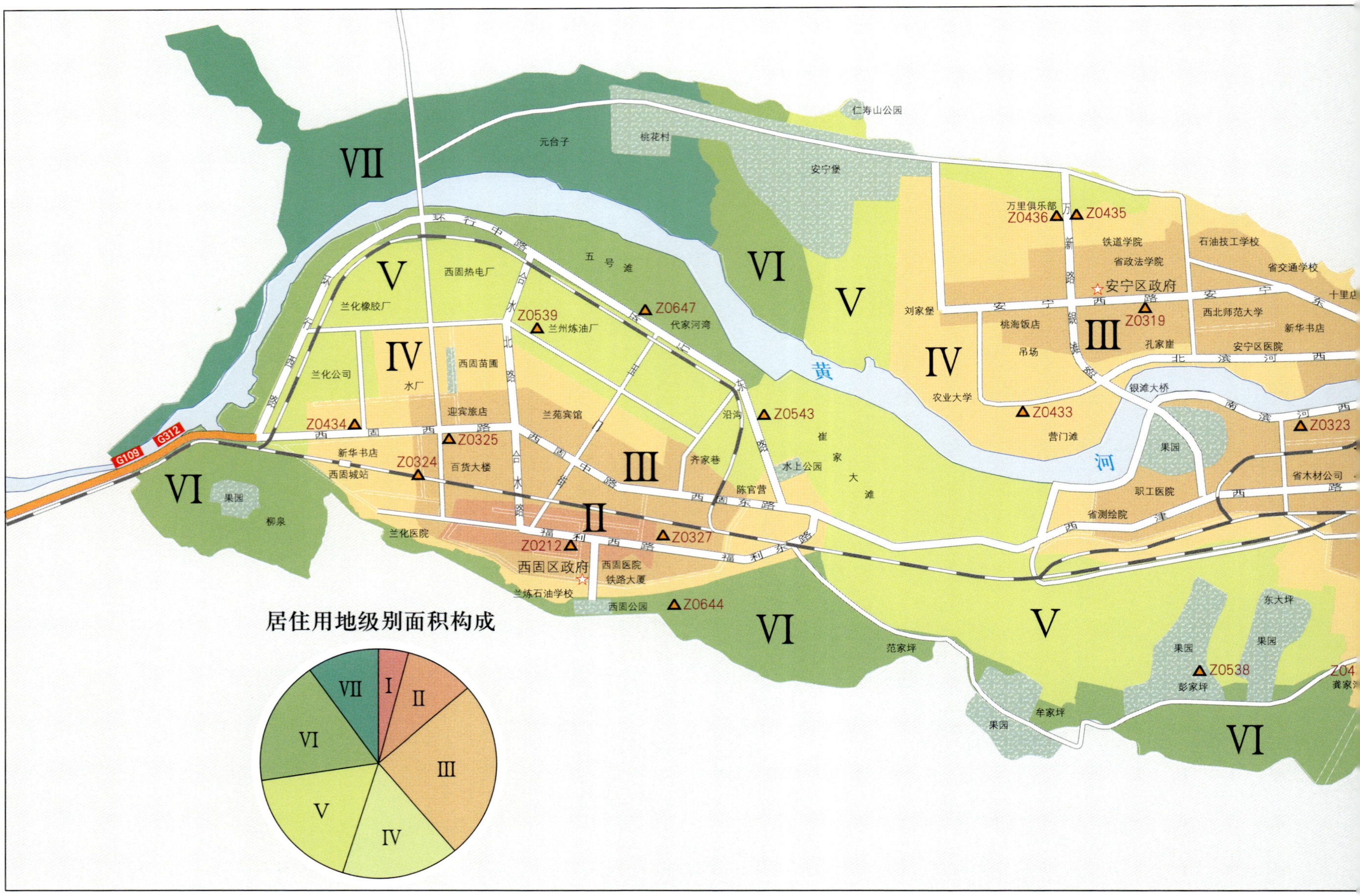

兰州市工业用地基准地价及监测点

VI
IV
III
II
I
III
II
VII
V
VI
G0649
G0438
G0436
G0324
G0219
G0323
G0215
G0101
G0650
G0752
G0105
G0103
G0326
G0210
G0333
G0334
G0441
G0546
G0216
G0217
元台子
桃花村
仁寿山公园
安宁堡
环行中路
五号滩
西固热电厂
兰化橡胶厂
兰化公司
水厂
西固苗圃
迎宾旅店
兰苑宾馆
兰州炼油厂
代家河湾
沿河
崔家大滩
水上公园
齐家巷
陈官营
新华书店
西固城站
百货大楼
兰化医院
西固区政府
西固医院
铁路大厦
兰炼石油学校
西固公园
果园
柳泉
范家坪
牟家坪
彭家坪
东大坪
万里俱乐部
铁道学院
省政法学院
石油技工学校
省交通学校
安宁区政府
十里店
刘家堡
桃海饭店
吊场
孔家崖
西北师范大学
新华书店
安宁区医院
农业大学
营门滩
银滩大桥
职工医院
省测绘院
省木材公司
黄河
G109
G312

工业用地级别面积构成

I
II
III
IV
V
VI
VII
规划限制区

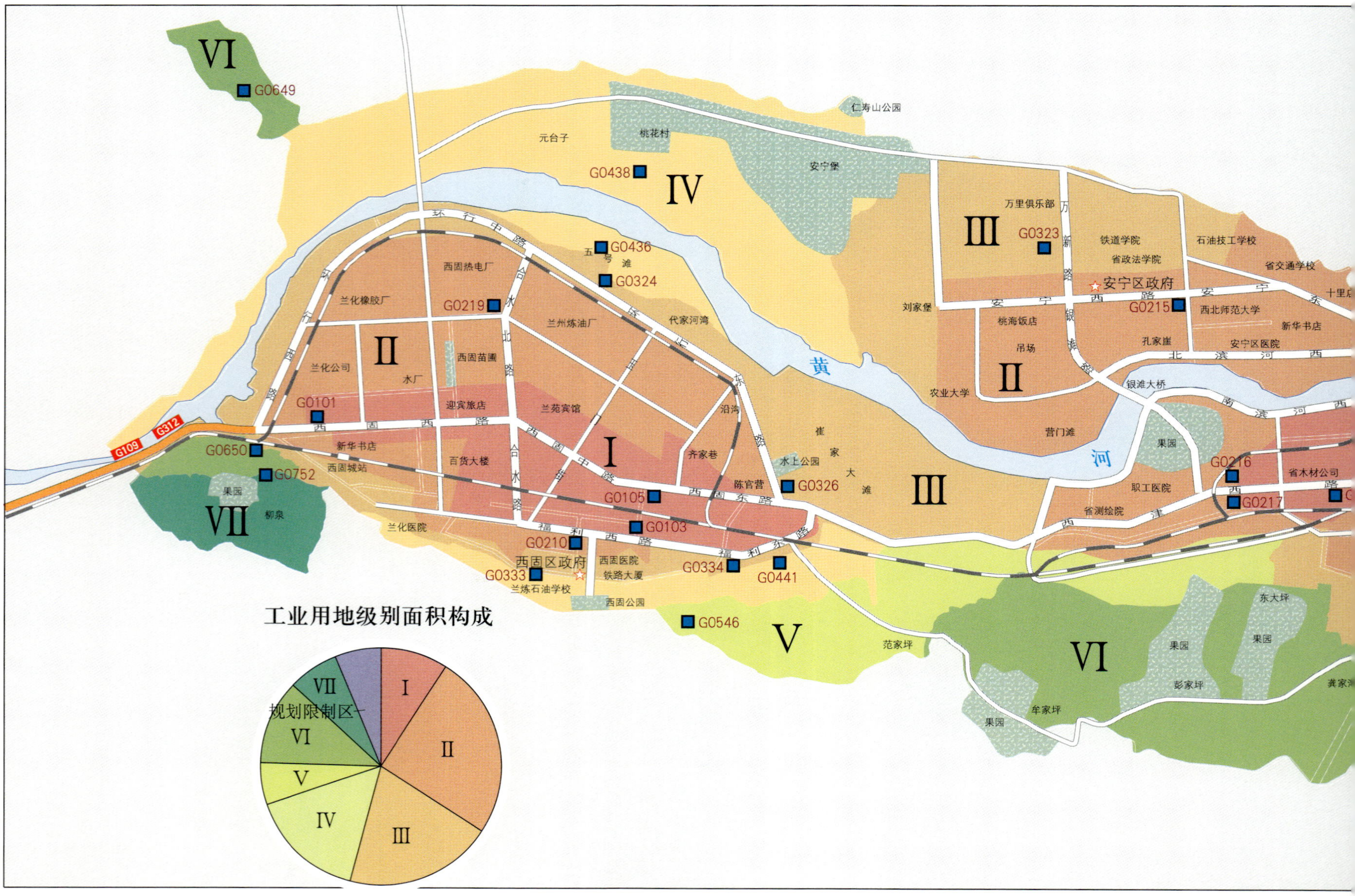

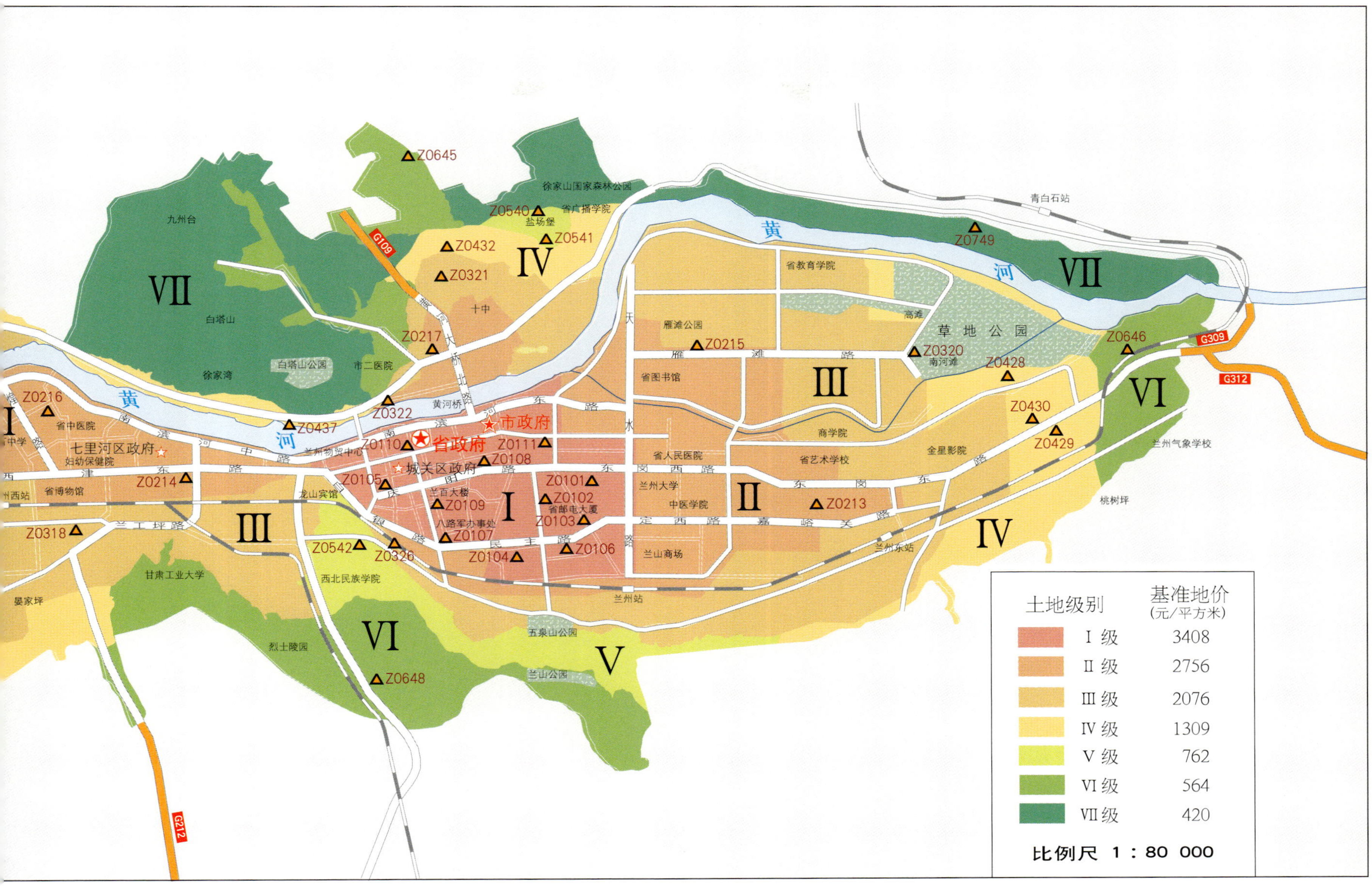

Z0645
九州台
徐家山国家森林公园
Z0540
省广播学院
盐场堡
Z0541
Z0432
Z0321
IV
VII
G109
十中
白塔山
Z0217
徐家湾
白塔山公园
市二医院
黄
河
Z0216
省中医院
七里河区政府
妇幼保健院
Z0214
省博物馆
Z0318
III
黄河桥
Z0322
Z0437
兰州物贸中心
Z0110
省政府
市政府
Z0111
城关区政府
Z0108
Z0105
Z0101
兰百大楼
Z0109
Z0102
省邮电大厦
八路军办事处
Z0103
Z0107
I
龙山宾馆
Z0542
Z0326
Z0104
Z0106
西北民族学院
甘肃工业大学
晏家坪
烈士陵园
VI
Z0648
五泉山公园
兰山公园
V
兰州站
兰山商场
中医学院
兰州大学
省人民医院
省图书馆
雁滩公园
Z0215
省教育学院
II
Z0213
商学院
省艺术学校
III
草地公园
南河滩
Z0320
Z0428
Z0749
青白石站
VII
金星影院
Z0430
Z0429
Z0646
VI
G309
G312
兰州气象学校
桃树坪
兰州东站
IV
G212
土地级别 基准地价(元/平方米)
I级 3408
II级 2756
III级 2076
IV级 1309
V级 762
VI级 564
VII级 420
比例尺 1：80 000

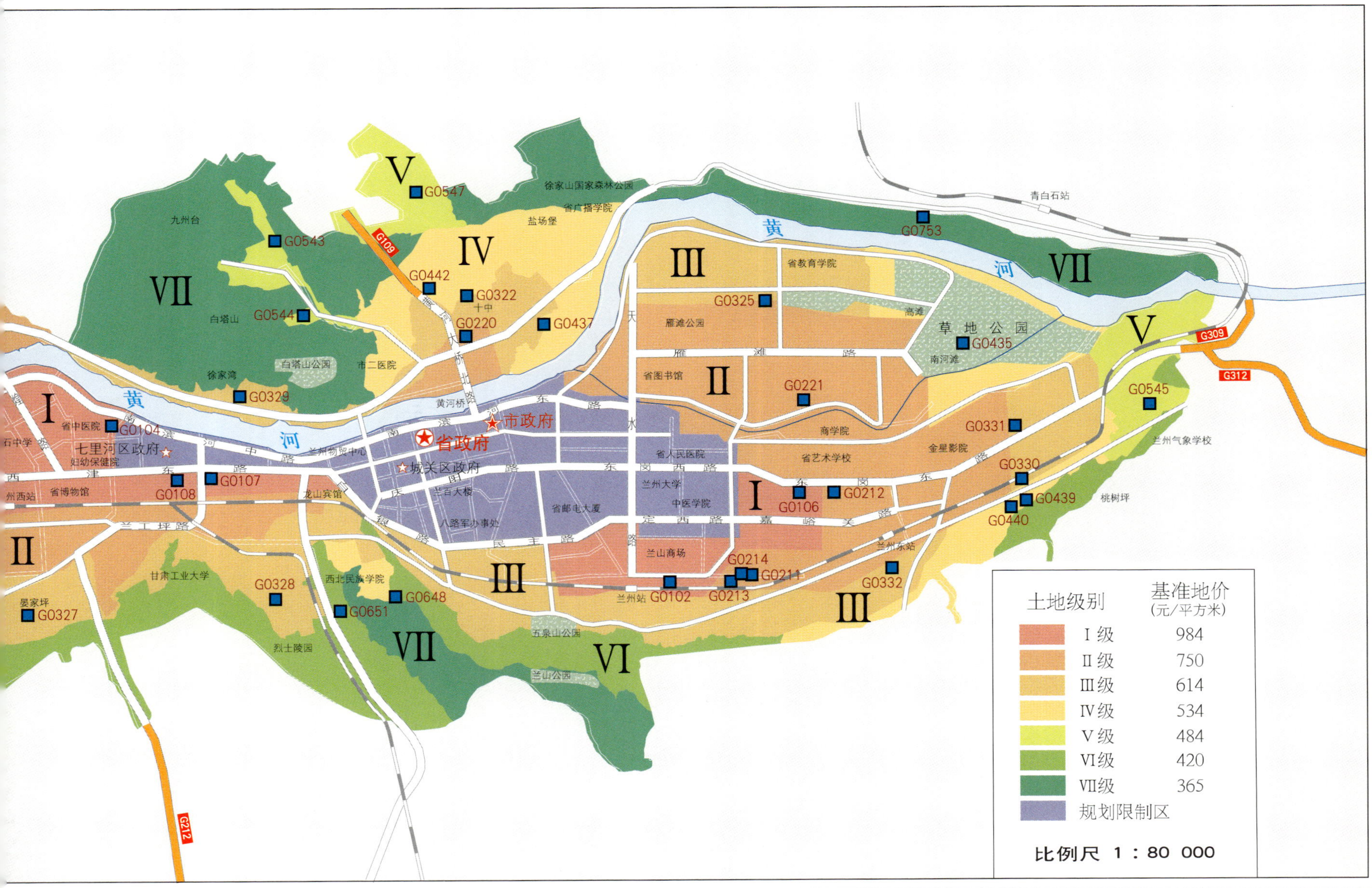

V
G0547
徐家山国家森林公园
省广播学院
盐场堡
九州台
G0543
G109
IV
VII
G0442
G0322
十中
白塔山
G0544
G0220
G0437
白塔山公园
徐家湾
市二医院
G0329
黄
河
I
省中医院
G0104
七里河区政府
妇幼保健院
G0108
G0107
省博物馆
II
黄河桥
市政府
省政府
城关区政府
兰州物贸中心
兰百大楼
八路军办事处
省邮电大厦
龙山宾馆
甘肃工业大学
G0328
西北民族学院
G0648
G0651
G0327
晏家坪
烈士陵园
VII
III
五泉山公园
兰山公园
VI
兰州站
G0102
G0213
G0214
G0211
兰山商场
中医学院
兰州大学
省人民医院
省图书馆
雁滩公园
G0325
III
省教育学院
II
G0221
I
G0106
G0212
商学院
省艺术学校
草地公园
G0435
南河滩
G0753
青白石站
VII
V
G309
G312
G0545
兰州气象学校
G0331
金星影院
G0330
G0439
G0440
桃树坪
兰州东站
G0332
III
G212
土地级别 基准地价(元/平方米)
I级 984
II级 750
III级 614
IV级 534
V级 484
VI级 420
VII级 365
规划限制区
比例尺 1：80 000

用　途	土地级别	监测点编　号	监测点地价（元/平方米）	土地级别	监测点编　号	监测点地价（元/平方米）	土地级别	监测点编　号	监测点地价（元/平方米）
商业	Ⅰ	S0101	7 206	Ⅱ	S0227	5 314	Ⅴ	S0553	1 602
		S0102	7 343		S0228	5 069		S0554	1 664
		S0103	7 804		S0229	5 306		S0555	1 702
		S0104	8 890		S0230	5 464		S0556	1 722
		S0105	7 246	Ⅲ	S0331	3 651		S0557	1 676
		S0106	7 643		S0332	3 674		S0558	1 685
		S0107	8 055		S0333	3 709		S0559	1 652
		S0108	8 146		S0334	3 509		S0560	1 892
		S0109	7 558		S0335	3 654		S0561	1 683
		S0110	8 089		S0336	3 549	Ⅵ	S0662	1 000
		S0111	7 259		S0337	3 525		S0663	993
		S0112	7 532		S0338	3 408		S0664	1 083
		S0113	7 671		S0339	3 518		S0665	1 098
		S0114	7 898		S0340	3 288		S0666	1 295
		S0115	7 502		S0341	3 756		S0667	1 034
		S0116	7 048		S0342	3 522		S0668	1 018
		S0117	7 992		S0343	3 417		S0669	1 216
		S0118	8 036		S0344	2 501		S0670	1 019
		S0119	7 132	Ⅳ	S0445	2 541	Ⅶ	S0771	614
		S0120	7 205		S0446	2 374		S0772	624
	Ⅱ	S0221	4 864		S0447	2 443		S0773	671
		S0222	4 829		S0448	2 403		S0774	654
		S0223	4 688		S0449	1 801		S0775	711
		S0224	4 712		S0450	2 496		S0776	567
		S0225	5 199		S0451	2 334			
		S0226	5 180		S0452	2 369			
居住	Ⅰ	Z0101	3 718	Ⅲ	Z0318	2 189	Ⅳ	Z0435	1 389
		Z0102	3 392		Z0319	2 049		Z0436	1 374
		Z0103	3 266		Z0320	2 126		Z0437	1 539
		Z0104	3 506		Z0321	2 348	Ⅴ	Z0538	911
		Z0105	3 640		Z0322	2 243		Z0539	893
		Z0106	3 697		Z0323	2 190		Z0540	870
		Z0107	3 691		Z0324	1 962		Z0541	976
		Z0108	3 826		Z0325	1 991		Z0542	902
		Z0109	3 639		Z0326	2 194	Ⅵ	Z0643	853
		Z0110	3 680		Z0327	1 967		Z0644	684
		Z0111	3 699	Ⅳ	Z0428	1 505		Z0645	644
	Ⅱ	Z0212	2 706		Z0429	1 444		Z0646	617
		Z0213	2 821		Z0430	1 349		Z0647	620
		Z0214	3 005		Z0431	1 392		Z0648	674
		Z0215	2 946		Z0432	1 390	Ⅶ	Z0749	473
		Z0216	2 960		Z0433	1 366			
		Z0217	2 880		Z0434	1 446			
工业	Ⅰ	G0101	1 096	Ⅱ	G0219	833	Ⅳ	G0437	584
		G0102	1 113		G0220	770		G0438	554
		G0103	1 135		G0221	764		G0439	550
		G0104	1 099	Ⅲ	G0322	643		G0440	545
		G0105	1 119		G0323	639		G0441	563
		G0106	1 124		G0324	638		G0442	591
		G0107	1 087		G0325	652	Ⅴ	G0543	496
		G0108	1 095		G0326	684		G0544	471
		G0109	1 102		G0327	634		G0545	476
	Ⅱ	G0210	799		G0328	675		G0546	488
		G0211	834		G0329	617		G0547	462
		G0212	833		G0330	655	Ⅵ	G0648	402
		G0213	831		G0331	665		G0649	456
		G0214	804		G0332	687		G0650	465
		G0215	783		G0333	625		G0651	389
		G0216	870		G0334	638	Ⅶ	G0752	364
		G0217	779	Ⅳ	G0435	564		G0753	363
		G0218	776		G0436	578			

◦商业用地监测点地价内涵：在正常土地市场条件下，基准日为2001年1月1日，设定土地开发程度为“七通一平”（宗地红线外通路、通电、供水、排水、通讯、通气、通暖及宗地红线内场地平整），容积率为4.5，商业用地法定最高出让年限40年的完整土地使用权价格。

◦居住用地监测点地价内涵：在正常土地市场条件下，基准日为2001年1月1日，设定土地开发程度为“七通一平”（宗地红线外通路、通电、供水、排水、通讯、通气、通暖及宗地红线内场地平整），容积率为3.2，居住用地法定最高出让年限70年的完整土地使用权价格。

◦工业用地监测点地价内涵：在正常土地市场条件下，基准日为2001年1月1日，设定土地开发程度为“七通一平”（宗地红线外通路、通电、供水、排水、通讯、通气、通暖及宗地红线内场地平整），容积率为0.5，工业用地法定最高出让年限50年的完整土地使用权价格。

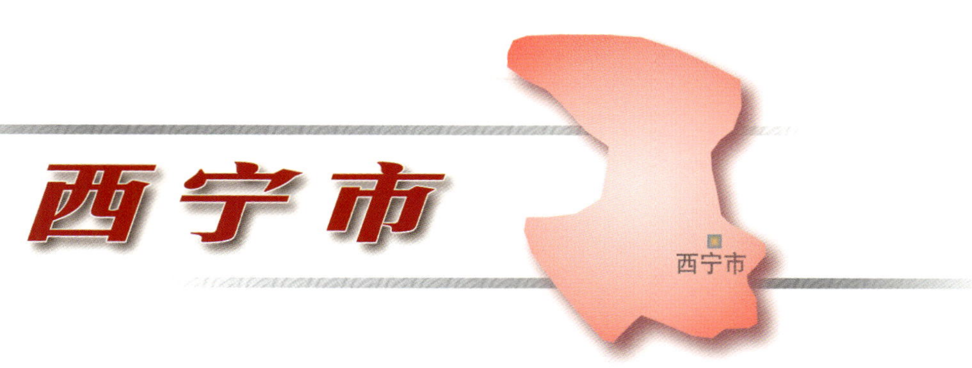

西宁市是青海省省会，是全省政治、经济、文化、科技和交通中心，全省最大的商品集散地和商业贸易中心，也是我国内陆开放城市。位于青海省东部，地处湟水与北川河、南川河交汇的河谷地带。辖4区、2县、1自治县，面积7 472平方千米，其中市区面积350平方千米，全市总人口176万。

西宁市根据《城镇土地分等定级规程》、《城镇土地估价规程》、《城市地价动态监测体系技术规范》及《2000—2001年度城市土地价格调查实施方案》，明确基准地价内涵，在西宁市区约164平方千米的土地范围内，全面开展自然、社会、经济及土地市场状况等调查，利用计算机系统技术，辅助完成了城市土地综合定级，商业、居住、工业用地定级与基准地价更新，设立135个地价监测点，建立了城市土地基准地价更新和地价查询、发布信息系统，为我国城市地价动态监测体系建设奠定了基础。也为西宁市协调土地供求关系，强化城市土地管理，规范土地市场，制定各类规划和提高土地利用的经济、社会和环境效益提供科学依据。

西宁市基准地价成果于2002年7月由市政府公布。

- 商业用地基准地价内涵：在正常土地市场条件下，基准日为2001年1月1日，设定土地开发程度为“五通一平”（宗地红线外通路、通电、供水、排水、通讯及宗地红线内场地平整），1～7级土地平均容积率分别为：4.0、3.5、3.0、2.5、2.0、1.5、0.8，商业用地法定最高出让年限40年的完整土地使用权平均价格。

- 居住用地基准地价内涵：在正常土地市场条件下，基准日为2001年1月1日，设定土地开发程度为“五通一平”（宗地红线外通路、通电、供水、排水、通讯及宗地红线内场地平整），1～7级土地平均容积率分别为3.8、3.6、3.3、2.5、2.0、1.5、0.8，居住用地法定最高出让年限70年的完整土地使用权平均价格。

- 工业用地基准地价内涵：在正常市场条件下，评估基准日为2001年1月1日，土地开发程度为“五通一平”（宗地红线外通路、通电、供水、排水、通讯及宗地红线内场地平整），1～7级土地平均容积率分别为2.0、3.4、3.0、1.5、0.8、0.6、0.5，工业用地法定最高出让年限50年的完整土地使用权平均价格。

西宁市土地综合定级级别

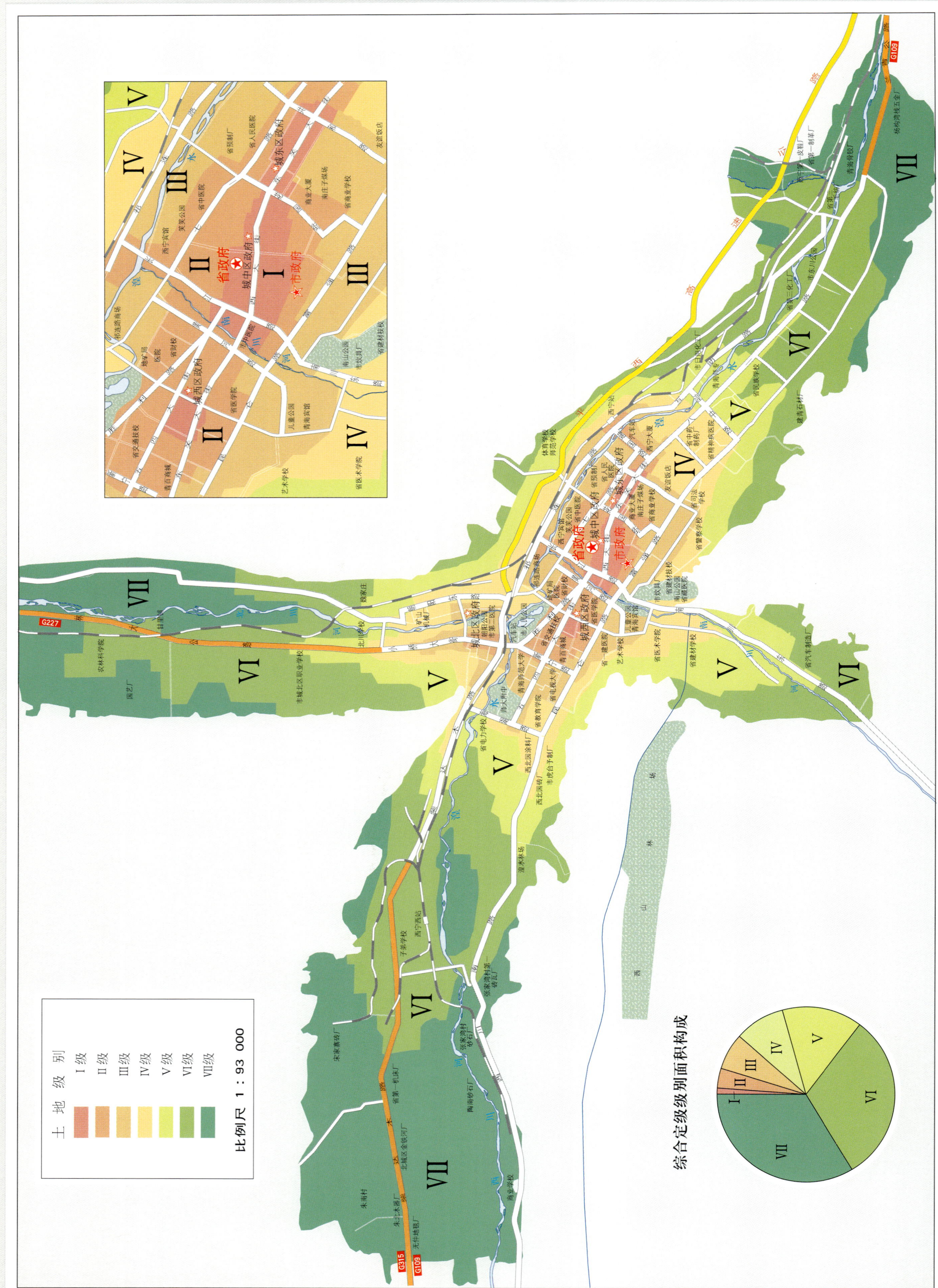

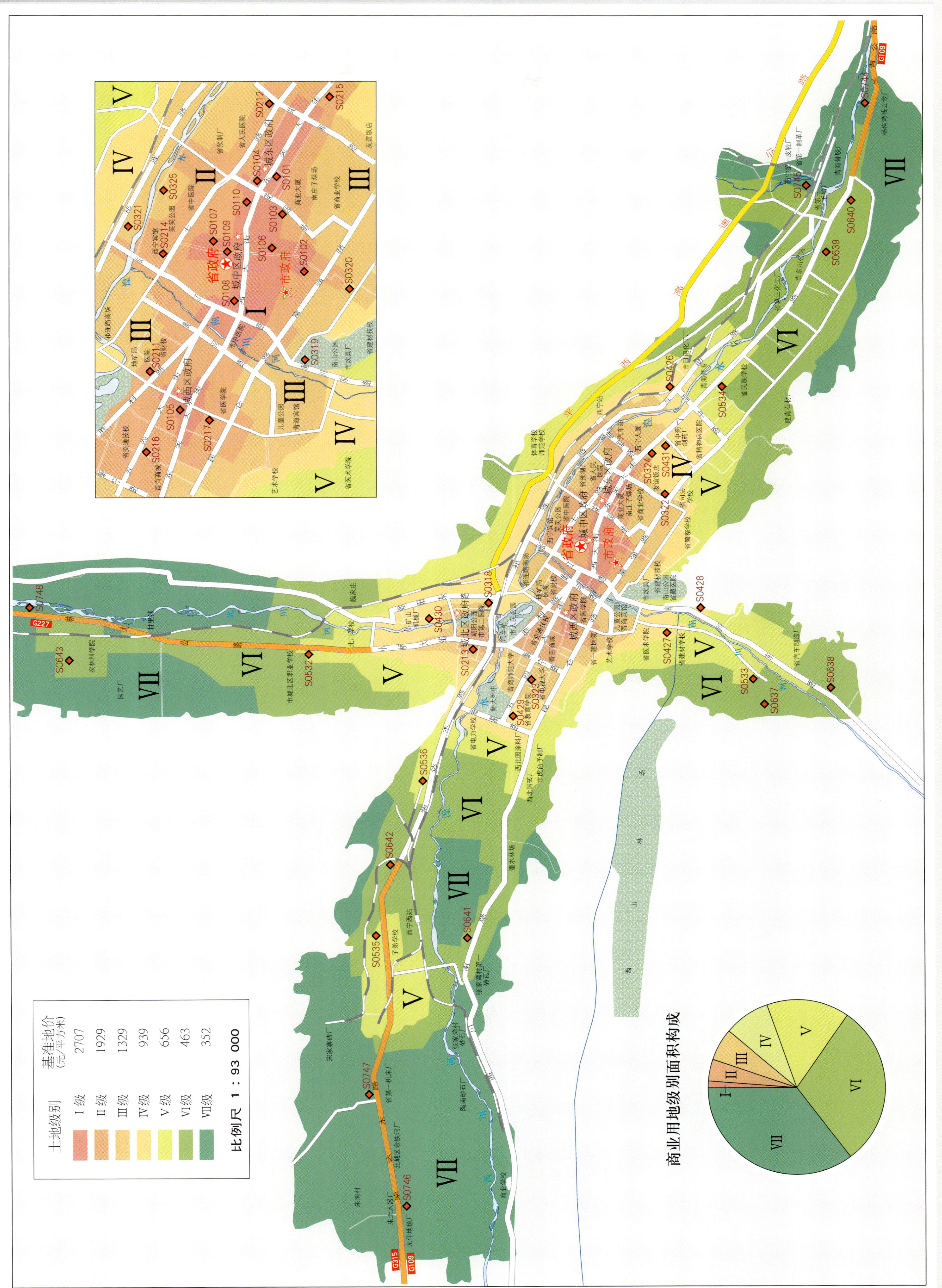

土地级别 基准地价(元/平方米)
Ⅰ级 2707
Ⅱ级 1929
Ⅲ级 1329
Ⅳ级 939
Ⅴ级 656
Ⅵ级 463
Ⅶ级 352
比例尺 1：93 000
商业用地级别面积构成
省政府
市政府
城中区政府
城东区政府
城西区政府
城北区政府

西宁市居住用地基准地价及监测点

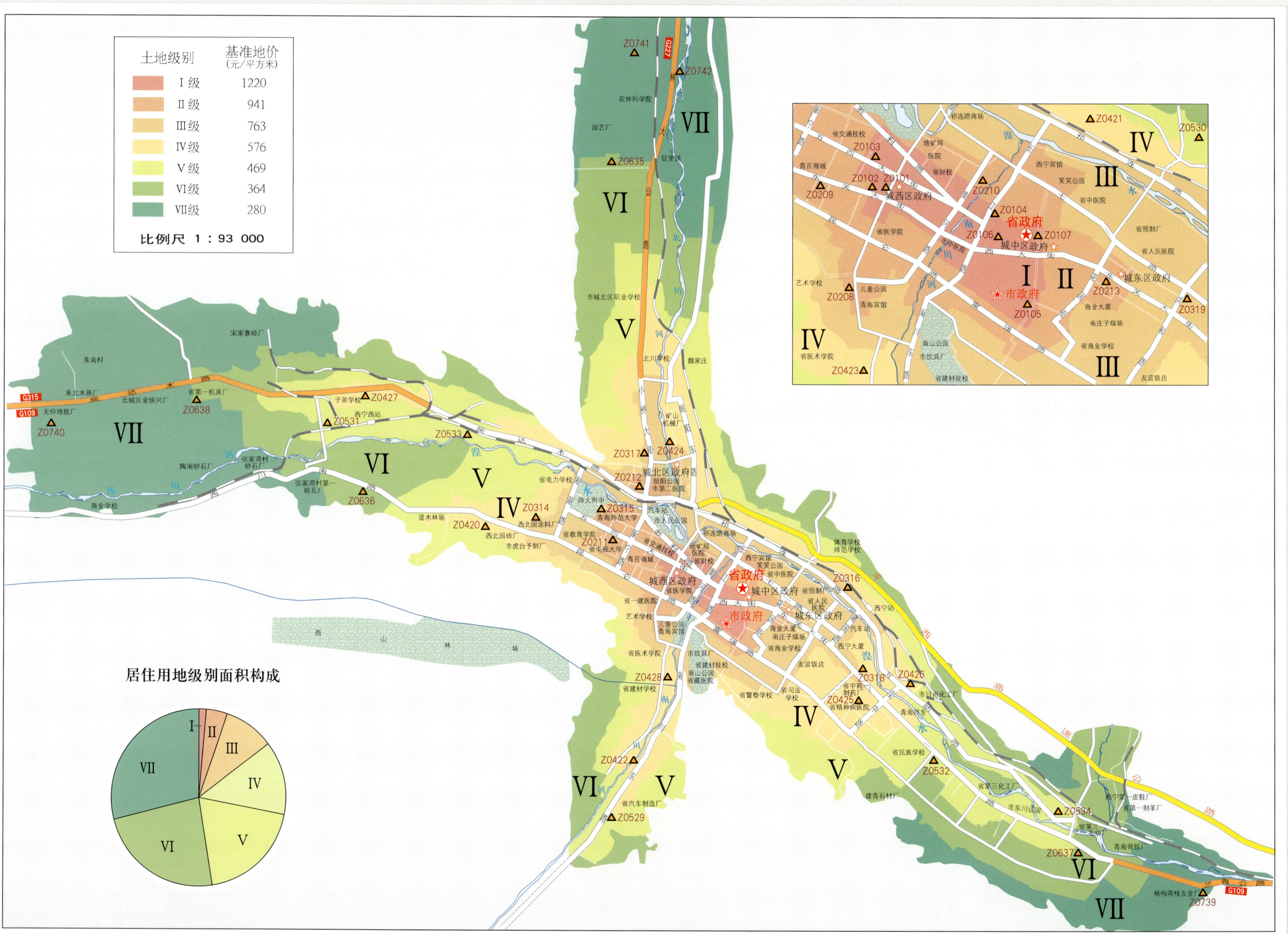

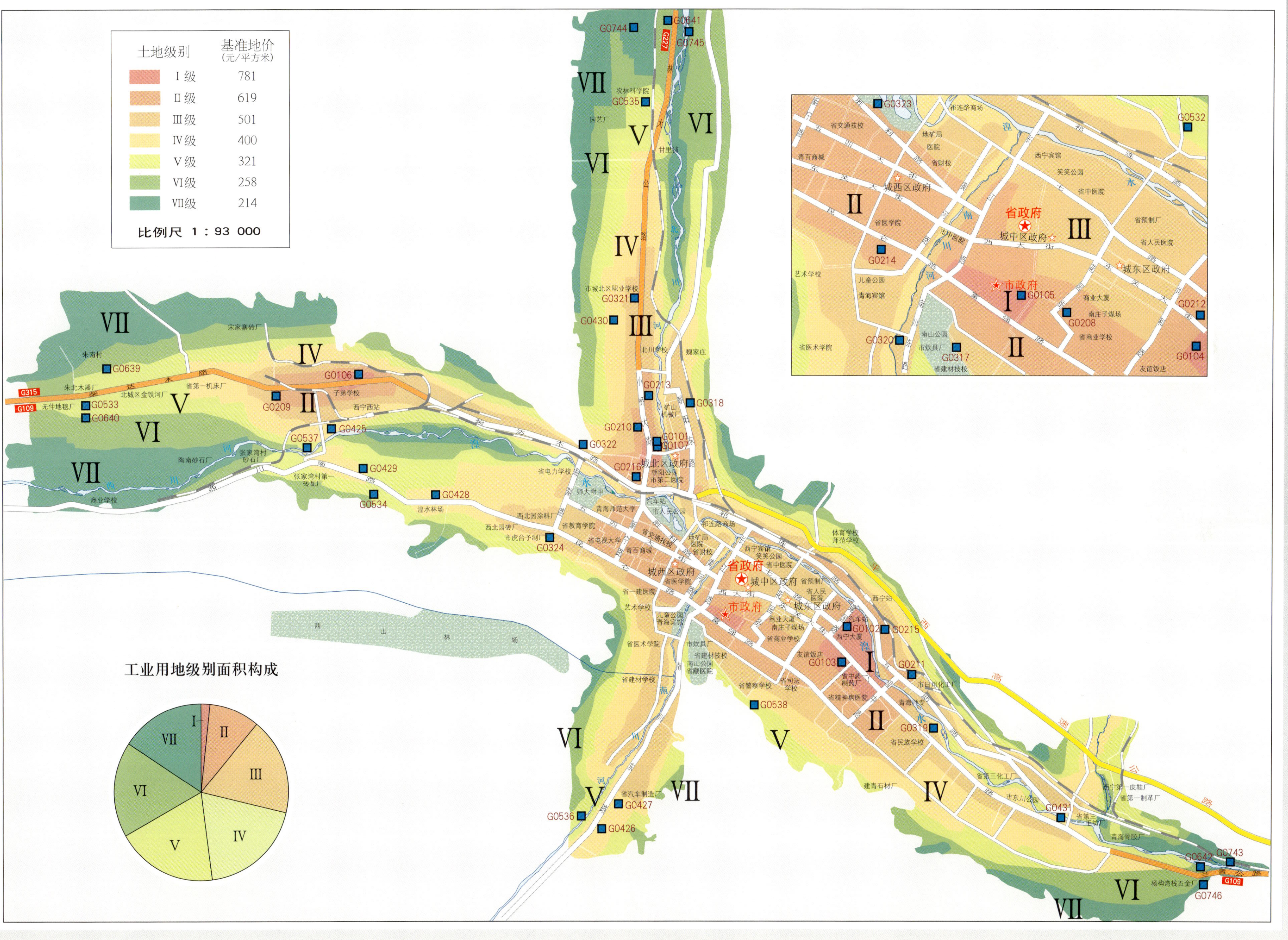
土地级别
基准地价(元/平方米)
I级 781
II级 619
III级 501
IV级 400
V级 321
VI级 258
VII级 214
比例尺 1：93 000
工业用地级别面积构成
I
II
III
IV
V
VI
VII
省政府
市政府
城中区政府
城东区政府
城西区政府
城北区政府
G227
G109
G315

用 途	土地级别	监测点编 号	监测点地价（元/平方米）	土地级别	监测点编 号	监测点地价（元/平方米）	土地级别	监测点编 号	监测点地价（元/平方米）
商业	Ⅰ	S0101	2 636	Ⅱ	S0217	2 428	Ⅴ	S0533	726
		S0102	2 824	Ⅲ	S0318	1 350		S0534	758
		S0103	2 824		S0319	1 376		S0535	759
		S0104	2 849		S0320	1 425		S0536	763
		S0105	2 989		S0321	1 450	Ⅵ	S0637	396
		S0106	3 037		S0322	1 528		S0638	468
		S0107	3 037		S0323	1 550		S0639	476
		S0108	3 276		S0324	1 562		S0640	477
		S0109	3 276		S0325	1 575		S0641	477
		S0110	3 464	Ⅳ	S0426	952		S0642	510
	Ⅱ	S0211	2 008		S0427	952		S0643	528
		S0212	2 051		S0428	1 010	Ⅶ	S0744	373
		S0213	2 106		S0429	1 053		S0745	373
		S0214	2 210		S0430	1 060		S0746	373
		S0215	2 324		S0431	1 101		S0747	373
		S0216	2 365	Ⅴ	S0532	687		S0748	373
居住	Ⅰ	Z0101	1 253	Ⅲ	Z0315	834	Ⅴ	Z0529	439
		Z0102	1 383		Z0316	854		Z0530	442
		Z0103	1 383		Z0317	883		Z0531	449
		Z0104	1 423		Z0318	883		Z0532	490
		Z0105	1 423		Z0319	916		Z0533	513
		Z0106	1 435	Ⅳ	Z0420	542			
		Z0107	1 501		Z0421	543	Ⅵ	Z0635	351
	Ⅱ	Z0208	936		Z0422	563		Z0636	358
		Z0209	1 045		Z0423	563		Z0637	387
		Z0210	1 047		Z0424	603		Z0638	402
		Z0211	1 110		Z0425	608	Ⅶ	Z0739	249
		Z0212	1 110		Z0426	608		Z0740	256
		Z0213	1 222		Z0427	608		Z0741	257
	Ⅲ	Z0314	701		Z0428	608		Z0742	264
工业	Ⅰ	G0101	703	Ⅲ	G0317	496	Ⅴ	G0533	311
		G0102	755		G0318	525		G0534	318
		G0103	762		G0319	528		G0535	322
		G0104	818		G0320	528		G0536	325
		G0105	831		G0321	554		G0537	333
		G0106	835		G0322	554		G0538	244
		G0107	861		G0323	558	Ⅵ	G0639	243
	Ⅱ	G0208	617		G0324	561		G0640	250
		G0209	619	Ⅳ	G0425	387		G0641	264
		G0210	658		G0426	401		G0642	264
		G0211	702		G0427	401	Ⅶ	G0743	204
		G0212	703		G0428	404		G0744	212
		G0213	740		G0429	404		G0745	228
		G0214	740		G0430	404		G0746	231
		G0215	760		G0431	408			
		G0216	784	Ⅴ	G0532	307			

- 商业用地监测点地价内涵：在正常土地市场条件下，基准日为2001年1月1日，设定土地开发程度为“五通一平”（宗地红线外通路、通电、供水、排水、通讯及宗地红线内场地平整），容积率1～7级依次为：4.0、3.5、3.0、2.5、2.0、1.5、0.8，商业用地法定最高出让年限40年的完整土地使用权价格。

- 居住用地监测点地价内涵：在正常土地市场条件下，基准日为2001年1月1日，设定土地开发程度为“五通一平”（宗地红线外通路、通电、供水、排水、通讯及宗地红线内场地平整），容积率1～7级依次为：3.8、3.6、3.3、2.5、2.0、1.5、0.8，居住用地法定最高出让年限70年的完整土地使用权价格。

- 工业用地监测点地价内涵：在正常市场条件下，评估基准日为2001年1月1日，设定土地开发程度为“五通一平”（宗地红线外通路、通电、供水、排水、通讯及宗地红线内场地平整），容积率1～7级依次为：2.0、3.4、3.0、1.5、0.8、0.6、0.5，工业用地法定最高出让年限50年的完整土地使用权价格。

银川市

银川市是宁夏回族自治区的首府，全区政治、经济、文化中心，国家历史文化名城。位于自治区北部富庶的宁夏平原的中心部位，东滨黄河，西靠贺兰山，辖3区、1市、2县，面积7 027平方千米，全市总人口147万。

银川市根据《城镇土地分等定级规程》、《城镇土地估价规程》、《城市地价动态监测体系技术规范》及《2000—2001年度城市土地价格调查实施方案》，明确基准地价内涵，在城市建成区及近期可做建设发展的83平方千米区域范围内，全面开展自然、社会、经济及土地市场状况等调查，利用计算机系统技术，辅助完成了城市土地综合定级，商业、居住、工业用地定级与基准地价更新，设立122个地价监测点，建立了城市土地基准地价更新和地价查询、发布信息系统，为我国城市地价动态监测体系建设奠定了基础。也为银川市强化城市土地管理，规范土地市场，制定各类规划和提高土地利用的经济、社会和环境效益提供科学依据。

- 商业用地基准地价内涵：在正常土地市场条件下，基准日为2001年1月1日，设定土地开发程度为“五通一平”（宗地红线外通路、通电、供水、排水、通讯及宗地红线内场地平整），平均容积率为2.0，商业用地法定最高出让年限40年的完整土地使用权平均价格。

- 居住用地基准地价内涵：在正常土地市场条件下，基准日为2001年1月1日，设定土地开发程度为“五通一平”（宗地红线外通路、通电、供水、排水、通讯及宗地红线内场地平整），平均容积率为1.2，居住用地法定最高出让年限70年的完整土地使用权平均价格。

- 工业用地基准地价内涵：在正常土地市场条件下，基准日为2001年1月1日，设定土地开发程度为“五通一平”（宗地红线外通路、通电、供水、排水、通讯及宗地红线内场地平整），工业用地法定最高出让年限50年的完整土地使用权平均价格。

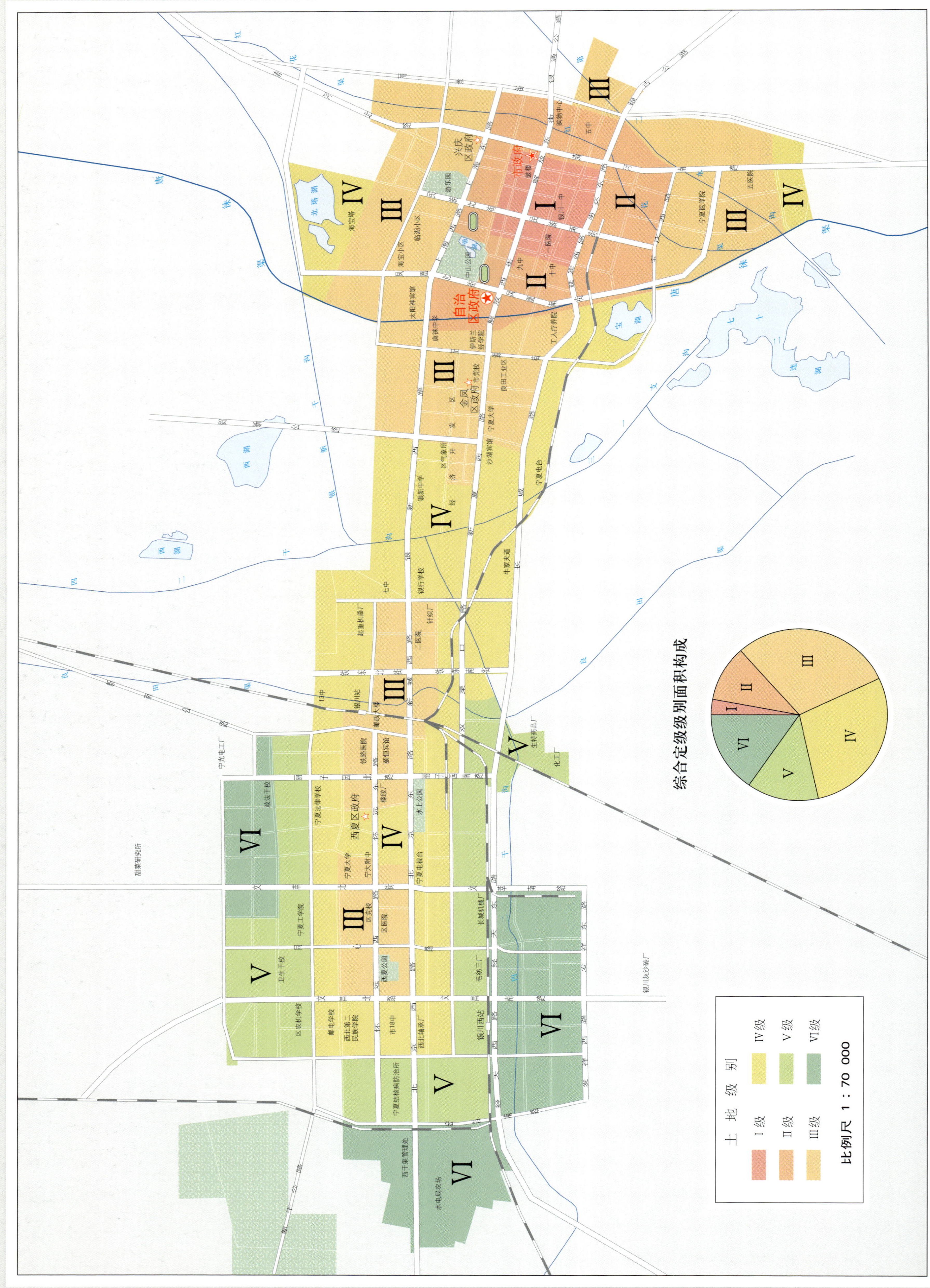
综合定级级别面积构成
土地级别
I级
II级
III级
IV级
V级
VI级
比例尺 1：70 000
市政府
兴庆区政府
自治区政府
金凤区政府
西夏区政府

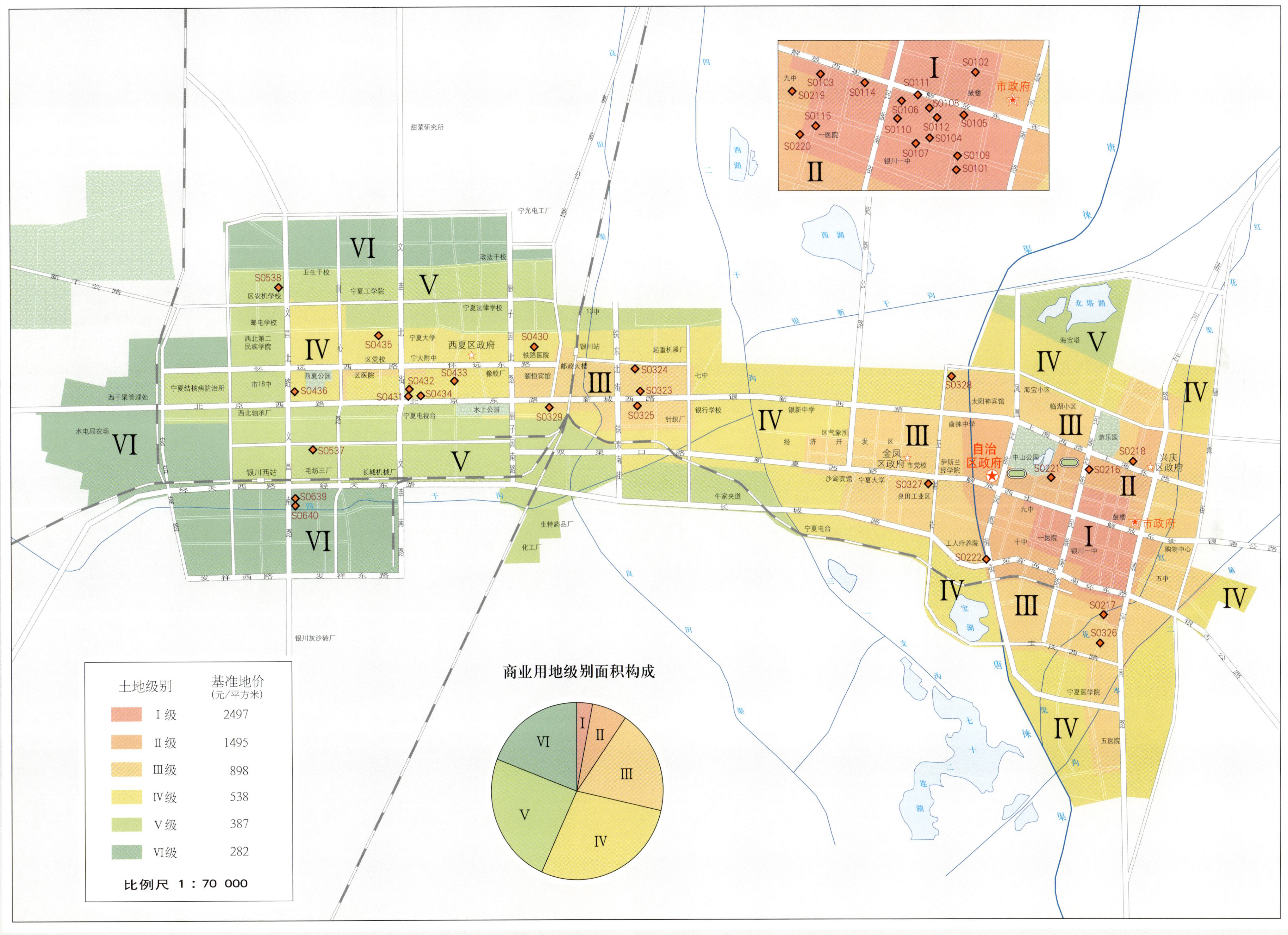
商业用地级别面积构成
土地级别
基准地价（元/平方米）
I级 2497
II级 1495
III级 898
IV级 538
V级 387
VI级 282
比例尺 1：70 000

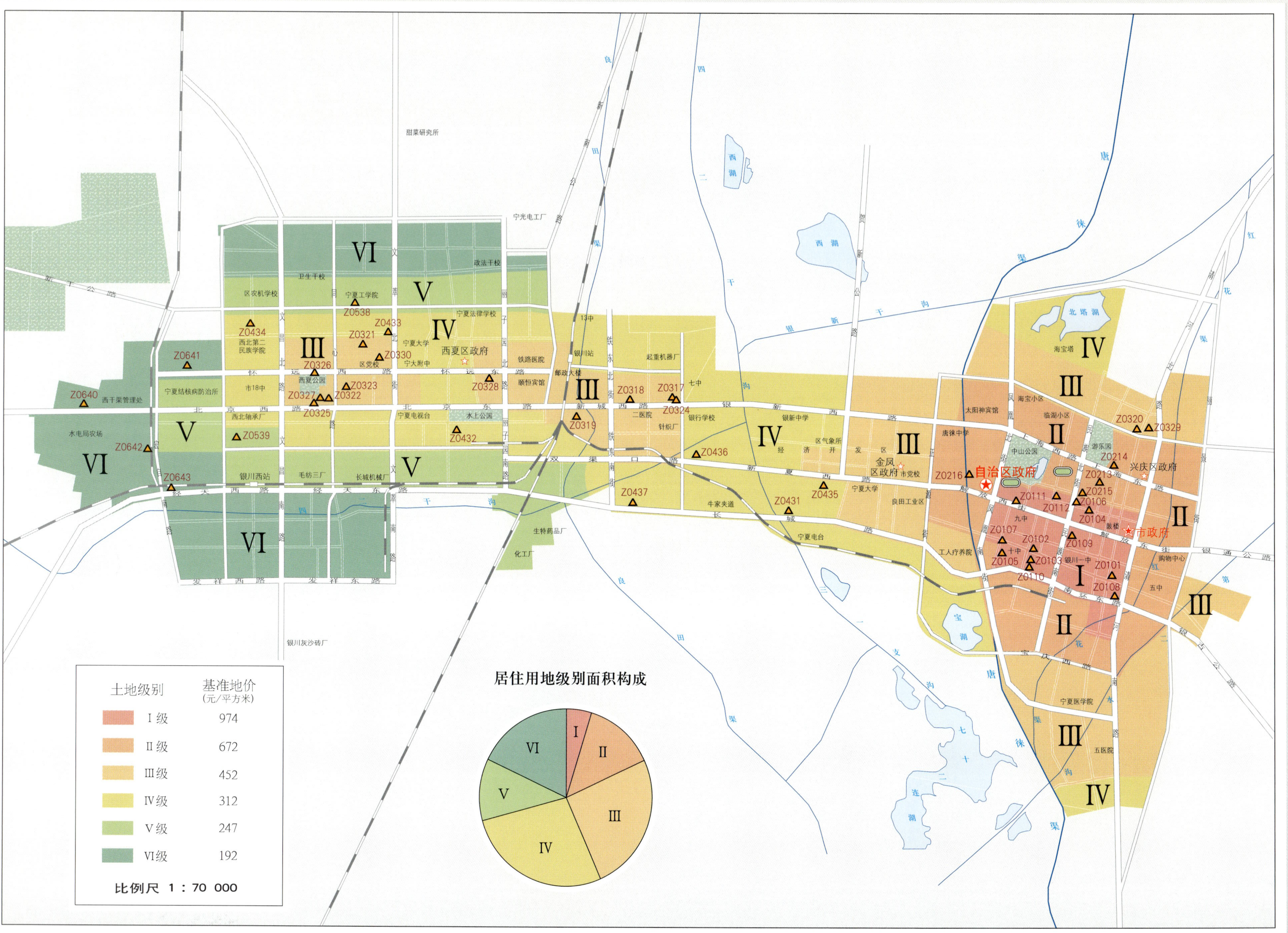

居住用地级别面积构成
土地级别
基准地价（元/平方米）
I级 974
II级 672
III级 452
IV级 312
V级 247
VI级 192
比例尺 1：70 000
自治区政府
市政府
兴庆区政府
金凤区政府
西夏区政府

银川市工业用地基准地价及监测点

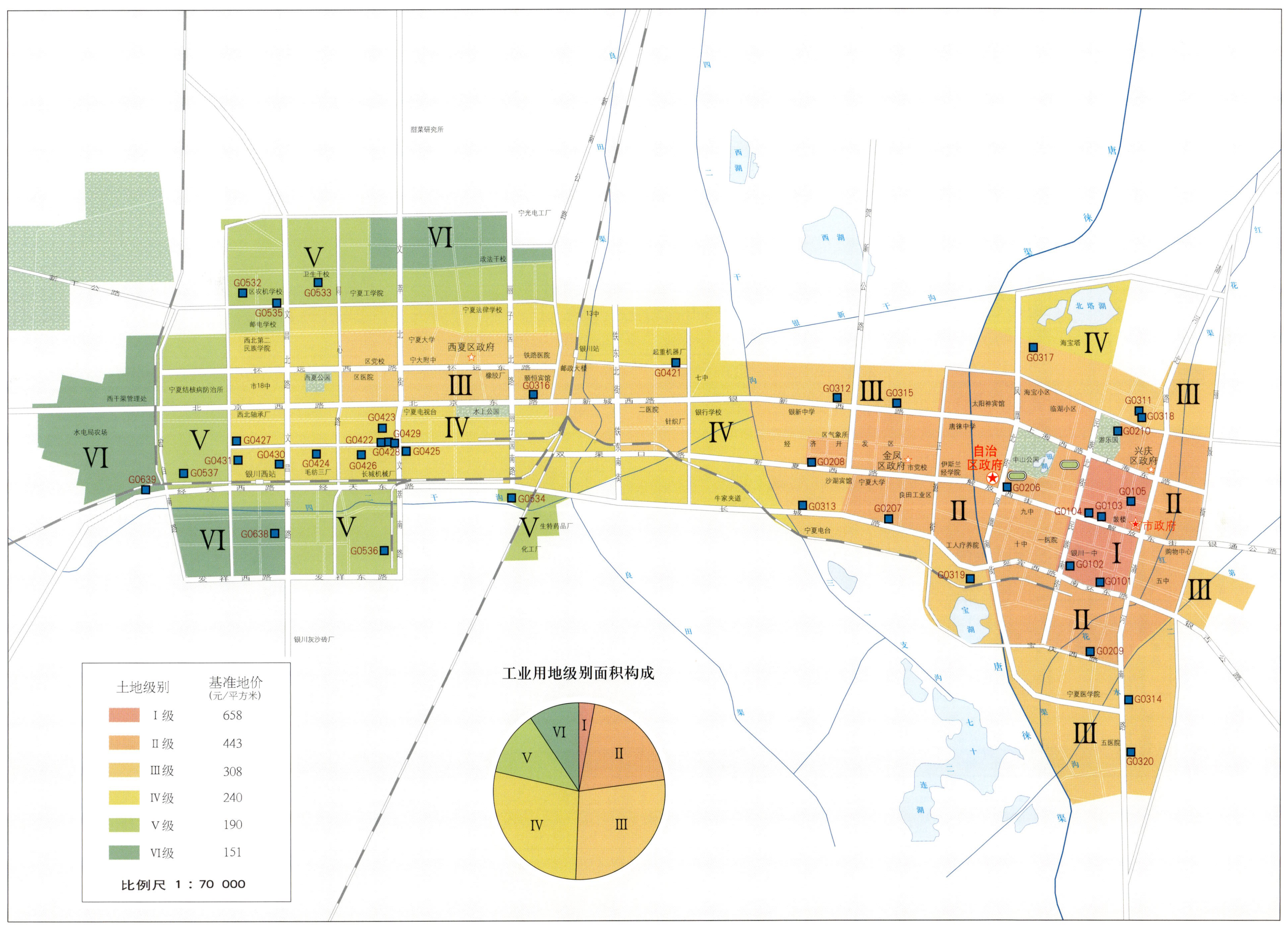

乌鲁木齐市居住用地基准地价及监测点

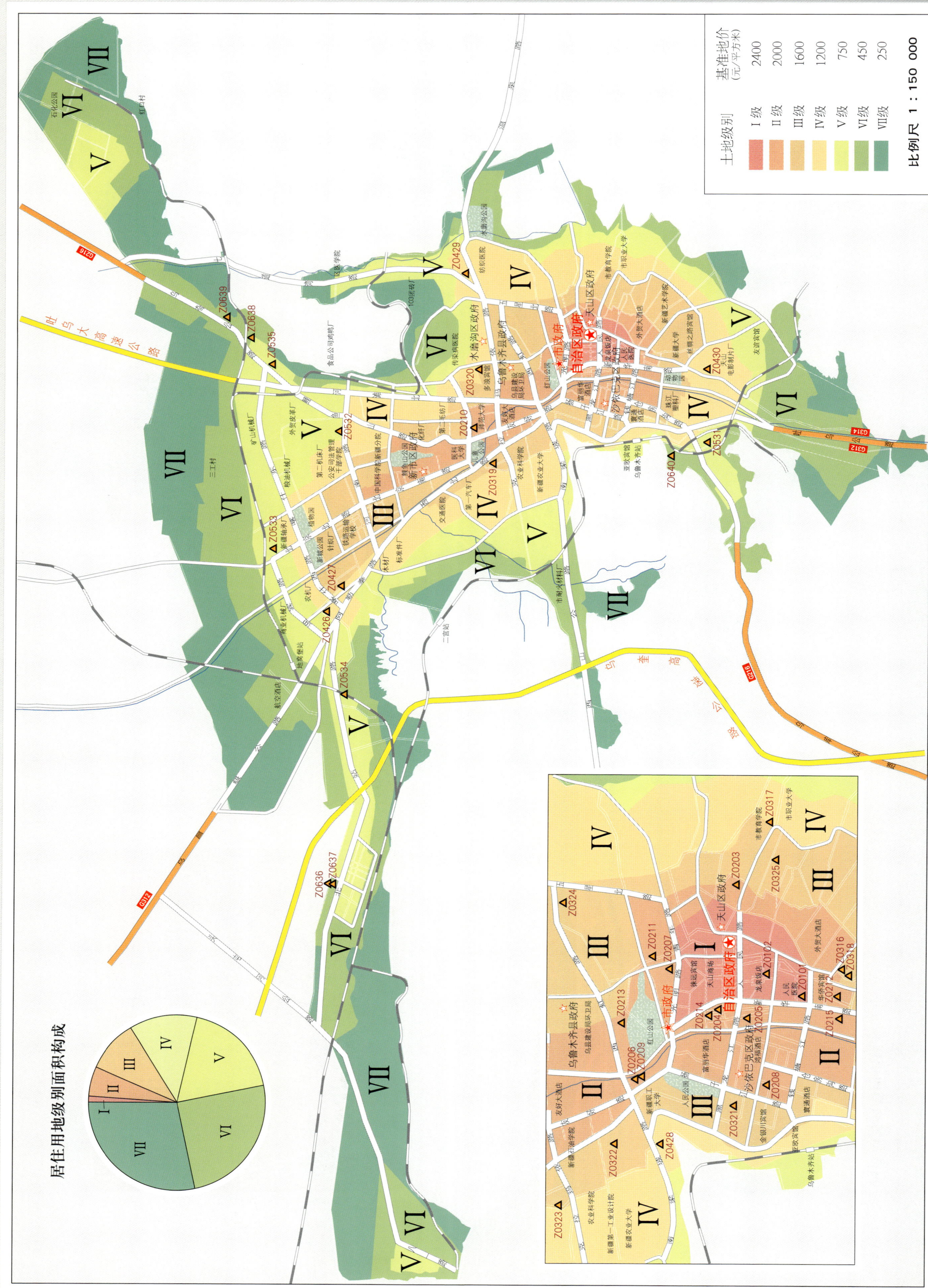

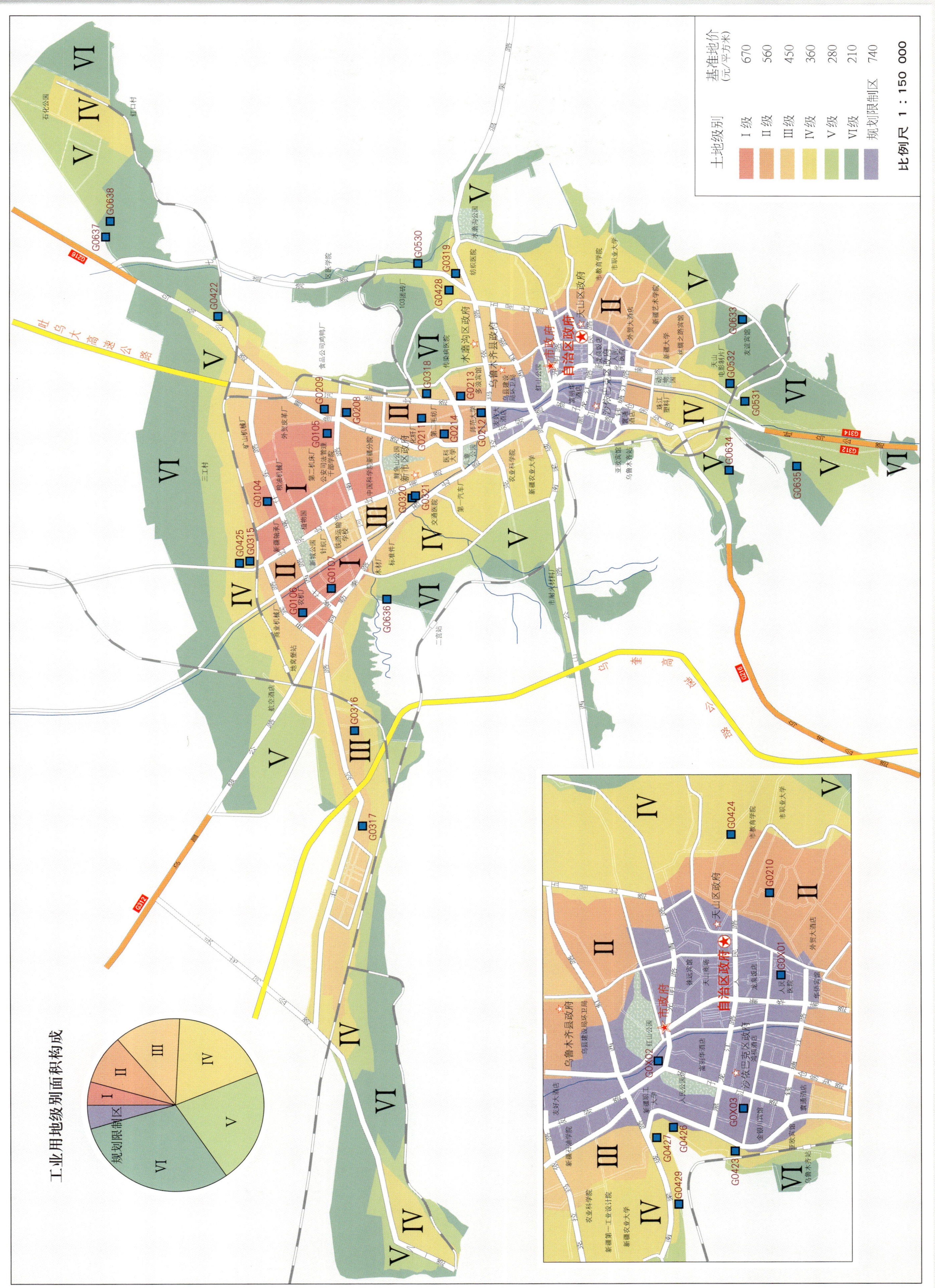

土地级别
基准地价
(元/平方米)
I级 670
II级 560
III级 450
IV级 360
V级 280
VI级 210
规划限制区 740
比例尺 1：150 000
工业用地级别面积构成

用途	土地级别	监测点编号	监测点地价（元/平方米）	土地级别	监测点编号	监测点地价（元/平方米）	土地级别	监测点编号	监测点地价（元/平方米）
商业	Ⅰ	S0101	5 119	Ⅱ	S0215	1 906	Ⅳ	S0429	1 217
		S0102	5 452		S0216	1 599		S0430	1 009
		S0103	5 020		S0217	3 101		S0431	682
		S0104	3 317		S0218	3 715		S0432	1 077
		S0105	2 942		S0219	3 158	Ⅴ	S0533	439
		S0106	3 858	Ⅲ	S0320	712		S0534	276
		S0107	3 214		S0321	2 032	Ⅵ	S0635	298
		S0108	4 232		S0322	501		S0636	298
		S0109	4 768		S0323	1 684		S0637	479
		S0110	4 311		S0324	1 913		S0638	479
		S0111	5 469	Ⅳ	S0425	610		S0639	482
	Ⅱ	S0212	3 524		S0426	1 086	Ⅶ	S0740	322
		S0213	1 571		S0427	666			
		S0214	2 514		S0428	1 014			
居住	Ⅰ	Z0101	2 211	Ⅱ	Z0215	1 653	Ⅳ	Z0429	740
		Z0102	2 304	Ⅲ	Z0316	1 045		Z0430	633
	Ⅱ	Z0203	1 625		Z0317	706	Ⅴ	Z0531	645
		Z0204	2 840		Z0318	1 043		Z0532	449
		Z0205	2 240		Z0319	1 209		Z0533	670
		Z0206	2 517		Z0320	1 189		Z0534	461
		Z0207	1 542		Z0321	1 589		Z0535	436
		Z0208	2 142		Z0322	1 397	Ⅵ	Z0636	304
		Z0209	2 090		Z0323	698		Z0637	303
		Z0210	1 119		Z0324	1 006		Z0638	434
		Z0211	1 620		Z0325	738		Z0639	435
		Z0212	1 759	Ⅳ	Z0426	695		Z0640	504
		Z0213	1 111		Z0427	686			
		Z0214	2 530		Z0428	1 069			
工业	规划限制区（X）	G0X01	1 480	Ⅱ	G0214	842	Ⅳ	G0427	848
		G0X02	1 172	Ⅲ	G0315	463		G0428	605
		G0X03	1 152		G0316	474		G0429	256
	Ⅰ	G0104	261		G0317	317	Ⅴ	G0530	593
		G0105	258		G0318	852		G0531	415
		G0106	644		G0319	629		G0532	439
		G0107	639		G0320	845	Ⅵ	G0633	259
	Ⅱ	G0208	584		G0321	858		G0634	270
		G0209	477	Ⅳ	G0422	845		G0635	273
		G0210	971		G0423	833		G0636	275
		G0211	963		G0424	247		G0637	278
		G0212	841		G0425	591		G0638	305
		G0213	845		G0426	838			

- 商业用地监测点地价内涵：在正常土地市场条件下，基准期日为2001年1月1日，设定土地开发程度为“六通一平”（宗地红线外通路、通电、供水、排水、通讯、通暖及宗地红线内场地平整），容积率为2.0，商业用地法定最高出让年限40年的完整土地使用权价格。
- 居住用地地价监测点内涵：在正常土地市场条件下，基准期日为2001年1月1日，设定土地开发程度为“六通一平”（宗地红线外通路、通电、供水、排水、通讯、通暖及宗地红线内场地平整），容积率为1.6，居住用地法定最高出让年限70年的完整土地使用权价格。
- 工业用地监测点地价内涵：在正常土地市场条件下，基准期日为2001年1月1日，设定土地开发程度为“六通一平”（宗地红线外通路、通电、供水、排水、通讯、通暖及宗地红线内场地平整），容积率为0.4，工业用地法定最高出让年限50年的完整土地使用权价格。